▶ ▶ Schnell**übersicht** Excel-VBA

Schnellübersicht

Excel-VBA

Die praktische Referenz

BERND HELD

Markt+Technik

Bibliografische Information Der Deutschen Bibliothek
Die Deutsche Bibliothek verzeichnet diese Publikation in der Deutschen Nationalbibliografie; detaillierte bibliografische Daten sind im Internet über <http://dnb.ddb.de> abrufbar.

Umwelthinweis:
Dieses Buch wurde auf chlorfrei gebleichtem Papier gedruckt.

10 9 8 7 6 5 4 3 2

06 05

ISBN 3-8272-6745-5

Coverkonzept: independent Medien-Design, Widenmayerstraße 16, 80538 München
Lektorat: Rainer Fuchs, rfuchs@pearson.de
Herstellung: Claudia Bäurle, cbaeurle@pearson.de
Layout und Satz: Michael und Silke Maier, Ingolstadt (www.magus-publishing.de)
Druck und Verarbeitung: Kösel, Krugzell, www.KoeselBuch.de
Printed in Germany

Inhaltsverzeichnis

Vorwort

Diese Excel-VBA-Referenz ist sowohl für den Einsteiger als auch für fortgeschrittene Anwender und Programmierer gedacht, die noch mehr über VBA der Versionen Excel 97 bis 2003 lernen möchten. Nach dem großen Erfolg der letzten VBA-Bücher und den vielen E-Mails von Lesern und den Leserstimmen bei Amazon.de, für die ich mich an dieser Stelle bedanken möchte, wurde der Entschluss gefasst, eine Excel-VBA-Referenz zu schreiben, in der die wichtigsten Objekte, Methoden, Eigenschaften und Funktionen von Excel anhand praktischer Beispiele dargestellt werden.
Um eine komplette Referenz zu schreiben, die wirklich alle Objekte, Methoden, Eigenschaften und Methoden enthält, wäre mit Sicherheit ein Seitenumfang von über 4.000 Seiten notwendig. Von daher habe ich versucht, die wirklich wichtigen Objekte in Excel sowie die dazugehörigen Methoden, Eigenschaften und Funktionen in praxistaugliche Beispiele zu packen und Ihnen übersichtlich zu präsentieren. Ich hoffe, dass es mir gelungen ist.
Der inhaltliche Aufbau wird Ihnen helfen, sowohl nach thematischen Zusammenhängen wie nach einzelnen Variablen (Konstanten, Funktionen, Elementen, Objekten ...) wie auch nach Aufgaben vorzugehen und damit gezielt und schnell Informationen und Hilfen zu finden. Die deutliche Gliederung unterhalb der Kapitelebene nach Syntax, Beispielen, Hinweisen, Verweisen und verwandten Methoden bzw. Eigenschaften unterstützt Sie bei der raschen Aufnahme aller wesentlichen Informationen der jeweiligen Excel-Programmierelemente. Zahlreiche Tabellen, Abbildungen und vor allem weit über 400 Makros helfen Ihnen beim Verständnis und beim Einsatz von Excel-VBA. Zwei Indizes, einer für Begriffe, einer für Aufgaben, bieten Ihnen gezielten Zugriff auf die enorme inhaltliche Fülle dieses Buches.

Hinweis

Da diese Buchreihe keine CD-ROM vorsieht, müssen Sie die einzelnen Codes bitte entweder abtippen oder per E-Mail bei mir unter `Held-Office@t-online.de` die Dateien anfordern. Gerne stelle ich Ihnen auch zusätzliche Quellcodes zur Verfügung.

Für Nachfragen und allgemeines Feedback zu meinem Buch erreichen Sie mich über meine Excel-Homepage `http://held-Office.de`. Auf der Homepage von Markt+Technik finden Sie übrigens auch ein eigenes VBA-Forum unter `http://www.mut.de/main/main.asp?page=vbaforum`, wo Sie Ihre VBA-Fragen loswerden können. Ich moderiere dieses Forum und antworte dort nahezu täglich. Auch Sie sind natürlich herzlich eingeladen, in diesem VBA-Forum zu antworten.
Möchten Sie einen VBA-Kurs besuchen, so finden Sie auf meiner Homepage regelmäßig Schulungsangebote. Diese Angebote reichen von Einzelschulungen bei mir zu Hause bis zu Hotel- und Firmenschulungen, die ich als Dozent abhalte. Gern komme ich auch direkt zu Ihnen in Ihre Firma, um VBA zu schulen.
Ich wünsche Ihnen beim Lesen des Buches und späteren Anwenden der Lösungen viel Spaß!

Bernd Held
MVP für Microsoft Excel

Über den Autor

Bernd Held ist gelernter Informatiker und programmierte drei Jahre lang bei einer Firma im Kfz-Bereich Warenwirtschafts- und Suchsysteme. Danach arbeitete er sechs Jahre bei debis Systemhaus im Controlling. Dort war er verantwortlich für das Berichtswesen, die Leistungsverrechnung, das Erstellen von betrieblichen Auswertungen und Wirtschaftlichkeitsrechnungen sowie für die Erstellung neuer Controlling-Tools auf Basis von Microsoft Office.

Seit Beginn des Jahres 2002 ist Bernd Held selbstständig. Er schreibt Fachartikel in renommierten Zeitschriften, verfasst Computerbücher, führt Software-Schulungen durch und programmiert im Auftrag von Kunden. Sein Spezialgebiet ist Microsoft Office. Dort hat er sich auf den Bereich Excel und die Office-VBA-Programmierung spezialisiert. Aber auch über Microsoft Works, FrontPage, Windows und diverse andere Themen hat er schon viele Bücher geschrieben.

Vor sechs Jahren wurde er das erste Mal als MVP (Most Valuable Professional) von der Firma Microsoft ausgezeichnet. Dieser Titel wird für besondere fachliche Kompetenz, außerordentlichen Einsatz in den Diskussionsforen und für außergewöhnliches Kommunikationstalent verliehen. Im deutschsprachigen Excel-Forum von Microsoft (`news:microsoft.public.de.excel`) können Sie Bernd Held fast täglich antreffen, wenn Sie Fragen zu Excel und zur VBA-Programmierung haben.

Schreiben Sie uns!

Autor und Verlag sind immer bemüht, Ihnen, unseren Kunden und Lesern, die optimale Information zum Thema zu bieten. Scheuen Sie sich daher nicht, uns über Fehler und andere Ärgernisse zu informieren. Nur so können wir laufend an der Verbesserung unserer Bücher arbeiten. Aber auch Lob, Erfolgserlebnisse und Ihre Ergebnisse interessieren uns. Schreiben Sie uns unter `bernd.held@mut.de`. Ihre Mails werden sofort an den Autor weitergeleitet.

Ihr *Markt+Technik-Buchlektorat*
Rainer Fuchs, `rfuchs@pearson.de`

1 Start in Excel-VBA

Wenn Sie mit dem Programmieren beginnen möchten, sollten Sie die ersten Gedanken erst einmal dafür verwenden, sich zu fragen, warum Sie überhaupt VBA einsetzen wollen. Welche Vorteile bieten sich Ihnen damit an?

1.1 Einsatzmöglichkeiten von VBA

VBA lässt sich einsetzen, um

- tägliche Abläufe zu automatisieren
- noch mehr mit Excel machen zu können, indem man es mit weiteren eigenen Funktionen anreichert
- einen Vorteil in Bezug auf Arbeitssicherheit und Arbeitserleichterung zu haben; gerade lästige Routinearbeiten können mit VBA sicher und elegant ausgeführt werden
- eine erhöhte Arbeitsgeschwindigkeit durch den Einsatz von VBA zu erreichen
- eigene Anwendungen zu entwickeln, die von anderen Nutzern leicht zu bedienen sind
- am Ball zu bleiben. VBA ist eine universelle Sprache, die im ganzen Office-Paket verwendet wird. Mehr und mehr stellen auch andere Microsoft-unabhängige Anwendungen auf VBA um.

Im ersten Kapitel der Schnellübersicht lernen Sie im Schnelldurchlauf die Entwicklungsumgebung von Excel-VBA kennen. Sie werden die Syntax der ersten Befehle anhand kleiner Codebeispiele kennen lernen. Sind Sie schon geübter im Umgang mit VBA und der Entwicklungsumgebung, dann können Sie dieses Kapitel überspringen und gleich mit den heißen Themen einsteigen.

Des Weiteren werden Sie die ersten Makros mithilfe des Makrorekorders aufzeichnen. Diese erstklassige Hilfe erlaubt es Ihnen, schnell neue VBA-Befehle kennen zu lernen, indem Sie bequem den Makrorekorder starten und händisch ein paar Aktionen, wie beispielsweise Zellen formatieren oder kopieren, durchführen. Der dazu passende Quellcode wird vom Makrorekorder automatisch erzeugt und kann danach schnell angepasst und erweitert werden.

1.2 Entwicklungsumgebung von Excel

Die Entwicklungsumgebung von Excel können Sie starten, indem Sie die Tastenkombination [Alt] + [F11] drücken. Alternativ zu dieser Vorgehensweise können Sie auch aus dem Menü EXTRAS den Befehl MAKRO/VISUAL-BASIC-EDITOR auswählen, um in die Entwicklungsumgebung zu gelangen.

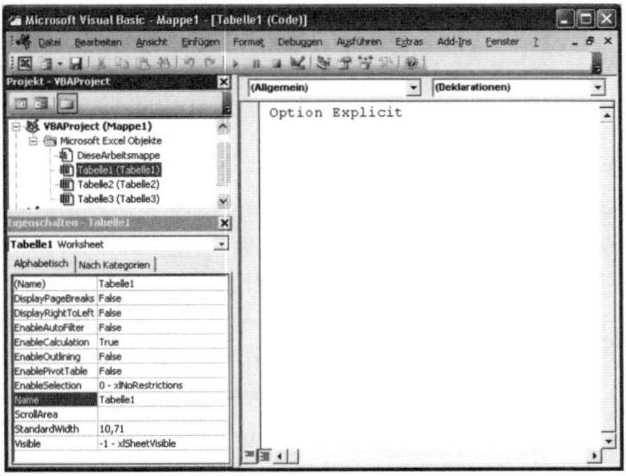

Abbildung 1.1: Die Entwicklungsumgebung von Excel

In der linken oberen Ecke sehen Sie den Projekt-Explorer, der alle geöffneten Arbeitsmappen VBAPROJECT (MAPPE1) sowie die darin enthaltenen Tabellen anzeigt. Sehen Sie sich das Eigenschaften-Fenster direkt unterhalb des Projekt-Explorers einmal an. Je nachdem, welches Objekt Sie im Projekt-Explorer markiert haben, werden im Eigenschaften-Fenster dazugehörende Eigenschaften angezeigt. Diese Eigenschaften, z.B. für eine Tabelle, können Sie direkt einstellen, ohne ein Makro schreiben zu müssen.

Scrollarea festlegen

Im Eigenschaften-Fenster können Sie die Einstellungen an den Komponenten einstellen. So können Sie z.B. in einer Tabelle den Bereich festlegen, in dem der Anwender sich in der Tabelle bewegen kann.

Um beispielsweise einen festen Bereich A1:E10 einzustellen, verfahren Sie wie folgt:

1. Wählen Sie im Project-Explorer den Eintrag TABELLE1.
2. Setzen Sie im Eigenschaften-Fenster den Mauszeiger in das Feld SCROLLAREA.
3. Geben Sie dort den Zellenbezug $A$1:$E$10 ein.
4. Bestätigen Sie diese Eingabe über die Taste [↵].

Sie haben jetzt nur die Möglichkeit, innerhalb der Zellen A1:E10 Eingaben auf der TABELLE1 vorzunehmen. Alle anderen Zellen sind für Sie nicht aktivierbar.

Makros erfassen

Um überhaupt programmieren zu können, müssen Sie zuerst einmal ein Modulblatt einfügen. Dazu gehen Sie wie folgt vor:

1. Klicken Sie im Projekt-Explorer mit der rechten Maustaste und wählen aus dem Kontextmenü den Befehl EINFÜGEN/MODUL.
2. Geben Sie nun Ihr erstes Makro im Code-Fenster ein. Orientieren Sie sich dabei an Abbildung 1.2. Es genügt, wenn Sie lediglich die erste Zeile erfassen und mit [↵] bestätigen. Excel ergänzt automatisch den Rest des Programmrahmens.

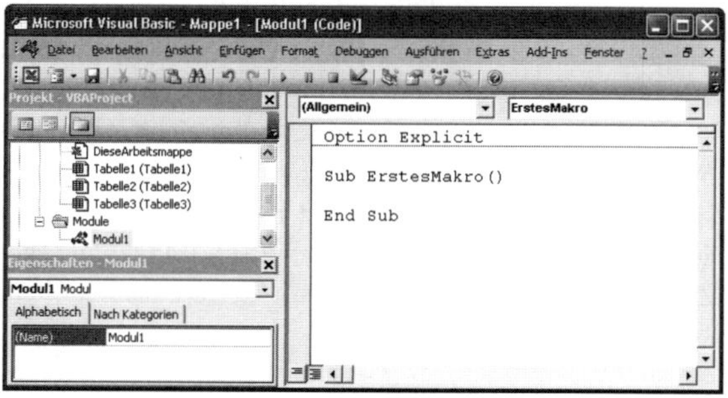

Abbildung 1.2: Das erste Makro erfassen

Dieser noch leere Makrorahmen kann jetzt ergänzt werden. Alle Befehle, die sich zwischen der `Sub`-Zeile und der `End Sub`-Zeile befinden, werden nacheinander durchgeführt.

Um beispielsweise eine `Meldung` am Bildschirm anzuzeigen, ergänzen Sie den noch leeren Makrorahmen, wie in Listing 1.1 gezeigt.

Listing 1.1: Eine Bildschirmmeldung ausgeben

```
Sub ErstesMakro()
 MsgBox "Heute ist der " & Date
End Sub
```

Setzen Sie den Mauszeiger auf die erste Zeile des Makros und drücken Sie die Taste [F5]. Als Ergebnis sehen Sie folgende Meldung aus Abbildung 1.3 auf dem Bildschirm:

Abbildung 1.3: Die Meldung mit dem aktuellen Tagesdatum wird angezeigt

Der Objektkatalog

Die Entwicklungsumgebung stellt Ihnen einen Objektkatalog zur Verfügung, in dem Sie sich über Objekte, Methoden und Eigenschaften informieren können. Lassen Sie mich an dieser Stelle etwas über die gerade genannten Fachwörter sagen.

- **Objekte:** Als Objekt bezeichnet man alle Teile, die Sie in Excel sehen können. Die wichtigsten Objekte sind die Arbeitsmappe, das Tabellenblatt, die Zeilen bzw. Spalten und die Zelle als kleinste Einheit in Excel.
- **Eigenschaften:** Darunter verbergen sich die Merkmale eines Objekts. So ist z.B. die Formatierung einer Zelle eine Eigenschaft des Objekts Zelle.
- **Methoden:** Wenn wir von Methoden sprechen, fragen Sie sich am besten immer, was kann ich mit den einzelnen Objekten machen? Angewandt auf eine Arbeitsmappe, wären das die Methoden für das Öffnen, Drucken, Speichern und Schließen.

Den Objektkatalog können Sie in der Entwicklungsumgebung aufrufen, indem Sie die Taste [F2] drücken.

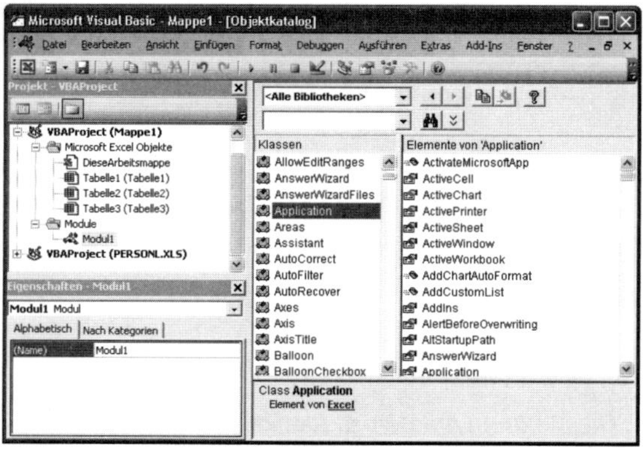

Abbildung 1.4: Der Objektkatalog von Excel-VBA

Alle in VBA zur Verfügung stehenden Objekte werden in Bibliotheken verwaltet. Standardmäßig ist im ersten Dropdown der Eintrag ALLE BIBLIOTHEKEN ausgewählt. Der Objektkatalog bietet eine Übersicht über die Objekte, Methoden und Eigenschaften, die Ihnen für die Programmierung von Excel zur Verfügung stehen.

Makros testen

Im Verlauf der Programmierung wird es nicht ausbleiben, dass Fehler auftreten. Wichtig ist aber immer zu wissen, wie weit das Programm lief, und vor allem, ob es bis zum Fehler richtig lief.

Das Direktfenster

Das wichtigste Testelement ist das Direktfenster. Sie können beispielsweise bestimmte Inhalte von Variablen, die Sie im nächsten Kapitel kennen lernen werden, im Direktfenster ausgeben. Die Anweisung, um beispielsweise den Namen der aktiven Tabelle im Direktfenster zu ermitteln, lautet:

Listing 1.2: Das Direktfenster ansprechen

```
Sub DirektfensterAnsprechen()
 Debug.Print ActiveSheet.Name
End Sub
```

Bevor Sie dieses Makro ausführen, blenden Sie das Direktfenster ein, indem Sie die Tastenkombination [Strg] + [G] drücken.

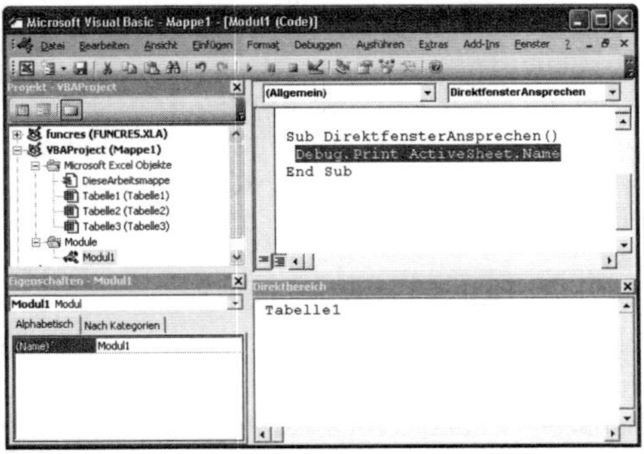

Abbildung 1.5: Das Direktfenster zum Testen von Makros verwenden

Das Überwachungsfenster

Eine besonders wertvolle Funktion können Sie einsetzen, wenn Sie das Überwachungsfenster einblenden. Wählen Sie dazu aus dem Menü ANSICHT den Befehl ÜBERWACHUNGSFENSTER. Sie haben jetzt beispielsweise die Möglichkeit, zu überprüfen, wann sich eine bestimmte Variable ändert. Genau dann soll der Makroablauf unterbrochen werden.

So können Sie z.B. eine Schleife mehrmals durchlaufen lassen und die Zwischenergebnisse beispielsweise einer Variablen kontrollieren.

Um eine Variable zu überwachen, befolgen Sie die nächsten Schritte:

1. Wählen Sie aus dem Menü DEBUGGEN den Befehl ÜBERWACHUNG HINZUFÜGEN.
2. Geben Sie im Feld AUSDRUCK die Variable an, die Sie überwachen möchten.

3. Aktivieren Sie die Option UNTERBRECHEN, WENN WERT GEÄNDERT WURDE.
4. Bestätigen Sie Ihre Einstellungen mit OK.

Wenn Sie das Überwachungsfenster einblenden und dann ein Makro mit eingestellter Überwachung starten, dann können Sie die Änderung an einer überwachten Variablen sehr gut kontrollieren.

Das Lokal-Fenster

Das Lokal-Fenster wird in der Entwicklungsumgebung standardmäßig nicht angezeigt. Über das Menü ANSICHT können Sie dieses Fenster jedoch einblenden. Das Lokal-Fenster zeigt alle deklarierten Variablen in der aktuellen Prozedur und deren Werte an. Sie haben daher die Möglichkeit, die Werte von Variablen übersichtlich zu prüfen.

Code Schritt für Schritt durchlaufen lassen

Eine weitere Möglichkeit der Fehlersuche in Excel ist es, das Makro Zeile für Zeile abzuarbeiten. Dabei gehen Sie folgendermaßen vor:

1. Setzen Sie den Mauszeiger auf die erste Zeile des Makros.
2. Drücken Sie die Taste [F8]. Alternativ dazu können Sie ebenso den Menübefehl DEBUGGEN/EINZELSCHRITT wählen. Das Makro hält nun nach jedem Befehl an. Sie können dann prüfen, ob das Makro auch das Gewünschte ausführt, indem Sie die Entwicklungsumgebung kurzfristig verlassen und auf Ihrem Tabellenblatt die Ergebnisse kontrollieren.

Haltepunkte setzen

Wenn Sie ein Makro starten, welches einen Haltepunkt aufweist, dann stoppt es genau an diesem Haltepunkt. Hiermit können Sie Programmzwischenstände abchecken.

Einen Haltepunkt können Sie setzen, indem Sie den Mauszeiger in die gewünschte Zeile im Makro setzen und die Taste [F9] drücken. Dadurch wird die Zeile standardmäßig mit der Hintergrundfarbe BRAUN hinterlegt. Wenn Sie jetzt das Makro über die Taste [F5] starten, dann wird das Makro bis zum Haltepunkt abgearbeitet und stoppt dann. Diese Zeile wird dann hervorgehoben und Sie können die Zwischenstände kontrollieren und anschließend mit der Taste [F5] die Verarbeitung des Makros fortsetzen bzw. das Makro abbrechen, indem Sie aus dem Menü AUSFÜHREN den Befehl ZURÜCKSETZEN auswählen.

Kommentare im Code hinterlegen

Hinterlegen Sie bitte ausreichend Kommentare in Ihren Makros. Es fällt Ihnen dadurch später leichter, die einzelnen Befehle nachzuvollziehen. Auch Änderungen am Makro selbst können auf diese Art und Weise festgehalten werden.

Einen Kommentar hinterlegen Sie, indem Sie ein einfaches Anführungszeichen vor dem eigentlichen Befehl oder Text eingeben. Die Befehlszeile nimmt dann standardmäßig die Schriftfarbe GRÜN an. Diese so kommentierten Zeilen werden beim Makrolauf nicht ausgewertet. Sie können ganze Kommentarzeilen anlegen oder auch innerhalb einer Zeile am Ende einen Kommentar anfügen.

Wenn Sie ganze Blöcke schnell auskommentieren möchten, dann können Sie diese recht elegant über die Symbolleiste BEARBEITEN ausführen, die Sie über den Menübefehl ANSICHT/SYMBOLLEISTEN/BEARBEITEN einblenden können. Markieren Sie danach den kompletten Codeblock, den Sie auf diese Weise auch deaktivieren möchten, und klicken auf der Symbolleiste BEARBEITEN den Befehl BLOCK AUSKOMMENTIEREN.

Möchten Sie hingegen einzelne Zeilen oder auch einen ganzen Block wieder aktiv werden lassen, dann markieren Sie die entsprechende(n) Zeile(n) und klicken auf das Symbol AUSKOMMENTIERUNG DES BLOCKS AUFHEBEN.

Einzüge vergrößern bzw. verkleinern

Um den Programmcode leichter lesbar zu machen, können Sie einzelne Befehle oder gar ganze Blöcke im Quellcode einrücken. Auf der Symbolleiste BEARBEITEN finden Sie die beiden Symbole EINZUG VERKLEINERN bzw. EINZUG VERGRÖSSERN. Mit dieser Funktion können Sie einzelne Zeilen oder auch mehrere Zeilen auf einmal nach links bzw. wieder nach rechts einrücken.

Befehle in der nächsten Zeile fortsetzen

Selbstverständlich können Sie längere Befehlsketten in einer Zeile eingeben. Der Nachteil daran ist, dass Sie irgendwann so weit nach rechts scrollen müssen und damit den Anfang der Zeile nicht mehr sehen. Hier empfiehlt sich über ein Trennzeichen dem Editor mitzuteilen, dass der Befehl in der nächsten Zeile weitergeht.
Auch hier leistet die automatische Syntaxprüfung in Excel hervorragende Hilfe, denn nicht jeder Befehl lässt sich an einer beliebigen Stelle trennen.
Um einen Befehl in der nächsten Zeile fortzusetzen, verfahren Sie wie folgt:

1. Drücken Sie am Ende der Zeile zunächst die [Leer]-Taste und geben anschließend das Unterstrich-Zeichen »_« ein. Damit weiß der Editor, dass der Befehl in der nächsten Zeile fortgesetzt werden muss.
2. Schreiben Sie in der nächsten Zeile weiter.

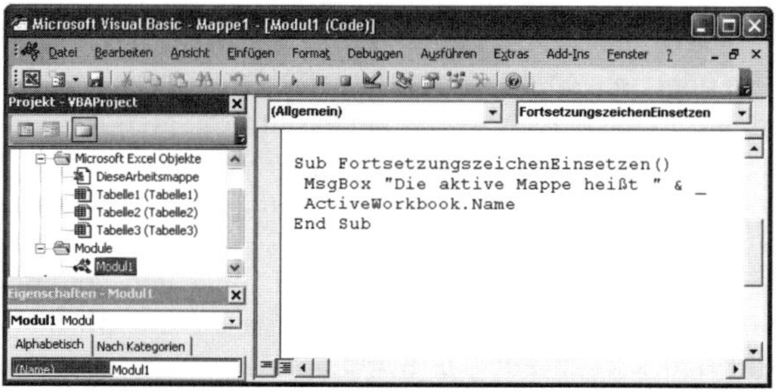

Abbildung 1.6: Einen Befehl in der nächsten Zeile fortsetzen

Analog dazu können Sie auch mehrere Befehle in eine Zelle setzen, wenn diese recht kurz sind. Sehen Sie sich dazu das nächste Makro aus Listing 1.3 an.

Listing 1.3: Mehrere Befehle in einer Zelle unterbringen

```
Sub MehrereBefehleInEineZeile()
Dim i As Integer: i = 1

MsgBox i
End Sub
```

Die Deklaration der Variablen `i` sowie die Vorbelegung dieser Variablen kann beispielsweise in einer Zeile vorgenommen werden, um etwas Platz nach unten zu sparen. Dabei werden die beiden Anweisungen durch den Doppelpunkt voneinander getrennt.

Wenn Sie im Direktfenster einige Befehle übersichtlich nebeneinander eingeben möchten, dann lautet die Syntax dafür wie in Abbildung 1.7 angezeigt:

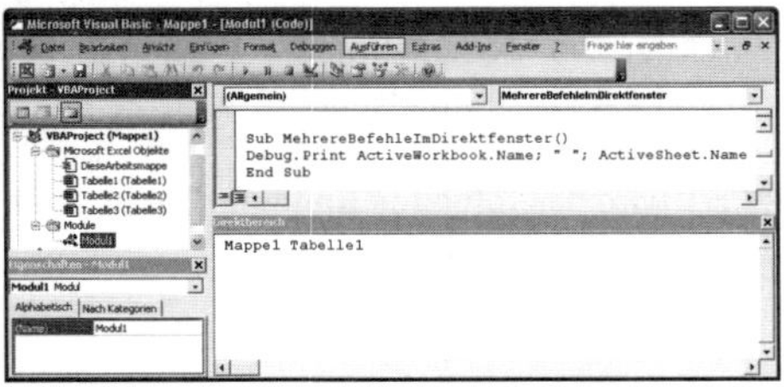

Abbildung 1.7: Mehrere Befehle in das Direktfenster schreiben

Suchen und Ersetzen

Wie Sie es auch von anderen Programmen kennen, gibt es in der Entwicklungsumgebung von Excel eine Möglichkeit, Textteile zu finden und zu ersetzen. Dabei haben Sie die Möglichkeit, bestimmte Texte bzw. Befehle nicht nur im aktuellen Modul, sondern auch in allen Modulen des Projekts zu finden. Aufgerufen werden kann diese Funktion über drei Wege:

- Klicken Sie auf das Symbol SUCHEN in der Symbolleiste VOREINSTELLUNG.
- Alternativ dazu können Sie die Tastenkombination [Strg] + [F] drücken.
- Wählen Sie aus dem Menü BEARBEITEN den Befehl SUCHEN aus.

Bei allen drei Varianten wird das Dialogfeld SUCHEN angezeigt.

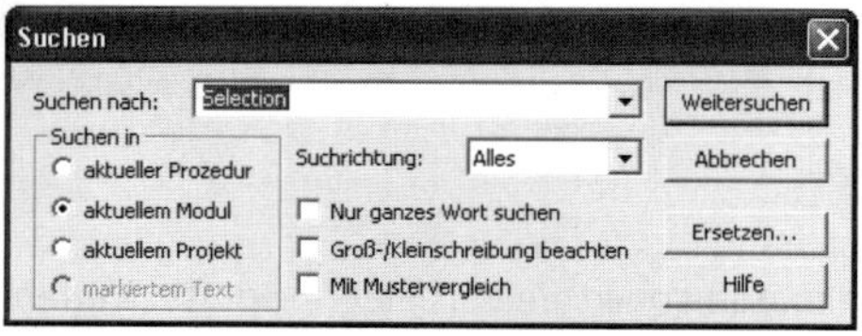

Abbildung 1.8: Der Suchen-Dialog für eine komfortable Suche

Im Feld SUCHEN NACH geben Sie den Befehl bzw. die Textfolge ein, nach der Sie suchen möchten. Im Gruppenfeld SUCHEN IN haben Sie die Möglichkeit, Ihre Suche über Ihr aktuelles Modul hinaus auszudehnen. Standardmäßig unterscheidet Excel nicht zwischen Groß- und Kleinschreibung. Ist dies erwünscht, müssen Sie das entsprechende Kontrollkästchen aktivieren. Die Suchrichtung legen Sie im gleichnamigen Dropdown-Feld fest. Standardmäßig wird in beide Richtungen gesucht, also abwärts sowie aufwärts. Mit einem Klick auf die Schaltfläche ERSETZEN wird das folgende Dialogfeld angezeigt.

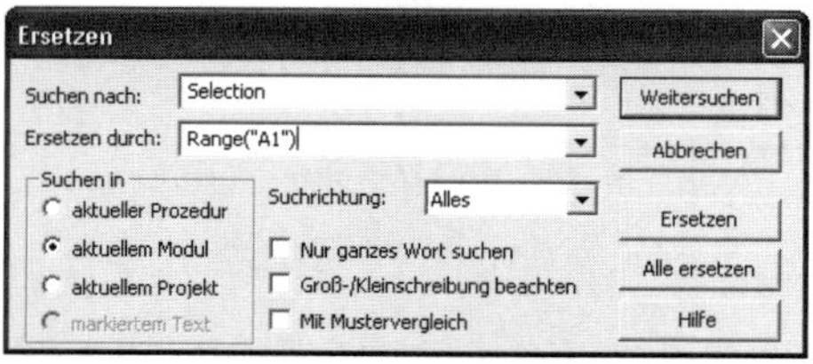

Abbildung 1.9: Der Ersetzen-Dialog wird aufgerufen.

Möchten Sie einen Text durch einen anderen ersetzen, müssen Sie noch einen Text im Feld ERSETZEN DURCH angeben. Mit einem Klick auf die Schaltfläche DURCHSUCHEN wird die erste gefundene Übereinstimmung angezeigt. Jetzt haben Sie die Wahl, entweder schrittweise Texte zu ersetzen (sichere Methode) oder komplett alle gefundenen Texte.

Hinweis

Vorsicht bei Ersetzungen von Textteilen! Geben Sie möglichst den gesuchten Text vollständig an. Es kann zu katastrophalen Resultaten führen, wenn Sie einzelne Texteile durch andere ersetzen. Nicht selten werden dann auch Teile von Befehlen, Methoden oder Eigenschaften mitersetzt. Dies hat dann zur Folge, dass Sie den gesamten Code erneut korrigieren müssen, um Ihre Makros wieder zum Laufen zu bringen.

Symbolleisten

In der Entwicklungsumgebung stehen Ihnen vier Symbolleisten zur Verfügung, die Sie als Unterstützung für das Erstellen, Formatieren und Testen von Makros und Dialogen einsetzen können. Diese Symbolleisten können Sie über den Menübefehl ANSICHT/SYMBOLLEISTEN anzeigen lassen.

Symbolleiste Voreinstellung

Symbol	Kurzbeschreibung
	Wechseln zum Excel-Applikationsfenster (normale Excel-Ansicht)
	Fügt Formulare, Module, Klassenmodule oder Prozeduren ein
	Speichert das Projekt sowie auch die Arbeitsmappe
	Schneidet den markierten Bereich aus
	Kopiert den markierten Bereich
	Fügt den Inhalt der Zwischenablage ein
	Ruft den Suchen-Dialog auf
	Widerruft die letzte Aktion

Tabelle 1.1: Die Symbolleiste Voreinstellung

Symbol	Kurzbeschreibung
	Wiederholt die letzte Aktion
	Führt das Makro an der Cursorposition aus
	Unterbricht die laufende Prozedur
	Setzt das Projekt zurück auf den Ausgangszustand (besonders wichtig nach der Korrektur fehlerhafter Codezeilen)
	Schaltet den Entwurfsmodus ein/aus
	Aktiviert das Projektfenster
	Aktiviert das Eigenschaftenfenster
	Ruft den Objektdialog auf
	Blendet die Werkzeugsammlung ein (nur bei Userforms aktivierbar)
	Ruft die Online-Hilfe für den vorher markierten Befehl auf
Z 10, S 13	Dient der Orientierung im Quellcode (gibt die aktive Zeile und Spalte aus)

Tabelle 1.1: Die Symbolleiste Voreinstellung (Forts.)

Symbolleiste Bearbeiten

Symbol	Kurzbeschreibung
	Zeigt die Liste der Eigenschaften und Methoden eines Befehls an
	Zeigt die Liste aller möglichen Konstanten an
	Zeigt für einen Befehl die Syntax als Quickinfo-Fenster an
	Zeigt eine Parameterinfo an
	Vervollständigt das begonnene Wort

Tabelle 1.2: Die Symbolleiste Bearbeiten

Symbol	Kurzbeschreibung
	Schiebt die Zeile um eine Tabulator-Schrittweite nach rechts
	Schiebt die Zeile um eine Tabulator-Schrittweite nach links
	Setzt bzw. löscht einen Haltepunkt
	Wandelt die Zeile bzw. die markierten Zeilen in Kommentare um
	Setzt die Kommentarzeile(n) wieder in ausführbare Codezeilen zurück
	Fügt ein Lesezeichen ein bzw. entfernt ein bereits gesetztes Lesezeichen
	Springt zum nächsten Lesezeichen
	Springt zum vorherigen Lesezeichen
	Löscht alle gesetzten Lesezeichen

Tabelle 1.2: Die Symbolleiste Bearbeiten (Forts.)

Symbolleiste Debuggen

Symbol	Kurzbeschreibung
	Schaltet den Entwurfsmodus ein/aus
	Führt das Makro an der Cursorposition aus
	Unterbricht die laufende Prozedur
	Setzt das Projekt zurück auf den Ausgangszustand (besonders wichtig nach der Korrektur fehlerhafter Codezeilen)
	Setzt bzw. löscht einen Haltepunkt
	Führt das Makro im Einzelschrittmodus durch

Tabelle 1.3: Die Symbolleiste Debuggen

Symbol	Kurzbeschreibung
	Führt einen Prozedurschritt durch
	Schließt eine Prozedur ab
	Blendet das Lokal-Fenster ein
	Blendet das Direkt-Fenster ein
	Blendet das Überwachungsfenster ein
	Zeigt den aktuellen Wert einer Variablen in einem QuickInfo-Fenster an
	Zeigt die Makro-Aufrufe-Liste in einem Dialog an

Tabelle 1.3: Die Symbolleiste Debuggen (Forts.)

Symbolleiste Userform

Symbol	Kurzbeschreibung
	Stellt das markierte Objekt in den Vordergrund
	Stellt das markierte Objekt in den Hintergrund
	Stellt eine Gruppierung der markierten Objekte her
	Löst eine Gruppierung wieder auf
	Bietet verschiedene Möglichkeiten der Ausrichtung der Steuerelemente an, u.a. links, rechts, zentriert, oben und unten
	Erlaubt eine horizontale bzw. vertikale Ausrichtung der Steuerelemente in der Userform
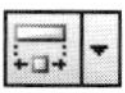	Ermöglicht die einheitliche Größenanpassung der markierten Steuerelemente
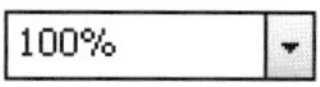	Ändert die Größe einzelner Steuerelemente

Tabelle 1.4: Die Symbolleiste Userform

Tastenkombinationen

Neben den wohl beiden bekanntesten Tastenkombinationen [Strg] + [C], um Codeteile zu kopieren, und [Strg] + [V], um diese kopierten Codeteile an anderer Stelle des Moduls wieder einzufügen, gibt es eine ganze Reihe weiterer Tastenkombinationen, die Ihnen mehr Arbeitserleichterung und eine nicht zu unterschätzende Zeitersparnis beim Programmieren bringen.

Entnehmen Sie der folgenden Tabelle einige der gängigsten Tastenkombinationen für das zügige Arbeiten in der Entwicklungsumgebung.

Tastenkombination	Beschreibung
[F7]	Code-Fenster anzeigen
[F2]	Objektkatalog anzeigen
[STRG] + [F]	Suchen
[STRG] + [H]	Ersetzen
[F3]	Weitersuchen
[⇧] + [F3]	Vorheriges suchen
[STRG] + [↓]	Nächste Prozedur
[STRG] + [↑]	Vorherige Prozedur
[UMSCHALT] + [F2]	Definition anzeigen
[STRG] + [BILD↓]	Einen Bildschirm nach unten
[STRG] + [BILD↑]	Einen Bildschirm nach oben
[STRG] + [⇧] + [F2]	Zur letzten Position wechseln
[STRG] + [POS1]	Anfang des Moduls
[STRG] + [ENDE]	Ende des Moduls
[STRG] + [→]	Ein Wort nach rechts
[STRG] + [←]	Ein Wort nach links
[ENDE]	Zum Zeilenende wechseln
[POS1]	Zum Zeilenanfang wechseln
[STRG] + [Z]	Letzten Befehl rückgängig machen
[STRG] + [C]	Code kopieren
[STRG] + [X]	Code ausschneiden
[STRG] + [V]	Code einfügen

Tabelle 1.5: Die Tastenkombinationen des Entwicklers

Tastenkombination	Beschreibung
STRG + Y	Aktuelle Zeile löschen
STRG + ENTF	Bis zum Wortende löschen
⇥	Einzug vergrößern
⇧ + ⇥	Einzug verkleinern
STRG + ⇧ + F9	Alle Haltepunkte löschen
⇧ + F10	Kontextmenü anzeigen
STRG + P	Modul drucken
STRG + E	Modul/Formular exportieren
STRG + S	Modul speichern

Tabelle 1.5: Die Tastenkombinationen des Entwicklers (Forts.)

1.3 Makrorekorder einsetzen

Mit Hilfe des Makrorekorders können Sie, wie zu Beginn des Kapitels gesagt, einzelne Arbeitsschritte aufzeichnen. Dabei müssen Sie noch keine einzige Zeile VBA-Code programmieren. Diese Aufgabe wird von Excel im Hintergrund durchgeführt.

So können Sie z.B. auf einer Tabelle alle Formelzellen automatisch markieren lassen. Dazu gehen Sie wie folgt vor:

1. Wählen Sie aus dem Menü EXTRAS den Befehl MAKRO/AUFZEICHNEN.

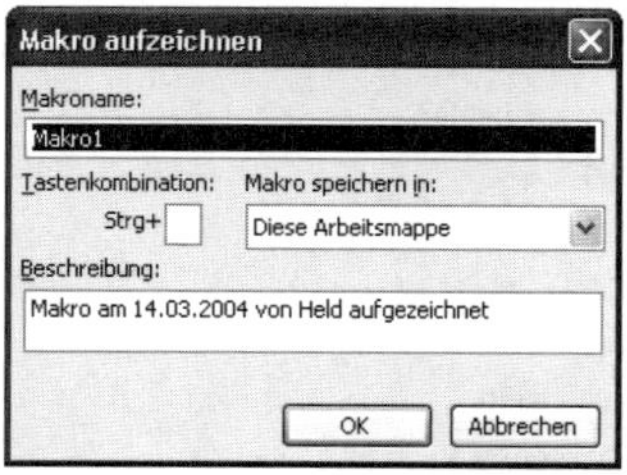

Abbildung 1.10: Den Makrorekorder starten

2. Belassen Sie den voreingestellten Namen des Makros.
3. Belassen Sie den Eintrag DIESE ARBEITSMAPPE, wenn Sie das Makro in der momentan geöffneten Arbeitsmappe ablegen möchten. Wenn Sie hingegen ein Makro aufzeichnen, welches immer für jede Arbeitsmappe verfügbar sein soll, dann wählen Sie aus dem

Dropdown den Eintrag PERSÖNLICHE MAKROARBEITSMAPPE, ansonsten behalten Sie den standardmäßig eingestellten Eintrag DIESE ARBEITSMAPPE bei. In diesem Fall können Sie die Makros nur nutzen, wenn Sie die entsprechende Arbeitsmappe auch geöffnet haben.

4. Starten Sie die Aufzeichnung mit einem Klick auf OK.
5. Wechseln Sie jetzt auf die Tabelle, in der Sie alle Formeln markieren möchten, und drücken Sie die Taste `F5`.
6. Im Dialog GEHE ZU klicken Sie die Schaltfläche INHALTE.
7. Im Dialog INHALTE AUSWÄHLEN aktivieren Sie die Option FORMELN und bestätigen mit OK.
8. Beenden Sie die Aufzeichnung, indem Sie aus dem Menü EXTRAS den Befehl MAKRO/AUFZEICHNUNG BEENDEN auswählen.
9. Wechseln Sie über die Tastenkombination `Alt` + `F11` in die Entwicklungsumgebung und sehen Sie sich die Aufzeichnung des Makrorekorders an. Standardmäßig wird hierfür ein neues Modul angelegt.

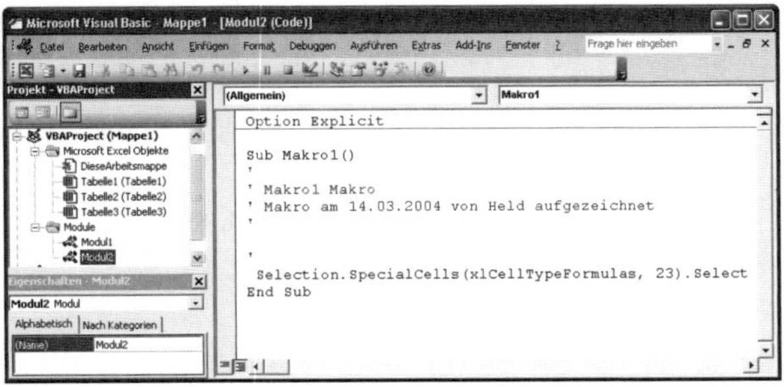

Abbildung 1.11: Der automatisch aufgezeichnete Makrocode

Oftmals lässt sich der vom Makrorekorder aufgezeichnete Quellcode vereinfachen bzw. komprimieren. So kann gerade dieses Beispiel wie in Listing 1.4 dargestellt vereinfachen.

Listing 1.4: Alle Formelzellen einer Tabelle markieren (Variante 2)

```
Sub Makro2()
 Selection.SpecialCells(xlCellTypeFormulas).Select
End Sub
```

Alternativ kann der gleiche Effekt auch noch kürzer wie in Listing 1.5 erreicht werden.

Listing 1.5: Alle Formelzellen einer Tabelle markieren (Variante 3)

```
Sub Makro3()
 Selection.SpecialCells(3).Select
End Sub
```

Da der Makrorekorder relativ einfach manuell ausgeführte Befehle in Quellcode umsetzt, sollte diese Vorgehensweise nur angewendet werden, wenn die Syntax der Befehle auf diese Weise in Erfahrung gebracht werden soll. Nähere Informationen zu einem Befehl können Sie jederzeit abrufen, indem Sie den Befehl markieren und die Taste F1 drücken. In der Online-VBA-Hilfe wird der Befehl und dessen Syntax, oft auch anhand eines Beispiels, erklärt.

2 Variablen, Datentypen und Konstanten

Das folgende Kapitel bildet die Voraussetzung für eine strukturierte Programmierung in Excel. Mit Variablen speichern Sie Informationen dauerhaft während der Laufzeit eines Makros, d.h. Sie können Variablen auch mehrmals im Makro benutzen, indem Sie Variablen füllen und Werte hochzählen oder subtrahieren. Mit Konstanten legen Sie Informationen fest, die sich selten oder sogar nie ändern. Excel bietet für die Deklaration von Variablen und Konstanten eine ganze Auswahl an Datentypen. Je nach Aufgabe setzen Sie dazu die vorgesehenen Datentypen ein.

2.1 Regeln für die Syntax von Variablen

Folgende Regeln gelten für die Benennung von Variablen:

- Das erste Zeichen muss aus einem Buchstaben bestehen. Als folgende Zeichen können Sie Buchstaben, Zahlen und einige Sonderzeichen verwenden.
- Sie dürfen keine Leerzeichen in einem Variablennamen verwenden. Wenn Sie einzelne Wörter trennen möchten, verwenden Sie dazu den Unterstrich, wie z.B. `Dim Miete_Januar as Currency`.
- Sonderzeichen wie #, %, &, ! oder ? sind nicht erlaubt.

Wenn Sie Ihre Variablennamen übersichtlich und auch aussagekräftig definieren möchten, empfiehlt sich die folgende Schreibweise:

```
Dim sTextMeldungFürFehler as String
```

Hier geht aus dem Namen der Variablen klar hervor, welchem Zweck die Variable dienen soll. Als zweiter Punkt ist die Variable durch die Schreibweise leicht lesbar.

2.2 Variablen- und Datentypen

Variablen werden immer zu Beginn eines Makros deklariert, also nach der `Sub`-Anweisung. Dabei spricht man von lokalen Variablen.

Diese Variablen können nur in dem Makro verwendet werden, in dem sie deklariert wurden. Nachdem ein Makro durchlaufen ist, wird diese Variable wieder aus dem Speicher gelöscht
Von globalen Variablen spricht man, wenn Sie diese allgemein gültig, also in mehreren Makros, verwenden möchten. Dann muss die Variablendeklaration vor der `Sub`-Anweisung stattfinden.
Globale Variablen können gleich für mehrere Makros verwendet werden. Diese werden nach dem Ende eines Makros auch nicht gelöscht und behalten ihren aktuellen Wert. Es gibt Beispiele, in denen diese Vorgehensweise sinnvoll ist. In den meisten Fällen sollten globale Variablen aber weitestgehend vermieden werden, da sie wertvollen Speicherplatz auf dem Stapelspeicher belegen, was sich negativ auf das Laufzeitverhalten von Makros auswirken kann.
Eine Variablendeklaration beginnt immer mit der Anweisung `Dim`, gefolgt von einem Variablennamen, den Sie frei wählen können. Danach geben Sie mit dem Schlüsselwort `As` an, welchen Datentyp die Variable erhalten soll. Die Tabelle 2.1 listet die gängigsten Datentypen auf.

Variablentyp	Wertebereich/Speicherbedarf
`Byte`	Ganze Zahlen zwischen 0 und 255 (1 Byte)
`Boolean`	Wahrheitswert, entweder `True` oder `False` (2 Byte)
`Currency`	Währungs-Datentyp: Festkommazahlen mit 15 Stellen vor und 4 Stellen nach dem Komma (8 Byte)
`Date`	Datums- und Zeit-Datentyp (8 Byte)
`Decimal`	Dezimalzahlen (14 Byte)
`Double`	Fließkommazahlen mit einer Genauigkeit von 16 Stellen hinterm Komma (8 Byte)
`Integer`	Ganze Zahlen zwischen –32.768 und +32.767 (2 Byte)
`Long`	Ganze Zahlen im Wertebereich von –2.147.483.648 und +2.147.483.647 (4 Byte)
`Object`	Datentyp gibt einen Verweis auf ein Objekt wieder (4 Byte).
`Single`	Fließkommazahlen mit einer Genauigkeit von 8 Stellen hinterm Komma (4 Byte)

Tabelle 2.1: Datentypen für die Programmierung

Variablentyp	Wertebereich/Speicherbedarf
`String`	Der Datentyp für alle Texte (10 Byte)
`Variant`	Standarddatentyp, wird automatisch gewählt, wenn kein anderer Datentyp definiert ist (16 Byte).

Tabelle 2.1: Datentypen für die Programmierung (Forts.)

Möchten Sie möglicherweise die Variablennamen nicht mehr ganz so lang schreiben und auch bei der Datentyp-Anweisung weniger Schreibarbeit haben?

Ausführlich	Kurzform
`Dim Zähler as Integer`	`Dim Z%`
`Dim ZählerGroß as Long`	`Dim ZzGr&`
`Dim Betrag as Currency`	`Dim Bg@`
`Dim Meldung as String`	`Dim Meld$`

Tabelle 2.2: Variablen noch kürzer definieren

Variablendeklaration mit DefType

Wenn eine größere Menge von Variablen des gleichen Typs verwendet werden muss, können Sie sich die Deklaration der einzelnen Variablen sparen, indem Sie die Anweisung `DefType` einsetzen. Dabei darf diese Anweisung nicht innerhalb von Prozeduren, sondern nur auf Modulebene eingesetzt werden.

So bedeutet die Anweisung

```
DefInt i-j
```

dass alle Variablen, die mit den Buchstaben `i` oder `j` beginnen, automatisch `Integer`-Variablen sein sollen. Entnehmen Sie der folgenden Tabelle weitere mögliche Anweisungen zu `DefType`.

Anweisung	Datentyp
`DefBool`	`Boolean`
`DefByte`	`Byte`
`DefCur`	`Currency`
`DefDbl`	`Double`

Tabelle 2.3: DefType-Anweisungen

Anweisung	Datentyp
DefDate	Date
DefInt	Integer
DefLng	Long
DefObj	Object
DefStr	String
DefSng	Single
DefVar	Variant

Tabelle 2.3: DefType-Anweisungen (Forts.)

Statische Variablen

Sie haben die Möglichkeit, Variablen so definieren, dass deren »Haltbarkeit« nach jedem Makroende erhalten bleibt. Sehen Sie sich dazu einmal die beiden folgenden Listings an:

Listing 2.1: Variable zerfällt nach jedem Makroende

```
Sub Variablen01()
Dim i As Long

i = i + 1
MsgBox i
End Sub
```

In Listing 2.1 wird bei jedem Makrostart die Variable auf den Anfangswert 1 zurückgesetzt.

Listing 2.2: Variable bleibt nach Makroende erhalten

```
Sub Variablen02()
Static i As Long

i = i + 1
MsgBox i
End Sub
```

Private Variablen

Als Nächstes ist die Anweisung `Private` zu nennen. Wird diese Anweisung bei der Deklaration einer Variablen eingesetzt, ist deren Gültigkeit für alle im Projekt befindlichen Makros gültig.

Listing 2.3: Diese Variable kann nur von Makros im gleichen Modul geändert werden.

```
Private l As Long
Sub Variable03()
l = l + 1
MsgBox "Wert geändert von Sub Variable03: Wert:" & l
End Sub
```

Öffentliche Variablen

In der Entwicklungsumgebung von Excel können Sie mehrere Module anlegen. Um Variablen modulübergreifend abfragen oder ändern zu können, müssen Sie eine solche Variable als öffentlich deklarieren. Diese Variablen werden mit der Anweisung `Public` deklariert. Damit haben Sie die Möglichkeit, auf Variablen zuzugreifen, die in anderen Modulen untergebracht sind.

Listing 2.4: Diese Variable kann von allen Modulen des Projekts aufgerufen werden.

```
Public l As Long

Sub Variable04()
l = l + 1
MsgBox "Wert geändert von Sub Variable04: Wert:" & l
End Sub
```

2.3 Variablendeklarationen erzwingen

Sie können Excel so einstellen, dass jede Variable vor deren erster Verwendung deklariert werden muss. Vorher läuft kein einziges Makro an, sofern es mit Variablen arbeitet, die zuvor nicht deklariert wurden. Um diese wichtige Einstellung vorzunehmen, wechseln Sie in die Entwicklungsumgebung und rufen den Befehl EXTRAS/OPTIONEN auf. Wechseln Sie auf die Registerkarte EDITOR und aktivieren Sie das Kontrollkästchen VARIABLENDEKLARATION ERFORDERLICH.

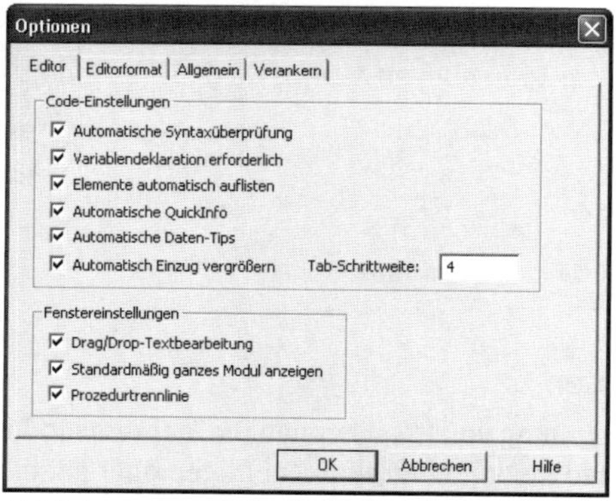

Abbildung 2.1: Variablendeklaration erzwingen

2.4 Konstanten

Im Gegensatz zu den Variablen ändern die Konstanten ihre Werte nie und bleiben während der Programmausführung immer konstant. Auch hier wird zwischen lokalen und globalen Konstanten unterschieden. Globale Konstanten werden außerhalb der einzelnen Makros definiert und sind damit für alle Makros im Modul verwendbar. Lokale Konstanten hingegen gelten nur in dem Makro, in welchem sie definiert wurden. Wie schon bei den Variablen sollten Sie darauf achten, nicht allzu viele globale Konstanten zu verwenden, da sich dies merklich auf Ihren Speicher auswirkt.

Nachfolgend ein paar typische Deklarationen mit Konstanten:

```
Const Mappe = "Mappe1.xls"
Const StartDatum = #1/1/2002#
Const Fehlermeldung1 = _
 "Fehler beim Drucken aufgetreten!"
Const MWST = 1.16
```

Was kann hier noch verbessert werden? Was für die Variablen gilt, hat auch bei den Konstanten Konsequenzen. In den obigen Beispielen ist noch nicht erklärt worden, welche Datentypen verwendet werden sollen. Zum aktuellen Zeitpunkt wird in allen vier Beispielen der Datentyp `Variant` eingesetzt. Es geht auch etwas genauer und Speicher sparender:

```
Const Mappe as String = "Mappe1.xls"
Const StartDatum As Date = #1/1/2002#
Const Fehlermeldung1 as String = _
 "Fehler beim Drucken!"
Const MWST as Single = 1.16
```


2.5 Objektvariable Range

Über die Objektvariable `Range` können Sie einzelne Zellen, ganze Zeilen, Spalten und Bereiche ansprechen.

▶ Hinweis

Weitere Methoden, Eigenschaften zum Objekt Range finden Sie in *Kapitel 9*.

Value-Eigenschaft

Über die Eigenschaft `Value` können Sie den Inhalt einer Zelle auslesen bzw. auch den Inhalt für eine Zelle festlegen.

▶ Syntax

```
Ausdruck.Value(RangeValueDataType)
```

Argument	Beschreibung
`Ausdruck`	Erforderlich. Ein Ausdruck, der ein `Range`-Objekt zurückgibt.
`RangeValueDataType`	Optionaler `Variant`-Wert. Der Datentyp des Bereichswertes. Dies kann eine `xlRangeValueDataType`-Konstante sein.

Tabelle 2.4: Argumente der Eigenschaft Value

Konstante	Beschreibung
`xlRangeValueDefault`	Standard. Wenn das angegebene `Range`-Objekt leer ist, wird der Wert `Empty` zurückgegeben (verwenden Sie die Funktion `IsEmpty`, um diesen Fall zu prüfen). Wenn das `Range`-Objekt mehr als eine Zelle enthält, gibt dieses Objekt eine Matrix von Werten zurück (verwenden Sie die Funktion `IsArray`, um diesen Fall zu prüfen).
`xlRangeValueMSPersistXML`	Gibt die `Recordset`-Darstellung des angegebenen `Range`-Objektes im XML-Format zurück.
`xlRangeValueXMLSpreadsheet`	Gibt die Werte, Formatierungen, Formeln und Namen des angegebenen `Range`-Objektes im XML-Tabellenformat zurück.

Tabelle 2.5: Konstanten für RangeValueDataType

▶ Beispiele

Im nächsten Beispiel aus Listing 2.5 wird der Inhalt der Zelle A1 auf der TABELLE1 abgefragt.

Listing 2.5: Zelleninhalt abfragen

```
Sub ZelleAuslesen()
Dim Zelle As Range

Set Zelle = Sheets("Tabelle1").Range("A1")
Debug.Print Zelle.Value
End Sub
```

Über die Anweisung `Set` stellen Sie die Verbindung zum Objekt her. Über die Objektvariable `Zelle` vom Typ `Range` können Sie danach auf alle Eigenschaften und Methoden zurückgreifen, die für Zellen zur Verfügung stehen.

Im folgenden Makro aus Listing 2.6 schreiben Sie den Wert `0` in die Zelle A1 der TABELLE1.

Listing 2.6: Zelle füllen

```
Sub ZelleFüllen()
Dim Zelle As Range

Set Zelle = Sheets("Tabelle1").Range("A1")
Zelle.Value = 0
End Sub
```


Address-Eigenschaft

Über die Eigenschaft `Address` aus Listing 2.7 können Sie die Adresse einer Zelle oder eines Bereichs ermitteln.

▶ Syntax

```
Ausdruck.Address(RowAbsolute, ColumnAbsolute,
ReferenceStyle, External, RelativeTo)
```

Argument	Beschreibung
`Ausdruck`	Erforderlich. Ein Ausdruck, der ein `Range`-Objekt zurückgibt.
`RowAbsolute`	Optional. `True`, wird der Bezugsteil mit der Zeilenangabe als absoluter Bezug zurückgegeben.
`ColumnAbsolute`	Optional. `True`, wird der Bezugsteil mit der Spaltenangabe als absoluter Bezug zurückgegeben.
`ReferenceStyle`	`xlA1` Standard. Verwenden Sie `xlA1`, um einen Bezug in der A1-Schreibweise zurückzugeben. `xlR1C1` um einen Bezug in der Z1S1-Schreibweise zurückzugeben.
`External`	Optional. `True`, wird ein externer Bezug zurückgegeben. Wenn `False`, wird ein lokaler Bezug zurückgegeben.
`RelativeTo`	Optional. Sind `RowAbsolute` und `ColumnAbsolute` beide `False` und wird für `ReferenceStyle` der Wert `xlR1C1` angegeben, müssen Sie einen Startpunkt für den relativen Bezug angeben. Dieses Argument ist ein `Range`-Objekt und definiert den Startpunkt.

Tabelle 2.6: Argumente der Eigenschaft Address

Beispiel

Listing 2.7: Zellenadresse ermitteln

```
Sub ZellenAdresse()
Dim Zelle As Range

Set Zelle = Sheets("Tabelle1").Range("A1")
Debug.Print Zelle.Address
Debug.Print Zelle.Address(RowAbsolute:=False)
Debug.Print Zelle.Address(ColumnAbsolute:=False)
Debug.Print Zelle.Address(ReferenceStyle:=xlR1C1)
End Sub
```

Abbildung 2.2: Zellenbezüge ausgeben

Formula-Eigenschaft

Über den Einsatz der Eigenschaft `Formula` bzw. `FormulaLocal` können Sie die Formel, Funktion oder auch eine Verknüpfung aus einer Zelle herauslesen.

Syntax

`Ausdruck.Formula`

Das erforderliche Argument `Ausdruck` ist ein Ausdruck, der ein `Range`-Objekt darstellt.

Beispiel

Im folgenden Beispiel aus Listing 2.8 wird die Formel SUMME aus Zelle A5 der TABELLE1 ermittelt.

Listing 2.8: Formel aus einer Zelle ziehen

```
Sub ZellenFormel()
Dim Zelle As Range

Set Zelle = Sheets("Tabelle1").Range("A5")
Debug.Print Zelle.Formula
Debug.Print Zelle.FormulaLocal
End Sub
```

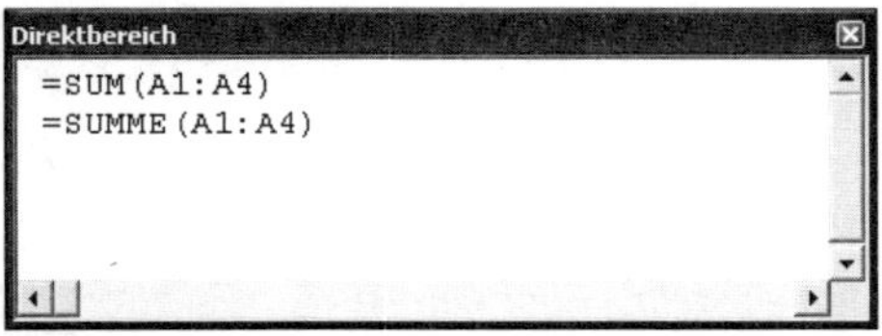

Abbildung 2.3: Formeltext aus einer Zelle auslesen

Clear-Methode

Über die Methode `Clear` können Sie den Inhalt einer Zelle, Zeile oder Spalte löschen.

▶ Syntax

`Ausdruck.Clear`

Das erforderliche Argument `Ausdruck` ist ein Ausdruck, der ein `Range`-Objekt darstellt.

▶ Beispiel

Im folgenden Beispiel aus Listing 2.9 wird jeglicher Inhalt der Zeile 1 gelöscht.

Listing 2.9: Inhalt einer ganzen Zeile löschen

```
Sub ZeileninhaltLöschen()
Dim Zeile As Range

Set Zeile = Sheets("Tabelle1").Rows(1)
Zeile.Clear
End Sub
```

AutoFit-Methode

Über den Einsatz der Methode `AutoFit` können Sie die Breite einer oder mehrerer Spalten nach dem tatsächlichen Platzbedarf bestimmen.

► Syntax

`Ausdruck.AutoFit`

Das erforderliche Argument `Ausdruck` ist ein Ausdruck, der ein `Range`-Objekt darstellt.

► Beispiel

Im folgenden Beispiel aus Listing 2.10 wird die Spaltenbreite für die Spalten A bis D in TABELLE1 optimal eingestellt.

Listing 2.10: Spaltenbreite einstellen über AutoFit

```
Sub Spaltenbreiteanpassen()
Dim Spalte As Range

Set Spalte = Sheets("Tabelle1").Columns("A:D")
Spalte.AutoFit
End Sub
```

ColorIndex-Eigenschaft

Über die Eigenschaft `ColorIndex` können Sie die Hintergrundfarbe von Zellen und Bereichen festlegen. Zur Verfügung stehen 56 Standardfarben, von denen jede über einen eindeutigen Index angesprochen werden kann.

► Syntax

`Ausdruck.ColorIndex`

Das erforderliche Argument `Ausdruck` ist ein Ausdruck, der ein `Interior`-Objekt (Hintergrund), `Font`-Objekt (Schrift) oder ein `Border`-Objekt (Rahmen) darstellt.

► Beispiel

Im folgenden Beispiel aus Listing 2.11 wird einer Objektvariablen ein Bereich zugewiesen und die Eigenschaft `ColorIndex` auf den Hintergrund des Bereiches angewendet, um den Bereich einzufärben.

Listing 2.11: Bereich einfärben über ColorIndex

```
Sub BereichFärben()
Dim Bereich As Range

Set Bereich = Sheets("Tabelle1").Range("A1:D5")
Bereich.Interior.ColorIndex = 3
End Sub
```


Union-Methode

Über die Methode `Union` können Sie mehrere Bereiche auf einer Tabelle zusammenfassen.

▶ Syntax

```
Ausdruck.Union(Arg1, Arg2, ...)
```

Argumente	Beschreibung
`Ausdruck`	Das erforderliche Argument `Ausdruck` ist ein Ausdruck, der ein `Application`-Objekt darstellt.
`Arg1, Arg2`	Erforderlich. Es müssen mindestens zwei Range-Objekte angegeben werden.

Tabelle 2.7: Argumente der Methode Union

▶ Beispiel

Im Makro aus Listing 2.12 werden drei nicht zusammenhängende Bereiche zu einem Gesamtbereich zusammengefasst und dann mit einem Wert gefüllt.

Listing 2.12: Mit Union einen Gesamtbereich bilden

```
Sub MehrereBereiche()
Dim Bereich1 As Range
Dim Bereich2 As Range
Dim Bereich3 As Range
Dim Gesamt As Range

Set Bereich1 = Worksheets("Tabelle3").Range("A1:A5")
Set Bereich2 = Worksheets("Tabelle3").Range("C1:C5")
```

```
Set Bereich3 = Worksheets("Tabelle3").Range("E1:E5")
Set Gesamt = Union(Bereich1, Bereich2, Bereich3)
Gesamt.Value = 0
End Sub
```

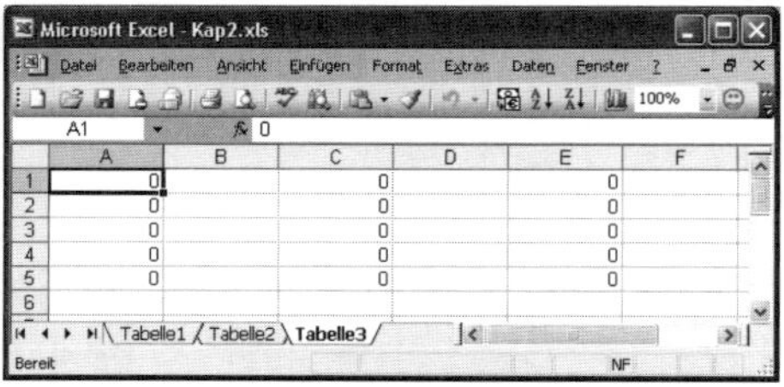

Abbildung 2.4: Einen Gesamtbereich ansprechen

2.6 Objektvariable Comment

Über die Objektvariable `Comment` können Sie Kommentare in Zellen einfügen, ändern, löschen und vieles mehr.

AddComment-Methode

Die Methode `AddComment` fügt dem Bereich einen Kommentar hinzu.

▶ Syntax

```
Ausdruck.AddComment(Text)
```

Argument	Beschreibung
`Ausdruck`	Erforderlich. Ein Ausdruck, der ein `Range`-Objekt zurückgibt.
`Text`	Optional. Der Kommentartext.

Tabelle 2.8: Argumente der Methode AddComment

▶ Beispiel

Im folgenden Beispiel aus Listing 2.13 wird in Zelle A1 der TABELLE2 ein Kommentar eingefügt.

Listing 2.13: Kommentar einfügen über die Methode AddComment

```
Sub KommentarAnlegen()
Dim Cmt As Comment

Set Cmt = Sheets("Tabelle2").Range("A1").AddComment
Cmt.Text "Neuer Kommentar"
End Sub
```

Die Methode `AddComment` fügt ein noch leeres Kommentarfenster in Zelle A1 der TABELLE2 ein. Der Text des Kommentars wird über die Methode `Text` bestimmt.

Text-Methode

Die Methode `Text` legt den Kommentartext fest.

► Syntax

```
Ausdruck.Text(Text, Start, Overwrite)
```

Argument	Beschreibung
`Ausdruck`	Erforderlich. Ein Ausdruck, der eines der oben aufgeführten Objekte zurückgibt.
`Text`	Optional. Der hinzuzufügende Text.
`Start`	Optional. Die Nummer des Zeichens, an dem der neue Text eingefügt wird. Wird dieses Argument nicht angegeben, wird bereits bestehender Text im Kommentar gelöscht.
`Overwrite`	Optional. `True`, falls bereits bestehender Text überschrieben wird.

Tabelle 2.9: Argumente der Methode Text

Parent-Eigenschaft

Um die Zellenadresse eines Kommentars zu ermitteln, setzen Sie die Eigenschaft `Address` ein. Diese Eigenschaft wurde bereits besprochen. Damit dies auch funktioniert, muss diese Eigenschaft auf das übergeordnete Objekt mithilfe der Eigenschaft `Parent` angewendet werden.

▶ **Syntax**

```
Ausdruck.Parent
```

Das erforderliche Argument `Ausdruck` ist ein Ausdruck, der ein übergeordnetes Objekt darstellt.

▶ **Beispiel**

Im folgenden Beispiel aus Listing 2.14 wird ein Kommentar auf einer Tabelle abgefragt. Dabei sollen die Zellenadresse sowie der Inhalt des Kommentars ermittelt werden.

Listing 2.14: Kommentarinhalt auslesen

```
Sub KommentarAuslesen()
Dim Cmt As Comment

Set Cmt = Sheets("Tabelle2").Range("A1").Comment
MsgBox Cmt.Parent.Address & vbLf & _
       Cmt.Text, vbInformation
End Sub
```

Abbildung 2.5: Kommentarinhalt auslesen

2.7 Objektvariable Worksheet

Über die Objektvariable `Worksheet` können Sie Tabellen ansprechen und programmieren.

▶ **Hinweis:**

Weitere Methoden, Eigenschaften zum Objekt `Worksheet` finden Sie in *Kapitel 8*.

Name-Eigenschaft

Über die Eigenschaft `Name` können Sie den Namen einer Tabelle auslesen.

► Syntax

`Ausdruck.Name`

Das erforderliche Argument `Ausdruck` ist ein Ausdruck, der ein `Worksheet`-Objekt darstellt.

► Beispiele

Im folgenden Beispiel wird der Name der ersten Tabelle in der Arbeitsmappe ermittelt.

Listing 2.15: Erste Tabelle in der Mappe identifizieren

```
Sub TabelleAnsprechen()
Dim Tabelle As Worksheet

Set Tabelle = Sheets(1)
MsgBox Tabelle.Name
End Sub
```

Im nächsten Beispiel aus Listing 2.16 wird die erste Tabelle in der Arbeitsmappe umbenannt.

Listing 2.16: Tabelle umbenennen

```
Sub TabelleBenennen()
Dim Tabelle As Worksheet

Set Tabelle = Worksheets.(1)
Tabellen.Name = "Dokumentation"
End Sub
```

Copy-Methode

Über die Methode `Copy` können Sie eine Tabelle kopieren.

▶ Syntax

```
Ausdruck.Copy(Before, After)
```

Argument	Beschreibung.
`Ausdruck`	Das erforderliche Argument `Ausdruck` ist ein Ausdruck, der ein `Worksheet`-Objekt darstellt.
`Before`	Optional. Das Blatt, vor das dieses Blatt kopiert wird. Sie können `Before` nicht angeben, wenn Sie `After` angeben.
`After`	Optional. Das Blatt, hinter das dieses Blatt kopiert wird. Sie können `After` nicht angeben, wenn Sie `Before` angegeben haben.

Tabelle 2.10: Argumente der Methode Copy

▶ Beispiele

Im folgenden Beispiel aus Listing 2.17 wird die erste Tabelle der Arbeitsmappe in eine neue Arbeitsmappe kopiert.

Listing 2.17: Tabelle in neue Mappe kopieren

```
Sub TabelleKopierenAndereMappe()
Dim Tabelle As Worksheet

Set Tabelle = Sheets(1)
Tabelle.Copy
End Sub
```

Soll die Kopie der Tabelle in derselben Arbeitsmappe verbleiben, dann geben Sie entweder das Argument `Before` oder das Argument `After` an. Im nächsten Beispiel aus Listing 2.18 wird eine Tabelle kopiert und danach an die erste Stelle in der Arbeitsmappe angeordnet.

Listing 2.18: Tabelle kopieren und am Anfang der Mappe einfügen

```
Sub TabelleBeginnMappe()
Dim Tabelle As Worksheet

Set Tabelle = Sheets(1)
Tabelle.Copy Before:=Worksheets(1)
End Sub
```

Move-Methode

Über die Methode `Move` können Tabellen an eine andere Position in der Arbeitsmappe verschoben werden.

Syntax

```
Ausdruck.Move(Before, After)
```

Argument	Beschreibung
`Ausdruck`	Ausdruck, der ein `Worksheet`-Objekt zurückgibt.
`Before`	Optional. Das Blatt, vor das dieses Blatt geschoben wird. Sie können `Before` nicht angeben, wenn Sie `After` angeben.
`After`	Optional. Das Blatt, hinter das dieses Blatt geschoben wird. Sie können `After` nicht angeben, wenn Sie `Before` angeben.

Tabelle 2.11: Argumente der Methode Move

Beispiele

Im folgenden Beispiel aus Listing 2.19 wird die erste Tabelle in der Arbeitsmappe ans Ende der Mappe verschoben.

Listing 2.19: Erste Tabelle ans Ende der Mappe verschieben

```
Sub TabelleAnsEndeVerschieben()
Dim Tabelle As Worksheet

Set Tabelle = Worksheets(1)
Tabelle.Move After:=Worksheets(Worksheets.Count)
End Sub
```

Soll die letzte Tabelle einer Arbeitsmappe an den Beginn der Mappe verschoben werden, dann starten Sie das Makro aus Listing 2.20.

Listing 2.20: Letzte Tabelle an den Beginn der Mappe verschieben

```
Sub LetzteTabelleAnBeginnVerschieben()
Dim Tabelle As Worksheet

Set Tabelle = Worksheets(Worksheets.Count)
Tabelle.Move Before:=Worksheets(1)
End Sub
```

Add-Methode

Die Methode `Add` erstellt ein neues Arbeitsblatt, Diagramm oder Makroblatt. Das neue Arbeitsblatt wird zum aktiven Blatt.

► Syntax

```
Ausdruck.Add(Before, After, Count, Type)
```

Argument	Beschreibung
`Ausdruck`	Ausdruck, der ein `Worksheet`-Objekt zurückgibt.
`Before`	Optional. Ein Objekt, das das Blatt festlegt, vor dem das neue Blatt eingefügt werden soll.
`After`	Optional. Ein Objekt, das das Blatt festlegt, nach dem das neue Blatt eingefügt werden soll.
`Count`	Optional. Die Anzahl der hinzuzufügenden Blätter. Der Standardwert ist 1.
`Type`	Optional. Legt den Blatttyp fest. Kann eine der folgenden `XlSheetType`-Konstanten sein: `xlWorksheet`, `xlChart`, `xlExcel4MacroSheet` oder `xlExcel4IntlMacroSheet`. Wenn Sie ein Blatt einfügen, das auf einer vorhandenen Vorlage basiert, müssen Sie den Pfad zu der Vorlage angeben. Der Standardwert ist `xlWorksheet`.

Tabelle 2.12: Argumente der Methode Add

► Beispiele

Im folgenden Beispiel aus Listing 2.21 wird eine neue Tabelle ganz am Ende der Arbeitsmappe eingefügt.

Listing 2.21: Neue Tabelle am Ende der Mappe einfügen

```
Sub TabelleEinfügen()
Dim Tabelle As Worksheet

Set Tabelle = Worksheets.Add _
(After:=Worksheets(Worksheets.Count))
End Sub
```

Soll die neue Tabelle gleich zu Beginn der Arbeitsmappe eingefügt werden, dann starten Sie das Makro aus Listing 2.22.

Listing 2.22: Neue Tabelle am Anfang der Mappe einfügen

```
Sub TabelleEinfügenStart()
Dim Tabelle As Worksheet

Set Tabelle = Worksheets.Add(Before:=Worksheets(1))
End Sub
```

▶ Hinweis

Wenn die Argumente `Before` und `After` nicht angegeben werden, wird das neue Blatt vor dem aktiven Blatt eingefügt.

Delete-Methode

Über die Methode `Delete` können Sie eine Tabelle aus einer Arbeitsmappe entfernen.

▶ Syntax

`Ausdruck.Delete()`

Das erforderliche Argument `Ausdruck` ist ein Ausdruck, der ein `Worksheet`-Objekt darstellt.

▶ Beispiele

Im folgenden Beispiel aus Listing 2.23 wird die erste Tabelle in einer Arbeitsmappe gelöscht.

Listing 2.23: Tabelle entfernen über die Methode Delete

```
Sub TabelleLöschen()
Dim Tabelle As Worksheet

Set Tabelle = Worksheets(1)
Tabelle.Delete
End Sub
```

Wenn Sie dieses Makro starten, dann erfolgt eine Rückfrage, ob die Tabelle wirklich gelöscht werden soll.

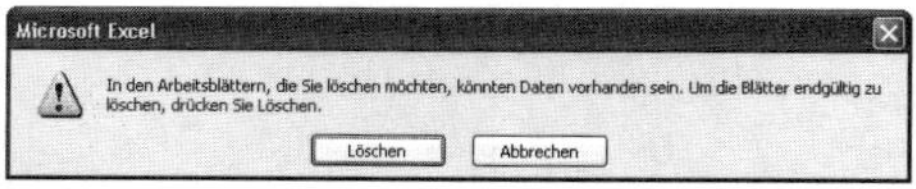

Abbildung 2.6: Rückfrage bestätigen

Da diese Rückfrage besonders bei größeren Software-Projekten recht lästig ist, kann diese Meldung übergangen werden, indem Sie das Makro aus Listing 2.24 starten.

Listing 2.24: Tabelle ohne Rückfrage löschen

```
Sub TabelleLöschenOhneRückfrage()
Dim Tabelle As Worksheet

Set Tabelle = Worksheets(1)
Application.DisplayAlerts = False
Tabelle.Delete
Application.DisplayAlerts = True
End Sub
```

2.8 Objektvariable Picture

Über die Objektvariable `Picture` können Sie Bilder in Excel-Tabellen ansprechen.

Insert-Methode

Mithilfe der Methode `Insert` können Sie eine Bilddatei in einer Excel-Tabelle einfügen.

▶ Syntax

`Ausdruck.Insert`

Das erforderliche Argument `Ausdruck` ist ein Ausdruck, der ein `Picture`-Objekt darstellt.

▶ Beispiel

Im folgenden Beispiel aus Listing 2.25 wird eine Grafikdatei in eine Tabelle eingefügt.

Listing 2.25: Bild in eine Tabelle einfügen über die Methode Insert

```
Sub BildEinfügen()
Dim Bild As Picture

Set Bild = _
Worksheets("Tabelle1").Pictures.Insert _
                        ("C:\Excel.jpg")
End Sub
```

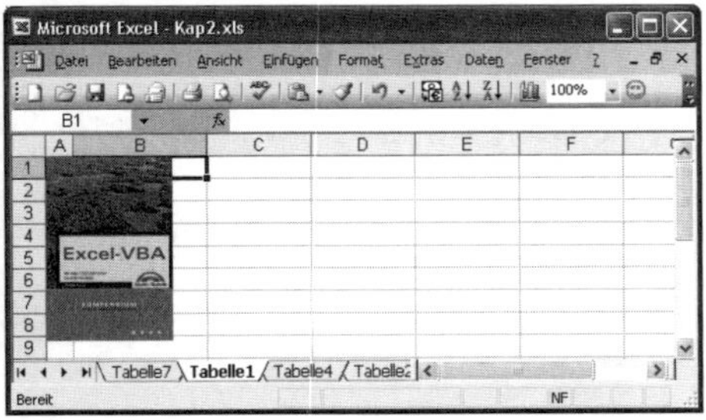

Abbildung 2.7: Bild in eine Tabelle einfügen

Top- Eigenschaft

Die Eigenschaft `Top` repräsentiert die linke obere Ecke einer Zelle.

▶ Syntax

`Ausdruck.Top`

Das erforderliche Argument `Ausdruck` ist ein Ausdruck, der ein `Picture`-Objekt darstellt.

Left-Eigenschaft

Die Eigenschaft `Left` repräsentiert den Abstand von der linken Seite des Objekts zur linken Seite von Spalte A.

▶ Syntax

`Ausdruck.Left`

Das erforderliche Argument `Ausdruck` ist ein Ausdruck, der ein `Picture`-Objekt darstellt.

▶ Beispiel

Im folgenden Beispiel aus Listing 2.26 wird eine Grafik, die sich bereits auf einer Tabelle befindet, neu angeordnet.

Listing 2.26: Bild neu in der Tabelle anordnen

```
Sub BildPositionieren()
Dim Bild As Picture

Set Bild = _
Worksheets("Tabelle1").Pictures(1)
 Bild.Top = Range("C3").Top
 Bild.Left = Range("C3").Left
End Sub
```

Width-Eigenschaft

Die Eigenschaft `Width` gibt die Breite eines Objekts zurück bzw. legt diese fest.

▶ Syntax

`Ausdruck.Width`

Das erforderliche Argument `Ausdruck` ist ein Ausdruck, der ein `Picture`-Objekt darstellt.

Height-Eigenschaft

Die Eigenschaft `Height` gibt die Höhe eines Objekts zurück bzw. legt diese fest.

▶ Syntax

`Ausdruck.Height`

Das erforderliche Argument `Ausdruck` ist ein Ausdruck, der ein `Picture`-Objekt darstellt.

▶ Beispiele

Das folgende Beispiel aus Listing 2.27 legt die Breite sowie die Höhe eines Bildes fest. Dabei wird das Bild auf die doppelte Größe gebracht.

Listing 2.27: Bild vergrößern

```
Sub BildVergrößern()
Dim Bild As Picture

Set Bild = _
Worksheets("Tabelle1").Pictures(1)
Bild.Width = Bild.Width * 2
Bild.Height = Bild.Height * 2
End Sub
```

Soll das Bild hingegen verkleinert werden, dann starten Sie das Makro aus Listing 2.28. Dabei wird die Größe des Bildes auf die Hälfte reduziert.

Listing 2.28: Bild verkleinern

```
Sub BildVerkleinern()
Dim Bild As Picture

Set Bild = _
Worksheets("Tabelle1").Pictures(1)
Bild.Width = Bild.Width * 0.5
Bild.Height = Bild.Height * 0.5
End Sub
```

Duplicate-Methode

Die Methode `Duplicate` dupliziert das Objekt und gibt einen Bezug auf die neue Kopie zurück.

▶ Syntax

```
Ausdruck.Duplicate
```

Das erforderliche Argument `Ausdruck` ist ein Ausdruck, der ein `Picture`-Objekt darstellt.

▶ Beispiel

Beim folgenden Beispiel aus Listing 2.29 wird eine Grafik dupliziert und das Duplikat dann drei Spalten weiter rechts angeordnet.

Listing 2.29: Bild wird dupliziert und neu angeordnet

```
Sub BildDuplizieren()
Dim Bild As Picture
Dim BildNeu As Picture

 Set Bild = _
 Worksheets("Tabelle1").Pictures(1)
 Bild.Top = Range("C3").Top
 Bild.Left = Range("C3").Left

 Set BildNeu = Bild.Duplicate
 BildNeu.Top = Range("C3").Offset(0, 3).Top
 BildNeu.Left = Range("C3").Offset(0, 3).Left
End Sub
```

CopyPicture-Methode

Die Methode `CopyPicture` kopiert das ausgewählte Objekt als Bild in die Zwischenablage.

► Syntax

`Ausdruck.CopyPicture(Appearance, Format, Size)`

Argument	Beschreibung
`Ausdruck`	Das erforderliche Argument `Ausdruck` ist ein Ausdruck, der ein `Picture`-Objekt darstellt.
`Appearance`	Optional. Legt fest, wie das Bild kopiert werden soll.
`Format`	Optional. Das Bildformat.
`Size`	Optional. Gibt die Größe der kopierten Grafik an, wenn das Objekt ein Diagramm ist, das sich auf einem Diagrammblatt befindet und nicht in einem Arbeitsblatt eingebettet ist.

Tabelle 2.13: Argumente der Methode CopyPicture

Als `Appearance`-Wert stehen Ihnen folgende Konstanten aus Tabelle 2.14 zur Verfügung:

Konstante	Beschreibung
`xlPrinter`	Das Bild wird so kopiert, wie es beim Drucken dargestellt wird.
`xlScreen`	Standard. Das Bild wird so kopiert, dass es seiner Darstellung auf dem Bildschirm so weit wie möglich entspricht.

Tabelle 2.14: Die möglichen Appearance-Konstanten

Als `Format`-Wert stehen Ihnen folgende Konstanten aus Tabelle 2.15 zur Verfügung, um das Bildformat festzulegen:

Konstante	Beschreibung
`xlBitmap`	Bild wird als Bitmap gespeichert.
`xlPicture`	Standard.

Tabelle 2.15: Die möglichen Format-Konstanten

Als `Size`-Wert stehen Ihnen folgende Konstanten aus Tabelle 2.16 zur Verfügung, um die Größe festzulegen:

Konstante	Beschreibung
`xlPrinter`	Standard. Das Bild wird so kopiert, dass es seiner gedruckten Größe so weit wie möglich entspricht.
`xlScreen`	Das Bild wird so kopiert, dass es seiner Darstellung auf dem Bildschirm so weit wie möglich entspricht.

Tabelle 2.16: Die möglichen Size-Konstanten

▶ Beispiel

Das folgende Beispiel aus Listing 2.30 kopiert ein Bild aus TABELLE1 und fügt es in Zelle A1 der TABELLE2 ein.

Listing 2.30: Bild kopieren und auf neuer Tabelle einfügen

```
Sub BildKopieren()
Dim Bild As Picture

Set Bild = _
Worksheets("Tabelle1").Pictures(1)
Bild.CopyPicture
Worksheets("Tabelle2").Paste _
 Destination:=Worksheets("Tabelle2").Range("A1")
End Sub
```

2.9 Objektvariable Shape

Jedes Shape-Objekt stellt ein Objekt in der Zeichnungsebene dar, wie z.B. eine AutoForm, eine Freihandform, ein OLE-Objekt oder ein Bild.

Methode AddCallout

Die Methode AddCallout erstellt eine rahmenlose Legende mit Linie. Die Methode gibt ein Shape-Objekt zurück, das die neue Legende darstellt.

Syntax

```
Ausdruck.AddCallout(Type, Left, Top, Width, Height)
```

Argument	Beschreibung
Ausdruck	Dieses Argument gibt ein Shape-Objekt zurück.
Type	Erforderlich. Der Typ einer Legendenlinie wird festgelegt (siehe Tabelle 2.18).
Left	Erforderlich. Die Position (in Punkt) der oberen linken Ecke des Begrenzungsrechtecks der Legende, relativ zur oberen linken Ecke des Dokuments.
Top	Erforderlich. Die Position (in Punkt) der oberen linken Ecke des Begrenzungsrechtecks der Legende, relativ zur oberen linken Ecke des Dokuments.

Tabelle 2.17: Argumente der Methode AddCallout

Argument	Beschreibung
Width	Erforderlich. Breite (in Punkt) des Begrenzungsrechtecks der Legende.
Height	Erforderlich. Höhe (in Punkt) des Begrenzungsrechtecks der Legende.

Tabelle 2.17: Argumente der Methode AddCallout (Forts.)

Folgende Konstanten sind für das Argument Type möglich.

Konstante	Beschreibung
msoCalloutOne	Eine horizontale oder vertikale Legendenlinie mit einem Abschnitt
msoCalloutTwo	Eine frei drehbare Legendenlinie mit einem Abschnitt
msoCalloutMixed	Mischung aus den ersten beiden Konstanten
msoCalloutThree	Eine Linie mit zwei Abschnitten
msoCalloutFour	Eine Linie mit drei Abschnitten

Tabelle 2.18: Konstanten für das Argument Type

▶ Beispiel

Im folgenden Beispiel aus Listing 2.31 wird eine Legende in die TABELLE3 eingefügt und ein Text darin erfasst.

Listing 2.31: Legende einfügen und beschriften

```
Sub LegendeEinfügen()
Dim Tabelle As Worksheet
Dim shp As Shape

 Set Tabelle = Worksheets("Tabelle3")
 Set shp = _
 Tabelle.Shapes.AddCallout(Type:=msoCalloutTwo, _
  Left:=50, Top:=50, Width:=200, Height:=100)
 shp.TextFrame.Characters.Text = "TEXT"
End Sub
```

Verwandte Methoden

`AddCurve`, `AddConnector`, `AddDiagram`, `AddFormControl`, `AddLabel`, `AddLine`, `AddOLEObject`, `AddPicture`, `AddPolyLine`, `AddShape`, `AddTextbox`

AddCurve-Methode

Über die Methode `AddCurve` kann eine Bézier-Kurve in eine Tabelle eingefügt werden.

Syntax

```
Ausdruck.AddCurve(SafeArrayOfPoints)
```

Argument	Beschreibung
`Ausdruck`	Dieses Argument gibt ein `Shape`-Objekt zurück.
`SafeArrayOfPoints`	Erforderlich. Eine Matrix von Koordinatenpaaren (Koordinatenpaar: ein Wertepaar, das die x- und y-Koordinaten eines Punktes darstellt und in einem zweidimensionalen Array gespeichert ist, der Koordinaten für viele Punkte enthalten kann), die Scheitelpunkte und Steuerpunkte der Kurve angibt.

Tabelle 2.19: Argumente der Methode AddCurve

Beispiel

Beim folgenden Beispiel aus Listing 2.32 wird auf Basis einiger Werte aus der TABELLE4 eine Bézier-Kurve gezeichnet.

Listing 2.32: Bézier-Kurve einfügen und färben

```
Sub KurveZeichnenLassen()
Dim Tabelle As Worksheet
Dim shp As Shape
Dim pts(1 To 7, 1 To 2) As Single

With Sheets("Tabelle4")
pts(1, 1) = .Cells(1, 1).Value
pts(1, 2) = .Cells(1, 2).Value
pts(2, 1) = .Cells(2, 1).Value
pts(2, 2) = .Cells(2, 2).Value
```

```
pts(3, 1) = .Cells(3, 1).Value
pts(3, 2) = .Cells(3, 2).Value
pts(4, 1) = .Cells(4, 1).Value
pts(4, 2) = .Cells(4, 2).Value
pts(5, 1) = .Cells(5, 1).Value
pts(5, 2) = .Cells(5, 2).Value
pts(6, 1) = .Cells(6, 1).Value
pts(6, 2) = .Cells(6, 2).Value
pts(7, 1) = .Cells(7, 1).Value
pts(7, 2) = .Cells(7, 2).Value
End With

Set Tabelle = Worksheets("Tabelle4")
Set shp = _
 Tabelle.Shapes.AddCurve(SafeArrayOfPoints:=pts)
shp.Fill.ForeColor.RGB = RGB(128, 0, 0)
End Sub
```


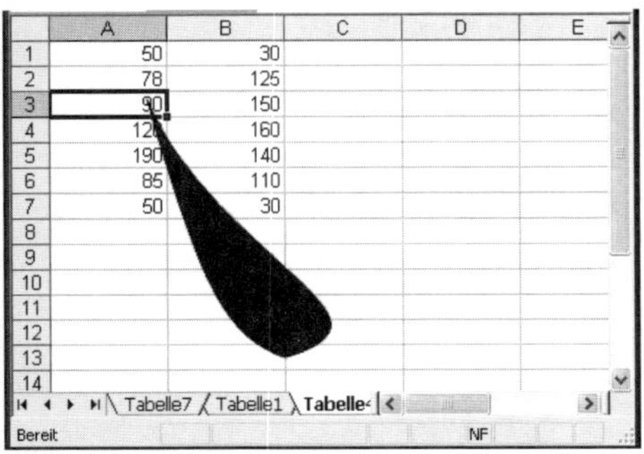

Abbildung 2.8: Bézier-Kurve einfügen und füllen

Verwandte Methoden

`AddCallout`, `AddConnector`, `AddDiagram`, `AddFormControl`, `AddLabel`, `AddLine`, `AddOLEObject`, `AddPicture`, `AddPolyLine`, `AddShape`, `AddTextbox`

Fill-Eigenschaft

Über diese Eigenschaft kann die Füllung eines `Shape`-Objekts oder auch eines Diagramms festgelegt werden. Diese Eigenschaft gibt ein `FillFormat`-Objekt zurück, das Füllformateigenschaften des angegebenen Diagramms oder der angegebenen Form darstellt.

ForeColor-Eigenschaft

Über die Eigenschaft `ForeColor` kann die Füllfarbe des Vordergrunds oder die Farbfläche eines `Shape`-Objekts oder eines Diagramms festgelegt werden.

▶ **Beispiel**

Im folgenden Beispiel aus Listing 2.33 wird die Füllfarbe des `Shape`-Objekts auf TABELLE3 festgelegt.

Listing 2.33: Shape-Objekt füllen

```
Sub ShpFormatieren()
Dim shp As Shape

Set shp = Worksheets("Tabelle3").Shapes(1)
With shp
 .TextFrame.Characters.Text = "TEXT Neu"
 .Fill.ForeColor.RGB = RGB(256, 0, 0)
End With
End Sub
```

RGB-Funktion

Über die Funktion `RGB` können Sie einen Farbwert erzeugen.

Syntax

`RGB(red, green, blue)`

Teil	Beschreibung
`Red`	Erforderlich. Zahl im Bereich von 0 bis 255 (einschließlich), die die Rot-Komponente der Farbe darstellt.
`Green`	Erforderlich. Zahl im Bereich 0 bis 255 (einschließlich), die die Grün-Komponente der Farbe darstellt.
`Blue`	Erforderlich. Zahl im Bereich von 0 bis 255 (einschließlich), die die Blau-Komponente der Farbe darstellt.

Tabelle 2.20: Argumente der Funktion RGB

Die Tabelle 2.21 enthält die wichtigsten Standardfarben.

Farbe	Rot-Komponente	Grün-Komponente	Blau-Komponente
Schwarz	0	0	0
Blau	0	0	255
Grün	0	255	0
Cyan	0	255	255
Rot	255	0	0
Magenta	255	0	255
Gelb	255	255	0
Weiß	255	255	255

Tabelle 2.21: Die wichtigsten Standardfarben

Beispiel

Siehe Listing 2.33.

AddDiagram-Methode

Über die Methode `AddDiagram` können Sie ein Diagramm erstellen. Dabei gibt die Methode ein `Shape`-Objekt zurück, das das neue Diagramm darstellt.

▶ Syntax

```
Ausdruck.AddDiagram(Type, Left, Top, Width, Height)
```

Argument	Beschreibung
`Ausdruck`	Dieses Argument gibt ein `Shape`-Objekt zurück.
`Type`	Erforderlich. Der Diagrammtyp wird festgelegt (siehe Tabelle 2.23).
`Left`	Erforderlich. Die Position (in Punkt) der oberen linken Ecke des Diagramms, relativ zur oberen linken Ecke des Arbeitsblatts.
`Top`	Erforderlich. Die Position (in Punkt) des oberen linken Rands des Diagramms, relativ zur oberen linken Ecke des Arbeitsblatts.
`Width`	Erforderlich. Die Breite des Diagramms (in Punkt).
`Height`	Erforderlich. Die Höhe des Diagramms (in Punkt).

Tabelle 2.22: Argumente der Methode AddDiagram

Den Diagrammtyp können Sie aus der Tabelle 2.23 festlegen.

Konstante	Beschreibung
`msoDiagramCycle`	Ein Prozessdiagramm mit dem Diagrammtyp des fortlaufenden Zyklus
`msoDiagramMixed`	Ein gemischter Diagrammtyp
`msoDiagramOrgChart`	Ein Diagrammtyp mit einer hierarchischen Beziehung
`msoDiagramPyramid`	Ein Diagrammtyp mit einer Beziehung, die auf einer Gründung basiert
`msoDiagramRadial`	Ein Diagrammtyp, der die Beziehungen eines Kernelements anzeigt

Tabelle 2.23: Die möglichen Diagrammtypen

Konstante	Beschreibung
msoDiagramTarget	Ein Diagrammtyp, der Schritte zu einem Ziel anzeigt
msoDiagramVenn	Ein Diagrammtyp, der überlappende Bereiche zwischen Elementen anzeigt

Tabelle 2.23: Die möglichen Diagrammtypen (Forts.)

▶ Beispiele

Im folgenden Beispiel aus Listing 2.34 wird eine Pyramide mit fünf Textsegmenten auf der TABELLE5 erstellt.

Listing 2.34: Eine Pyramide über die Methode AddDiagram einfügen

```
Sub PyramideEinfügen()
Dim Tabelle As Worksheet
Dim shp As Shape
Dim Zweig As DiagramNode
Dim i As Integer

Set Tabelle = Worksheets("Tabelle5")
Set shp = Tabelle.Shapes.AddDiagram _
 (Type:=msoDiagramPyramid, Left:=10, _
  Top:=15, Width:=200, Height:=200)

Set Zweig = shp.DiagramNode.Children.AddNode
For i = 1 To 4
    Zweig.AddNode
Next i
End Sub
```

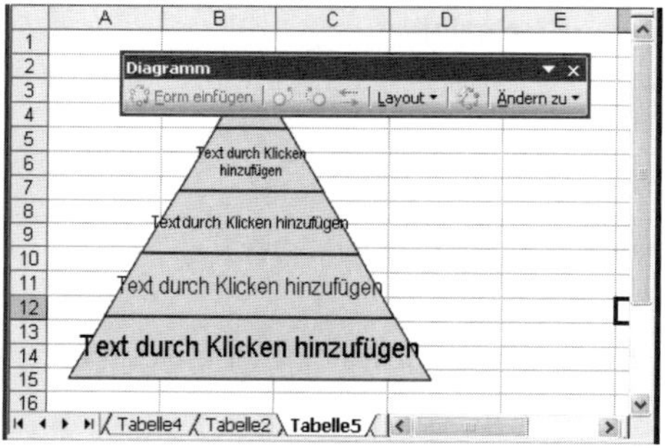

Abbildung 2.9: Pyramidendiagramm wurde eingefügt und unterteilt

Im nächsten Beispiel aus Listing 2.35 wird in die TABELLE6 ein Organigramm eingefügt und mit zwei Zweigen ausgestattet.

Listing 2.35: Ein Organigramm einfügen

```
Sub OrganigrammEinfügen()
Dim Tabelle As Worksheet
Dim shp As Shape
Dim Zweig As DiagramNode
Dim i As Integer

Set Tabelle = Worksheets("Tabelle6")
Set shp = Tabelle.Shapes.AddDiagram _
 (Type:=msoDiagramOrgChart, Left:=10, _
  Top:=15, Width:=200, Height:=200)

Set Zweig = shp.DiagramNode.Children.AddNode
 For i = 1 To 3
     Zweig.Children.AddNode
    Next i
 For i = 1 To 3
     Zweig.Children.Item(1).Children.AddNode
 Next i
End Sub
```

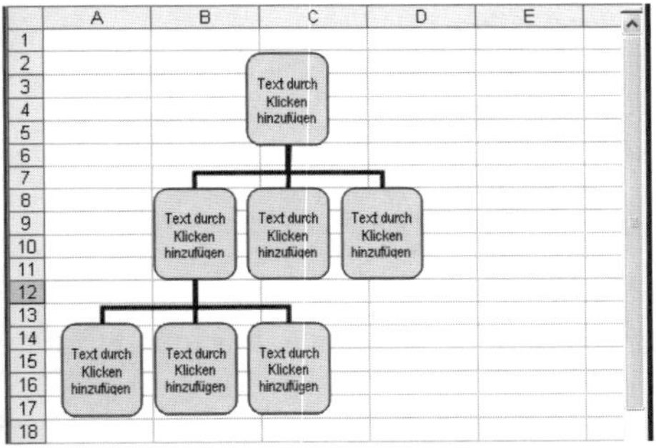

Abbildung 2.10: Das Organigramm wurde eingefügt

▶ Verwandte Methoden

`AddCallout`, `AddCurve`, `AddConnector`, `AddFormControl`, `AddLabel`, `AddLine`, `AddOLEObject`, `AddPicture`, `AddPolyLine`, `AddShape`, `AddTextbox`

AddTextbox-Methode

Über die Methode `AddTextbox` können Sie ein Textfeld erstellen. Dabei gibt diese Methode ein `Shape`-Objekt zurück, das das neue Textfeld darstellt.

▶ Syntax

```
Ausdruck.AddTextbox(Orientation, Left, Top,
Width, Height)
```

Argument	Beschreibung
`Ausdruck`	Dieses Argument gibt ein `Shape`-Objekt zurück.
`Orientation`	Erforderlich. Die Ausrichtung des Textfeldes.
`MsoTextOrientation`	Kann eine der folgenden Konstanten aus Tabelle 2.25 darstellen.
`Left`	Erforderlich. Die Position (in Punkt) der oberen linken Ecke des Textfeldes, relativ zur oberen linken Ecke des Dokuments.

Tabelle 2.24: Argumente der Methode AddTextbox

Argument	Beschreibung
`Top`	Erforderlich. Die Position (in Punkt) der oberen linken Ecke des Textfeldes, relativ zum oberen Rand des Dokuments.
`Width`	Erforderlich. Die Breite des Textfeldes in Punkt.
`Height`	Erforderlich. Die Höhe des Textfeldes in Punkt.

Tabelle 2.24: Argumente der Methode AddTextbox (Forts.)

Für das Argument `MsoTextOrientation` stehen folgende Konstanten zur Verfügung:

Konstante	Beschreibung
`msoTextOrientationDownward`	Text wird vertikal, von oben nach unten angeordnet. Lesbar, wenn Kopf nach rechts geneigt wird.
`msoTextOrientationHorizontal`	Text wird horizontal von links nach rechts angeordnet
`msoTextOrientationUpward`	Text wird vertikal, von oben nach unten angeordnet. Lesbar, wen Kopf nach links geneigt wird.
`msoTextOrientationVertical`	Text wird vertikal, von oben nach unten angeordnet. Dabei wird Zeichen für Zeichen untereinander angeordnet, wird das Ende der Textbox erreicht, wird in der nächsten Spalte wieder oben angefangen.

Tabelle 2.25: Die möglichen Konstanten für die Textausrichtung

▶ Beispiele

Im folgenden Beispiel aus Listing 2.36 wird in TABELLE7 eine Textbox eingefügt. Der Inhalt dieser Textbox wird aus der Zelle A1 bezogen.

Listing 2.36: Textbox über die Methode AddTextbox einfügen

```
Sub TextboxEinfügen()
Dim Tabelle As Worksheet
Dim shp As Shape

Set Tabelle = Worksheets("Tabelle7")
```

```
Set shp = Tabelle.Shapes.AddTextbox _
(msoTextOrientationHorizontal, 50, 50, 100, 50)
shp.TextFrame.Characters.Text = _
Tabelle.Range("A1").Value
End Sub
```

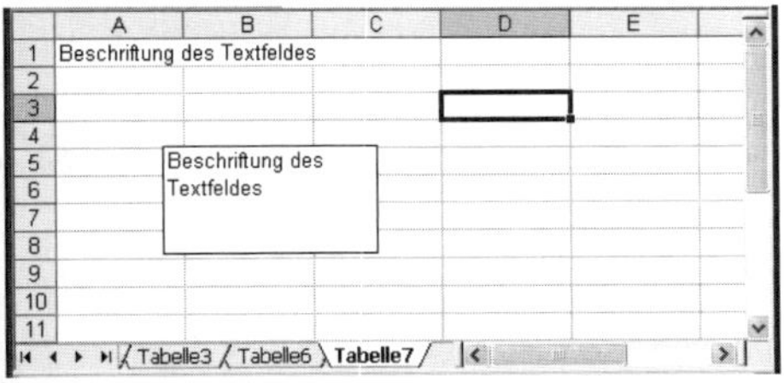

Abbildung 2.11: Textbox einfügen und mit Inhalt füllen

Soll die Ausrichtung des Textes geändert werden, dann starten Sie das Makro aus Listing 2.37.

Listing 2.37: Textbox-Inhalt ausrichten

```
Sub TextboxInhaltAusrichten()
Dim Tabelle As Worksheet
Dim shp As Shape

Set Tabelle = Worksheets("Tabelle7")
Set shp = Tabelle.Shapes.AddTextbox _
(msoTextOrientationVertical, 50, 50, 100, 50)
shp.TextFrame.Characters.Text = _
Tabelle.Range("A1").Value
End Sub
```

▶ Verwandte Methoden

AddCallout, AddCurve, AddConnector, AddFormControl, AddLabel, AddLine, AddOLEObject, AddPicture, AddPolyLine, AddShape

AddShape-Methode

Über die Methode `AddShape` kann eine AutoForm aus der Symbolleiste ZEICHNEN eingefügt werden.

▶ Syntax

```
Ausdruck.AddShape(Type, Left, Top, Width, Height)
```

Argument	Beschreibung
`Ausdruck`	Erforderlich. Ein Ausdruck, der ein `Shape`-Objekt zurückgibt.
`Type`	Erforderlich. Gibt den Typ der zu erstellenden AutoForm an. Exemplarisch werden einige davon in Tabelle 2.27 dargestellt.
`Left`, `Top`	Erforderlich. Die Position (in Punkt) der oberen linken Ecke des Begrenzungsrechtecks der AutoForm, relativ zur oberen linken Ecke des Dokuments.
`Width`, `Height`	Erforderlich. Höhe und Breite des Begrenzungsrechtecks der AutoForm in Punkt.

Tabelle 2.26: Argumente der Methode AddShape

Ein Auszug aus den möglichen AutoFormen sehen Sie in Tabelle 2.27.

Konstante	Beschreibung
`msoShapeActionButtonEnd`	Ein Stop-Symbol
`msoShapeActionButtonBeginning`	Ein Play-Symbol
`msoShapeActionButtonHelp`	Ein Hilfe-Symbol
`msoShapeActionButtonHome`	Ein Haus-Symbol
`msoShapeActionButtonInformation`	Ein Informations-Symbol
`msoShapeActionButtonSound`	Ein Sound-Symbol
`msoShapeBalloon`	Eine Sprechblase
`msoShapeBentArrow`	Ein gebogener Pfeil
`msoShapeCan`	Eine Dose
`msoShapeCross`	Ein Kreuz
`msoShapeCube`	Ein Würfel

Tabelle 2.27: Mögliche AutoFormen

Konstante	Beschreibung
msoShapeDonut	Ein Donut
msoShapeExplosion1	Eine Explosion
msoShapeHeart	Ein Herz
msoShapeLightningBolt	Ein Blitz
msoShapeLineCallout1	Ein Kommentar
msoShapeMoon	Ein Mond
msoShapeSmileyFace	Ein lächelndes Gesicht
msoShapeSun	Eine Sonne
msoShapeWave	Eine Welle

Tabelle 2.27: Mögliche AutoFormen (Forts.)

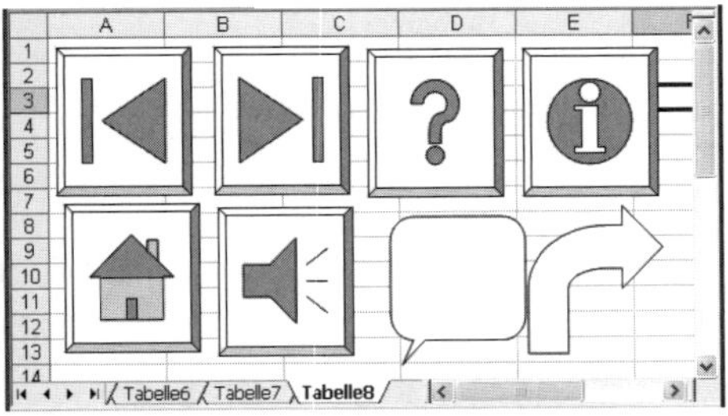

Abbildung 2.12: Typische AutoFormen in Excel

▶ Beispiele

Im folgenden Beispiel aus Listing 2.38 wird ein lächelndes Gesicht in TABELLE8 eingefügt.

Listing 2.38: AutoForm einfügen über die Methode AddShape

```
Sub SymbolEinfügen()
Dim Tabelle As Worksheet
Dim shp As Shape

Set Tabelle = Worksheets("Tabelle8")
Set shp = Tabelle.Shapes.AddShape _
(msoShapeSmileyFace, 10, 10, 69, 75)
End Sub
```

Die einzelnen Shape-Objekte können auch über einen Index angesprochen werden. Jede einzelne AutoForm hat in Excel eine eindeutige Nummer. Im folgenden Beispiel aus Listing 2.39 werden in TABELLE9 die ersten 100 AutoFormen eingefügt.

Listing 2.39: Die ersten 100 AutoFormen werden in eine Tabelle eingefügt.

```
Sub SymboleEinfügen()
Dim Tabelle As Worksheet
Dim shp As Shape
Dim i As Integer
Dim e As Integer

i = 12
Set Tabelle = Worksheets("Tabelle9")
For e = 1 To 100
Set shp = Tabelle.Shapes.AddShape _
(e, i, 10, 10, 10)
i = i + 12
Next e
End Sub
```

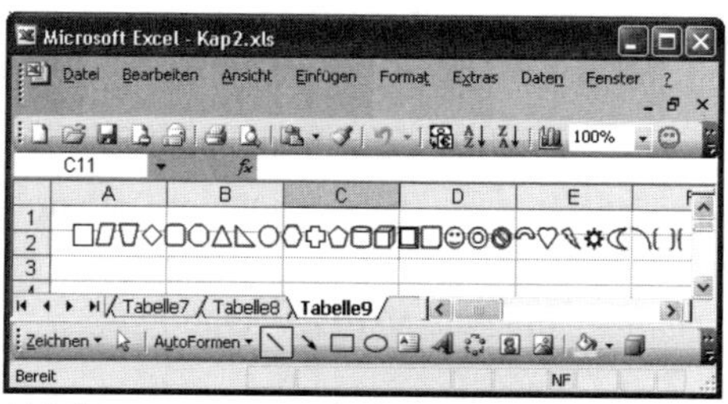

Abbildung 2.13: Von links nach rechts (Nr. 1 bis Nr. 100)

▶ Verwandte Methoden

AddCallout, AddCurve, AddConnector, AddFormControl, AddLabel, AddLine, AddOLEObject, AddPicture, AddPolyLine

2.10 Objektvariable Workbook

Über die Objektvariable `Workbook` können Sie Arbeitsmappen ansprechen.

▶ Hinweis

Weitere Methoden, Eigenschaften zum Objekt Workbook finden Sie in *Kapitel 7*.

Save-Methode

Die Methode `Save` speichert Änderungen in der angegebenen Arbeitsmappe.

▶ Syntax

`Ausdruck.Save`

Das erforderliche Argument `Ausdruck` ist ein Ausdruck, der ein `Workbook`-Objekt darstellt.

▶ Beispiel

Im folgenden Beispiel aus Listing 2.40 wird die aktuell geöffnete und aktive Arbeitsmappe gespeichert.

Listing 2.40: Arbeitsmappe speichern über die Methode Save

```
Sub ArbeitsmappeSpeichern()
Dim Mappe As Workbook

Set Mappe = ActiveWorkbook
Mappe.Save
End Sub
```

▶ Verwandte Methoden

`SaveAs`

Close-Methode

Die Methode `Close` schließt eine Arbeitsmappe.

▶ Syntax

```
Ausdruck.Close(SaveChanges, Filename, RouteWorkbook)
```

Argument	Beschreibung
`Ausdruck`	Das erforderliche Argument `Ausdruck` ist ein Ausdruck, der ein `Workbook`-Objekt darstellt.
`SaveChanges`	Optional. Hiermit entscheiden Sie, ob Sie die Mappe beim Schließen gleichzeitig speichern möchten oder nicht. Wenn ja, dann weisen Sie `True` zu. Wenn nicht, dann weisen Sie den Wert `False` zu.
`FileName`	Optional. Gibt den Dateinamen an, unter dem die Änderungen gespeichert werden sollen. Fehlt dieser, werden Änderungen selbstverständlich in der zu schließenden Mappe durchgeführt.
`RouteWorkbook`	Optional. Wenn die Arbeitsmappe nicht an den nächsten Empfänger weiterzuleiten ist (weil sie keinen Verteiler hat bzw. schon weitergeleitet wurde), wird dieses Argument ignoriert. Andernfalls leitet Microsoft Excel die Arbeitsmappe weiter:

Tabelle 2.28: Argumente der Methode Close

▶ Beispiel

Im nächsten Beispiel aus Listing 2.41 wird die aktive Arbeitsmappe geschlossen.

Listing 2.41: Mit der Methode Close die Mappe schließen

```
Sub ArbeitsmappeSchließen()
Dim Mappe As Workbook

Set Mappe = ActiveWorkbook
Mappe.Close savechanges:=True
End Sub
```

Name-Eigenschaft

Über die Eigenschaft `Name` kann der Name einer Arbeitsmappe ermittelt werden.

▶ Syntax

`Ausdruck.Name`

Das erforderliche Argument `Ausdruck` ist ein Ausdruck, der ein `Workbook`-Objekt darstellt.

▶ Beispiel

Im folgenden Beispiel aus Listing 2.42 wird der Name der aktiven Arbeitsmappe am Bildschirm ausgegeben.

Listing 2.42: Den Namen der Mappe über die Eigenschaft Name abfragen

```
Sub ArbeitsmappenNamen()
Dim Mappe As Workbook

Set Mappe = ActiveWorkbook
MsgBox Mappe.Name
End Sub
```

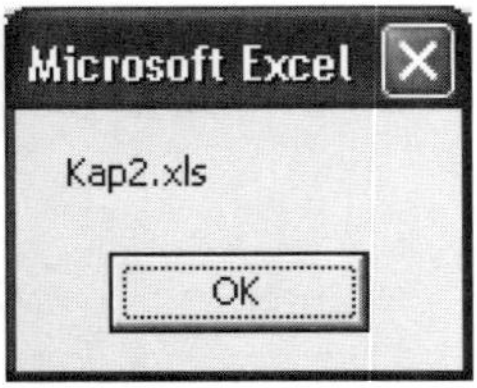

Abbildung 2.14: Den Namen einer Mappe ermitteln

▶ Verwandte Eigenschaften

`FullName`

FullName-Eigenschaft

Über die Eigenschaft `FullName` kann der Name inklusiv des Speicherpfads einer Arbeitsmappe ermittelt werden.

► Syntax

`Ausdruck.FullName`

Das erforderliche Argument `Ausdruck` ist ein Ausdruck, der ein `Workbook`-Objekt darstellt.

► Beispiel

Im folgenden Beispiel aus Listing 2.43 wird der komplette Speicherpfad der aktuell geöffneten Arbeitsmappe ermittelt und am Bildschirm angezeigt.

Listing 2.43: Den Pfadnamen der Mappe über die Eigenschaft FullName ermitteln

```
Sub ArbeitsmappenPfad()
Dim Mappe As Workbook

Set Mappe = ActiveWorkbook
MsgBox Mappe.FullName
End Sub
```

Abbildung 2.15: Der komplette Pfad der Mappe wird ermittelt

► Verwandte Eigenschaften

`Name`

2.11 Objektvariable RecentFile

Mithilfe der Objektvariablen `RecentFile` können Sie auf die Liste der zuletzt verwendeten Dateien zugreifen.

Name-Eigenschaft

Über die Eigenschaft `Name` können Sie die Liste der zuletzt geöffneten Arbeitsmappen abfragen.

▶ Syntax

`Ausdruck.Name`

Das erforderliche Argument `Ausdruck` ist ein Ausdruck, der ein `RecentFile`-Objekt darstellt.

▶ Beispiele

Im folgenden Beispiel aus Listing 2.44 wird der Name der zuletzt geöffneten Arbeitsmappe ermittelt.

Listing 2.44: Zuletzt geöffnete Mappe ermitteln

```
Sub ZuletztGeöffneteMappe()
Dim Rf As RecentFile

Set Rf = Application.RecentFiles(1)
MsgBox Rf.Name
End Sub
```

Um die komplette Liste der zuletzt geöffneten Arbeitsmappen zu ermitteln, starten Sie das Makro aus Listing 2.45.

Listing 2.45: Liste der zuletzt geöffneten Mappen erzeugen

```
Sub LetzteDateienAnzeigen()
Dim Rf As RecentFile
Dim i As Integer

For i = 1 To Application.RecentFiles.Count
 Debug.Print Application.RecentFiles(i).Name
Next i
End Sub
```

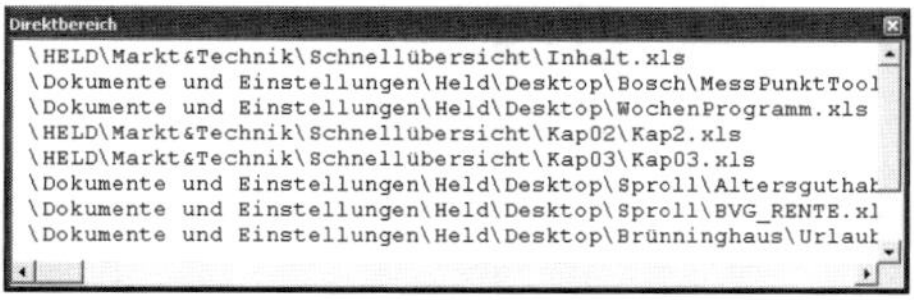

Abbildung 2.16: Diese Mappen waren zuletzt geöffnet

2.12 Objektvariable AddIn

Über die Objektvariable `AddIn` können Sie ein einzelnes installiertes oder nicht installiertes Add-In ansprechen.

Installed-Eigenschaft

Mithilfe der Eigenschaft `Installed` können Sie ein Add-In einbinden bzw. wieder deaktivieren.

▶ Syntax

`Ausdruck.Installed`

Das erforderliche Argument `Ausdruck` ist ein Ausdruck, der ein `Add_In`-Objekt darstellt.

▶ Beispiele

Im folgenden Beispiel aus Listing 2.46 wird das Add-In ANALYSE-FUNKTIONEN aktiviert.

Listing 2.46: Über die Eigenschaft Installed ein Add-In aktivieren

```
Sub AddInAktivieren()
Dim AI As AddIn

Set AI = AddIns("Analyse-Funktionen")
AI.Installed = True
End Sub
```

Um das Add-In aus dem Add-Ins-Manager wieder zu entladen, starten Sie das Makro aus Listing 2.47.

Listing 2.47: Ein Add-In wieder deaktivieren

```
Sub AddInDeAktivieren()
Dim AI As AddIn

Set AI = AddIns("Analyse-Funktionen")
AI.Installed = False
End Sub
```

Im folgenden Makro aus Listing 2.48 werden die Namen aller Add-Ins, die derzeit im Add-Ins-Manager eingebunden sind, in das Direktfenster der Entwicklungsumgebung geschrieben.

Listing 2.48: Liste der geladenen Add-Ins

```
Sub AddInListe()
Dim AI As AddIn

For Each AI In Application.AddIns
 If AI.Installed = True Then
  Debug.Print AI.FullName
 End If
Next AI
End Sub
```

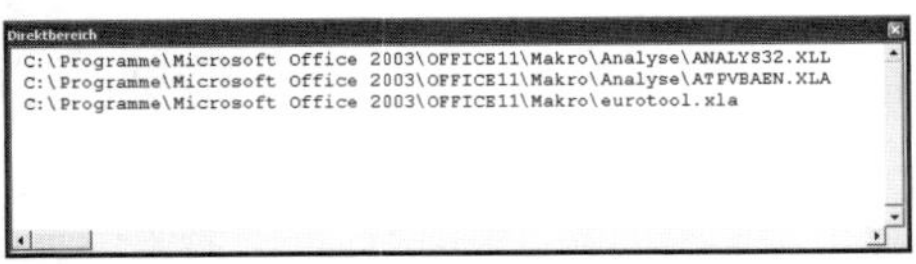

Abbildung 2.17: Diese Add-Ins sind momentan aktiviert

2.13 Objektvariable Balloon

Über die Objektvariable `Balloon` können Sie Franz Klammer und Kollegen aus der Online-Hilfe aufrufen und mit eigenen Texten ausstatten.

Heading-Eigenschaft

Über die Eigenschaft `Heading` können Sie den Titel in einem `Balloon`-Objekt festlegen.

▶ Syntax

```
Ausdruck.Heading
```

Das erforderliche Argument `Ausdruck` ist ein Ausdruck, der ein `Balloon`-Objekt darstellt.

Text-Eigenschaft

Mithilfe der Eigenschaft `Text` legen Sie den Text fest, der neben dem angegebenen Kontrollkästchen oder der angegebenen Beschriftung in der Sprechblase des Office-Assistenten angezeigt wird.

▶ Syntax

```
Ausdruck.Heading
```

Das erforderliche Argument `Ausdruck` ist ein Ausdruck, der ein `Balloon`-Objekt darstellt.

Button-Eigenschaft

Die Eigenschaft `Button` gibt die Art der unten in der Sprechblase des Office-Assistenten angezeigten Schaltfläche zurück oder legt sie fest.

▶ Syntax

```
Ausdruck.Button=Konstante
```

Das erforderliche Argument `Ausdruck` ist ein Ausdruck, der ein `Balloon`-Objekt darstellt.

Argument	Schaltflächen
msoButtonSetAbortRetryIgnore	ABBRECHEN, IGNORIEREN und WIEDERHOLEN
msoButtonSetBackClose	ZURÜCK und SCHLIESSEN
msoButtonSetBackNextClose	ZURÜCK, WEITER, SCHLIESSEN
msoButtonSetBackNextSnooze	ZURÜCK, WEITER, ERNEUT ERINNERN
msoButtonSetCancel	ABBRECHEN
msoButtonSetNextClose	WEITER, SCHLIESSEN
msoButtonSetNone	KEINE SCHALTFLÄCHE
msoButtonSetOK	OK
msoButtonSetOkCancel	OK und ABBRECHEN
msoButtonSetRetryCancel	WIEDERHOLEN, ABBRECHEN
msoButtonSetSearchClose	SUCHEN, SCHLIESSEN
msoButtonSetTipsOptionsClose	TIPPS, OPTIONEN, SCHLIESSEN
msoButtonSetYesAllNoCancel	JA, JA ALLE, ABBRECHEN, SCHLIESSEN
msoButtonSetYesNo	JA, NEIN
msoButtonSetYesNoCancel	JA, NEIN, ABBRECHEN

Tabelle 2.29: Konstanten für die Schaltflächen eines Balloons

Icon-Eigenschaft

Die Eigenschaft `Icon` gibt den Symboltyp zurück, der im unteren linken Abschnitt der Sprechblase des Office-Assistenten erscheint.

▶ Syntax

```
Ausdruck.Icon=Konstante
```

Das erforderliche Argument `Ausdruck` ist ein Ausdruck, der ein `Balloon`-Objekt darstellt.

Konstante	Symbol
msoIconAlert	Gelbes Ausrufezeichen
msoIconAlertCritical	Rotes X-Symbol
msoIconAlertInfo	Info
msoIconAlertQuery	Fragezeichen

Tabelle 2.30: Konstanten für das Symbol eines Balloons

Konstante	Symbol
msoIconAlertWarning	Gelbes Ausrufezeichen
msoIconNone	Kein Symbol
msoIconTip	Glühbirne

Tabelle 2.30: Konstanten für das Symbol eines Balloons (Forts.)

Mode-Eigenschaft

Die Eigenschaft `Mode` gibt das modale Verhalten der Sprechblase des Office-Assistenten zurück oder legt es fest.

► Syntax

`Ausdruck.Mode=Konstante`

Das erforderliche Argument `Ausdruck` ist ein Ausdruck, der ein `Balloon`-Objekt darstellt.

Konstante	Beschreibung
msoModeAutoDown	Die Sprechblase wird geschlossen, sobald der Benutzer auf eine beliebige Stelle des Bildschirms klickt.
msoModeModal	Der Anwender muss die Sprechblase schließen, bevor er die Arbeit in der Anwendung fortsetzen kann.
msoModeModeless	Der Anwender kann in der Anwendung weiter arbeiten, während die Sprechblase sichtbar ist.

Tabelle 2.31: Konstanten der Eigenschaft Mode

Animation-Eigenschaft

Die Eigenschaft `Animation` gibt die Animationsaktion des Office-Assistenten zurück oder legt sie fest.

► Syntax

`Ausdruck.Animation=Konstante`

Das erforderliche Argument `Ausdruck` ist ein Ausdruck, der ein `Balloon`-Objekt darstellt.

Insgesamt steht eine ganze Reihe von Animationen zur Verfügung. Je nach eingestelltem Assistenten wird die eine oder andere Animation nicht angezeigt.

Konstante
msoAnimationAppear
msoAnimationBeginSpeaking
msoAnimationCharacterSuccessMajor
msoAnimationCheckingSomething
msoAnimationDisappear
msoAnimationEmptyTrash
msoAnimationGestureDown
msoAnimationGestureLeft
msoAnimationGestureRight
msoAnimationGestureUp
msoAnimationGetArtsy
msoAnimationGetAttentionMajor
msoAnimationGetAttentionMinor
msoAnimationGetTechy
msoAnimationGetWizardy
msoAnimationGoodbye
msoAnimationGreeting
msoAnimationIdle
msoAnimationListensToComputer
msoAnimationLookDown
msoAnimationLookDownLeft
msoAnimationLookDownRight
msoAnimationLookLeft
msoAnimationLookRight
msoAnimationLookUp
msoAnimationLookUpLeft
msoAnimationLookUpRight
msoAnimationPrinting
msoAnimationRestPose
msoAnimationSaving
msoAnimationSearching
msoAnimationSendingMail
msoAnimationThinking
msoAnimationWorkingAtSomething
msoAnimationWritingNotingSomething

Tabelle 2.32: Konstanten für die Eigenschaft Animation

BalloonType-Eigenschaft

Die Eigenschaft BalloonType gibt den Sprechblasentyp zurück, den der Office-Assistent verwendet, oder legt ihn fest. Dabei werden die Aufzählungszeichen festgelegt.

▶ Syntax

```
Ausdruck.BalloonType=Konstante
```

Das erforderliche Argument Ausdruck ist ein Ausdruck, der ein Balloon-Objekt darstellt.

Konstante	Aufzählungszeichen
msoBalloonTypeBullets	Kleine Punkte
msoBalloonTypeButtons	Größere Punkte
msoBalloonTypeNumbers	Numerische

Tabelle 2.33: Konstanten der Eigenschaft BalloonType

Labels-Eigenschaft

Die Eigenschaft Labels legt die Beschriftungen für die Schaltflächen, Nummerierungen und Aufzählungen in einer Sprechblase des Office-Assistenten zurück.

▶ Syntax

```
Ausdruck.Labels(X)
```

Das erforderliche Argument Ausdruck ist ein Ausdruck, der ein Balloon-Objekt darstellt.
Das Argument X gibt die fortlaufende Nummer einer Aufzählung zurück.

Text-Eigenschaft

Mit der Eigenschaft Text weisen Sie Text für die Beschriftungen von Schaltflächen, Nummerierungen und Aufzählungen zu.

▶ Syntax

```
Ausdruck.Labels(X).Text
```

Das erforderliche Argument Ausdruck ist ein Ausdruck, der ein Balloon-Objekt darstellt.

Show-Methode

Die Methode `Show` zeigt das angegebene `Balloon`-Objekt an.

▶ Syntax

`Ausdruck.Show`

Das erforderliche Argument `Ausdruck` ist ein Ausdruck, der ein `Balloon`-Objekt darstellt.

Die Frage, welche Schaltfläche im Office-Assistenten geklickt wurde, beantwortet die folgende Tabelle.

Konstante	Schaltfläche
msoBalloonButtonAbort	ABBRECHEN
msoBalloonButtonBack	ZURÜCK
msoBalloonButtonCancel	ABBRECHEN
msoBalloonButtonClose	SCHLIESSEN
msoBalloonButtonIgnore	IGNORIEREN
msoBalloonButtonNext	NÄCHSTE
msoBalloonButtonNo	NEIN
msoBalloonButtonNull	NULL
msoBalloonButtonOK	OK
msoBalloonButtonOptions	OPTIONEN
msoBalloonButtonRetry	WIEDERHOLEN
msoBalloonButtonSearch	SUCHEN
msoBalloonButtonSnooze	ERNEUT ERINNERN
msoBalloonButtonTips	TIPPS
msoBalloonButtonYes	JA
msoBalloonButtonYesToAll	JA ALLE

Tabelle 2.34: Rückgabekonstanten der Methode Show

▶ Beispiele

Im folgenden Beispiel aus Listing 2.49 wird der Office-Assistent aufgerufen.

Listing 2.49: Aufruf des Office-Assistenten

```
Sub OfficeAssistentenAufrufen()
Dim OffAss As Balloon

Set OffAss = Assistant.NewBalloon

With OffAss
 .Heading = "Office-Assistent"
 .Icon = msoIconTip
 .Mode = msoModeAutoDown
 .BalloonType = msoBalloonTypeButtons
 .Labels(1).Text = "Buch 1: VBA-Referenz"
 .Labels(2).Text = "Buch 2: VBA-Kompendium"
 .Labels(3).Text = "Buch 3: VBA in 14 Tagen"
 .Animation = msoAnimationGreeting
 .Button = msoButtonSetOK
 .Show
End With
Set OffAss = Nothing
End Sub
```

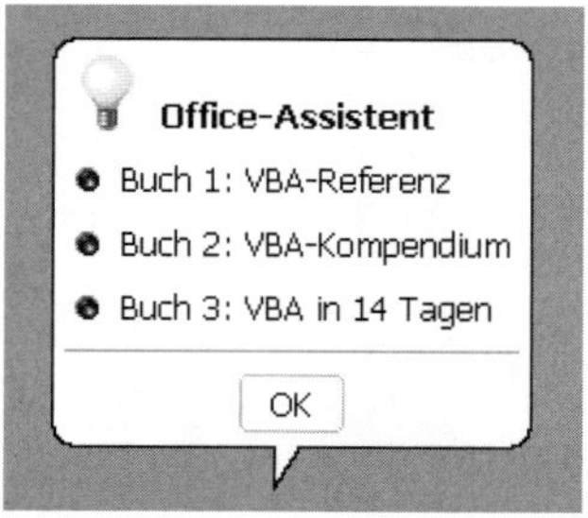

Abbildung 2.18: Aufruf des Assistenten durch die Methode Show

Sollen anstatt der Aufzählungspunkte lieber Kontrollkästchen zum Ankreuzen angezeigt werden, dann starten Sie das Makro aus Listing 2.50.

Listing 2.50: Der Office-Assistent mit Kontrollkästchen

```
Sub OfficeAssistenMitKontrollkästchen()
Dim i As Integer

With Assistant.NewBalloon
    .Button = msoButtonSetYesNoCancel
    .Heading = "Versuche"
    .Text = "Bitte Versuch auswählen"
    For i = 1 To 3
        .CheckBoxes(i).Text = "Versuch " & i
    Next
    .Show
End With
End Sub
```

Gerade wenn Sie mehrere Punkte im Office-Assistenten anbieten, dann können Sie über das Makro aus Listing 2.51 feststellen, welcher Punkt vom Anwender angeklickt wurde.

Listing 2.51: Welcher Punkt wurde geklickt?

```
Sub Entscheidung()
Dim OffAss As Balloon

Set OffAss = Assistant.NewBalloon
With OffAss
    .Heading = "Wählen Sie eine Variante aus"
    .Labels(1).Text = "VarianteA"
    .Labels(2).Text = "VarianteB"
    .Button = msoButtonSetNone
End With

Select Case OffAss.Show
    Case 1
        MsgBox "Erster Punkt!"
    Case 2
        MsgBox "Zweiter Punkt!"
End Select
End Sub
```

Soll ermittelt werden, welche Schaltfläche im Office-Assistenten geklickt wurde, dann starten Sie das Makro aus Listing 2.52.

Listing 2.52: Welche Schaltfläche wurde geklickt?

```
Sub Entscheidung2()
Dim OffAss As Balloon

Set OffAss = Assistant.NewBalloon
With OffAss
    .Heading = "Wählen Sie eine Variante aus"
    .Labels(1).Text = "VarianteA"
    .Labels(2).Text = "VarianteB"
    .Button = msoButtonSetOkCancel
If .Show = msoBalloonButtonOK Then
 MsgBox "Schaltfläche OK geklickt!"
 Else
 MsgBox "Schaltfläche Abbrechen geklickt!"
 End If
End With
End Sub
```

2.14 Objektvariable Button

Über die Objektvariable `Button` kann eine Schaltfläche in einer Tabelle angesprochen werden.

Add-Methode

Über die Methode `Add` wird eine Schaltfläche in eine Tabelle eingefügt.

Syntax

```
Ausdruck.Buttons.Add(Left, Top, Width, Height)
```

Argument	Beschreibung
`Ausdruck`	Das erforderliche Argument `Ausdruck` ist ein Ausdruck, der ein `Button`-Objekt darstellt.
`Left`	Legt die linke Ecke der Schaltfläche in Pixel fest.
`Top`	Legt die obere, linke Ecke der Schaltfläche in Pixel fest.
`Widht`	Legt die Breite der Schaltfläche in Pixel fest.
`Height`	Legt die Höhe der Schaltfläche in Pixel fest.

Tabelle 2.35: Argumente der Methode Add

Caption-Eigenschaft

Über die Eigenschaft `Caption` kann die Beschriftung einer Schaltfläche festgelegt werden.

▶ Syntax

```
Ausdruck.Caption = "Text"
```

Das erforderliche Argument `Ausdruck` ist ein Ausdruck, der ein `Button`-Objekt darstellt.

OnAction-Eigenschaft

Über die Eigenschaft `OnAction` geben Sie den Namen des Makros an, das ausgeführt wird, wenn auf die Schaltfläche geklickt wird.

▶ Syntax

```
Ausdruck.OnAction = "Makronamen"
```

Das erforderliche Argument `Ausdruck` ist ein Ausdruck, der ein `Button`-Objekt darstellt.

▶ Beispiele

Beim folgenden Beispiel aus Listing 2.53 wird eine Schaltfläche in TABELLE10 eingefügt und das Makro `ExcelBeenden` hinterlegt.

Listing 2.53: Schaltfläche in Tabelle integrieren

```
Sub SchaltflächeIntegrieren()
Dim Schaltfläche As Button

Set Schaltfläche = _
Sheets("Tabelle10").Buttons.Add(10, 20, 100, 50)

With Schaltfläche
 .Caption = "Anwendung beenden"
 .OnAction = "ExcelBeenden"
End With
Set Schaltfläche = Nothing
End Sub
```

Zur Vollständigkeit noch das Makro aus Listing 2.54, welches Excel ohne Rückfrage beendet.

Listing 2.54: Excel ohne Rückfrage beenden

```
Sub ExcelBeenden()
 Application.DisplayAlerts = False
 Application.Quit
End Sub
```

3 Funktionen und Anweisungen

In VBA gibt es Hunderte von Funktionen. Die meisten davon können im kompletten Office-Paket eingesetzt werden, andere sind Excel-spezifisch. Funktionen unterteilt man in verschiedene Gruppen. So gibt es beispielsweise Textfunktionen, Datums- und Zeitfunktionen, mathematische Funktionen und vieles mehr. Ein Teil der Funktionen wird in diesem Kapitel vorgestellt. Die anderen folgen sukzessive in den nächsten Kapiteln.

- Datums- und Zeitfunktionen
- Textfunktionen
- Dateifunktionen und -anweisungen
- Mathematische Funktionen

3.1 Datums- und Zeitfunktionen

Um vorab eine Übersicht über diese Funktionen zu bekommen, werfen Sie einen Blick auf die Tabelle 3.1. Danach erfolgen die Erklärung der Syntax und die Demonstration anhand eines kurzen Beispiels.

Funktion	Kurzbeschreibung
`CDate`	Wandelt eine Zeichenfolge in einen Datumswert um.
`Date`	Gibt das aktuelle Systemdatum aus.
`DateAdd`	Liefert einen Wert zurück, der ein Datum enthält, zu dem ein bestimmtes Zeitintervall addiert wurde.
`DateDiff`	Liefert einen Wert zurück, der die Anzahl der Zeitintervalle zwischen zwei bestimmten Terminen angibt.
`DatePart`	Liefert einen Wert zurück, der einen bestimmten Teil eines angegebenen Datums enthält.
`DateSerial`	Liefert einen Wert zurück, der die angegebene Jahres-, Monats- und Tageszahl enthält.
`DateValue`	Wandelt eine Zeichenfolge in einen gültigen Datumswert um.
`Day`	Extrahiert den Tag als ganzzahligen Wert (1-31) aus einem Datumswert.

Tabelle 3.1: Datums- und Zeitfunktionen

Funktion	Kurzbeschreibung
FileDateTime	Liefert das Erstellungsdatum bzw. das letzte Änderungsdatum einer Datei.
FormatDateTime	Gibt einen als Datum oder Uhrzeit formatierten Ausdruck zurück.
Hour	Liefert die Stunde aus einem Datums-/Zeitwert als ganzzahligen Wert (0-23).
Minute	Liefert die Minute aus einem Datums-/Zeitwert als ganzzahligen Wert (0-59).
Month	Extrahiert den Monat aus einem Datumswert als ganzzahligen Wert (1-12).
Monthname	Gibt eine Zeichenfolge zurück, die den festgelegten Monat angibt.
Now	Liefert das Systemdatum inklusive der Uhrzeit.
Second	Liefert die Sekunde aus einem Datums-/Zeitwert als ganzzahligen Wert (0-59).
Time	Gibt die aktuelle Systemzeit aus.
Timer	Gibt einen Wert vom Typ `Single` zurück, der die Anzahl der seit Mitternacht vergangenen Sekunden angibt.
TimeSerial	Setzt einen Datums-/Zeitwert aus Ganzzahlwerten (Sekunden, Minuten und Stunden) zusammen .
TimeValue	Wandelt eine Zeichenfolge in einen gültigen Zeitwert um.
WeekDay	Gibt den Wochentag aus einem Datumswert zurück (1-7).
WeekDayName	Gibt eine Zeichenfolge zurück, die den festgelegten Wochentag angibt.
Year	Extrahiert die Jahresinformation aus einem Datumswert.

Tabelle 3.1: Datums- und Zeitfunktionen (Forts.)

CDate-Funktion

Mithilfe der Funktion `CDate` können Zeichenfolgen in einen gültigen Datumswert konvertiert werden.

▶ Syntax

`CDate(Ausdruck)`

Im Argument `Ausdruck` wird eine Zeichenfolge angegeben. Der Rückgabewert der Funktion stellt einen gültigen Datumswert dar.

Beispiele

Im folgenden Beispiel aus Listing 3.1 wird eine Zeichenfolge umgewandelt und in eine Zelle eingefügt.

Listing 3.1: Mit der Funktion CDate Zeichenfolgen in gültige Datumswerte umwandeln

```
Sub CDate_Beispiel()
Dim s As String

s = "14. März 2004"
Sheets("Tabelle1").Range("A1").Value = CDate(s)
End Sub
```

Selbstverständlich funktioniert dasselbe auch mit Zeitwerten:

Listing 3.2: Mit der Funktion CDate Zeichenfolgen in gültige Zeitwerte umwandeln

```
Sub CDate_Beispiel2()
Dim s As String

s = "18:45:00"
Sheets("Tabelle1").Range("A2").Value = CDate(s)
End Sub
```

Dringend gebraucht wird diese Funktion, wenn beispielsweise aus einer Userform ein Datum, das in einem Textfeld erfasst wurde, in einer Tabelle gespeichert werden soll. Ohne die Umwandlung würde das Datum in der Tabelle linksbündig angeordnet, also als Textwert interpretiert werden.

Der folgende Code aus Listing 3.3 wird direkt hinter die Schaltfläche OK/SPEICHERN gelegt.

Listing 3.3: Ein Datum aus einer Userform in eine Tabelle zurückschreiben

```
Private Sub CommandButton1_Click()
Sheets("Tabelle1").Range("A3").Value = _
CDate(TextBox1.Value)
Unload Me
End Sub
```

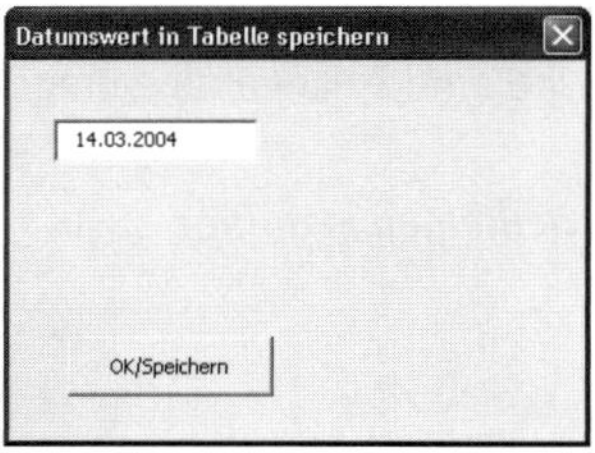

Abbildung 3.1: Das Datum soll korrekt in eine Tabellenzelle geschrieben werden.

▶ Verwandte Funktionen

`CInt`, `CSng`, `CBool`, `CByte`, `CCur`, `CDbl`, `CDec`, `CLng`, `CVar`, `CStr`

Date-Funktion

Über die Funktion `Date` können Sie das aktuelle Systemdatum, das in der Systemsteuerung von Windows hinterlegt ist, abrufen.

▶ Syntax

`Date`

Diese Funktion hat keine weiteren Argumente.

▶ Beispiele

Ein typisches Beispiel für den Gebrauch dieser Funktion ist das Einfügen des aktuellen Tagesdatums in eine Zelle.

Listing 3.4: Das aktuelle Tagesdatum in eine Zelle einfügen

```
Sub Date_Funktion()
 Sheets("Tabelle1").Range("A4").Value = Date
End Sub
```

Ein weiteres praktisches Beispiel stellt die Benennung der aktiven Tabelle nach dem aktuellen Tagesdatum dar.

Listing 3.5: Die Tabelle nach dem aktuellen Tagesdatum benennen

```
Sub Date_Funktion2()
 ActiveSheet.Name = Date
End Sub
```

▶ **Verwandte Funktionen**

`Time, Now, Timer, Format`

DateAdd-Funktion

Die Funktion `DateAdd` liefert einen Wert vom Typ `Variant` (`Date`) zurück, der ein Datum enthält, zu dem ein bestimmtes Zeitintervall addiert wurde.

▶ **Syntax**

`DateAdd(interval, number, date)`

Die Syntax für die `DateAdd`-Funktion besteht aus den folgenden benannten Argumenten:

Teil	Beschreibung
`interval`	Zeichenfolgenausdruck, der das zu addierende Zeitintervall ergibt.
`number`	Numerischer Ausdruck, der die Anzahl der zu addierenden Intervalle ergibt. Er kann positiv (für ein zukünftiges Datum) oder negativ (für ein vergangenes Datum) sein.
`date`	Ein Wert vom Typ `Variant` (`Date`) oder ein als Literal dargestelltes Datum, zu dem das Intervall hinzuaddiert wird.

Tabelle 3.2: Argumente der Funktion DateAdd

▶ **Beispiel**

Im folgenden Makro aus Listing 3.6 wird, ausgehend von einem Bestelldatum, der Liefertermin errechnet und im Direktfenster der Entwicklungsumgebung ausgegeben.

Listing 3.6: Das Enddatum mit der Funktion DateAdd ausrechnen

```
Sub DateAdd_Funktion()
Dim Datum1 As Date
Dim sIntervall As String
Dim Zahl As Integer

Debug.Print "Bestelldatum: " & Date
sIntervall = "m"
```

```
Datum1 = "14.03.2004"
Zahl = 3
Debug.Print "Lieferdatum: " & _
DateAdd(sIntervall, Zahl, Datum1)
End Sub
```

Abbildung 3.2: Drei Monate später wird geliefert

▶ Verwandte Funktionen

`DateDiff, DatePart`

DatePart-Funktion

Über die Funktion `Datepart` können Sie einen bestimmten Teil des Datums extrahieren, indem Sie auf die Konstanten dieser Funktion zurückgreifen.

▶ Syntax

```
DatePart(interval,date[,firstdayofweek
[, firstweekofyear]])
```

Im Argument `Intervall` müssen Sie genau angeben, welchen Teil des Datums Sie extrahieren möchten. Die einzelnen Möglichkeiten sehen Sie in den folgenden Möglichkeiten in Tabelle 3.3.

Einstellung	**Beschreibung**
`yyyy`	Jahr
`q`	Quartal
`m`	Monat
`y`	Tag des Jahres
`d`	Tag
`w`	Wochentag
`ww`	Woche
`h`	Stunde

Tabelle 3.3: Intervall-Konstanten der Funktion DatePart

Einstellung	Beschreibung
n	Minute
S	Sekunde

Tabelle 3.3: Intervall-Konstanten der Funktion DatePart (Forts.)

Im Argument Date geben Sie den Wert an, den Sie berechnen möchten.

Im Argument firstdayofweek müssen Sie den ersten Tag der Woche angeben. Denken Sie beispielsweise daran, dass der jüdische Kalender mit dem Sonntag als erstem Tag der Woche beginnt. Für unseren europäischen Bereich müssen Sie daher den Wert 2 bzw. die Konstante vbMonday einsetzen. Wenn Sie die ganze Sache etwas variabler halten möchten, dann setzen Sie die Konstante vbUseSystem ein. Damit wird die Einstellung des ersten Tags der Woche direkt aus den Einstellungen Ihrer Windows-Systemsteuerung herausgelesen. Sehen Sie die einzelnen Belegungen der Konstanten in Tabelle 3.4.

Konstante	Wert	Beschreibung
VbUseSystem	0	Die NLS API-Einstellung wird verwendet
VbSunday	1	Sonntag (Voreinstellung)
VbMonday	2	Montag
vbTuesday	3	Dienstag
vbWednesday	4	Mittwoch
vbThursday	5	Donnerstag
vbFriday	6	Freitag
vbSaturday	7	Samstag

Tabelle 3.4: FirstDayOfWeek-Konstanten der Funktion DatePart

Im letzten Argument firstweekofyear legen Sie die erste Woche eines Jahres fest. Danach richtet sich auch jeweils die Nummerierung der Kalenderwoche. Dabei können Sie folgende Einstellungen treffen:

Konstante	Wert	Beschreibung
`VbUseSystem`	0	Die NLS API-Einstellung aus der Systemsteuerung von Windows wird verwendet.
`vbFirstJan1`	1	Anfang in der Woche mit dem 1. Januar (Voreinstellung)
`vbFirstFourDays`	2	Anfang in der ersten Woche, die mindestens vier Tage im neuen Jahr enthält
`VbFirstFullWeek`	3	Anfang in der ersten vollen Woche des Jahres

Tabelle 3.5: FirstWeekOfYear-Konstanten der Funktion DatePart

▶ Beispiele

Im folgenden Beispiel aus Listing 3.7 wird, ausgehend von einem Datum, das dazugehörige Quartal ausgegeben.

Listing 3.7: Das Quartal eines Datums wird ausgegeben

```
Sub DatePart_Funktion()
Dim Datum1 As Date

Datum1 = "14.03.2004"
Debug.Print "Das Datum " & Datum1 & vbLf & _
" liegt im Quartal: " & DatePart("q", Datum1)
End Sub
```

Übergeben Sie der Funktion `Datepart` das Intervall `q`, um die Quartalskennziffer eines Datums zu ermitteln.

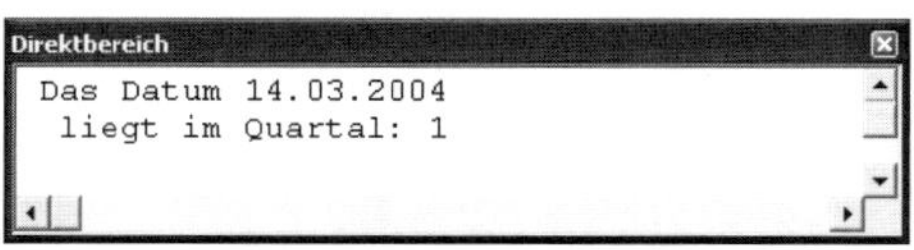

Abbildung 3.3: Quartalsermittlung mit DatePart

Beim nächsten Beispiel aus Listing 3.8 soll anhand des aktuellen Tagesdatums die dazugehörige Wochennummer ermittelt werden.

Listing 3.8: Die Wochennummer aus einem Datum ermitteln

```
Sub DatePart_Funktion2()
Debug.Print "Heute ist der " & Date
Debug.Print "Wir befinden uns in der Woche " & _
 DatePart("ww", Date)
End Sub
```

Übergeben Sie der Funktion `Datepart` das Intervall `ww`, um die Wochennummer eines Datums zu ermitteln.

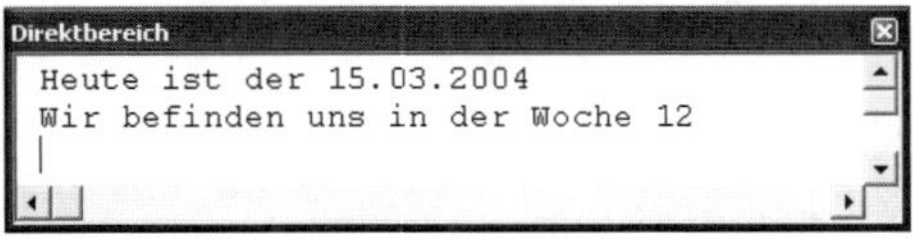

Abbildung 3.4: Ermittlung der Wochennummer, ebenfalls über die Funktion DatePart

▶ Verwandte Funktionen

`DateAdd, DateDiff`

DateDiff-Funktion

Mithilfe der Funktion `DateDiff` können Sie die Anzahl der Zeitintervalle, die zwischen zwei bestimmten Terminen liegen, angeben.

▶ Syntax

```
DateDiff(interval, date1, date2[, firstdayofweek
[, firstweekofyear]])
```

Da die Argumente der Funktion `DateDiff` fast gleich sind wie bei der Funktion `DatePart`, lesen Sie weiter oben im Kapitel nach.

▶ Beispiel

Beim folgenden Beispiel aus Listing 3.9 soll die Differenz in Tagen vom aktuellen Tag bis zum Jahresende errechnet werden.

Listing 3.9: Datumsdifferenzen errechnen über die Funktion DateDiff

```
Sub DateDiff_Funktion()
Dim StartDatum As Date
Dim EndDatum As Date

StartDatum = Date
EndDatum = "31.12.2004"
Debug.Print "Anzahl Tage von heute " & _
 StartDatum & vbLf & " bis zum Jahresende: " & _
DateDiff("d", StartDatum, EndDatum)
End Sub
```

Übergeben Sie der Funktion `DateDiff` das Intervall `d`, um die Differenz der beiden Datumsangaben in Tagen auszugeben.

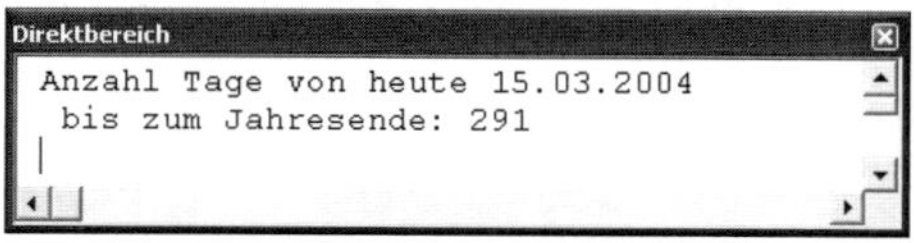

Abbildung 3.5: Die Tage bis zum Jahresende berechnen

▶ Verwandte Funktionen

`DateAdd, DatePart`

DateSerial-Funktion

Die Funktion `DateSerial` liefert einen Wert zurück, der die angegebene Jahres-, Monats- und Tageszahl enthält.

▶ Syntax

`DateSerial(year, month, day)`

Teil	Beschreibung
`year`	Wert vom Typ Integer. Zahl im Bereich von 100 bis 9999 (einschließlich) oder ein numerischer Ausdruck.
`month`	Wert vom Typ Integer. Beliebiger numerischer Ausdruck.
`day`	Wert vom Typ Integer. Beliebiger numerischer Ausdruck.

Tabelle 3.6: Argumente der Funktion DateSerial

▶ Beispiel

Beim folgenden Beispiel aus Listing 3.10 soll für einen Monat für jeden Tag genau ein Tabellenblatt angelegt werden.

Listing 3.10: Die Funktion DateSerial zum Benennen von Excel-Tabellen heranziehen

```
Sub TabellenNamen()
Dim i As Integer

Workbooks.Add
 For i = 29 To 1 Step -1
   Worksheets.Add
   ActiveSheet.Name = Format(DateSerial _
   (2004, 2, i), "dd.mm.yy")
  Next i
End Sub
```

Übergeben Sie der Funktion `DateSerial` einzeln und nacheinander die drei benötigten Argumente `Jahr`, `Monat` und `Tag`. Der Tag wird in diesem Beispiel über eine dynamische Variable übergeben.

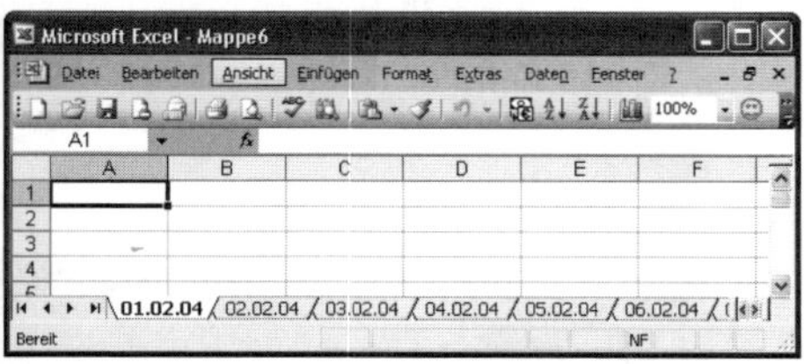

Abbildung 3.6: Schnell Tabellen einfügen und benennen

▶ Verwandte Funktionen

`DateValue, TimeSerial, TimeValue`

DateValue-Funktion

Die Funktion `DateValue` wandelt eine Zeichenfolge in einen gültigen Datumswert um.

Syntax

`DateValue(Datum)`

Das erforderliche Argument `Datum` ist normalerweise ein Zeichenfolgenausdruck, der ein Datum aus dem Bereich vom 1. Januar 100 bis zum 31. Dezember 9999 repräsentiert. Alternativ können Sie für `Datum` aber auch einen beliebigen Ausdruck angeben, der ein Datum, eine Zeit oder beides aus diesem Bereich darstellen kann.

Beispiele

Beim folgenden Beispiel aus Listing 3.11 wird ein etwas ungewöhnliches Datum in ein gängiges Datumsformat umgesetzt.

Listing 3.11: Datumskonvertierung über die Funktion DateValue durchführen

```
Sub DateValue_Beispiel()
Dim Datum1 As Date

Datum1 = DateValue("1/1/04")
MsgBox Datum1
End Sub
```

Wenden Sie die Funktion `DateValue` auch an, um Datumsformate umzusetzen.

Im nächsten Beispiel aus Abbildung 3.7 wird eine Prüfung durchgeführt, ob ein 30-Tage-Zeitraum bereits überschritten wurde.

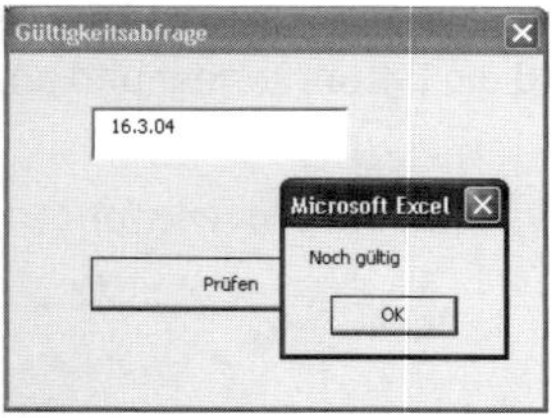

Abbildung 3.7: Prüfzeitraum überschritten?

Legen Sie das Makro aus Listing 3.12 direkt hinter die Schaltfläche PRÜFEN.

Listing 3.12: Abfrage mithilfe von DateValue, ob ein Prüfzeitraum bereits abgelaufen ist

```
Private Sub CommandButton1_Click()
If Date > DateValue(TextBox1.Value) + 30 Then
 MsgBox "Abgelaufen"
Else
 MsgBox "Noch gültig"
End If
End Sub
```

Vergleichen Sie das aktuelle Tagesdatum mit dem Wert, der in der TEXTBOX1 einer Userform steht, und reagieren Sie je nach Fall.

Verwandte Funktionen

`DateSerial, TimeSerial, TimeValue`

Day-Funktion

Mit der Funktion `Day` können Sie den Tag als ganzzahligen Wert (1-31) aus einem Datumswert extrahieren.

Syntax

`Day(Datum)`

Das erforderliche Argument `Datum` ist ein beliebiger Wert vom Typ `Variant`, ein numerischer Ausdruck, ein Zeichenfolgenausdruck oder eine beliebige Kombination, die ein Datum darstellen kann.

▶ Beispiele

Im folgenden Beispiel aus Listing 3.13 wird ein Datum zerlegt und anschließend wieder zusammengesetzt.

Listing 3.13: Datumswerte zerlegen und in anderer Form wieder zusammensetzen

```
Sub Day_Funktion()
Dim Datum1 As Date
Dim iTag As Integer
Dim iMonat As Integer
Dim iJahr As Integer

Datum1 = Date
iTag = Day(Datum1)
iMonat = Month(Datum1)
iJahr = Year(Datum1)

Debug.Print "Aus:  " & Datum1
Debug.Print "wird: " & iTag & "-" & iMonat & _
"-" & iJahr
End Sub
```

Analog zur Funktion `Day` werden hier die Funktionen `Month` und `Year` eingesetzt, um die jeweiligen Datumsinformationen (Tag, Monat und Jahr) zu extrahieren.

Abbildung 3.8: Mithilfe der Funktion Day den Tag aus einem Datum extrahieren

▶ Verwandte Funktionen

`Month, Year, Now, Date, Time`

FileDateTime-Funktion

Die Funktion `FileDateTime` liefert das Erstellungsdatum bzw. das letzte Änderungsdatum einer Datei, ohne dass die Datei geöffnet sein muss.

▶ Syntax

`FileDateTime(Pfadname)`

Das erforderliche Argument `Pfadname` ist ein Zeichenfolgenausdruck, der einen Dateinamen angibt. `Pfadname` kann ein Verzeichnis oder einen Ordner sowie ein Laufwerk enthalten.

▶ Beispiele

Beim folgenden Beispiel aus Listing 3.14 wird das letzte Änderungsdatum der aktiven Arbeitsmappe in die erste Tabelle der Mappe geschrieben.

Listing 3.14: Das letzte Änderungsdatum einer Mappe ermitteln und in die Zelle schreiben

```
Sub FileDateTime_Beispiel()
 ThisWorkbook.Save
 Sheets(1).Range("A5").Value = _
 FileDateTime(ThisWorkbook.FullName)
End Sub
```

Über die Eigenschaft `FullName` können Sie den kompletten Pfadnamen einer Mappe ermitteln und an die Funktion `FileDateTime` übergeben.

Soll diese Information anstatt in eine Zelle in die Fußzeile der Tabelle geschrieben werden, dann lautet das Makro für diesen Zweck wie folgt:

Listing 3.15: Das letzte Änderungsdatum einer Mappe ermitteln und in die Fußzeile schreiben

```
Sub FileDateTime_Beispiel2()
ThisWorkbook.Save
Sheets(1).PageSetup.LeftFooter = _
FileDateTime(ThisWorkbook.FullName)
End Sub
```

▶ Verwandte Funktionen

`FileLen, GettAttr`

FormatDateTime-Funktion

Für das Anzeigen von Datums- und Zeitangaben stehen Ihnen fertige Systemkonstanten zur Verfügung, die die Formatierung des Datums bzw. des Zeitwerts für Sie übernehmen.
Diese Datums-/Zeitkonstanten werden im Zusammenspiel mit der Funktion `FormatDateTime` verwendet.

▶ Syntax

`FormatDateTime(Datum[,BenanntesFormat])`

Im Argument `Datum` übergeben Sie der Funktion einen Datumswert. Im Argument `BenanntesFormat` wählen Sie eine der in der Tabelle folgenden Datums-/Zeitkonstanten.

Konstante	Wert	Beschreibung
`vbGeneralDate`	0	Zeigt ein Datum und/oder eine Uhrzeit an. Wenn es ein Datum gibt, wird es in Kurzform angezeigt. Wenn es eine Uhrzeit gibt, wird sie im langen Format angezeigt. Falls vorhanden werden beide Teile angezeigt.
`vbLongDate`	1	Zeigt ein Datum im langen Datumsformat an, das in den Ländereinstellungen des Computers festgelegt ist.
`VbShortDate`	2	Zeigt ein Datum im kurzen Datumsformat an, das in den Ländereinstellungen des Computers festgelegt ist.
`vbLongTime`	3	Zeigt eine Uhrzeit in dem Zeitformat an, das in den Ländereinstellungen des Computers festgelegt ist.
`vbShortTime`	4	Zeigt eine Uhrzeit im 24-Stunden-Format (hh:mm) an.

Tabelle 3.7: Datumskonstanten

Beispiel

Im folgenden Beispiel aus Listing 3.16 wird ein Datum auf unterschiedlichste Art und Weise im Direktfenster der Entwicklungsumgebung ausgegeben.

Listing 3.16: Verschiedene Datumsformat über die Funktion FormatDateTime

```
Sub FormatDateTime_Beispiel()
Dim Datum1 As Date

Datum1 = Now
Debug.Print FormatDateTime(Datum1, vbGeneralDate)
Debug.Print FormatDateTime(Datum1, vbLongDate)
Debug.Print FormatDateTime(Datum1, vbShortDate)
Debug.Print FormatDateTime(Datum1, vbLongTime)
Debug.Print FormatDateTime(Datum1, vbShortTime)
End Sub
```

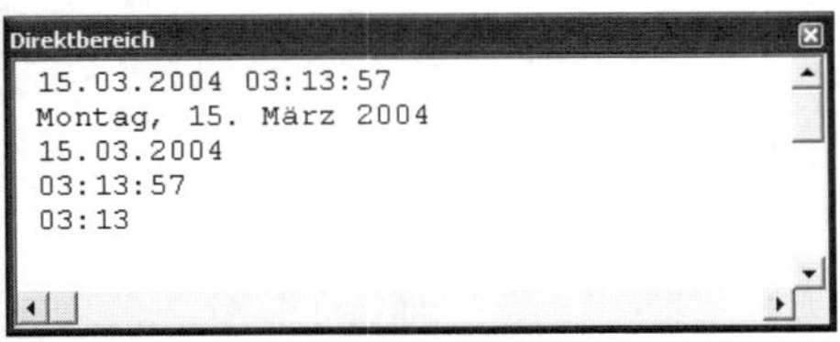

Abbildung 3.9: Unterschiedliche Möglichkeiten, ein Datum zu formatieren

Verwandte Funktionen

`Format, FormatCurrency, FormatNumber, FormatPercent`

Hour-Funktion

Die Funktion `Hour` liefert die Stunde aus einem Datums-/Zeitwert als ganzzahligen Wert (0-23).

▶ Syntax

```
Hour(Uhrzeit)
```

Das erforderliche Argument `Uhrzeit` ist ein beliebiger Wert vom Typ `Variant`, ein numerischer Ausdruck, ein Zeichenfolgenausdruck oder eine beliebige Kombination, die eine Uhrzeit darstellen kann.

▶ Beispiele

Im folgenden Beispiel aus Listing 3.17 wird eine Zeitverzögerung in Excel eingebaut. Dabei soll die Verarbeitung für genau 10 Sekunden unterbrochen werden.

Listing 3.17: Die Makroverarbeitung für 10 Sekunden unterbrechen

```
Sub Hour_Beispiel()
Dim dStunde As Date
Dim dMinute As Date
Dim dSekunde As Date
Dim dPause As Date

MsgBox "Bitte OK klicken, dann 10 Sekunden warten!"
dStunde = Hour(Now())
dMinute = Minute(Now())
dSekunde = Second(Now()) + 10
dPause = TimeSerial(dStunde, dMinute, dSekunde)
Application.Wait dPause
MsgBox "Die 10 Sekunden sind abgelaufen", _
vbInformation
End Sub
```

Speichern Sie zunächst die einzelnen Zeitwerte, indem Sie die Funktionen `Hour`, `Minute` und `Second` einsetzen. Addieren Sie zu der letzten Zeitansage den Wert 10, um die Makroverarbeitung um 10 Sekunden zu unterbrechen, und definieren Sie somit die Pausenzeit mithilfe der Funktion `TimeSerial`. Übergeben Sie diese Pausenzeit der Methode `Wait`.

Eine ähnliche Aufgabenstellung liefert das Makro aus Listing 3.18. Dabei wird ein Bild von der Festplatte für 3 Sekunden in eine Tabelle eingefügt und dann wieder entfernt.

Listing 3.18: Ein Logo für 3 Sekunden einfügen und dann wieder entfernen

```
Sub Hour_Beispiel2()
Dim Pic As Picture
Dim dStunde As Date
Dim dMinute As Date
Dim dSekunde As Date
Dim dPause As Date

 Sheets("Tabelle1").Pictures.Insert ("c:\Excel.jpg")
 dStunde = Hour(Now())
 dMinute = Minute(Now())
 dSekunde = Second(Now()) + 3
 dPause = TimeSerial(dStunde, dMinute, dSekunde)
 Application.Wait dPause
 Sheets("Tabelle1").Pictures(1).Delete
End Sub
```

Wenden Sie die Methode `Insert` an, um ein Bild einzufügen. Speichern Sie danach die einzelnen Zeitwerte und addieren beim Sekundenwert den Wert 3 (Sekunden) darauf. Bilden Sie daraus über die Funktion `TimeSerial` die Pausenzeit und lassen Sie Excel mithilfe der Methode `Wait` warten. Löschen Sie nach der Pause das gerade eingefügte Bild über die Methode `Delete`.

Verwandte Funktionen

`Minute, Second, TimeSerial, Now, Time, Timer`

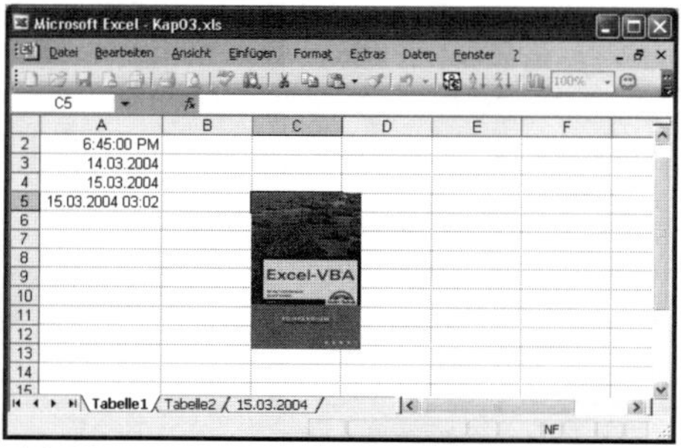

Abbildung 3.10: Eine Grafik einfügen und wieder verschwinden lassen

Minute-Funktion

Die Funktion `Minute` liefert die Minute aus einem Datums-/Zeitwert als ganzzahligen Wert (0-59).

▶ Syntax

`Minute(Uhrzeit)`

Das erforderliche Argument `Uhrzeit` ist ein beliebiger Wert vom Typ `Variant`, ein numerischer Ausdruck, ein Zeichenfolgenausdruck oder eine beliebige Kombination, die eine Uhrzeit darstellen kann.

▶ Beispiel

Sehen Sie sich dazu die Beispiele der Funktion `Hour` an.

▶ Verwandte Funktionen

`Hour`, `Second`, `Time`, `Timer`, `Date`, `Day`, `Month`, `Year`

Month-Funktion

Die Funktion `Month` extrahiert den Monat aus einem Datumswert als ganzzahligen Wert (1-12).

▶ Syntax

`Month(Datum)`

Das erforderliche Argument `Datum` ist ein beliebiger Wert vom Typ `Variant`, ein numerischer Ausdruck, ein Zeichenfolgenausdruck oder eine beliebige Kombination, die ein Datum darstellen kann.

▶ Beispiel

Im nächsten Beispiel aus Listing 3.19 wird die Aktivierung einer Tabelle abhängig vom Tagesdatum vorgenommen. Dazu existieren in einer Mappe 12 Tabellen, von denen die jeweilige Monatstabelle aktiviert wird.

Listing 3.19: Tabellen aktivieren in Abhängigkeit vom Monat

```
Sub Month_Beispiel()
Dim i As Integer

On Error GoTo Fehler
    i = Month(Now())
    Sheets("Tabelle" & i).Activate
   Exit Sub
Fehler:
MsgBox "Tabelle konnte nicht gefunden werden!", _
 vbCritical
End Sub
```

▶ Verwandte Funktionen

`Day, Year, Date`

MonthName-Funktion

Die Funktion `MonthName` gibt eine Zeichenfolge zurück, die den festgelegten Monat angibt.

▶ Syntax

```
MonthName(Monat[, abkürzen])
```

Die Syntax der `MonthName`-Funktion besteht aus folgenden Teilen:

Teil	Beschreibung
`Monat`	Die numerische Bezeichnung des Monats, z.B. 1 für Januar, 2 für Februar usw.
`Abkürzen`	Optionales Argument. Boolescher Wert, der angibt, ob der Monatsname abgekürzt wird. Wird er ausgelassen, ist die Standardeinstellung `False`, d.h. der Monatsname wird nicht abgekürzt.

Tabelle 3.8: Argumente der Funktion MonthName

▶ Beispiel

Im folgenden Beispiel aus Listing 3.20 wird der Monatsname aus dem aktuellen Tagesdatum ermittelt und im Direktbereich der Entwicklungsumgebung ausgegeben.

Listing 3.20: Die Funktion MonthName ermittelt den Monatsnamen

```
Sub MonthName_Beispiel()
 Debug.Print "verkürzt: " & _
  MonthName(Month(Date), True)
 Debug.Print "normal: " & _
 MonthName(Month(Date), False)
End Sub
```

▶ Verwandte Funktionen

`Date, Month, Day, Format`

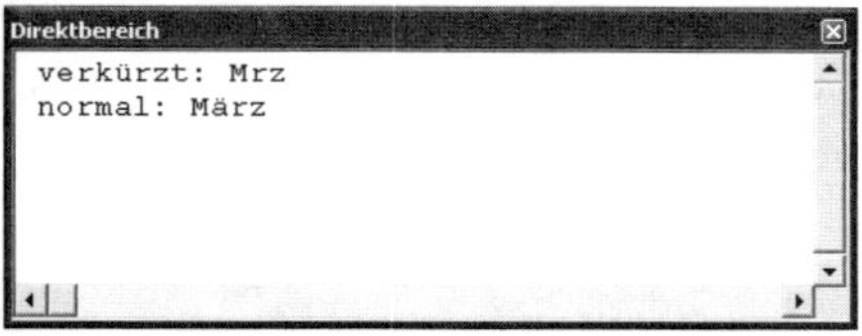

Abbildung 3.11: Die Ermittlung des Monatsnamens auf zwei unterschiedliche Arten durchgeführt

Now-Funktion

Die Funktion `Now` liefert das Systemdatum inklusive der Uhrzeit.

▶ Syntax

`Now` (ohne weitere Argumente)

▶ Beispiel

Im folgenden Beispiel aus Listing 3.21 wird eine neue Arbeitsmappe angelegt, unter dem heutigen Tagesdatum abgespeichert und wieder geschlossen.

Listing 3.21: Arbeitsmappe unter Tagesdatum speichern

```
Sub Now_Beispiel()
Dim sDatum As String
Dim SName As String

Workbooks.Add
sDatum = Application.Text(Now(), "mm-dd-yy")
SName = ActiveWorkbook.Name
ActiveWorkbook.SaveAs SName & sDatum & ".xls"
ActiveWorkbook.Close
End Sub
```

Über die Funktion `Now` ermitteln Sie das aktuelle Tagesdatum sowie die aktuelle Uhrzeit. Danach speichern Sie die Mappe mihilfe der Methode `SaveAs` unter dem neuen Namen ab.

▶ Verwandte Funktionen

`Date, Time, Timer, Hour, Minute, Second, Month, Year`

Second-Funktion

Die Funktion `Second` liefert die Sekunde aus einem Datums-/Zeitwert als ganzzahligen Wert (0-59).

▶ Syntax

`Second(Uhrzeit)`

Das erforderliche Argument `Uhrzeit` ist ein beliebiger Wert vom Typ `Variant`, ein numerischer Ausdruck, ein Zeichenfolgenausdruck oder eine beliebige Kombination, die eine Uhrzeit darstellen kann.

▶ Beispiel

Sehen Sie sich dazu die Beispiele der Funktion `Hour` an.

▶ Verwandte Funktionen

`Minute, Second, Time, Timer, Date, Day, Month, Year`

Time-Funktion

Die Funktion `Time` gibt die aktuelle Systemzeit aus.

▶ Syntax

`Time` (ohne weitere Argumente)

▶ Beispiel

Beim folgenden Beispiel aus Listing 3.22 wird jede Minute die aktuelle Uhrzeit in die Statusleiste von Excel geschrieben.

Listing 3.22: Die aktuelle Uhrzeit in die Statusleiste schreiben

```
Sub Zeitmakro()
 Application.OnTime Now + _
 TimeValue("00:01:00"), "Time_Beispiel"
End Sub

Sub Time_Beispiel()
Application.StatusBar = Date & "," & Time
Call Zeitmakro
End Sub
```

Starten Sie das Makro Zeitmakro und warten Sie eine Minute. Danach wird regelmäßig das Makro Time_Beispiel aufgerufen, welches die Uhrzeit in die Statusleiste von Excel schreibt.

Verwandte Funktionen

Date, TimeValue, Timer

Timer-Funktion

Die Funktion Timer gibt einen Wert vom Typ Single zurück, der die Anzahl der seit Mitternacht vergangenen Sekunden angibt.

Syntax

Timer (ohne weitere Argumente)

Beispiel

Im folgenden Beispiel aus Listing 3.23 wird ein Zellenbereich abwechselnd mit diversen Hintergrundfarben formatiert. Zwischen den einzelnen Farbvarianten wird eine Pause von 2 Sekunden eingelegt.

Listing 3.23: Bereich unterschiedlich einfärben mit Zeitverzögerung

```
Sub Pause(i)
Dim time As Single
  time = Timer
  Do While Timer < time + i
     DoEvents
  Loop
End Sub

Sub Timer_Beispiel()
Dim i As Integer

For i = 2 To 5
Sheets("Tabelle1"). _
 Range("A1:A10").Interior.ColorIndex = i
 Pause 2
Next
Sheets("Tabelle1"). _
Range("A1:A10").Interior.ColorIndex = _
xlColorIndexNone
End Sub
```

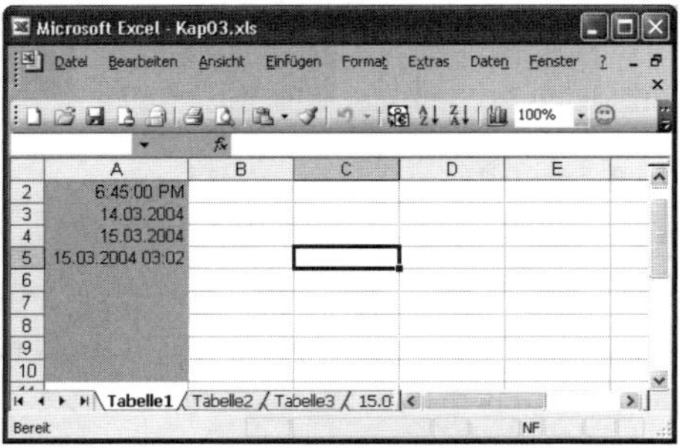

Abbildung 3.12: Zellenbereich färben

▶ Verwandte Funktionen

`Time, Now`

TimeSerial-Funktion

Die Funktion `TimeSerial` setzt einen Datums-/Zeitwert aus Ganzzahlwerten (Sekunden, Minuten und Stunden) zusammen.

▶ Syntax

```
TimeSerial(hour, minute, second)
```

Die Syntax für die `TimeSerial`-Funktion besteht aus folgenden benannten Argumenten:

Teil	**Beschreibung**
`Hour`	`Variant` (`Integer`). Zahl im Bereich von 0 (00:00) bis 23 (23:00) oder ein numerischer Ausdruck.
`Minute`	`Variant` (`Integer`). Beliebiger numerischer Ausdruck.
`Second`	`Variant` (`Integer`). Beliebiger numerischer Ausdruck.

Tabelle 3.9: Argumente der Funktion TimeSerial

▶ Beispiel

Im folgenden Beispiel aus Listing 3.24 werden verschiedene Zahlenwerte aus einer Tabelle zu einem gültigen Zeitwert zusammengesetzt.

Listing 3.24: Einen gültigen Zeitwert zusammenbasteln

```
Sub TimeSerial_Beispiel()
Dim Zeit1 As Date

With Sheets("Tabelle2")
 Zeit1 = TimeSerial(.Cells(1, 1), _
        .Cells(1, 2), .Cells(1, 3))
 .Cells(2, 1).Value = Zeit1
End With
End Sub
```

Übergeben Sie der Funktion `TimeSerial` die einzelnen Argumente und geben diese am Ende in der Zelle A2 aus.

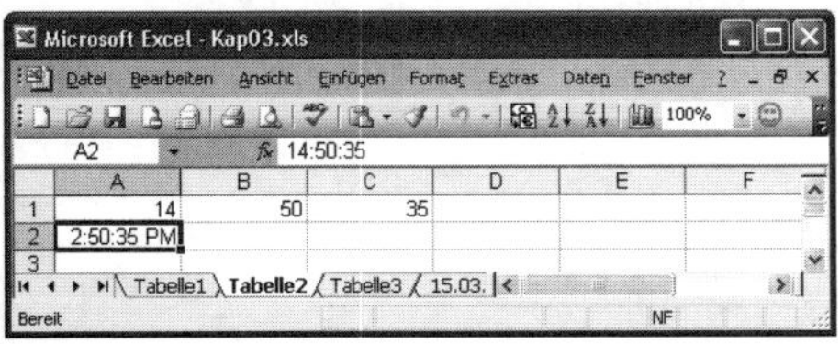

Abbildung 3.13: Aus drei Zelleninhalten wird ein gültiger Zeitwert

▶ Verwandte Funktionen

`DateSerial`, `DateValue`, `TimeValue`, `Hour`, `Minute`, `Second`, `Now`

TimeValue-Funktion

Die Funktion `TimeValue` wandelt eine Zeichenfolge in einen gültigen Zeitwert um.

▶ Syntax

`TimeValue(Uhrzeit)`

Das erforderliche Argument `Uhrzeit` ist normalerweise ein Zeichenfolgenausdruck, der eine Zeit im Bereich von 0:00:00 bis 23:59:59 darstellt. Uhrzeit kann aber auch ein beliebiger Ausdruck sein, der eine Zeit aus diesem Bereich angibt.

Beispiele

Beim folgenden Beispiel aus Listing 3.25 wird ein Zeichenfolgenausdruck in einen gültigen Zeitwert umgewandelt.

Listing 3.25: Zeichenfolge in einen gültigen Zeitwert wandeln

```
Sub TimeValue_Beispiel()
Dim Zeit1 As Date

Zeit1 = TimeValue("3:21:59 PM")
Debug.Print Zeit1
End Sub
```

Beim nächsten Beispiel aus Listing 3.26 wird ein bestimmtes Makro alle 60 Sekunden automatisch gestartet.

Listing 3.26: Makro wird alle 60 Sekunden automatisch gestartet

```
Sub Beginn()
 Zeit1 = Now
 TimeValue_Beispiel2
End Sub

Sub TimeValue_Beispiel2()
Debug.Print Format(Zeit1, "hh:mm:ss")
Zeit1 = Zeit1 + TimeValue("00:01:00")
Application.OnTime Zeit1, "Beginn"
End Sub
```

Wenn Sie das Makro `Beginn` starten, dann wird das Makro `TimeValue_Beispiel2` nach jeweils 60 Sekunden ausgeführt. Dabei wird mithilfe der Anweisung `Debug.Print` immer die aktuelle Uhrzeit in das Direktfenster der Entwicklungsumgebung geschrieben.

Verwandte Funktionen

`DateSerial`, `DateValue`, `TimeSerial`, `Hour`, `Minute`, `Second`, `Now`

Abbildung 3.14: Alle 60 Sekunden wird ein »Satz« geschrieben

Weekday-Funktion

Die Funktion `Weekday` gibt den Wochentag aus einem Datumswert zurück (1-7).

▶ Syntax

```
Weekday(date, [firstdayofweek])
```

Die Syntax für die `Weekday`-Funktion besteht aus folgenden benannten Argumenten:

Teil	Beschreibung
`Date`	Erforderlich. Wert vom Typ `Variant`, numerischer Ausdruck, Zeichenfolgenausdruck oder eine beliebige Kombination, die ein Datum darstellen kann. Wenn `Date` den Wert Null enthält, wird Null zurückgegeben.
`Firstdayofweek`	Optional. Eine Konstante, die den ersten Wochentag angibt. Wird die Konstante nicht angegeben, so wird `vbSunday` angenommen.

Tabelle 3.10: Argumente der Funktion Weekday

Das Argument `firstdayofweek` hat folgende Einstellungen:

Konstante	Wert	Beschreibung
`vbUseSystem`	0	NLS API-Einstellung wird verwendet
`VbSunday`	1	Sonntag (Voreinstellung)
`vbMonday`	2	Montag
`vbTuesday`	3	Dienstag
`vbWednesday`	4	Mittwoch

Tabelle 3.11: Argumente von Firstdayofweek

Konstante	Wert	Beschreibung
`vbThursday`	5	Donnerstag
`vbFriday`	6	Freitag
`vbSaturday`	7	Samstag

Tabelle 3.11: Argumente von Firstdayofweek (Forts.)

▶ Beispiel

Im folgenden Listing 3.27 werden, ausgehend von einem vorgegebenen Datum, der dazugehörige Wochentag sowie das Quartal ermittelt.

Listing 3.27: Den Wochentag ermitteln

```
Function Quartal(DatAngabe)
   Quartal = DatePart("q", DatAngabe)
End Function

Function Wochentag(DatAngabe)
 Wochentag = WeekdayName _
 (Weekday(DatAngabe, vbUseSystemDayOfWeek), False)
End Function

Sub Weekday_Beispiel()
 Debug.Print " Dieses Datum liegt im " & _
 Quartal("20.04.2004") & " .Quartal!"
 Debug.Print " Der Wochentag ist ein " & _
 Wochentag("20.04.2004")
End Sub
```

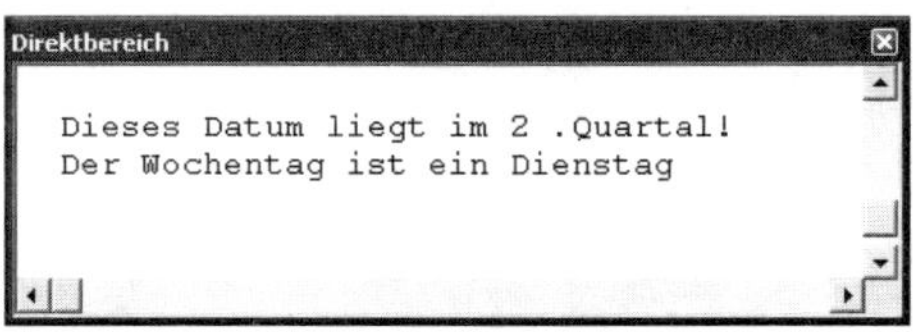

Abbildung 3.15: Wochentag und Quartal ermitteln

▶ Verwandte Funktionen

`WeekdayName, Date, Day, Month, Year, Now`

WeekdayName-Funktion

Die Funktion WeekdayName gibt eine Zeichenfolge zurück, die den festgelegten Wochentag angibt.

▶ Syntax

WeekdayName(Wochentag, abkürzen, ErsterWochentag)

Die Syntax der WeekdayName-Funktion besteht aus folgenden Teilen:

Teil	Beschreibung
Wochentag	Erforderlich. Die numerische Bezeichnung des Wochentags. Der numerische Wert der einzelnen Tage hängt von der Einstellung für ErsterWochentag ab.
Abkürzen	Optional. Boolescher Wert, dar angibt, ob der Name des Wochentags abgekürzt wird. Wird er ausgelassen, ist die Standardeinstellung False, d.h. der Name des Wochentags wird nicht abgekürzt.
ErsterWochentag	Optional. Numerischer Wert, der den ersten Tag der Woche angibt (siehe Tabelle 3.11).

Tabelle 3.12: Argumente der Funktion WeekdayName

▶ Beispiel

Im folgenden Beispiel aus Listing 3.28 wird der heutige Tag in Kurzform und der morgige Tag in ausgeschriebener Syntax im Direktfenster der Entwicklungsumgebung ausgegeben.

Listing 3.28: Den Wochentag von heute und morgen ausgeben

```
Sub WeekdayName_Beispiel()
Debug.Print "Heute ist " & _
WeekdayName(Weekday(Date), True)
Debug.Print "Morgen ist " & _
WeekdayName(Weekday(Date + 1), False)
End Sub
```

▶ Verwandte Funktionen

Weekday, Date, Day, Month, Year, Now

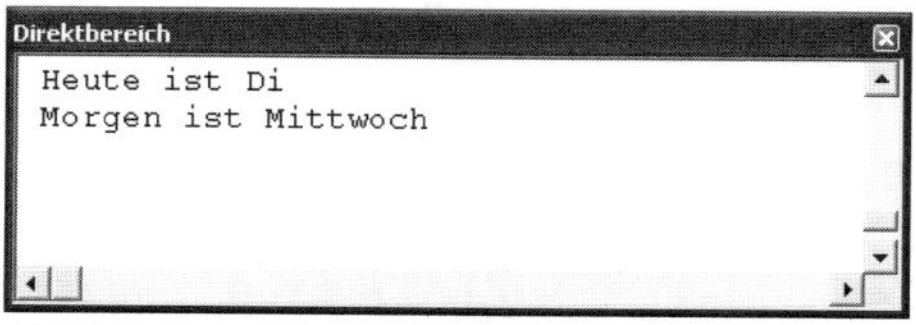

Abbildung 3.16: Wochentag über die Funktion WeekdayName bestimmen

Year-Funktion

▶ Syntax

`Year(Datum)`

Das erforderliche Argument `Datum` ist ein beliebiger Wert vom Typ `Variant`, ein numerischer Ausdruck, ein Zeichenfolgenausdruck oder eine beliebige Kombination, die ein Datum darstellen kann.

▶ Beispiel

Sehen Sie sich dazu die Beispiele der Funktion `Month` und `Day` an.

3.2 Textfunktionen

Um vorab einen Überblick über diese Funktionen zu bekommen, werfen Sie einen Blick auf die Tabelle. Danach erfolgt die Erklärung der Syntax und die Demonstration anhand eines kurzen Beispiels.

Funktion	Kurzbeschreibung
`Asc`	Gibt einen Wert vom Typ `Integer` zurück, der den Zeichencode entsprechend dem ersten Buchstaben in einer Zeichenfolge darstellt.
`Choose`	Wählt einen Wert aus einer Liste von Argumenten aus und gibt ihn zurück.
`Chr`	Gibt einen Wert vom Typ `String` zurück, der das Zeichen enthält, das dem angegebenen Zeichen-Code zugeordnet ist.

Tabelle 3.13: Textfunktionen

Funktion	Kurzbeschreibung
`InStr`	Gibt einen Wert vom Typ `Variant` (`Long`) zurück, der die Position des ersten Auftretens einer Zeichenfolge innerhalb einer anderen Zeichenfolge angibt.
`InStrRev`	Gibt die Position eines Vorkommnisses einer Zeichenfolge in einer anderen Zeichenfolge, vom Ende der Zeichenfolge gesehen, an.
`Join`	Gibt eine Zeichenfolge zurück, die sich aus der Kombination einer Reihe von untergeordneten Zeichenfolgen, die in einem Datenfeld enthalten sind, ergibt.
`LCase`	Wandelt Großbuchstaben in Kleinbuchstaben um.
`Left`	Gibt einen Wert vom Typ `Variant` (`String`) zurück, der eine bestimmte Anzahl von Zeichen ab dem ersten (linken) Zeichen einer Zeichenfolge enthält.
`Len`	Gibt einen Wert vom Typ `Long` zurück, der die Anzahl der Zeichen in einer Zeichenfolge oder die zum Speichern einer Variablen erforderlichen Bytes enthält.
`Mid`	Gibt einen Wert vom Typ `Variant` (`String`) zurück, der eine bestimmte Anzahl von Zeichen aus einer Zeichenfolge enthält.
`Replace`	Gibt eine Zeichenfolge zurück, in der eine festgelegte, untergeordnete Zeichenfolge mit einer festgelegten Häufigkeit durch eine andere untergeordnete Zeichenfolge ersetzt wurde.
`Right`	Gibt einen Wert vom Typ `Variant` (`String`) zurück, der eine bestimmte Anzahl von Zeichen von der rechten Seite (dem Ende) einer Zeichenfolge enthält.
`Space`	Gibt eine Zeichenfolge vom Typ `Variant` (`String`) zurück, die aus einer angegebenen Anzahl von Leerzeichen besteht.
`Spc`	Fügt in einer Textdatei eine bestimmte Anzahl von Leerzeichen ein.
`Split`	Gibt ein nullbasiertes, eindimensionales Datenfeld zurück, das eine festgelegte Anzahl an untergeordneten Zeichenfolgen enthält.
`Str`	Gibt einen Wert vom Typ `Variant` (`String`) zurück, der eine Zahl darstellt.
`StrComp`	Gibt einen Wert vom Typ `Variant` (`Integer`) zurück, der das Ergebnis eines Zeichenfolgenvergleichs anzeigt.

Tabelle 3.13: Textfunktionen (Forts.)

Funktion	Kurzbeschreibung
`StrConv`	Gibt einen Wert vom Typ `Variant` (`String`) zurück, der wie angegeben umgewandelt wurde.
`StrReverse`	Gibt eine Zeichenfolge zurück, in der die Reihenfolge der Zeichen einer bestimmten Zeichenfolge umgekehrt wurde.
`String`	Gibt eine Zeichenfolge vom Typ `Variant` (`String`) zurück, die ein sich wiederholendes Zeichen der angegebenen Länge enthält.
`Switch`	Wertet eine Liste von Ausdrücken aus und gibt einen Wert vom Typ `Variant` oder einen Ausdruck zurück, der dem ersten Ausdruck in der Liste zugeordnet ist, der `True` ergibt.
`Trim`	Gibt einen Wert vom Typ `Variant` (`String`) zurück, der eine Kopie einer bestimmten Zeichenfolge enthält, die keine führenden Leerzeichen (`LTrim`), keine nachgestellten Leerzeichen (`RTrim`) sowie keine Kombination aus führenden und nachgestellten Leerzeichen (`Trim`) enthält.
`UCase`	Wandelt Kleinbuchstaben in Großbuchstaben um.

Tabelle 3.13: Textfunktionen (Forts.)

Asc-Funktion

Die Funktion `Asc` gibt einen Wert vom Typ `Integer` zurück, der den Zeichencode entsprechend dem ersten Buchstaben in einer Zeichenfolge darstellt.

► Syntax

`Asc(Zeichenfolge)`

Das erforderliche `Zeichenfolge`-Argument ist ein beliebiger gültiger Zeichenfolgenausdruck. Wenn `Zeichenfolge` keine Zeichen enthält, tritt ein Laufzeitfehler auf.

► Beispiel

Im folgenden Beispiel aus Listing 3.29 werden über eine benutzerdefinierte Funktion alle Buchstaben aus Zellen entfernt, sodass nur noch Zahlenwerte in den Zellen zurückbleiben.

Listing 3.29: Buchstaben aus Zellen entfernen

```
Function BuchstRaus(Zelle) As Integer
Dim i As Integer

 Application.Volatile
 For i = 1 To Len(Zelle)
    Select Case Asc(Mid(Zelle, i, 1))
      Case 0 To 64, 123 To 197
         BuchstRaus = BuchstRaus & Mid(Zelle, i, 1)
    End Select
  Next i
End Function
```

Prüfen Sie mithilfe der Funktion `Asc` das jeweils aktuelle Zeichen der Zelle, indem Sie dieses in einen Integer-Wert umwandeln. Mit der Funktion `Mid` extrahieren Sie jeweils das nächste Zeichen aus der Zelle. Dabei entsprechen die Werte 65-90 Kleinbuchstaben, die Werte 97-122 den Großbuchstaben und die restlichen Werte den Sonderzeichen.

▶ Verwandte Funktionen

`Chr` und Umwandlungsfunktionen

Choose-Funktion

Die Funktion `Choose` wählt einen Wert aus einer Liste von Argumenten aus und gibt ihn zurück.

▶ Syntax

```
Choose(Index, Auswahl-1[, Auswahl-2, ... [, Auswahl-n]])
```

Die Syntax für die `Choose`-Funktion besteht aus folgenden Teilen:

Teil	**Beschreibung**
`Index`	Erforderlich. Numerischer Ausdruck oder Feld, der oder das einen Wert von 1 bis zur Anzahl der möglichen Auswahlwerte ergibt.
`Auswahl`	Erforderlich. Ein `Variant`-Ausdruck, der einen der möglichen Auswahlwerte enthält.

Tabelle 3.14: Argumente der Funktion Choose

▶ Beispiel

Im folgenden Beispiel aus Listing 3.30 wird über eine Funktion die Zahlungsart ermittelt.

Listing 3.30: Eine übergebene Zahl wird in einen Text gewandelt.

```
Function Auswahl(i As Integer)
    Auswahl = Choose(i, "Bar", "EC", "Rechnung")
End Function

Sub Choose_Beispiel()
 Debug.Print Auswahl(1)
 Debug.Print Auswahl(2)
 Debug.Print Auswahl(3)
End Sub
```

Abbildung 3.17: Aus 1 wird Bar, aus 2 wird EC, usw.

▶ Verwandte Funktionen

`Select Case, Switch`

Chr-Funktion

Die Funktion `Chr` gibt einen Wert vom Typ `String` zurück, der das Zeichen enthält, das dem angegebenen Zeichencode zugeordnet ist.

▶ Syntax

`Chr(Zeichencode)`

Das erforderliche Argument `Zeichencode` ist ein Wert vom Typ `Long`, der ein Zeichen festlegt.

▶ Beispiel

Im folgenden Beispiel aus Listing 3.31 werden mithilfe der Funktion `Chr` aus Zahlen Buchstaben gewonnen und in eine Tabelle geschrieben.

Listing 3.31: Aus Zahlenwerten Buchstaben erstellen

```
Sub Chr_Beispiel()
Dim i As Integer
Dim e As Integer

e = 1
For i = 65 To 90
   With Sheets("Tabelle3")
    .Cells(1, e).Value = Chr(i)
    e = e + 1
   End With
Next i
End Sub
```

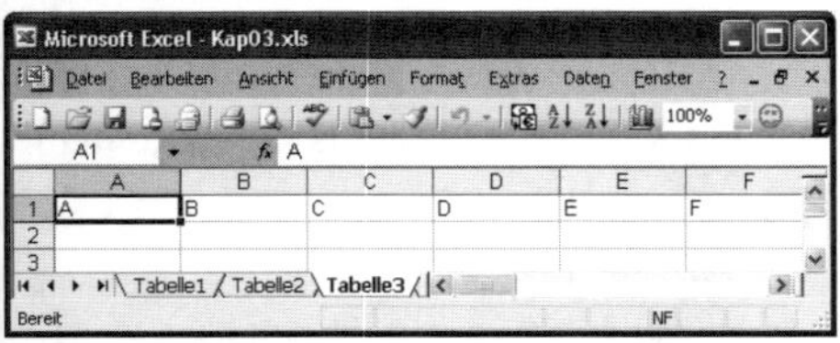

Abbildung 3.18: Eine Buchstabenreihe erstellen

Im nächsten Beispiel aus Listing 3.32 wird eine mehrzeilige Meldung auf dem Bildschirm angezeigt.

Listing 3.32: Einen Zeilenvorschub über Chr(13) generieren

```
Sub Chr_Beispiel2()
MsgBox "Hallo " & Application.UserName & Chr(13) & _
"Heute ist " & Date & Chr(13) & _
"Aktuelle Uhrzeit: " & time
End Sub
```

Abbildung 3.19: Mehrzeilige Msgbox anzeigen

▶ Verwandte Funktionen

`Acs`, `Str`, Typ-Umwandlungsfunktionen

InStr-Funktion

Über die Funktion `InStr` können Sie einen Wert vom Typ `Variant` (`Long`) zurückgeben, der die Position des ersten Auftretens einer Zeichenfolge innerhalb einer anderen Zeichenfolge angibt.

▶ Syntax

```
InStr([Start, ]Zeichenfolge1, Zeichenfolge2
[, Vergleich])
```

Die Syntax der `InStr`-Funktion verwendet die folgenden Argumente:

Teil	Beschreibung
`Start`	Optional. Numerischer Ausdruck, der die Startposition für die Suche festlegt. Wird `Start` nicht angegeben, so beginnt die Suche mit dem ersten Zeichen in der Zeichenfolge. Wenn `Start` den Wert Null enthält, tritt ein Fehler auf. Bei Angabe von `Vergleich` muss auch das Argument `Start` angegeben werden.
`Zeichenfolge1`	Erforderlich. Durchsuchter Zeichenfolgenausdruck.
`Zeichenfolge2`	Erforderlich. Gesuchter Zeichenfolgenausdruck.
`Vergleich`	Optional. Legt die Art des Zeichenfolgenvergleichs fest. Der Wert Null für `Vergleich` führt zu einem Fehler.

Tabelle 3.15: Argumente der Funktion InStr

Konstante	Wert	Beschreibung
vbUseCompareOption	-1	Führt einen Vergleich mithilfe der Option Compare-Anweisung durch.
vbBinaryCompare	0	Führt einen binären Vergleich durch.
vbTextCompare	1	Führt einen textbasierten Vergleich durch.
vbDatabaseCompare	2	Nur Microsoft Access. Führt einen Vergleich durch, der auf Informationen in Ihrer Datenbank basiert.

Tabelle 3.16: Vergleichstypen der Funktion InStr

Als Rückgabewerte der Funktion InStr gelten folgende Argumente.

Fall	Rückgabewerte von InStr
Zeichenfolge1 hat die Länge Null	0
Zeichenfolge1 ist Null	Null
Zeichenfolge2 hat die Länge Null	start
Zeichenfolge2 ist Null	Null
Zeichenfolge2 ist nicht vorhanden	0
Zeichenfolge2 ist in Zeichenfolge1 enthalten	Position, an der Übereinstimmung beginnt
Start > Zeichenfolge2	0

Tabelle 3.17: Rückgabewerte der Funktion InStr

▶ Beispiele

Im folgenden Beispiel aus Listing 3.33 wird geprüft, ob es sich um eine gültige E-Mail-Adresse handelt.

Listing 3.33: Überprüfen auf gültige E-Mail-Adresse

```
Sub InStr_Beispiel()
Dim s As String

s = Held-office@t-online.de
```

```
If InStr(s, "@") > 1 Then
 MsgBox "E-Mail gültig!"
Else
 MsgBox "E-Mail ungültig!"
End If
End Sub
```

Wird die Zeichenfolge @ in der Variablen `s` gefunden, dann meldet die Funktion einen Rückgabewert größer 1 zurück. Dabei wird die genaue Position des gesuchten Zeichens zurückgegeben. Fängt die E-Mail-Adresse mit der Zeichenfolge @ an, so handelt es sich um eine nicht gültige E-Mail-Adresse.

Im folgenden Beispiel aus Listing 3.34 werden in einer Tabelle alle Zellen gelöscht, die einen Bindestrich enthalten.

Listing 3.34: Zellen mit bestimmtem Inhalt löschen

```
Sub InStr_Beispiel2()
Dim zelle As Range
Dim iPos As Integer

For Each zelle In ActiveSheet.UsedRange
    iPos = InStr(1, zelle, "-", 1)
    If iPos > 0 Then zelle.ClearContents
Next zelle
End Sub
```

▶ Verwandte Funktionen

`InStrRev, StrComp`

InStrRev-Funktion

Die Funktion `InStrRev` gibt die Position eines Vorkommnisses einer Zeichenfolge in einer anderen Zeichenfolge vom Ende der Zeichenfolge gesehen an.

▶ Syntax

```
InstrRev(stringcheck, stringmatch [, start[, compare]])
```

Die Syntax der `InstrRev`-Funktion besteht aus folgenden benannten Argumenten:

Teil	Beschreibung
Stringcheck	Erforderlich. Der zu durchsuchende Zeichenfolgenausdruck.
Stringmatch	Erforderlich. Zeichenfolgenausdruck, nach dem gesucht wird.
Start	Optional. Numerischer Ausdruck, der die Anfangsposition für jede Suche festlegt. Wird er ausgelassen, wird –1 verwendet, d.h. die Suche beginnt an der letzten Zeichenposition.
Compare	Optional. Numerischer Wert, der die Art des Vergleichs angibt, der beim Beurteilen von untergeordneten Zeichenfolgen verwendet werden soll. Wird er ausgelassen, wird ein binärer Vergleich ausgeführt.

Tabelle 3.18: Argumente der Funktion InStrRev

Beispiele

Im folgenden Beispiel aus Listing 3.35 werden der komplette Pfad, der Pfad sowie der Dateiname der aktiven Arbeitsmappe ermittelt.

Listing 3.35: Pfad- und Dateinamen extrahieren (ab Excel 2000)

```
Sub InStrRev_Beispiel()
Dim iPos As Integer
Dim sPfad As String
Dim sName As String

iPos = InStrRev(ActiveWorkbook.FullName, "\")
sPfad = Left(ActiveWorkbook.FullName, iPos)
sName = Mid(ActiveWorkbook.FullName, iPos + 1)
MsgBox "Komplett: " & ActiveWorkbook.FullName & _
 vbLf & "Pfad: " & sPfad & vbLf & "Datei: " & sName
End Sub
```

Aus der Eigenschaft `FullName`, in welcher der Name der Datei sowie der komplette Speicherpfad verzeichnet sind, werden die einzelnen Informationen herausgezogen.

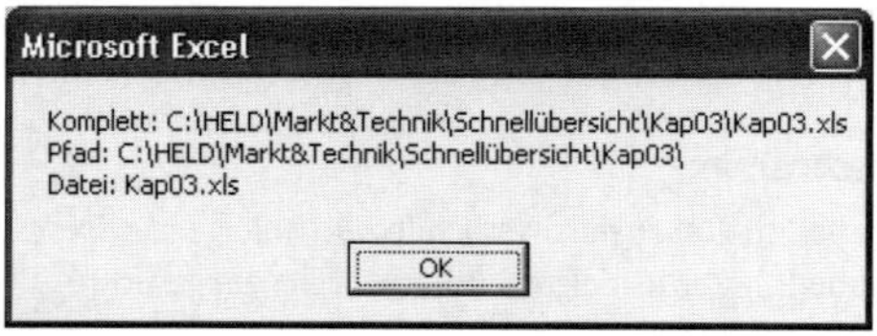

Abbildung 3.20: Die InstrRev-Funktion hilft beim Separieren der einzelnen Elemente

Anwender der Version Excel 97 haben beim Makro aus Listing 3.35 Pech. Leider gibt es diese Funktion erst ab Excel 2000. Für Excel 97-Anwender muss daher folgende Syntax aus Listing 3.36 gelten.

Listing 3.36: Pfad- und Dateinamen extrahieren (für Excel 97)

```
Sub Excel97()
Dim iPos As Integer
Dim AltPos As Integer
Dim sPfad As String
Dim sName As String

iPos = 1
Do Until iPos = 0
  AltPos = iPos
  iPos = InStr(iPos + 1, _
         ActiveWorkbook.FullName, "\")
Loop
sPfad = Left(ActiveWorkbook.FullName, AltPos)
sName = Mid(ActiveWorkbook.FullName, AltPos + 1)
MsgBox "Komplett: " & ActiveWorkbook.FullName & _
vbLf & "Pfad: " & sPfad & vbLf & "Datei: " & sName
End Sub
```

► Verwandte Funktionen

InStr, StrComp

Join-Funktion

Die Funktion `Join` gibt eine Zeichenfolge zurück, die sich aus der Kombination einer Reihe von untergeordneten Zeichenfolgen, die in einem Datenfeld enthalten sind, ergibt.

▶ Syntax

`Join(sourcearray [, delimiter])`

Die Syntax der `Join`-Funktion besteht aus folgenden benannten Argumenten:

Teil	Beschreibung
`Sourcearray`	Erforderlich. Eindimensionales Datenfeld, das die zu kombinierenden, untergeordneten Zeichenfolgen enthält.
`Delimiter`	Optional. Zeichen einer Zeichenfolge, mit dem die untergeordneten Zeichenfolgen in der zurückgegebenen Zeichenfolge getrennt werden. Wird es ausgelassen, wird das Leerstellenzeichen (» «) verwendet. Wenn `delimiter` eine Zeichenfolge der Länge Null (»«) ist, werden alle Elemente in der Liste ohne Trennzeichen verkettet.

Tabelle 3.19: Argumente der Funktion Join

▶ Beispiel

Beim folgenden Beispiel aus Listing 3.37 wird eine Adresse über die Funktion `Split` zerlegt, aufbereitet und anschließend mithilfe der Funktion `Join` wieder zusammengebastelt.

Listing 3.37: Text auseinander nehmen und wieder zusammensetzen

```
Sub JoinSlpitt_Beispiel()
Dim sText As String
Dim Varray As Variant
Dim i As Integer
Dim iGesamt As Integer

sText = "Bernd;Held;Teststr. 15;70839;Gerlingen"
Debug.Print "Vor Konvertierung: " & sText
Varray = Split(sText, ";")
```

```
iGesamt = UBound(Varray)
For i = 0 To iGesamt
 Varray(i) = UCase(Varray(i))
Next i
Varray = Join(Varray, ";")
Debug.Print "Nach Konvertierung: " & Varray
End Sub
```


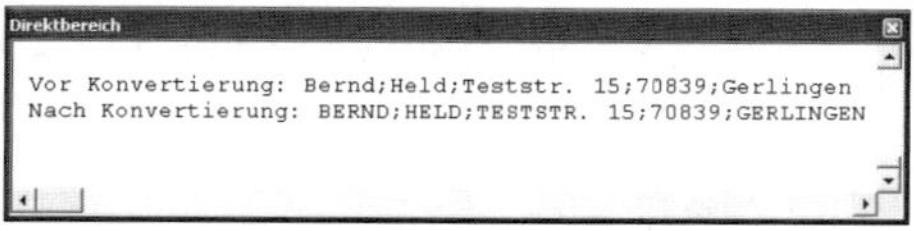

Abbildung 3.21: Texte splitten und wieder zusammensetzen

▶ Verwandte Funktionen

`Split`

LCase-Funktion

Die Funktion `LCase` wandelt Großbuchstaben in Kleinbuchstaben um.

▶ Syntax

`LCase(Zeichenfolge)`

Das erforderliche Argument `Zeichenfolge` ist ein beliebiger gültiger Zeichenfolgenausdruck.

▶ Beispiele

Im folgenden Beispiel aus Listing 3.38 wird der benutzte Bereich einer Tabelle überarbeitet. Dabei werden alle Zellen, die Texte enthalten, in Kleinbuchstaben konvertiert.

Listing 3.38: Alle Texte der benutzten Zellen werden in Kleinbuchstaben umgewandelt.

```
Sub LCase_Beispiel()
Dim Zelle As Range

For Each Zelle In ActiveSheet.UsedRange
   Zelle.Value = LCase(Zelle.Value)
Next Zelle
End Sub
```

Im nächsten Beispiel werden alle Eingaben in der TABELLE4 automatisch direkt nach der Eingabe in Kleinbuchstaben umgewandelt.

Um diese Aufgabe umzusetzen, verfahren Sie wie folgt:

1. Klicken Sie mit der rechten Maustaste auf den Tabellenreiter der TABELLE4 und wählen Sie aus dem Kontextmenü den Befehl CODE ANZEIGEN.
2. Stellen Sie im Code-Fenster oben aus dem ersten Dropdown-Feld den Eintrag WORKSHEET ein.
3. Wählen Sie aus dem zweiten Dropdown-Feld den Befehl CHANGE.
4. Ergänzen Sie den eingestellten Ereignisrahmen wie folgt:

Listing 3.39: Jede Eingabe in der Tabelle4 wird automatisch in Kleinbuchstaben gewandelt.

```
Private Sub Worksheet_Change(ByVal Target As Range)
 Target.Value = LCase(Target.Value)
End Sub
```

▶ Verwandte Funktionen

UCase, StrConv

Left-Funktion

Die Funktion `Left` gibt einen Wert vom Typ `Variant` (`String`) zurück, der eine bestimmte Anzahl von Zeichen ab dem ersten (linken) Zeichen einer Zeichenfolge enthält.

► Syntax

`Left(string, length)`

Die `Left`-Funktion verwendet die folgenden benannten Argumente:

Teil	Beschreibung
`String`	Erforderlich. Zeichenfolgenausdruck, aus dem die ersten (linken) Zeichen zurückgegeben werden. Wenn `string` den Wert Null enthält, wird Null zurückgegeben.
`Length`	Erforderlich; Wert vom Typ `Variant` (`Long`). Numerischer Ausdruck, der die Anzahl der zurückzugebenden Zeichen angibt. Der Wert 0 führt zur Rückgabe einer Null-Zeichenfolge (»«). Ist `length` größer oder gleich der Zeichenanzahl in `string`, so wird die gesamte Zeichenfolge zurückgegeben.

Tabelle 3.20: Argumente der Funktion Left

► Beispiel

Im folgenden Beispiel aus Listing 3.40 wird eine Versionsprüfung in Excel durchgeführt. Manchmal machen gerade ältere Excel-Versionen bei der Programmierung Kummer.

Listing 3.40: Excel-Versionscheck durchführen

```
Sub Left_Beispiel()
Select Case Left(Application.Version, 1)
  Case "5"
    MsgBox "Sie haben Excel 5 im Einsatz"
  Case "7"
    MsgBox "Sie haben Excel 95 im Einsatz"
  Case "8"
    MsgBox "Sie haben Excel 97 im Einsatz"
  Case Else
    'Keine Probleme
End Select
End Sub
```

▶ Verwandte Funktionen

`Right, Mid, Len`

Len-Funktion

Die Funktion `Len` gibt einen Wert vom Typ `Long` zurück, der die Anzahl der Zeichen in einer Zeichenfolge oder die zum Speichern einer Variablen erforderlichen Bytes enthält.

▶ Syntax

`Len(Zeichenfolge | Variablenname)`

Die Syntax der `Len`-Funktion besteht aus folgenden Teilen:

Teil	Beschreibung
`Zeichenfolge`	Beliebiger gültiger Zeichenfolgenausdruck. Wenn `Zeichenfolge` den Wert Null enthält, wird Null zurückgegeben.
`Variablenname`	Beliebiger gültiger Name für eine Variable. Wenn `Variablenname` den Wert Null enthält, wird Null zurückgegeben. Wenn `Variablenname` ein Wert vom Typ `Variant` ist, wird er von `Len` genauso behandelt wie ein Wert vom Typ `String`, und es wird immer die Anzahl der darin enthaltenen Zeichen zurückgegeben.

Tabelle 3.21: Argumente der Funktion Len

▶ Beispiele

Im folgenden Makro aus Listing 3.41 wird mithilfe der Funktion `Len` geprüft, ob in einem Eingabedialog überhaupt eine Eingabe vorgenommen wurde.

Listing 3.41: Welche Schaltfläche wurde geklickt?

```
Sub Len_Beispiel()
Dim s As String

s = InputBox("Bitte Ihren Namen eingeben", _
             "Eingabe")
If Len(s) <> 0 Then
 'Alles in Ordnung
```

```
Else
 MsgBox "Sie haben nichts eingegeben!"
End If
End Sub
```

Wenn im Dialog aus Abbildung 3.22 nichts eingegeben wird, dann meldet die Funktion `Len` den Wert `0`. In diesem Fall geben Sie eine Warnmeldung am Bildschirm aus.

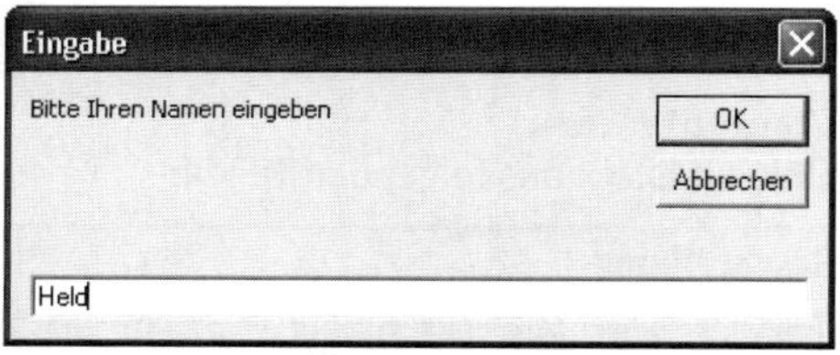

Abbildung 3.22: Überprüfung, ob die Eingabe erfolgt ist

Im nächsten Beispiel aus Listing 3.42 wird die Spalte A der TABELLE5 überprüft. Dabei dürfen Eingaben in dieser Spalte nur genau 8 Zeichen enthalten.

Listing 3.42: Ungültige Längen von Eingaben kennzeichnen

```
Sub Len_Beispiel2()
Dim i  As Integer

 With Sheets("Tabelle5")
  For i = 1 To .UsedRange.Rows.Count
      If Len(.Cells(i, 1).Value) <> 8 Then
       .Cells(i, 2).Value = "Falsche Länge!"
      End If
  Next i
 End With
End Sub
```

▶ Verwandte Funktionen

`InStr, Left, Mid. Right`

Abbildung 3.23: Alle Zellen mit einer Zeichenlänge ungleich 8 werden gekennzeichnet

Mid-Funktion

Die Funktion `Mid` gibt einen Wert vom Typ `Variant` (`String`) zurück, der eine bestimmte Anzahl von Zeichen aus einer Zeichenfolge enthält.

▶ Syntax

```
Mid(string, start[, length])
```

Die Syntax der `Mid`-Funktion verwendet die folgenden benannten Argumente:

Teil	Beschreibung
`String`	Erforderlich. Zeichenfolgenausdruck, aus dem Zeichen zurückgegeben werden. Wenn `string` den Wert Null enthält, wird Null zurückgegeben.
`Start`	Erforderlich; Wert vom Typ `Long`. Position in `string`, an der die zurückzugebende Zeichenfolge beginnt. Ist `start` größer als die Anzahl der Zeichen in `string`, so gibt `Mid` eine leere Zeichenfolge (»«) zurück.
`Length`	Optional; Wert vom Typ `Variant` (`Long`). Anzahl der zurückzugebenden Zeichen. Wird `length` nicht angegeben oder befinden sich weniger Zeichen im Text (das Zeichen an der Stelle `start` eingeschlossen), als durch `length` angegeben, so werden alle Zeichen ab `start` bis zum Ende der Zeichenfolge zurückgegeben.

Tabelle 3.22: Argumente der Funktion Mid

▶ Beispiele

Im folgenden Beispiel aus Listing 3.43 wird in einer Zelle nach jedem vierten Zeichen ein Leerzeichen eingefügt.

Listing 3.43: Text aufteilen, Leerzeichen einfügen und wieder zusammensetzen

```
Sub Mid_Beispiel()
Dim i As Integer
Dim s As String

For i = 1 To Len(ActiveCell.Value)
    If i Mod 4 = 0 Then
      s = s & " " & Mid(ActiveCell.Value, i - 3, 4)
    End If
Next i
ActiveCell.Value = s
End Sub
```

Beim nächsten Beispiel aus Listing 3.44 wird der Text aus einer Zelle Buchstabe für Buchstabe zerlegt und einzeln in die Nebenspalten eingefügt.

Listing 3.44: Text zerlegen und einzelne Buchstaben ausgeben

```
Sub Mid_Beispiel2()
Dim i As Integer

With Sheets("Tabelle6")
    For i = 1 To Len(ActiveCell.Value)
        ActiveCell.Offset(0, i).Value = _
        Mid(ActiveCell.Value, i, 1)
    Next i
End With
End Sub
```

▶ Verwandte Funktionen

`Left, Right, Len, Instr`

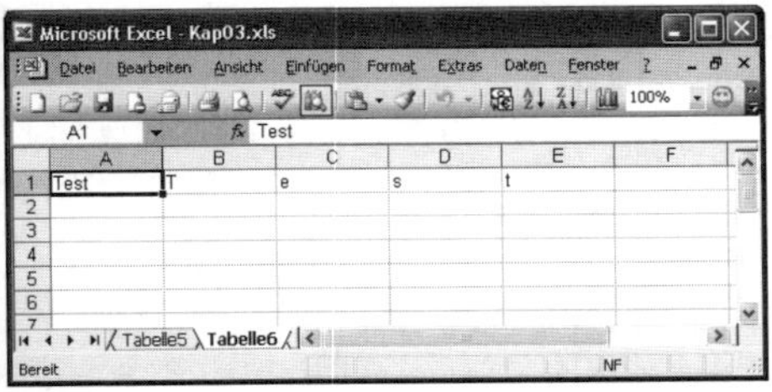

Abbildung 3.24: Der Text aus Zelle A1 wurde aufgeteilt

Replace-Funktion

Die Funktion `Replace` gibt eine Zeichenfolge zurück, in der eine festgelegte, untergeordnete Zeichenfolge mit einer festgelegten Häufigkeit durch eine andere untergeordnete Zeichenfolge ersetzt wurde.

▶ Syntax

```
Replace(expression, find, replace[, start[, count
[, compare]]])
```

Die Syntax der `Replace`-Funktion besteht aus folgenden Teilen:

Teil	Beschreibung
`Expression`	Erforderlich. Zeichenfolgenausdruck, der die zu ersetzende, untergeordnete Zeichenfolge enthält.
`Find`	Erforderlich. Die untergeordnete Zeichenfolge, nach der gesucht wird.
`Replace`	Erforderlich. Die untergeordnete Ersatzzeichenfolge.
`Start`	Optional. Position in `expression`, an der die Suche nach der untergeordneten Zeichenfolge beginnt. Wird diese Angabe ausgelassen, wird bei 1 begonnen.

Tabelle 3.23: Argumente der Funktion Replace

Teil	Beschreibung
`Count`	Optional. Anzahl der durchzuführenden Ersetzungen der untergeordneten Zeichenfolge. Wird diese Angabe ausgelassen, ist die Standardeinstellung –1, d.h. alle möglichen Zeichenfolgen werden ersetzt.
`Compare`	Optional. Numerischer Wert, der die Art des Vergleichs angibt, der beim Beurteilen von untergeordneten Zeichenketten verwendet werden soll.

Tabelle 3.23: Argumente der Funktion Replace (Forts.)

Das Argument `compare` kann folgende Werte haben:

Konstante	Wert	Beschreibung
`vbUseCompareOption`	`-1`	Führt einen Vergleich unter Verwendung der Option `Compare`-Anweisung durch.
`vbBinaryCompare`	`0`	Führt einen binären Vergleich durch.
`vbTextCompare`	`1`	Führt einen Textvergleich durch.
`vbDatabaseCompare`	`2`	Nur Microsoft Access. Führt einen Vergleich anhand der Informationen in Ihrer Datenbank durch.

Tabelle 3.24: Die möglichen Vergleichskonstanten

▶ Beispiele

Im folgenden Beispiel aus Listing 3.45 werden alle Zellen, die sich momentan in der Markierung befinden, untersucht. Dabei werden Zellen, die ein bestimmtes Zeichen enthalten, mit einem Ersatzzeichen versorgt.

Listing 3.45: Zeichen austauschen mit der Funktion Replace

```
Sub Replace_Beispiel()
Dim Zelle As Range

  For Each Zelle In Selection
        Zelle.Value = Replace(Zelle.Value, "/", "-")
  Next Zelle
End Sub
```

Sollen zusätzlich noch alle Leerzeichen aus den Zellen verschwinden, dann starten Sie das Makro aus Listing 3.46.

Listing 3.46: Sonderzeichen und Leerzeichen austauschen

```
Sub Replace_Beispiel2()
Dim Zelle As Range

  For Each Zelle In Selection
        Zelle.Value = Replace(Zelle.Value, "/", "-")
        Zelle.Value = Replace(Zelle.Value, " ", "")
  Next Zelle
End Sub
```

▶ Verwandte Funktionen

`Filter`

Right-Funktion

Die Funktion `Right` gibt einen Wert vom Typ `Variant` (`String`) zurück, der eine bestimmte Anzahl von Zeichen von der rechten Seite (dem Ende) einer Zeichenfolge enthält.

▶ Syntax

`Right(string, length)`

Die Syntax der `Right`-Funktion verwendet die folgenden benannten Argumente:

Teil	Beschreibung
`String`	Erforderlich. Zeichenfolgenausdruck, von dem die letzten (rechtsstehenden) Zeichen zurückgegeben werden. Wenn `string` den Wert Null enthält, wird Null zurückgegeben.
`Length`	Erforderlich; Wert vom Typ `Variant` (`Long`). Numerischer Ausdruck, der die Anzahl der zurückzugebenden Zeichen angibt. Der Wert 0 führt zur Rückgabe einer Null-Zeichenfolge (»«). Ist `Length` größer oder gleich der Zeichenanzahl in `String`, so wird die gesamte Zeichenfolge zurückgegeben.

Tabelle 3.25: Argumente der Funktion Right

Beispiele

Im folgenden Beispiel aus Listing 3.47 soll ein Dateiname in eine Inputbox eingegeben werden. Danach wird geprüft, ob es sich um einen Excel-Dateinamen handelt. Diese Information können Sie an der Dateierweiterung .XLS sehen.

Listing 3.47: Prüfung, ob eine Excel-Datei eingegeben wurde

```
Sub Right_Beispiel()
Dim s As String

s = InputBox("Bitte Dateinamen eingeben", _
 "Dateinamen:")

If Len(s) <> 0 Then
   If UCase(Right(fname, 3)) <> "XLS" Then
    MsgBox "Es handelt sich um eine Excel-Datei!"
  Else
    MsgBox "Keine Excel-Datei!"
  End If
End If
End Sub
```

Schneiden Sie am Dateinamen die letzten drei Zeichen über die Funktion `Right` ab und werten diese Information dann aus.

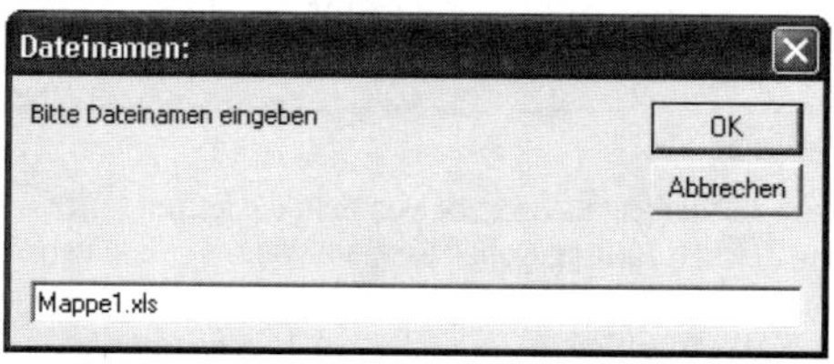

Abbildung 3.25: Bei XLS-Dateien handelt es sich um Excel-Dateien

Beim nächsten Beispiel aus Listing 3.48 werden die einzelnen Buchstaben eines Textes aus einer Zelle ständig durcheinander geworfen und immer wieder neu gemischt.

Listing 3.48: Buchstaben durcheinander wirbeln

```
Sub Right_Beispiel2()
Dim i As Integer

For i = 1 To 10
 ActiveCell.Value = Right(ActiveCell.Value, _
 Len(ActiveCell.Value) - 1) + _
 Left(ActiveCell.Value, 1)
 Application.Wait Now + TimeSerial(0, 0, 1)
 Next i
End Sub
```

Nach jedem Zeichentausch wird genau eine Sekunde pausiert.

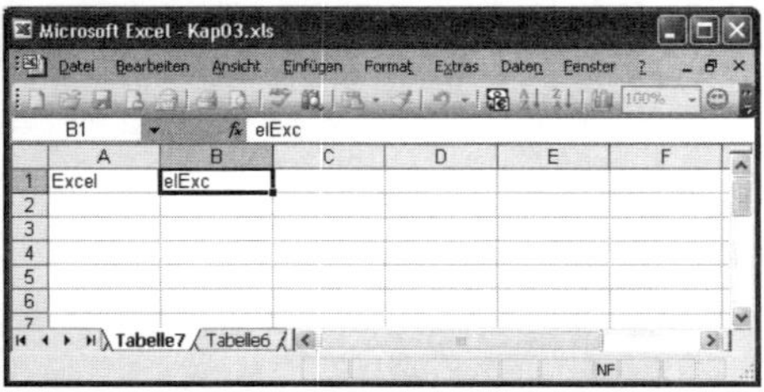

Abbildung 3.26: Zeichenfolgen auseinander reißen und wieder neu zusammensetzen

▶ Verwandte Funktionen

`Left, Mid, Len`

Space-Funktion

Die Funktion `Space` gibt eine Zeichenfolge vom Typ `Variant` (`String`) zurück, die aus einer angegebenen Anzahl von Leerzeichen besteht.

▶ Syntax

`Space(Zahl)`

Das erforderliche Argument `Zahl` entspricht der Anzahl der gewünschten Leerzeichen in der Zeichenfolge.

Beispiel

Im folgenden Beispiel aus Listing 3.49 werden alle markierten Zellen mit Leerzeichen aufgefüllt, sofern die Gesamtlänge der Zelle weniger als 10 Zeichen beträgt.

Listing 3.49: Zellen werden mit Leerzeichen aufgefüllt

```
Sub Space_Beispiel()
Dim Zelle As Range
Dim s As String

  For Each Zelle In Selection
    s = Zelle.Value
    If Len(s) < 10 Then
      Zelle.Value = s + Space(10 - Len(s))
    End If
  Next Zelle
End Sub
```

Verwandte Funktionen

`Spc`, `String`

Spc-Funktion

Die Funktion `Spc` fügt in eine Textdatei eine bestimmte Anzahl von Leerzeichen ein.

Syntax

`Spc(n)`

Das erforderliche Argument `n` gibt die Anzahl der Leerzeichen an, die vor dem Anzeigen oder Ausgeben des nächsten Ausdrucks in eine Liste eingefügt werden sollen.

Beispiel

Im folgenden Beispiel wird die TABELLE8 aus Abbildung 3.27 in einer Textdatei mit dem Namen AUSGABE.TXT geschrieben. Dabei soll jede zweite Zeile in der Textdatei eine Leerzeile sein.

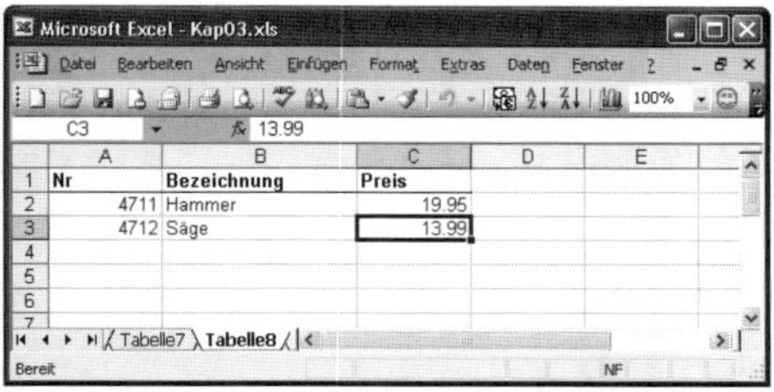

Abbildung 3.27: Diese Daten sollen in eine Textdatei geschrieben werden

Um diese Aufgabe zu lösen, starten Sie das Makro aus Listing 3.50.

Listing 3.50: Tabelle als Textdatei speichern

```
Sub TabelleAlsTextdatei()
Dim Daten As Range
Dim Zeile As Range
Dim Zelle As Range
Dim s As String

  Set Daten = Sheets("Tabelle8").UsedRange
  Open _
"c:\Eigene Dateien\Ausgabe.txt" For Output As #1

  For Each Zeile In Daten.Rows
    For Each Zelle In Zeile.Cells
      s = s & CStr(Zelle.Text) & ";"
    Next Zelle
    s = Left(s, Len(s) - 1)
    Print #1, s
    Print #1, Spc(10)
    s = ""
  Next
  Close #1
End Sub
```

Über die Anweisung `Print #1, Spc(10)` wird eine Leerzeile, bestehend aus 10 Leerzeichen, in die Textdatei eingefügt.

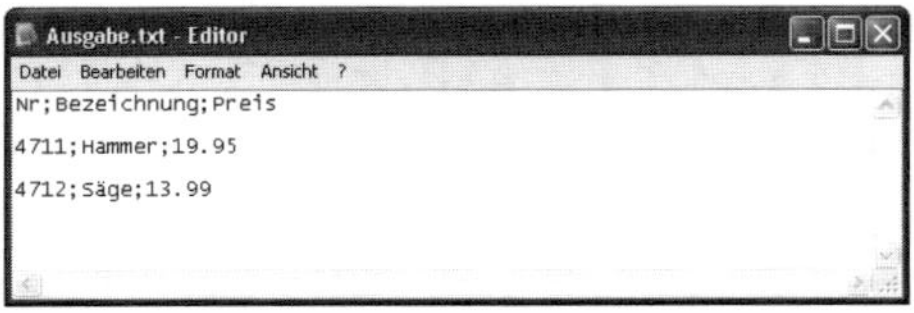

Abbildung 3.28: Die Daten wurden in einer Textdatei gespeichert

▶ Verwandte Funktionen

`Space`

Split-Funktion

Die Funktion `Split` gibt ein nullbasiertes, eindimensionales Datenfeld zurück, das eine festgelegte Anzahl an untergeordneten Zeichenfolgen enthält.

▶ Syntax

```
Split(expression[, delimiter[, limit[, compare]]])
```

Teil	Beschreibung
`Expression`	Erforderlich. Zeichenfolgenausdruck, der untergeordnete Zeichenfolgen und Trennzeichen enthält. Wenn `expression` eine Zeichenfolge der Länge Null (»«) ist, gibt `Split` ein leeres Datenfeld zurück, d.h. ein Datenfeld ohne Elemente und ohne Daten.
`Delimiter`	Optional. Zeichen einer Zeichenfolge, mit der die Grenzen von untergeordneten Zeichenfolgen identifiziert werden. Wird es ausgelassen, wird das Leerstellenzeichen (» «) als Trennzeichen verwendet. Wenn `delimiter` eine Zeichenfolge der Länge Null ist, wird ein aus einem Element bestehendes Datenfeld, das die gesamte Zeichenfolge von `expression` enthält, zurückgegeben.
`Limit`	Optional. Anzahl der zurückzugebenden untergeordneten Zeichenfolgen; –1 gibt an, dass alle untergeordneten Zeichenfolgen zurückgegeben werden.
`Compare`	Optional. Numerischer Wert, der die Art des Vergleichs angibt, der beim Beurteilen von untergeordneten Zeichenketten verwendet werden soll.

Tabelle 3.26: Argumente der Funktion Split

Beispiel

Siehe Funktion `Join`

Verwandte Funktionen

`Join`

Str-Funktion

Die Funktion `Str` gibt einen Wert vom Typ `Variant` (`String`) zurück, der eine Zahl darstellt.

Syntax

`Str(Zahl)`

Das erforderliche Argument `Zahl` ist ein Wert vom Typ `Long`, der einen beliebigen numerischen Ausdruck enthält. Beim Konvertieren von Zahlen in Texte wird ein führendes Leerzeichen für das Vorzeichen der Zahl reserviert. Ist die Zahl positiv, so enthält der zurückgegebene Text ein führendes Leerzeichen.

Beispiel

Im folgenden Beispiel aus Listing 3.51 wird eine Zahl in einen Textwert umgewandelt.

Listing 3.51: Zahl in Text umwandeln

```
Sub Str_Beispiel()
Dim zahl As Long
zahl = 8989

Debug.Print Str(zahl)
End Sub
```

Verwandte Funktionen

`Format`, `Val`, Umwandlungsfunktionen

StrComp-Funktion

Mit der Funktion `StrComp` können Sie Zeichenfolgen miteinander vergleichen.

► Syntax

```
StrComp(string1, string2[, compare])
```

Teil	Beschreibung
`string1`	Erforderlich. Ein beliebiger gültiger Zeichenfolgenausdruck.
`string2`	Erforderlich. Ein beliebiger gültiger Zeichenfolgenausdruck.
`Compare`	Optional. Legt die Art des Zeichenfolgenvergleichs fest. Der Wert Null für `compare` führt zu einem Fehler. Die möglichen Vergleichstypen können Sie Tabelle 3.28 entnehmen.

Tabelle 3.27: Argumente der Funktion StrComp

Konstante	Wert	Beschreibung
`vbUseCompareOption`	`-1`	Führt einen Vergleich mithilfe der Option `Compare`-Anweisung durch.
`vbBinaryCompare`	`0`	Führt einen binären Vergleich durch.
`vbTextCompare`	`1`	Führt einen textbasierten Vergleich durch.
`vbDatabaseCompare`	`2`	Nur Microsoft Access. Führt einen Vergleich durch, der auf Informationen in Ihrer Datenbank basiert.

Tabelle 3.28: Vergleichstypen der Funktion StrComp

Die Funktion `StrComp` liefert folgende Rückgabewerte.

Fall	Rückgabewert
`string1` liegt im Alphabet vor `string2`	`-1`
`string1` entspricht `string2`	`0`

Tabelle 3.29: Rückgabewerte der Funktion StrComp

Fall	Rückgabewert
`string1` liegt im Alphabet hinter `string2`	`1`
`string1` oder `string2` ist Null	`Null`

Tabelle 3.29: Rückgabewerte der Funktion StrComp (Forts.)

▶ Beispiel

Im folgenden Beispiel aus Listing 3.52 werden zwei Zeichenfolgen miteinander verglichen und überprüft, welche der beiden Zeichenfolgen im Alphabet weiter vorn angeordnet ist.

Listing 3.52: Textvergleich über die Funktion StrComp durchführen

```
Sub StrComp_Beispiel()
Dim Text1 As String
Dim Text2 As String

Text1 = "RTS"
Text2 = "STS"

If StrComp(Text1, Text2, 1) = -1 Then
 MsgBox "Text1 liegt vor Text2!"
Else
 MsgBox "Text2 liegt vor Text1"
End If
End Sub
```

▶ Verwandte Funktionen

`InStr`

StrConv-Funktion

Die Funktion `StrConv` gibt einen Wert vom Typ `Variant` (`String`) zurück, der wie angegeben umgewandelt wurde.

▶ Syntax

```
StrConv(string, conversion, LCID)
```

Die Syntax der `StrConv`-Funktion besteht aus folgenden benannten Argumenten:

Teil	Beschreibung
`String`	Erforderlich. Zeichenfolgenausdruck, der umgewandelt werden soll.
`Conversion`	Erforderlich. Wert vom Typ `Integer`. Die Summe der Werte, die den Typ der auszuführenden Umwandlung angibt.
`LCID`	Optional. Die Gebietsschema-ID, wenn diese sich von der des Systems unterscheidet. (Die Gebietsschema-ID des Systems ist die Voreinstellung.)

Tabelle 3.30: Argumente der Funktion StrConv

Konstante	Wert	Beschreibung
`vbUpperCase`	1	Wandelt die Zeichenfolge in Großbuchstaben um.
`VbLowerCase`	2	Wandelt die Zeichenfolge in Kleinbuchstaben um.
`VbProperCase`	3	Wandelt den ersten Buchstaben jedes Wortes innerhalb der Zeichenfolge in einen Großbuchstaben um.
`vbWide*`	4	Wandelt schmale (Einzel-Byte) Zeichen innerhalb der Zeichenfolge in breite (Doppel-Byte) Zeichen um.
`vbNarrow`	8	Wandelt breite (Doppel-Byte) Zeichen innerhalb der Zeichenfolge in schmale (Einzel-Byte) Zeichen um.

Tabelle 3.31: Einstellungen für das Argument conversion

Konstante	Wert	Beschreibung
vbKatakana	16	Wandelt Hiragana-Zeichen innerhalb der Zeichenfolge in Katakana-Zeichen um.
vbHiragana	32	Wandelt Katakana-Zeichen innerhalb der Zeichenfolge in Hiragana-Zeichen um.
vbUnicode	64	Wandelt die Zeichenfolge in Unicode um und verwendet dabei die Voreinstellungen aus der Zeichenumsetzungstabelle des Systems. (Nicht verfügbar auf dem Macintosh.)
vbFromUnicode	128	Wandelt die Zeichenfolge von Unicode in die Voreinstellungen aus der Zeichenumsetzungstabelle des Systems um. (Nicht verfügbar auf dem Macintosh.)

Tabelle 3.31: Einstellungen für das Argument conversion (Forts.)

▶ Beispiel

Im folgenden Beispiel aus Listing 3.53 werden alle markierten Zellen abgearbeitet und deren Inhalte in Kleinbuchstaben gewandelt.

Listing 3.53: Texte konvertieren über die Funktion StrConv

```
Sub StrConv_Beispiel()
Dim zelle As Range

For Each zelle In Selection
 zelle.Value = StrConv(zelle.Value, vbLowerCase)
Next zelle
End Sub
```

▶ Verwandte Funktionen

LCase, Ucase, Str

StrReverse-Funktion

Die Funktion `StrReverse` gibt eine Zeichenfolge zurück, in der die Reihenfolge der Zeichen einer bestimmten Zeichenfolge umgekehrt wurde.

▶ Syntax

```
StrReverse(expression)
```

Das Argument `expression` ist die Zeichenfolge, deren Zeichen umgekehrt werden sollen. Wenn es sich bei `expression` um eine Zeichenfolge der Länge Null ("") handelt, wird eine Zeichenfolge der Länge Null zurückgegeben. Wenn `expression` Null ist, kommt es zu einem Fehler.

▶ Beispiel

Im folgenden Beispiel aus Listing 3.54 wird ein Text gespiegelt.

Listing 3.54: Text spiegeln mit der Funktion StrReverse

```
Sub StrReverse_Beispiel()
Dim Text1 As String

Text1 = "Esel"
Debug.Print "Vorher: " & Text1
Debug.Print "Nachher: " & StrReverse(Text1)
End Sub
```

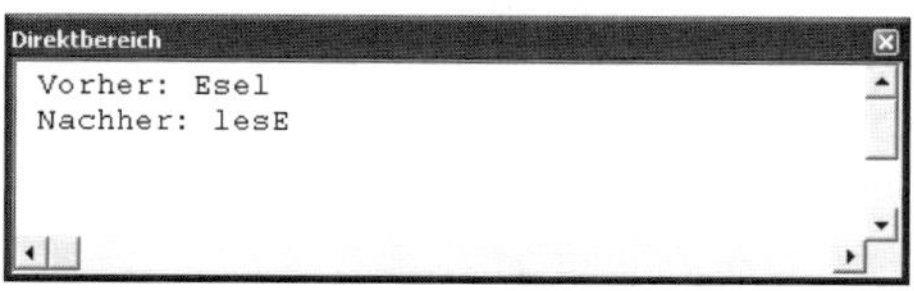

Abbildung 3.29: Ein Text wurde gedreht.

▶ Verwandte Funktionen

Keine

String-Funktion

Die Funktion `String` gibt eine Zeichenfolge vom Typ `Variant` (`String`) zurück, die ein sich wiederholendes Zeichen der angegebenen Länge enthält.

▶ Syntax

`String(number, character)`

Die Syntax der `String`-Funktion besteht aus folgenden benannten Argumenten:

Teil	Beschreibung
`Number`	Erforderlich; Wert vom Typ `Long`. Länge der zurückgegebenen Zeichenfolge. Wenn `number` den Wert Null enthält, wird Null zurückgegeben.
`Character`	Erforderlich; Wert vom Typ `Variant`. Ein Zeichen-Code, der ein Zeichen oder einen Zeichenfolgenausdruck angibt, dessen erstes Zeichen verwendet wird, um die zurückzugebende Zeichenfolge zu erstellen. Wenn `character` den Wert Null enthält, wird Null zurückgegeben.

Tabelle 3.32: Argumente der Funktion String

▶ Beispiel

Im folgenden Beispiel aus Listing 3.55 werden alle markierten Zellen verarbeitet. Haben die Zellen eine Länge kleiner 10, dann werden die restlichen Zeichen durch einen Stern vervollständigt.

Listing 3.55: Texte vervollständigen über die Funktion String

```
Sub String_Beispiel()
Dim Zelle As Range

For Each Zelle In Selection
If Len(Zelle.Value) < 10 Then
 Zelle.Value = _
 Zelle.Value & String(10 - Len(Zelle.Value), "*")
End If
Next Zelle
End Sub
```

▶ Verwandte Funktionen

`Mod, Space, Chr`

Switch-Funktion

Die Funktion `Switch` wertet eine Liste von Ausdrücken aus und gibt einen Wert vom Typ `Variant` oder einen Ausdruck zurück, der dem ersten Ausdruck in der Liste zugeordnet ist, der `True` ergibt

▶ Syntax

```
Switch(Ausdr-1, Wert-1[, Ausdr-2, Wert-2 ...
[, Ausdr-n,Wert-n]])
```

Die Syntax der `Switch`-Funktion besteht aus folgenden Teilen:

Teil	Beschreibung
`Ausdr`	Erforderlich. `Variant`-Ausdruck, der ausgewertet werden soll.
`Wert`	Erforderlich. Wert oder Ausdruck, der zurückgegeben werden soll, wenn der entsprechende Ausdruck `True` ergibt.

Tabelle 3.33: Argumente der Funktion Switch

▶ Beispiel

Im folgenden Beispiel aus Listing 3.56 soll über eine Inputbox ein Land eingegeben werden. Über die Funktion `Switch` wird dann die dazugehörige Sprache des Landes ermittelt.

Listing 3.56: Zuordnungen treffen über die Funktion Switch

```
Sub Switch_Beispiel()
Dim s As String

s = InputBox("Bitte ein Land eingeben!")
On Error GoTo Fehler
s = Switch _
   (s = "Deutschland", "Deutsch", _
    s = "Frankreich", "Französisch", _
    s = "Italien", "Italienisch", _
    s = "Spanien", "Spanisch")
    MsgBox "Sie sprechen " & s
```

```
Exit Sub
Fehler:
 MsgBox "Das Land ist nicht eingepflegt!"
End Sub
```

Trim-Funktion

Die Funktion `Trim` gibt einen Wert vom Typ `Variant` (`String`) zurück, der eine Kopie einer bestimmten Zeichenfolge enthält, die keine führenden Leerzeichen (`LTrim`), keine nachgestellten Leerzeichen (`RTrim`) sowie keine Kombination aus führenden und nachgestellten Leerzeichen (`Trim`) enthält.

▶ Syntax

```
LTrim(Zeichenfolge)
RTrim(Zeichenfolge)
Trim(Zeichenfolge)
```

Das erforderliche Argument `Zeichenfolge` ist ein beliebiger gültiger Zeichenfolgenausdruck. Wenn `Zeichenfolge` den Wert Null enthält, wird Null zurückgegeben.

▶ Beispiel

Im folgenden Beispiel aus Listing 3.57 werden in allen benutzten Zellen der TABELLE10 führende sowie nachfolgende Leerzeichen entfernt.

Listing 3.57: Alle führenden und nachfolgenden Leerzeichen entfernen

```
Sub Trim_Beispiel()
Dim Zelle As Range

For Each Zelle In Sheets("Tabelle10").UsedRange
 Zelle.Value = Trim(Zelle.Value)
Next Zelle
End Sub
```

▶ Verwandte Funktionen

`Left, Right`

UCase-Funktion

Die Funktion `UCase` wandelt Kleinbuchstaben in Großbuchstaben um.

▶ Syntax

`UCase(Zeichenfolge)`

Das erforderliche Argument `Zeichenfolge` ist ein beliebiger gültiger Zeichenfolgenausdruck. Wenn `Zeichenfolge` den Wert Null enthält, wird Null zurückgegeben.

▶ Beispiel

Siehe Funktion `LCase`

▶ Verwandte Funktionen

`LCase, StrConv`

3.3 Dateifunktionen und Anweisungen

Um vorab einen Überblick über diese Funktionen zu bekommen, werfen Sie einen Blick auf die Tabelle 3.34. Danach erfolgen die Erklärung der Syntax und die Demonstration anhand eines kurzen Beispiels.

Funktion/ Anweisung	Kurzbeschreibung
`ChDir (A)`	Wechselt das aktuelle Verzeichnis oder den aktuellen Ordner.
`ChDrive (A)`	Wechselt das aktuelle Laufwerk.
`Close (A)`	Beendet das Lesen aus und das Schreiben in eine Datei, die mit der `Open`-Anweisung geöffnet wurde.
`CurDir (A)`	Gibt einen Wert vom Typ `Variant` (`String`) zurück, der den aktuellen Pfad darstellt.

Tabelle 3.34: Funktionen und Anweisungen der Kategorie Dateifunktionen und -anweisungen

Funktion/ Anweisung	Kurzbeschreibung
`Dir (F)`	Gibt eine Zeichenfolge (`String`) zurück, die den Namen einer Datei, eines Verzeichnisses oder eines Ordners darstellt, der mit einem bestimmten Suchmuster, einem Dateiattribut oder mit der angegebenen Datenträger- bzw. Laufwerkbezeichnung übereinstimmt
`Environ (F)`	Gibt die mit einer Betriebssystem-Umgebungsvariablen verbundene Zeichenfolge (`String`) zurück.
`EOF (F)`	Gibt einen Wert vom Typ `Integer` zurück, der den `Boolean`-Wert `True` enthält, wenn das Ende einer Datei, die im Zugriffsmodus `Random` oder `Input` geöffnet wurde, erreicht worden ist.
`FileAttr (F)`	Gibt einen Wert vom Typ `Long` zurück, der den Zugriffsmodus für mit der `Open`-Anweisung geöffnete Dateien darstellt.
`FileCopy (A)`	Kopiert eine Datei.
`FileDateTime (F)`	Gibt einen Wert vom Typ `Variant` (`Date`) zurück, der den Tag und die Uhrzeit der Erstellung bzw. der letzten Änderung der Datei anzeigt.
`FileLen (F)`	Gibt einen Wert vom Typ `Long` zurück, der die Länge einer Datei in Bytes angibt.
`FreeFile (F)`	Gibt einen Wert vom Typ `Integer` zurück, der die nächste verfügbare Dateinummer darstellt, die die `Open`-Anweisung zum Öffnen einer Datei verwenden kann.
`Get (A)`	Liest Daten aus einer geöffneten Datenträgerdatei in eine Variable ein.
`GetAttr (F)`	Gibt einen Wert vom Typ `Integer` zurück, der die Attribute einer Datei, eines Verzeichnisses darstellt.
`Input (F)`	Gibt einen Wert vom Typ `String` zurück, der Zeichen aus einer im Modus `Input` oder `Binary` geöffneten Datei enthält.
`Kill (A)`	Löscht eine Datei ohne Rückfrage.
`Line Input (A)`	Liest eine einzelne Zeile aus einer geöffneten sequentiellen Datei und weist sie einer Variablen vom Typ `String` zu.

Tabelle 3.34: Funktionen und Anweisungen der Kategorie Dateifunktionen und -anweisungen (Forts.)

Funktion/ Anweisung	Kurzbeschreibung
Loc (F)	Gibt einen Wert vom Typ Long zurück, der die aktuelle Schreib-/Leseposition innerhalb einer geöffneten Datei angibt.
Lock (A) Unlock (A)	Regelt die Zugriffsmöglichkeiten anderer Prozesse auf eine Datei (oder auf Teile einer Datei), die mit der Open-Anweisung geöffnet wurde.
LOF (F)	Gibt einen Wert vom Typ Long zurück, der die Größe einer mit der Open-Anweisung geöffneten Datei in Bytes angibt.
LSet (A)	Richtet eine Zeichenfolge innerhalb einer Zeichenfolgenvariablen links aus oder kopiert eine Variable eines benutzerdefinierten Datentyps in eine Variable eines anderen benutzerdefinierten Datentyps.
MkDir (A)	Erstellt ein neues Verzeichnis.
Name (A)	Benennt eine Datei, ein Verzeichnis oder einen Ordner um.
Open (A)	Öffnet eine Datei für die Ein- bzw. Ausgabe.
Print (A)	Schreibt Daten, die für die Ausgabe formatiert sind, in eine sequentielle Datei.
Put (A)	Schreibt Daten aus einer Variablen in eine Datenträgerdatei.
Reset (A)	Schließt alle Datenträgerdateien, die mit der Open-Anweisung geöffnet wurden.
RmDir (A)	Löscht ein Verzeichnis.
Seek (F)	Gibt einen Wert vom Typ Long zurück, der die aktuelle Schreib-/Leseposition in einer Datei festlegt, die mit der Open-Anweisung geöffnet wurde.
SetAttr (A)	Legt die Dateiattribute fest.
Shell (F)	Führt ein ausführbares Programm aus. Falls erfolgreich, gibt sie einen Wert vom Typ Variant (Double) zurück, der die Task-ID des Programms darstellt. Andernfalls wird Null zurückgegeben.
Write (A)	Schreibt Daten in eine sequentielle Datei.

Tabelle 3.34: Funktionen und Anweisungen der Kategorie Dateifunktionen und -anweisungen (Forts.)

ChDir-Anweisung

Mithilfe der Anweisung `ChDir` können Sie in das aktuelle Verzeichnis wechseln.

▶ Syntax

`ChDir Pfad`

Das erforderliche Argument `Pfad` ist ein Zeichenfolgenausdruck, der angibt, welches Verzeichnis zum neuen Standardverzeichnis wird.

▶ Beispiel

Im folgenden Beispiel aus Listing 3.58 wird das Standardverzeichnis neu gesetzt.

Listing 3.58: Mit ChDir das Standardverzeichnis setzen

```
Sub Chdir_Beispiel()
On Error GoTo Fehler
 ChDir "C:\Held\"
 Exit Sub
Fehler:
 MsgBox "Dieses Verzeichnis gibt es nicht!"
End Sub
```

▶ Verwandte Funktionen/Anweisungen

`ChDrive, CurDir, Dir, MkDir, RmDir`

ChDrive-Anweisung

Mithilfe der Anweisung `ChDrive` stellen Sie das aktuelle Laufwerk ein.

▶ Syntax

`ChDrive Laufwerk`

Das erforderliche Argument `Laufwerk` ist ein Zeichenfolgenausdruck, der ein existierendes Laufwerk angibt.

▶ Beispiel

Im folgenden Beispiel aus Listing 3.59 wird das Laufwerk D voreingestellt.

Listing 3.59: ChDrive ein anderes Laufwerk voreinstellen

```
Sub Chdrive_Beispiel()
On Error GoTo Fehler
 ChDrive "d:"
 Exit Sub
Fehler:
 MsgBox "Dieses Laufwerk gibt es nicht!"
End Sub
```

Verwandte Funktionen/Anweisungen

ChDir, CurDir, Dir, MkDir, RmDir

Close-Anweisung

Die Anweisung `Close` beendet das Lesen aus und das Schreiben in eine(r) Datei und schließt diese.

Syntax

`Close [Dateinummerliste]`

Das optionale Argument `Dateinummerliste` entspricht einer oder mehreren Dateinummern mit der folgenden Syntax, in der `Dateinummer` eine beliebige gültige Dateinummer ist:

`[[#]Dateinummer] [, [#]Dateinummer] . . .`

Beispiel

Siehe Beispiel Anweisung `Open`

Verwandte Funktionen/Anweisungen

Open, Reset

CurDir-Anweisung

Über die Anweisung `CurDir` können Sie das aktuell eingestellte Verzeichnis ermitteln.

Syntax

`CurDir[(Laufwerk)]`

Das optionale Argument `Laufwerk` ist ein Zeichenfolgenausdruck, der ein existierendes Laufwerk angibt. Ist kein Laufwerk angegeben, oder enthält das Laufwerk eine Null-Zeichenfolge (""), so gibt die CurDir-Funktion den Pfad des aktuellen Laufwerks zurück.

Beispiel

Im folgenden Beispiel aus Listing 3.60 wird das momentan eingestellte Verzeichnis am Bildschirm ausgegeben.

Listing 3.60: Mit CurDir das aktuell eingestellte Verzeichnis auslesen

```
Sub CurDir_Beispiel()
 MsgBox _
"Das aktuell eingestellte Verzeichnis lautet: " & _
 CurDir("C")
End Sub
```

Verwandte Funktionen/Anweisungen

ChDir, ChDrive, Dir, MkDir, RmDir

Dir-Funktion

Die Funktion Dir gibt eine Zeichenfolge (String) zurück, die den Namen einer Datei, eines Verzeichnisses oder eines Ordners darstellt, der mit einem bestimmten Suchmuster, einem Dateiattribut oder mit der angegebenen Datenträger- bzw. Laufwerkbezeichnung übereinstimmt.

Syntax

Dir[(Pfadname[, Attribute])]

Die Syntax der Dir-Funktion besteht aus folgenden Teilen:

Teil	Beschreibung
Pfadname	Optional. Zeichenfolgenausdruck, der einen Dateinamen angibt. Der Dateiname kann ein Verzeichnis oder einen Ordner sowie ein Laufwerk enthalten. Eine Null-Zeichenfolge (»«) wird zurückgegeben, wenn der Pfad aus Pfadname nicht gefunden werden kann

Tabelle 3.35: Argumente der Funktion Dir

Teil	Beschreibung
`Attribute`	Optional. Eine Konstante oder ein numerischer Ausdruck, deren Summe die Dateiattribute angibt. Wenn das Argument nicht angegeben wird, werden alle Dateien, die dem Argument `Pfadname` entsprechen, zurückgegeben.

Tabelle 3.35: Argumente der Funktion Dir (Forts.)

Das Argument `Attribute` hat die folgenden Einstellungen:

Konstante	Wert	Beschreibung
`vbNormal`	0	(Voreinstellung) Dateien ohne Attribute
`vbReadOnly`	1	Schreibgeschützte Dateien, zusätzlich zu Dateien ohne Attribute
`vbHidden`	2	Versteckte Dateien, zusätzlich zu Dateien ohne Attribute
`VbSystem`	4	Systemdatei, zusätzlich zu Dateien ohne Attribute; beim Macintosh nicht verfügbar.
`vbVolume`	8	Datenträgerbezeichnung. Falls andere Attribute angegeben wurden, wird `vbVolume` ignoriert; beim Macintosh nicht verfügbar.
`vbDirectory`	16	Verzeichnis oder Ordner, zusätzlich zu Dateien ohne Attribute.

Tabelle 3.36: Die möglichen Einstellungen beim Argument Attribute

▶ Beispiel

Im folgenden Beispiel aus Listing 3.61 werden aus einem Verzeichnis alle Dateien ausgelesen und das Datum der Erstellung einer jeden Datei protokolliert.

Listing 3.61: Dateien aus einem Verzeichnis auslesen

```
Sub Dir_Beispiel()
Dim blatt As Worksheet
Dim sAttr As String
Dim sPfad As String
Dim sName As String
Dim i As Integer
```

```
Set blatt = ThisWorkbook.Worksheets("Tabelle10")
sAttr = vbNormal + vbReadOnly + vbHidden

sPfad = "c:\Eigene Dateien\"
sName = Dir(sPfad, sAttr)
With blatt
 .Cells(1, 1) = "Name"
 .Cells(2, 1) = sName
 .Cells(1, 2) = "Datum"
i = 2
On Error Resume Next
Do While sName <> ""
 If sName <> "." And sName <> ".." Then
  .Cells(i, 1) = sName
  .Cells(i, 2) = FileDateTime(sPfad & sName)
  i = i + 1
  End If
  sName = Dir
Loop
End With
End Sub
```

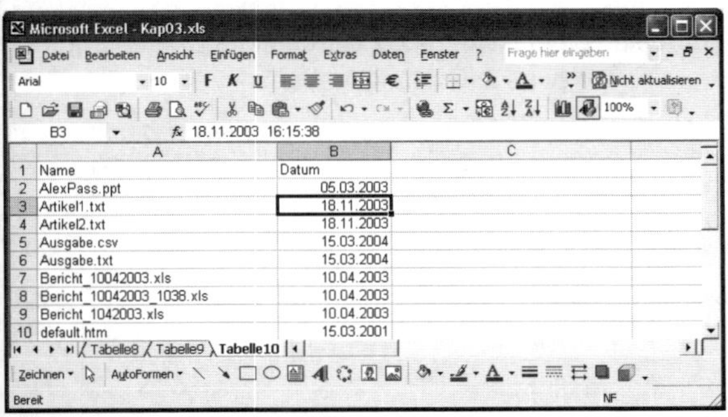

Abbildung 3.30: Dateien eines Verzeichnisses wurden aufgelistet

▶ Verwandte Funktionen/Anweisungen

ChDir, CurDir

Environ-Anweisung

Die Anweisung `Environ` gibt die mit einer Betriebssystem-Umgebungsvariablen verbundene Zeichenfolge (`String`) zurück.

▶ Syntax

```
Environ({envstring | number})
```

Die Syntax der `Environ`-Funktion verwendet die folgenden benannten Argumente:

Teil	**Beschreibung**
`Envstring`	Optional. Ein Zeichenfolgenausdruck, der den Namen einer Umgebungsvariablen enthält.
`Number`	Optional. Ein numerischer Ausdruck entsprechend der numerischen Reihenfolge der Umgebungszeichenfolge in der Tabelle für Umgebungszeichenfolgen. Das Argument `number` kann ein beliebiger numerischer Ausdruck sein, der aber vor der Auswertung auf eine ganze Zahl gerundet wird.

Tabelle 3.37: Argumente der Anweisung Environ

▶ Beispiel

Im folgenden Beispiel aus Listing 3.62 werden alle Umgebungsvariablen des Systems am Bildschirm ausgegeben.

Listing 3.62: Umgebungsvariablen ermitteln und ausgeben

```
Sub Environ_Beispiel()
Dim i As Integer
Dim s As String

i = 1
Do Until Environ(i) = ""
 s = s & vbLf & Environ(i)
 i = i + 1
Loop
MsgBox s
End Sub
```

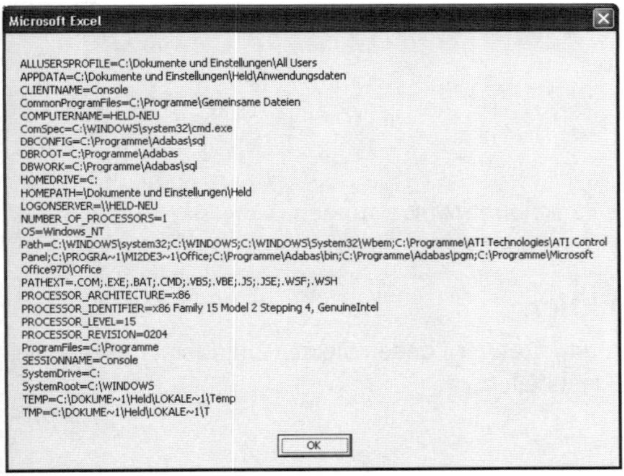

Abbildung 3.31: Alle Umgebungsvariablen des Systems im Überblick

EOF-Funktion

Diese Funktion gibt den Wert `True` zurück, wenn das Ende einer Datei erreicht ist.

► Syntax

```
EOF(Dateinummer)
```

Das erforderliche Argument `Dateinummer` ist ein Wert vom Typ `Integer`, der eine beliebige gültige Dateinummer enthält.

► Beispiel

Im folgenden Beispiel aus Listing 3.63 wird eine Textdatei Zeile für Zeile gelesen und im Direktfenster der Entwicklungsumgebung ausgegeben.

Listing 3.63: Textdatei Zeile für Zeile auslesen

```
Sub EOF_Beispiel()
Dim s As String

Open "C:\Artikel.txt" For Input As #1
```

```
Do While Not EOF(1)
    Line Input #1, s
    Debug.Print s
Loop
Close #1
End Sub
```


▶ Verwandte Funktionen/Anweisungen

`LOF, Loc, Get, Line Input, Open, Seek`

FileAttr-Funktion

Über die Funktion `FileAttr` können Sie den Zugriffsmodus einer geöffneten Datei feststellen.

▶ Syntax

`FileAttr(filenumber, returntype)`

Die Syntax der `FileAttr`-Funktion verwendet die folgenden benannten Argumente:

Teil	Beschreibung
`Filenumber`	Erforderlich; ein Wert vom Typ `Integer`. Eine beliebige gültige Dateinummer.

`Returntype`	Erforderlich; ein Wert vom Typ `Integer`. Zahl, die die Art der zurückzugebenden Informationen festlegt. Dabei sind folgende Rückgaben möglich:
	`Input = 1`
	`Output = 2`
	`Random = 4`
	`Append = 8`
	`Binary = 32`

Tabelle 3.38: Argumente der Funktion FileAttr

▶ Verwandte Funktionen/Anweisungen

`Open`

FileCopy-Anweisung

Mithilfe der Anweisung `FileCopy` können Sie Dateien kopieren.

▶ Syntax

```
FileCopy source, destination
```

Die Syntax der `FileCopy`-Anweisung verwendet die folgenden benannten Argumente:

Teil	Beschreibung
`Source`	Erforderlich. Zeichenfolgenausdruck, der den Namen der zu kopierenden Datei angibt. `Source` kann ein Verzeichnis oder einen Ordner sowie ein Laufwerk enthalten.
`Destination`	Erforderlich. Zeichenfolgenausdruck, der den Namen der Zieldatei angibt. Destination kann ein Verzeichnis oder einen Ordner sowie ein Laufwerk enthalten.

Tabelle 3.39: Argumente der Anweisung FileCopy

▶ Beispiel

Beim folgenden Beispiel aus Listing 3.64 wird eine Textdatei kopiert.

Listing 3.64: Textdatei kopieren mit der Anweisung FileCopy

```
Sub KopierenDateien()
Dim sDat As String
Dim sDat_Kopie As String

sDat = "C:\Artikel.txt"
sDat_Kopie = "Kopie.txt"

FileCopy sDat, sDat_Kopie
 Exit Sub

fehler1:
 MsgBox "Fehler beim Kopieren aufgetreten!"
End Sub
```

FileDateTime-Funktion

Die Funktion `FileDateTime` gibt einen Wert vom Typ `Variant` (`Date`) zurück, der den Tag und die Uhrzeit der Erstellung bzw. der letzten Änderung der Datei anzeigt.

► Syntax

`FileDateTime(Pfadname)`

Das erforderliche Argument `Pfadname` ist ein Zeichenfolgenausdruck, der einen Dateinamen angibt. `Pfadname` kann ein Verzeichnis sowie ein Laufwerk enthalten.

► Beispiel

Im folgenden Beispiel aus Listing 3.65 wird das Erstellungsdatum der aktiven Arbeitsmappe ausgegeben.

Listing 3.65: Das Erstellungsdatum der aktiven Mappe ermitteln

```
Sub FileDateTime_Beispiel()
 MsgBox FileDateTime(ActiveWorkbook.FullName)
End Sub
```

► Verwandte Funktionen/Anweisungen

`FileLen, GettAttr`

FileLen-Funktion

Die Funktion `FileLen` gibt einen Wert vom Typ `Long` zurück, der die Länge einer Datei in Bytes angibt.

► Syntax

`FileLen(Pfadname)`

Das erforderliche Argument `Pfadname` ist ein Zeichenfolgenausdruck, der eine Datei angibt. `Pfadname` kann ein Verzeichnis oder ein Laufwerk enthalten.

► Beispiel

Beim folgenden Beispiel aus Listing 3.66 wird die Funktion `FileLen` eingesetzt, um zu prüfen, ob eine bestimmte Datei überhaupt existiert.

Listing 3.66: Existenzprüfung einer Datei über die Funktion FileLen

```
Sub FileLen_Beispiel()
Dim i As Integer

On Error GoTo Fehler
i = FileLen("C:\Artikel.txt")
'Weitere Aktionen
Exit Sub

Fehler:
MsgBox "Diese Datei existiert nicht!"
End Sub
```


▶ **Verwandte Funktionen/Anweisungen**

`FileDateTime, GettAttr, LOF`

FreeFile-Funktion

Die Funktion `FreeFile` gibt einen Wert vom Typ `Integer` zurück, der die nächste verfügbare Dateinummer darstellt, die die `Open`-Anweisung zum Öffnen einer Datei verwenden kann.

▶ **Syntax**

`FreeFile[(Bereichsnummer)]`

Das optionale Argument `Bereichsnummer` ist ein Wert vom Typ `Variant`, der den Bereich festlegt, aus dem die nächste Dateinummer zurückgegeben werden wird. Bei 0 (Voreinstellung) wird eine Dateinummer im Bereich 1-255 (einschließlich) zurückgegeben. Bei 1 wird eine Dateinummer im Bereich 256-511 zurückgegeben.

▶ **Beispiel**

Siehe Beispiel `Open`-Anweisung

▶ **Verwandte Funktionen/Anweisungen**

`Open, Close`

Get-Anweisung

Die Anweisung Get liest Daten aus einer geöffneten Datenträgerdatei in eine Variable ein.

▶ Syntax

```
Get [#]Dateinummer, [Satznummer], Variablennummer
```

Die Syntax der Get-Anweisung besteht aus folgenden Teilen:

Teil	Beschreibung
Dateinummer	Erforderlich. Eine beliebige gültige Dateinummer.
Satznummer	Optional. Wert vom Typ Variant (Long). Datensatznummer (Dateien im Modus Random) oder Byte-Nummer (Dateien im Modus Binary), an der der Lesevorgang beginnt.
Variablennummer	Erforderlich. Name einer gültigen Variablen, in die die Daten eingelesen werden

Tabelle 3.40: Argumente der Anweisung Get

▶ Beispiel

Beim folgenden Beispiel aus Listing 3.67 wird die erste Zeile einer Textdatei gelesen und in eine Variable geschrieben.

Listing 3.67: Erste Zeile einer Textdatei lesen

```
Type Datensatz
    Kennung As Integer
    Name As String * 37
End Type

Sub Get_Beispiel()
Dim DSatz1 As Datensatz
Dim Position As Integer
Dim s As String

Open "C:\Artikel.txt" For Random As #1
Position = 1
Get #1, Position, DSatz1
Close #1
End Sub
```

GetAttr-Anweisung

Die Anweisung GetAttr gibt einen Wert vom Typ Integer zurück, der die Attribute einer Datei bzw. eines Verzeichnisses darstellt.

Syntax

GetAttr(Pfadname)

Das erforderliche Argument Pfadname ist ein Zeichenfolgenausdruck, der einen Dateinamen angibt. Pfadname kann ein Verzeichnis oder ein Laufwerk enthalten.

Der von GetAttr zurückgegebene Wert ist die Summe der folgenden Attributwerte:

Konstante	Wert	Beschreibung
vbNormal	0	Normal
vbReadOnly	1	Schreibgeschützt
vbHidden	2	Versteckt
vbSystem	4	Systemdatei; beim Macintosh nicht verfügbar.
vbDirectory	16	Verzeichnis oder Ordner
vbArchive	32	Datei wurde seit dem letzten Sichern geändert.
vbAlias	64	Angegebener Dateiname ist ein Alias; nur beim Macintosh verfügbar.

Tabelle 3.41: Argumente der Anweisung GetAttr

Beispiel

Im folgenden Beispiel aus Listing 3.68 wird eine bestimmte Datei aus dem Windows-Verzeichnis überprüft.

Listing 3.68: Handelt es sich um eine versteckte Datei?

```
Sub GetAttr_Beispiel()
Dim attribut As VbFileAttribute

attribut = vbHidden
If attribut And GetAttr _
("C:\Windows\WindowsShell.Manifest") Then
 MsgBox "Datei ist verborgen"
 Else
```

```
MsgBox "Datei ist nicht verborgen"
End If
End Sub
```

Verwandte Funktionen/Anweisungen

SetAttr, FileAttr

Input-Funktion

Die Funktion Input gibt einen Wert vom Typ String zurück, der Zeichen aus einer im Modus Input oder Binary geöffneten Datei enthält.

Syntax

Input(Zahl, [#]Dateinummer)

Die Syntax der Input-Funktion besteht aus folgenden Teilen:

Teil	Beschreibung
Zahl	Erforderlich. Ein beliebiger gültiger numerischer Ausdruck, der die Zahl der zurückzugebenden Zeichen angibt.
Dateinummer	Erforderlich. Eine beliebige gültige Dateinummer.

Tabelle 3.42: Argumente der Funktion Input

Beispiel

Im folgenden Beispiel aus Sub Input_Beispiel()

```
Dim Zeichen As String
Open »C:\Artikel.txt« For Input As #1
Zeichen = Input(7, #1)
Debug.Print Zeichen
Close #1
End Sub
```

In Listing 3.69 werden die ersten 7 Zeichen der ersten Zeile einer Textdatei in das Direktfenster der Entwicklungsumgebung gelesen.

Listing 3.69: Erste Zeile einer Textdatei einlesen über die Anweisung Input

```
Sub Input_Beispiel()
Dim Zeichen As String

Open "C:\Artikel.txt" For Input As #1
Zeichen = Input(7, #1)
Debug.Print Zeichen
Close #1
End Sub
```

Verwandte Funktionen/Anweisungen

`Line Input`

Kill-Anweisung

Die Anweisung `Kill` löscht eine Datei ohne Rückfrage von der Festplatte.

Syntax

`Kill Pfadname`

Das erforderliche Argument `Pfadname` ist ein Zeichenfolgenausdruck, der eine oder mehrere zu löschende Dateien angibt. `Pfadname` kann ein Verzeichnis sowie ein Laufwerk enthalten.

Beispiel

Im folgenden Beispiel wird eine Datei aus einem bestimmten Verzeichnis entfernt.

Listing 3.70: Mit der Anweisung Kill Dateie(en) löschen

```
Sub Kill_Beispiel()
On Error Resume Next
Kill "C:\Eigene Dateien\Artikel.txt"
End Sub
```

Verwandte Funktionen/Anweisungen

`Rmdir`

Line Input-Anweisung

Mithilfe der Anweisung `Line Input` können Sie eine einzelne Zeile aus einer geöffneten sequentiellen Datei auslesen.

Syntax

`Line Input #Dateinummer, Variablenname`

Die Syntax der `Line Input #`-Anweisung besteht aus folgenden Teilen:

Teil	Beschreibung
`Dateinummer`	Erforderlich. Eine beliebige gültige Dateinummer.
`Variablenname`	Erforderlich. Ein gültiger Variablenname vom Typ `Variant` oder `String`.

Tabelle 3.43: Argumente der Anweisung Line Input

Beispiel

Im folgenden Beispiel aus Listing 3.71 wird die erste Zeile einer Textdatei gelesen und im Direktfenster der Entwicklungsumgebung ausgegeben.

Listing 3.71: Die erste Zeile einer Textdatei auslesen

```
Sub LineInput_Beispiel()
Dim sTextzeile As String

Open "c:\Artikel.txt" For Input As #1
Line Input #1, sTextzeile
Debug.Print sTextzeile
Close #1
End Sub
```

Verwandte Funktionen/Anweisungen

`Input`

LOC-Funktion

Die Funktion `LOC` gibt einen Wert vom Typ `Long` zurück, der die aktuelle Schreib-/Leseposition innerhalb einer geöffneten Datei angibt.

▶ Syntax

`Loc(Dateinummer)`

Das erforderliche Argument `Dateinummer` ist eine beliebige gültige Dateinummer vom Typ Integer.

Die folgende Aufstellung beschreibt die Rückgabewerte für die einzelnen Dateizugriffsmodi:

Zugriffsmodus	Rückgabewert
`Random`	Nummer des letzten Datensatzes, der aus der Datei gelesen oder in die Datei geschrieben wurde.
`Sequential`	Aktuelle Byte-Position in der Datei dividiert durch 128. Informationen, die von `Loc` für sequentielle Dateien zurückgegeben werden, werden jedoch nicht verwendet und sind auch nicht erforderlich.
`Binary`	Position des letzten gelesenen oder geschriebenen Byte.

Tabelle 3.44: Rückgabewerte der Funktion LOC

▶ Beispiel

Im folgenden Beispiel aus Listing 3.72 wird eine Textdatei in das Direktfenster der Entwicklungsumgebung eingelesen. Dabei wird die Schreib-/Lese-Position mit ausgegeben.

Listing 3.72: Textdatei einlesen und Schreibposition festhalten

```
Sub LOC_Beispiel()
Dim Position1 As Integer
Dim Zeile1 As Variant

Open "C:\Artikel.txt" For Binary As #1
Do While Not EOF(1)
    Line Input #1, Zeile1
    Position1 = Loc(1)
    Debug.Print Zeile1; Tab; Position1
Loop
Close #1
End Sub
```

▶ Verwandte Funktionen/Anweisungen

`EOF, Seek`

Lock- und Unlock-Anweisung

Diese beiden Anweisungen regeln die Zugriffsmöglichkeiten anderer Prozesse auf eine Datei (oder auf Teile einer Datei), die mit der `Open`-Anweisung geöffnet wurde.

▶ Syntax

```
Lock [#]Dateinummer[, Satzbereich]
Unlock [#]Dateinummer[, Satzbereich]
```

Die Syntax der Anweisungen `Lock` und `Unlock` besteht aus folgenden Teilen:

Teil	Beschreibung
`Dateinummer`	Erforderlich. Eine beliebige gültige Dateinummer.
`Satzbereich`	Optional. Der Datensatzbereich, für den die Sperre eingerichtet oder aufgehoben werden soll.

Tabelle 3.45: Argumente der Anweisungen Lock und Unlock

Die Einstellungen für das Argument `Satzbereich` sind:

```
Satznummer | [Anfang] To Ende
```

Einstellung	Beschreibung
`Satznummer`	Nummer des Datensatzes (in Dateien mit dem Modus `Random`) oder Byte-Nummer (in Dateien mit dem Modus `Binary`), an der das Einrichten/Aufheben der Sperre beginnt.
`Anfang`	Nummer des ersten Datenelements (Datensatz oder Byte), für das die Sperre eingerichtet/aufgehoben werden soll.
`Ende`	Nummer des letzten Datenelements (Datensatz oder Byte), für das die Sperre eingerichtet/aufgehoben werden soll.

Tabelle 3.46: Einstellungen für das Argument Satzbereich

▶ Verwandte Funktionen/Anweisungen

`Open`

LSet-Anweisung

Die Anweisung `LSet` richtet eine Zeichenfolge innerhalb einer Zeichenfolgenvariablen links aus oder kopiert eine Variable eines benutzerdefinierten Datentyps in eine Variable eines anderen benutzerdefinierten Datentyps.

▶ Syntax

```
LSet ZnFVariable = Zeichenfolge
LSet VariablenName1 = VariablenName2
```

Die Syntax der `LSet`-Anweisung besteht aus folgenden Teilen:

Teil	Beschreibung
`ZnFVariable`	Erforderlich. Name einer Zeichenfolgenvariablen.
`Zeichenfolge`	Erforderlich. Zeichenfolgenausdruck, der innerhalb von `ZnFVariable` links ausgerichtet werden soll.
`VariablenName1`	Erforderlich. Name einer Variablen des benutzerdefinierten Datentyps, die die Zielvariable für den Kopiervorgang darstellt.
`VariablenName2`	Erforderlich. Name einer Variablen des benutzerdefinierten Datentyps, die die Quellvariable für den Kopiervorgang darstellt.

Tabelle 3.47: Argumente der Anweisung LSet

▶ Verwandte Funktionen/Anweisungen

`RSet`

MkDir-Anweisung

Mithilfe der Anweisung `MkDir` können Sie ein neues Verzeichnis erstellen.

▶ Syntax

```
MkDir Pfad
```

Das erforderliche Argument `Pfad` ist ein Zeichenfolgenausdruck, der das zu erstellende Verzeichnis angibt. `Pfad` kann das Laufwerk enthalten. Wenn kein Laufwerk angegeben ist, erstellt die `MkDir`-Anweisung ein neues Verzeichnis oder einen neuen Ordner auf Basis des aktuellen Laufwerks.

▶ Beispiel

Im folgenden Beispiel aus Listing 3.73 wird ein neues Verzeichnis angelegt. Für den Fall, dass dieses Verzeichnis bereits existiert, fangen Sie den Fehler über die `On Error`-Klausel ab.

Listing 3.73: Neues Verzeichnis über die Anweisung MkDir erstellen

```
Sub MkDir_Beispiel()
On Error Resume Next
 MkDir "C:\Eigene Dateien\Versuch"
End Sub
```

▶ Verwandte Funktionen/Anweisungen

`ChDir, CurDir, RmDir`

Name-Anweisung

Über die Anweisung `Name` können Sie eine Datei umbenennen.

▶ Syntax

`Name AlterPfadname As NeuerPfadname`

Die Syntax der `Name`-Anweisung besteht aus folgenden Teilen:

Teil	Beschreibung
`AlterPfadname`	Erforderlich. Zeichenfolgenausdruck, der einen existierenden Dateinamen und seinen Pfad angibt. In dem Wert kann ein Verzeichnis oder Ordner sowie ein Laufwerk enthalten sein.
`NeuerPfadname`	Erforderlich. Zeichenfolgenausdruck, der einen neuen Dateinamen und seinen Pfad angibt. In dem Wert kann ein Verzeichnis oder Ordner sowie ein Laufwerk enthalten sein. Die in `NeuerPfadname` angegebene Datei darf noch nicht existieren.

Tabelle 3.48: Argumente der Anweisung Name

▶ Beispiel

Im folgenden Beispiel aus Listing 3.74 wird eine Textdatei umbenannt.

Listing 3.74: Dateien umbenennen über die Anweisung Name

```
Sub Name_Beispiel()
Dim AlterName As String
Dim Neuername As String

AlterName = "C:\Artikel1.txt"
Neuername = "c:\ArtikelX.txt"

Name AlterName As Neuername
End Sub
```

▶ Verwandte Funktionen/Anweisungen

`Kill`

Open-Anweisung

Die Anweisung `Open` öffnet eine Datei für die Ein- bzw. Ausgabe.

▶ Syntax

```
Open Pfadname For Modus [Access Zugriff] [Sperre] As
[#]Dateinummer [Len=Satzlänge]
```

Die Syntax der `Open`-Anweisung besteht aus folgenden Teilen:

Teil	Beschreibung
`Pfadname`	Erforderlich. Zeichenfolgenausdruck, der einen Dateinamen festlegt und auch Verzeichnis- oder Ordner- sowie Laufwerkangaben enthalten kann.
`Modus`	Erforderlich. Schlüsselwort, das den Zugriffsmodus für die Datei festlegt: `Append`, `Binary`, `Input`, `Output` oder `Random`. Wenn kein Modus festgelegt ist, wird die Datei im Zugriffsmodus `Random` geöffnet.
`Zugriff`	Optional. Schlüsselwort, das die Operationen festlegt, die auf der geöffneten Datei ausgeführt werden können: `Read`, `Write` oder `Read Write`.
`Sperre`	Optional. Schlüsselwort, das die Operationen festlegt, die von anderen Prozessen auf der geöffneten Datei ausgeführt werden können: `Shared`, `Lock Read`, `Lock Write` und `Lock Read Write`.

Tabelle 3.49: Argumente der Anweisung Open

Teil	Beschreibung
`Dateinummer`	Erforderlich. Eine gültige Dateinummer im Bereich von 1 bis 511 (einschließlich). Mit der `FreeFile`-Funktion erhalten Sie die nächste verfügbare Dateinummer.
`Satzlänge`	Optional. Zahl kleiner oder gleich 32.767 (Byte). Bei Dateien mit wahlfreiem Zugriff ist dies die Datensatzlänge, bei sequentiellen Dateien die Anzahl der gepufferten Zeichen.

Tabelle 3.49: Argumente der Anweisung Open (Forts.)

▶ Beispiel

Im folgenden Beispiel aus Listing 3.75 werden alle Formelzellen der TABELLE12 in eine Textdatei geschrieben.

Listing 3.75: Alle Formeln in einer Textdatei protokollieren

```
Sub Open_Beispiel()
Dim Zelle As Range

Open "C:\Formeln.txt" For Output As #1
  For Each Zelle In Sheets("Tabelle12").UsedRange
   If Zelle.HasFormula Then Print #1, _
     Zelle.Address; Tab; Zelle.FormulaLocal
  Next
Close #1
End Sub
```

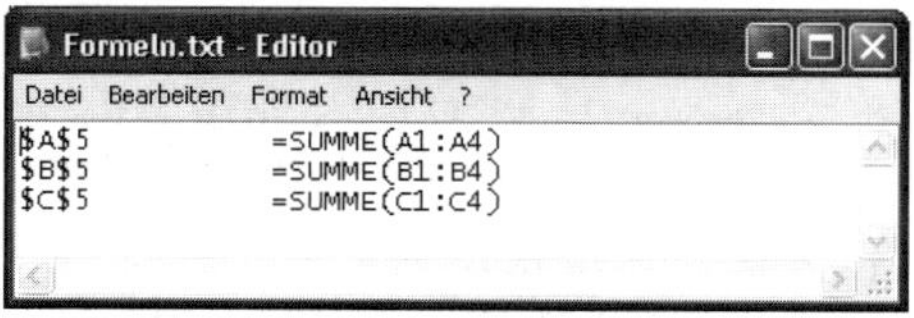

Abbildung 3.32: Formeln auslesen und in eine Textdatei schreiben

▶ Verwandte Funktionen/Anweisungen

`Close, FreeFile`

Print-Anweisung

Die Anweisung `Print` schreibt Daten, die für die Ausgabe formatiert sind, in eine sequentielle Datei.

▶ Syntax

`Print #Dateinummer, [Ausgabeliste]`

Die Syntax der `Print` -Anweisung besteht aus folgenden Teilen:

Teil	Beschreibung
`Dateinummer`	Erforderlich. Eine beliebige gültige Dateinummer.
`Ausgabeliste`	Optional. Ausdruck oder Liste mit Ausdrücken, die ausgegeben werden sollen.

Tabelle 3.50: Argumente der Anweisung Print

▶ Beispiel

Siehe Anweisung `Open`

▶ Verwandte Funktionen/Anweisungen

`Write, Spc, Tab`

Put-Anweisung

Die Anweisung `Put` schreibt Daten aus einer Variablen in eine Datenträgerdatei.

▶ Syntax

`Put [#]Dateinummer, [Satznummer], Variablennummer`

Die Syntax der `Put`-Anweisung besteht aus folgenden Teilen:

Teil	Beschreibung
`Dateinummer`	Erforderlich. Eine beliebige gültige Dateinummer.
`Satznummer`	Optional. Wert vom Typ `Variant` (`Long`). Datensatznummer (für Dateien im Modus `Random`) oder `Byte`-Nummer (für Dateien im Modus `Binary`), bei der der Schreibvorgang beginnt.
`Variablenname`	Erforderlich. Name der Variablen, welche die auf den Datenträger zu schreibenden Daten enthält.

Tabelle 3.51: Argumente der Anweisung Put

Beispiel

Im folgenden Beispiel aus Listing 3.76 wird eine Datei angelegt und ein Mustersatz hineingeschrieben.

Listing 3.76: Datensatz schreiben mit der Anweisung Put

```
Type MeinDatensatz
    NName As String * 30
    VName As String * 30
End Type

Sub Put_Beispiel()
Dim Datensatz As MeinDatensatz
Dim FileNum As Integer
Dim i As Integer

    If Dir("C:\ArtikelX.txt") <> "" Then
        Kill "C:\ArtikelX.txt"
    End If
    FileNum = FreeFile
    Open "C:\ArtikelX.txt" For _
    Random As #FileNum Len = Len(Datensatz)
        With Datensatz
            .NName = "Vorname"
            .VName = "Nachname"
        End With
        Put #FileNum, , Datensatz
    Close #FileNum
End Sub
```

Verwandte Funktionen/Anweisungen

`Get`, `Open`, `Seek`

Reset-Anweisung

Die Anweisung `Reset` schließt alle Datenträgerdateien, die mit der `Open`-Anweisung geöffnet wurden.

▶ **Syntax**

```
Reset
```

▶ **Beispiel**

Im folgenden Beispiel aus Listing 3.77 werden hintereinander drei Textdateien angelegt, die aktuelle Uhrzeit erfasst und am Ende über die Anweisung Reset gespeichert und geschlossen.

Listing 3.77: Mehrere Textdateien über die Anweisung Reset speichern und schließen

```
Sub Reset_Beispiel()
Dim iDateiNr As Integer

ChDir "C:\Eigene Dateien\"
For iDateiNr = 1 To 3
  Open "Datei" & iDateiNr & ".txt" _
          For Output As #iDateiNr
  Write #iDateiNr, Now
Next iDateiNr
Reset
End Sub
```

▶ **Verwandte Funktionen/Anweisungen**

Close

RmDir-Anweisung

Über die Anweisung RmDir können Sie ein Verzeichnis löschen.

▶ **Syntax**

```
RmDir Pfad
```

Das erforderliche Argument Pfad ist ein Zeichenfolgenausdruck, der das zu löschende Verzeichnis oder den zu löschenden Ordner angibt. Pfad kann das Laufwerk beinhalten. Wenn kein Laufwerk angegeben ist, löscht RmDir das Verzeichnis oder den Ordner auf dem aktuellen Laufwerk.

Hinweis

`RmDir` führt zu einem Fehler, wenn Sie die Anweisung für ein Verzeichnis ausführen, in dem Dateien enthalten sind. Löschen Sie zuerst alle Dateien mit der `Kill`-Anweisung, bevor Sie ein Verzeichnis oder einen Ordner entfernen.

Beispiel

Im folgenden Beispiel aus Listing 3.78 wird ein Verzeichnis entfernt.

Listing 3.78: Über die Anweisung RmDir ein Verzeichnis löschen

```
Sub RmDir_Beispiel()
On Error Resume Next
 RmDir "C:\Test"
End Sub
```

Verwandte Funktionen/Anweisungen

`Kill, ChDir, CurDir, MkDir`

Seek-Funktion

Die Funktion `Seek` gibt einen Wert vom Typ `Long` zurück, der die aktuelle Schreib-/Leseposition in einer Datei festlegt, die mit der `Open`-Anweisung geöffnet wurde.

Syntax

`Seek(Dateinummer)`

Das erforderliche Argument `Dateinummer` ist ein Wert vom Typ `Integer`, der eine gültige Dateinummer enthält.

Beispiel

Im folgenden Beispiel aus Listing 3.79 wird eine Textdatei ausgelesen und die entsprechenden Byte-Positionen jeweils am Satzende ermittelt.

Listing 3.79: Byteposition über die Funktion Seek ermitteln

```
Sub Seek_Beispiel()
Dim zeile As String
```

```
Open "C:\Artikel2.txt" For Input As #1
Do While Not EOF(1)
    Line Input #1, zeile
    Debug.Print zeile; Tab; Seek(1)
Loop
Close #1
End Sub
```

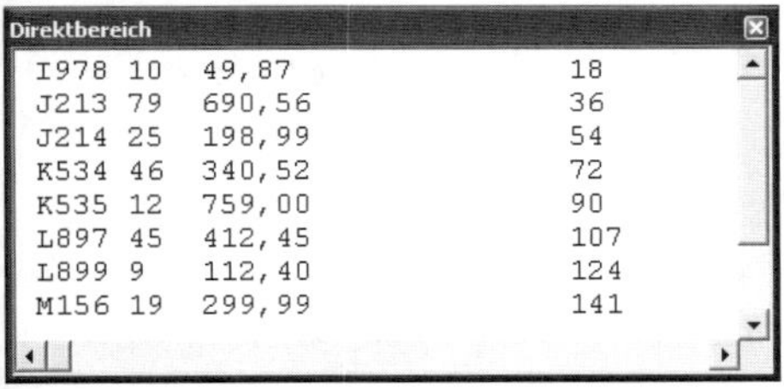

Abbildung 3.33: Inhalt und Position eines Datensatzes werden festgehalten

▶ Verwandte Funktionen/Anweisungen

`Get`, `Loc`, `Put`

SetAttr-Anweisung

Über die `SetAttr`-Anweisung können Sie Dateiattribute setzen.

▶ Syntax

```
SetAttr pathname, attributes
```

Die Syntax der `SetAttr`-Anweisung verwendet die folgenden benannten Argumente:

Teil	Beschreibung
`Pathname`	Erforderlich. Zeichenfolgenausdruck, der einen Dateinamen angibt. Der Dateiname kann ein Verzeichnis oder einen Ordner sowie ein Laufwerk enthalten.
`Attributes`	Erforderlich. Konstante oder numerischer Ausdruck, die/der die Summe der Dateiattribute angibt.

Tabelle 3.52: Argumente der Anweisung SetAttr

Das Argument `attributes` hat die folgenden Einstellungen:

Konstante	Wert	Beschreibung
vbNormal	0	Normal (Voreinstellung)
vbReadOnly	1	Schreibgeschützt
vbHidden	2	Versteckt
vbSystem	4	Systemdatei; beim Macintosh nicht verfügbar
vbArchive	32	Datei wurde seit dem letzten Speichern geändert

Tabelle 3.53: Einstellungen für das Argument attributes

▶ Beispiel

Im folgenden Beispiel aus Listing 3.80 wird die Datei ARTIKEL.TXT mit dem Attribut `Versteckt` ausgestattet.

Listing 3.80: Eine Datei mit einem Attribut über die Anweisung SetAttr versorgen

```
Sub SetAttr_Beispiel()
 SetAttr "c:\Artikel.txt", vbHidden
End Sub
```

▶ Verwandte Funktionen/Anweisungen

`FileAttr, GetAttr`

Shell-Funktion

Mithilfe der Funktion `Shell` können Sie ein externes Programm aus Excel heraus aufrufen.

▶ Syntax

`Shell(pathname[,windowstyle])`

Die Syntax der `Shell`-Funktion verwendet die folgenden benannten Argumente:

Teil	Beschreibung
Pathname	Erforderlich. Wert vom Typ Variant (String). Name des auszuführenden Programms sowie alle erforderlichen Argumente oder Befehlszeilen-Optionen. Auch Verzeichnis- oder Laufwerkangaben können enthalten sein.
Windowstyle	Optional. Wert vom Typ Variant (Integer), der dem Stil des Fensters entspricht, in dem das Programm ausgeführt werden soll. Wenn windowstyle nicht angegeben wird, erhält das Programm den Fokus und wird im minimierten Zustand gestartet.

Tabelle 3.54: Argumente der Funktion Shell

Die Werte des benannten Arguments windowstyle lauten:

Konstante	Wert	Beschreibung
vbHide	0	Das Fenster ist ausgeblendet, und das ausgeblendete Fenster erhält den Fokus.
vbNormalFocus	1	Das Fenster hat den Fokus, und die ursprüngliche Größe und Position wird wiederhergestellt.
VbMinimizedFocus	2	Das Fenster wird als Symbol mit Fokus angezeigt.
vbMaximizedFocus	3	Das Fenster wird maximiert mit Fokus angezeigt.
vbNormalNoFocus	4	Die zuletzt verwendete Größe und Position des Fensters wird wiederhergestellt. Das momentan aktive Fenster bleibt aktiv.
vbMinimizedNoFocus	6	Das Fenster wird als Symbol angezeigt. Das momentan aktive Fenster bleibt aktiv.

Tabelle 3.55: Einstellungen für das Argument windowstyle

► Beispiel

Im folgenden Beispiel aus Listing 3.81 wird das Programm NOTEPAD gestartet. Danach wird versucht, eine bestimmte Datei zu laden.

Listing 3.81: Externes Programm starten mit der Funktion Shell

```
Sub Shell_Beispiel()
Dim x As Variant

x = Shell _
("C:\Windows\Notepad.exe C:\Artikel2.txt", 3)
End Sub
```


Verwandte Funktionen/Anweisungen

`AppActivate`

Write-Anweisung

Mit der Anweisung `Write` können Sie Daten in eine sequentielle Datei schreiben.

Syntax

`Write #Dateinummer, [Ausgabeliste]`

Die Syntax der `Write`-Anweisung besteht aus folgenden Teilen:

Teil	Beschreibung
`Dateinummer`	Erforderlich. Eine beliebige gültige Dateinummer.
`Ausgabeliste`	Optional. Eine oder mehrere (durch Kommas getrennte) numerische Ausdrücke oder Zeichenfolgenausdrücke, die in eine Datei geschrieben werden sollen.

Tabelle 3.56: Argumente der Anweisung Write

Beispiel

Siehe Beispiel zur Anweisung `Reset`

Verwandte Funktionen/Anweisungen

`Print, Input`

3.4 Mathematische Funktionen

Zur letzten Kategorie an Funktionen in diesem Kapitel gehören die mathematischen Funktionen.

Um vorab eine Übersicht über diese Funktionen zu bekommen, werfen Sie einen Blick auf die Tabelle 3.57. Danach erfolgen die Erklärung der Syntax und die Demonstration anhand eines kurzen Beispiels.

Funktion	Kurzbeschreibung
`Abs`	Gibt den Absolutwert einer Zahl zurück; das Vorzeichen wird dabei ignoriert.
`Atn`	Gibt den Arcustangens einer Zahl als Winkel im Bogenmaß zurück.
`Cos`	Gibt den Kosinus zu einem Winkel im Bogenmaß zurück.
`DDB`	Errechnet den Abschreibungswert bei geometrisch degressiver Abschreibung.
`Exp`	Gibt den Wert der Exponentialfunktion zu einer Zahl zurück.
`Fix`	Gibt den Vorkommawert einer Zahl zurück.
`FV`	Errechnet den zukünftigen Wert einer Annuität bei konstanter Zahlung, festem Zins und fester Laufzeit.
`Int`	Gibt den ganzzahligen Wert einer Zahl mit Dezimalen zurück.
`IPmt`	Errechnet den Zinsanteil für eine bestimmte Periode bei Ansparung bzw. Abzahlung bei konstanten Raten und festem Zinssatz.
`IRR`	Gibt den internen Ertragssatz für eine Folge regelmäßiger Ein- und Auszahlungen zurück.
`Log`	Liefert den Logarithmus einer Zahl.
`MIRR`	Liefert den modifizierten internen Ertragssatz für eine Folge regelmäßiger, mit unterschiedlichen Zinssätzen ausgestatteter Ein- und Auszahlungen.
`NPer`	Errechnet die Anzahl der Zeiträume für eine Annuität bei konstanter Zahlung und festem Zinssatz.
`NPV`	Errechnet den Nettobarwert einer Investition bei regelmäßigen Ein- und Auszahlungen und festem Diskontsatz.
`Pmt`	Errechnet den Auszahlungswert für eine Annuität bei festen Zeiträumen, konstanten Zahlungen und festem Zinssatz.

abelle 3.57: Funktionen der Kategorie Mathematik

Funktion	Kurzbeschreibung
PPmt	Errechnet den Kapitelanteil eines Zeitraums für eine Annuität bei einer festen Anzahl von Zeiträumen, konstanten Zahlungen und festem Zinssatz.
PV	Errechnet den Barwert für eine Annuität bei konstanter Zahlung, festem Zinssatz und einer festen Laufzeit.
Randomize	Initialisiert den Zufallsgenerator.
Rate	Errechnet den Zinssatz zu einer Annuität bei fester Anzahl von Zeiträumen, konstanten Zahlungen und festem Zinssatz.
Rnd	Liefert eine Zufallszahl mit Dezimalstellen zwischen 0 und 1.
Round	Rundet einen Zahlenwert auf Basis einer Dezimalstelle.
Sgn	Gibt das Vorzeichen eines Werts als Faktor (-10 oder 1) zurück.
Sin	Gibt den Sinus zu einem Winkel im Bogenmaß zurück.
SLN	Errechnet den periodischen Abschreibungswert bei linearer Abschreibung über einen bestimmten Zeitraum.
Sqr	Errechnet die Quadratwurzel einer Zahl.
SYD	Errechnet den Abschreibungswert für eine Periode nach dem Modell der Jahressummengewichtung.
Tan	Liefert den Tangens zu einem Winkel im Bogenmaß.

Tabelle 3.57: Funktionen der Kategorie Mathematik (Forts.)

ABS-Funktion

Die Funktion ABS gibt den Absolutwert einer Zahl zurück. Das Vorzei chen wird dabei ignoriert

▶ Syntax

```
Abs(Zahl)
```

Das erforderliche Argument Zahl kann ein beliebiger zulässiger nu merischer Ausdruck sein. Wenn Zahl den Wert Null enthält, wird Nul zurückgegeben. Wenn die Variable nicht initialisiert ist, wird de Wert Null zurückgegeben.

▶ Beispiel

Im folgenden Beispiel aus Listing 3.82 wird der Absolutwert einige Zahlen im Direktfenster der Entwicklungsumgebung ausgegeben.

Listing 3.82: Den Absolutwert einer Zahl über die Funktion ABS ermitteln

```
Sub ABS_Beispiel()
 Debug.Print Abs(12.59)
 Debug.Print Abs(-12.59)
End Sub
```

In beiden Fällen lautet das Ergebnis 12,59.

Verwandte Funktionen

Sgn

Atn-Funktion

Die Funktion Atn gibt den Arcustangens einer Zahl als Winkel im Bogenmaß zurück.

Syntax

Atn(Zahl)

Das erforderliche Argument Zahl ist ein Wert vom Typ Double oder ein anderer zulässiger numerischer Ausdruck.

Beispiel

Im folgenden Beispiel aus Listing 3.83 wird der Wert Pi errechnet.

Listing 3.83: Die Funktion Atn einsetzen, um Pi zu errechnen

```
Sub Atn_Beispiel()
Dim pi As Single

pi = 4 * Atn(1)
MsgBox pi
End Sub
```

Verwandte Funktionen

Cos, Sin, Tan

Cos-Funktion

Die Funktion Cos gibt den Kosinus zu einem Winkel im Bogenmaß zurück.

▶ Syntax

Cos(Zahl)

Das erforderliche Argument Zahl ist ein Wert vom Typ Double oder ein beliebiger zulässiger numerischer Ausdruck, der den Winkel im Bogenmaß angibt.

▶ Beispiel

Im folgenden Beispiel aus Listing 3.84 wird der Kosinus eines Winkels errechnet.

Listing 3.84: Über die Funktion Cos den Kosinus für einen Winkel errechnen

```
Sub Cos_Beispiel()
Dim Winkel As Single
Dim Sekans As Single

Winkel = 1.5
Sekans = 1 / Cos(Winkel)
MsgBox Sekans
End Sub
```

▶ Verwandte Funktionen

Atn, Sin, Tan

DDB-Funktion

Die Funktion DDB errechnet den Abschreibungswert bei geometrisch degressiver Abschreibung.

▶ Syntax

DDB(cost, salvage, life, period[, factor])

Die DDB-Funktion hat die folgenden benannten Argumente:

Teil	Beschreibung
Cost	Erforderlich. Ein Wert vom Typ Double, der die Anschaffungskosten des Vermögenswertes angibt.
Salvage	Erforderlich. Ein Wert vom Typ Double, der den Wert des Vermögenswertes am Ende seiner Nutzungsdauer angibt.
Life	Erforderlich. Ein Wert vom Typ Double, der die Länge der Nutzungsdauer des Vermögenswertes angibt.
Period	Erforderlich. Ein Wert vom Typ Double, der den Zeitraum angibt, für den die Abschreibung des Vermögenswertes berechnet wird.
Factor	Optional. Ein Wert vom Typ Variant, der den Faktor angibt, um den der Wert vermindert wird. Wird der Wert nicht angegeben, so wird 2 (geometrisch degressive Methode) angenommen.

Tabelle 3.58: Argumente der Funktion DDB

▶ Beispiel

Im folgenden Beispiel aus Listing 3.85 wird eine Maschine nach der geometrisch degressiven Abschreibungsmethode abgeschrieben.

Listing 3.85: Degressive Abschreibungen über die Funktion DDB abwickeln

```
Sub DDB_Beispiel()
Dim Wert As Currency
Dim Endwert As Currency
Dim Dauer As Integer
Dim iPeriode As Integer

Dauer = 5
Wert = 2500
Endwert = 1
For iPeriode = 1 To Dauer - 1
 Debug.Print DDB(Wert, Endwert, Dauer, iPeriode)
Next iPeriode
End Sub
```

▶ Verwandte Funktionen

FV, IPmt, IRR, MIRR, NPer, NPV, Pmt, PPmt, PV, Rate, SLN, SYG

Abbildung 3.34: Abschreibungsraten

Exp-Funktion

Die Funktion `Exp` gibt den Wert der Exponentialfunktion zu einer Zahl zurück.

▶ Syntax

`Exp(Zahl)`

Das erforderliche Argument `Zahl` ist ein Wert vom Typ `Double` oder ein beliebiger zulässiger numerischer Ausdruck.

▶ Beispiel

Im folgenden Beispiel aus Listing 3.86 wird die Exponentialfunktion für die Zahl 1 errechnet.

Listing 3.86: Exponentialfunktion für eine Zahl über die Funktion Exp errechnen

```
Sub Exp_Beispiel()
 Debug.Print Exp(1)
End Sub
```

▶ Verwandte Funktionen

`Log`

Fix-Funktion

Die Funktion `Fix` gibt den Vorkommawert einer Zahl zurück.

▶ Syntax

`Fix(Zahl)`

Das erforderliche Argument `Zahl` ist ein Wert vom Typ `Double` oder ein beliebiger zulässiger numerischer Ausdruck. Wenn `Zahl` den Wert Null enthält, wird Null zurückgegeben.

▶ Beispiel

Im folgenden Beispiel aus Listing 3.87 wird der ganzzahlige Wert einiger Zahlen ermittelt.

Listing 3.87: Ganzzahligen Wert über die Funktion Fix ermitteln

```
Sub Fix_Beispiel()
 Debug.Print Fix(10.1)
 Debug.Print Fix(-10.7)
 Debug.Print Fix(-10.3)
End Sub
```

Abbildung 3.35: Das Ergebnis im Direktfenster

▶ Verwandte Funktionen

`Int, Round`

FV-Funktion

Die Funktion `FV` errechnet den zukünftigen Wert einer Annuität bei konstanter Zahlung, festem Zins und fester Laufzeit.

▶ Syntax

```
FV(rate, nper, pmt[, pv[, type]])
```

Die FV-Funktion hat die folgenden benannten Argumente:

Teil	Beschreibung
Rate	Erforderlich. Ein Wert vom Typ Double, der den Zinssatz pro Zeitraum angibt. Wenn Sie beispielsweise einen Kredit mit einem Jahreszins von 10 Prozent aufnehmen und monatliche Zahlungen vereinbart haben, beträgt der Zinssatz pro Zeitraum 0,1 dividiert durch 12 oder 0,0083.
Nper	Erforderlich. Ein Wert vom Typ Integer, der die Gesamtanzahl der Zahlungszeiträume für die Annuität angibt. Wenn Sie beispielsweise monatliche Zahlungen für einen Autokredit mit 4 Jahren Laufzeit vereinbart haben, beträgt die Summe der Zahlungszeiträume für Ihren Kredit 4 * 12 (oder 48).
Pmt	Erforderlich. Ein Wert vom Typ Double, der die Zahlung pro Zeitraum angibt. Die Zahlungen enthalten gewöhnlich Kapital und Zinsen und ändern sich während der Laufzeit einer Annuität nicht.
Pv	Optional. Ein Wert vom Typ Variant, der den Barwert (oder Gesamtbetrag) einer Folge zukünftiger Zahlungen zum jetzigen Zeitpunkt angibt. Wenn Sie beispielsweise Geld aufnehmen, stellt die Kredithöhe für den Kreditgeber den Barwert der von Ihnen zu leistenden monatlichen Zahlungen dar. Wird der Barwert nicht angegeben, so wird 0 angenommen.
Type	Optional. Ein Wert vom Typ Variant, der angibt, wann Zahlungen fällig sind. Bei 0 sind die Zahlungen am Ende des Zahlungszeitraums fällig, bei 1 zu Beginn des Zahlungszeitraums. Wird der Wert nicht angegeben, so wird 0 angenommen.

Tabelle 3.59: Argumente der Funktion FV

Beispiel

Im folgenden Beispiel wird errechnet, wie sich ein angelegtes Kapital von 10.000 Euro über einen Zeitraum von 12 Jahren bei einem festen Zinssatz von 4,5% im Jahr bei einer monatlichen Einzahlung von 100 Euro entwickelt.

Listing 3.88: Den zukünftigen Wert einer Annuität über die Funktion FV errechnen

```
Sub FV_Beispiel()
Dim Wert As Currency
Dim Dauer As Integer
Dim Rate As Currency
```

```
Dim Zins As Single

Wert = 10000
Dauer = 12 * 12
Rate = 100
Zins = 0.04 / 12

Debug.Print FV(Zins, Rate, Dauer, Wert)
End Sub
```


▶ Verwandte Funktionen

DDB, IPmt, IRR, MIRR, NPer, NPV, Pmt, PPmt, PV, Rate, SLN, SYG

Int-Funktion

Die Funktion Int gibt den Vorkommawert einer Zahl zurück.

▶ Syntax

Int(Zahl)

Das erforderliche Argument Zahl ist ein Wert vom Typ Double oder ein beliebiger zulässiger numerischer Ausdruck. Wenn Zahl den Wert Null enthält, wird Null zurückgegeben.

▶ Beispiel

Im folgenden Beispiel aus Listing 3.89 wird der ganzzahlige Wert einiger Zahlen ermittelt.

Listing 3.89: Den ganzzahligen Wert einer Dezimalzahl über die Funktion Int ermitteln

```
Sub Int_Beispiel()
 Debug.Print Int(10.1)
 Debug.Print Int(-10.7)
 Debug.Print Int(-10.3)
End Sub
```

Abbildung 3.36: Vergleiche Ergebnis mit Abbildung 3.35

Hinweis

Der Unterschied zwischen `Int` und `Fix` besteht darin, dass bei einem negativen Wert von Zahl `Int` die erste negative ganze Zahl zurückgibt, die kleiner oder gleich Zahl ist, während `Fix` die erste negative ganze Zahl zurückgibt, die größer oder gleich Zahl ist.

▶ Verwandte Funktionen

`Fix, Round`

IPmt-Funktion

Die Funktion `IPmt` errechnet den Zinsanteil für eine bestimmte Periode bei Ansparung bzw. Abzahlung bei konstanten Raten und festem Zinssatz.

▶ Syntax

```
IPmt(rate, per, nper, pv[, fv[, type]])
```

Die `IPmt`-Funktion hat die folgenden benannten Argumente:

Teil	Beschreibung
`Rate`	Erforderlich. Ein Wert vom Typ `Double`, der den Zinssatz pro Zeitraum angibt.
`Per`	Erforderlich. Ein Wert vom Typ `Double`, der den Zahlungszeitraum im Bereich von 1 bis `nper` angibt.
`Nper`	Erforderlich. Ein Wert vom Typ `Double`, der die Gesamtanzahl der Zahlungszeiträume für die Annuität angibt.
`Pv`	Erforderlich. Ein Wert vom Typ `Double`, der den Barwert oder heutigen Wert einer Folge zukünftiger Aus- oder Einzahlungen angibt.

Tabelle 3.60: Argumente der Funktion IPmt

Teil	Beschreibung
`Fv`	Optional. Ein Wert vom Typ `Variant`, der den Endwert oder Kontostand angibt, der nach der letzten Zahlung erreicht sein soll. Der Endwert eines Kredits ist zum Beispiel 0 Euro, da dies die Kredithöhe nach der letzten Zahlung ist.
`Type`	Optional. Ein Wert vom Typ `Variant`, der angibt, wann Zahlungen fällig sind. Bei 0 sind die Zahlungen am Ende eines Zahlungszeitraums fällig, bei 1 zu Beginn des Zahlungszeitraums. Wird der Wert nicht angegeben, so wird 0 angenommen.

Tabelle 3.60: Argumente der Funktion IPmt (Forts.)

▶ Verwandte Funktionen

`DDB, FV, IRR, MIRR, NPer, NPV, Pmt, PV, Rate, SLN, SYG`

IRR-Funktion

Die Funktion `IRR` gibt den internen Ertragssatz für eine Folge regelmäßiger Ein- und Auszahlungen zurück.

▶ Syntax

```
IRR(values()[, guess])
```

Die `IRR`-Funktion hat die folgenden benannten Argumente:

Teil	Beschreibung
`values()`	Erforderlich. Ein Datenfeld mit Werten des Typs `Double`, der Cash Flow-Werte angibt. Dieses Datenfeld muss mindestens einen negativen Wert (Zahlungsausgang) und einen positiven Wert (Zahlungseingang) enthalten.
`Guess`	Optional. Ein Wert vom Typ `Variant`, der einen von Ihnen geschätzten Wert enthält, der von `IRR` zurückgegeben wird. Wird der Wert nicht angegeben, so ist `guess` gleich 0,1 (10 Prozent).

Tabelle 3.61: Argumente der Funktion IRR

▶ Beispiel

Im folgenden Beispiel aus Listing 3.90 wird der interne Zinsfuß anhand dreier vorliegender Cash-Flows ermittelt.

Listing 3.90: Den internen Zinsfuß über die Funktion IRR ausrechnen

```
Sub IRR_Beispiel()
Dim Schätz as Double
Dim IntZins as double
Static Werte(3) As Double

Schätz = 0.1
Werte(0) = -10000
Werte(1) = 12000: Werte(2) = 18000

IntZins = IRR(Werte(), Schätz) * 100
MsgBox "Zinsfuß für die Cash Flows beträgt " & _
Format(IntZins, "0,00 %")
End Sub
```


▶ Verwandte Funktionen

DDB, FV, IPmt, IRR, MIRR, NPer, NPV, Pmt, PV, Rate, SLN, SYG

Log-Funktion

Die Funktion Log liefert den Logarithmus einer Zahl.

▶ Syntax

Log(Zahl)

Das erforderliche Argument Zahl ist ein Wert vom Typ Double oder ein beliebiger zulässiger numerischer Ausdruck mit einem Wert größer als Null.

▶ Verwandte Funktionen

Exp

MIRR-Funktion

Die Funktion MIRR liefert den modifizierten internen Ertragssatz für eine Folge regelmäßiger, mit unterschiedlichen Zinssätzen ausgestatteter Ein- und Auszahlungen.

Syntax

```
MIRR(values(), finance_rate, reinvest_rate)
```

Die MIRR-Funktion hat die folgenden benannten Argumente:

Teil	Beschreibung
values()	Erforderlich. Ein Datenfeld mit Werten des Typs Double, die Cash Flow-Werte angeben. Das Datenfeld muss mindestens einen negativen Wert (Zahlungsausgang) und einen positiven Wert (Zahlungseingang) enthalten.
finance_rate	Erforderlich. Ein Wert vom Typ Double, der den Zinssatz enthält, der bei der Finanzierung einer Anlage bezahlt werden muss.
reinvest_rate	Erforderlich. Ein Wert vom Typ Double, der den Zinssatz angibt, der bei erneuter Anlage von Kapital erzielt werden kann.

Tabelle 3.62: Argumente der Funktion MIRR

Beispiel

Im folgenden Beispiel aus Listing 3.91 wird der modifizierte interne Zinsfuß bei einer Folge von Cash-Flows ausgerechnet, die im Datenfeld Werte() gespeichert sind. KreditZins stellt den Finanzierungszinssatz dar und InvZins den Zinssatz, der bei erneuter Investition erzielt werden kann.

Listing 3.91: Den modifizierten internen Ertragssatz über die Funktion MIRR errechnen

```
Sub MIRR_Beispiel()
Dim KreditZins As Double
Dim InvZins As Double
Dim IntZins As Double
Static Werte(5) As Double

KreditZins = 0.1
InvZins = 0.1
Werte(0) = -50000
Werte(1) = 12000: Werte(2) = 18000
Werte(3) = 23000: Werte(4) = 29000
```

```
IntZins = MIRR(Werte(), KreditZins, InvZins)
MsgBox _
"Der modifizierte interne Zinsfuß lautet: " & _
 Format(Abs(IntZins) * 100, "0,00 %")
End Sub
```


► Verwandte Funktionen

DDB, FV, IPmt, IRR, NPer, NPV, Pmt, PPmt, PV, Rate, SLN, SYG

NPer-Funktion

Die Funktion NPer errechnet die Anzahl der Zeiträume für eine Annuität bei konstanter Zahlung und festem Zinssatz.

► Syntax

```
NPer(rate, pmt, pv[, fv[, type]])
```

Die NPer-Funktion hat folgende benannten Argumente:

Teil	Beschreibung
Rate	Erforderlich. Ein Wert vom Typ Double, der den Zinssatz pro Zeitraum angibt.
Pmt	Erforderlich. Ein Wert vom Typ Double, der die Zahlung pro Zeitraum angibt. Die Zahlungen enthalten gewöhnlich Kapital und Zinsen und ändern sich während der Laufzeit einer Annuität nicht.
Pv	Erforderlich. Ein Wert vom Typ Double, der den Barwert oder heutigen Wert einer Folge zukünftiger Aus- oder Einzahlungen angibt.
Fv	Optional. Ein Wert vom Typ Variant, der den Endwert oder Kontostand angibt, der nach der letzten Zahlung erreicht sein soll.
Type	Optional. Ein Wert vom Typ Variant, der angibt, wann Zahlungen fällig sind. Bei 0 sind die Zahlungen am Ende eines Zahlungszeitraums fällig, bei 1 zu Beginn des Zahlungszeitraums. Wird der Wert nicht angegeben, so wird 0 angenommen.

Tabelle 3.63: Argumente der Funktion NPer

▶ Beispiel

Beim folgenden Beispiel aus Listing 3.92 soll ein Kredit von 25.000 Euro aufgenommen werden. Bekannt sind die Kredithöhe, der dafür zu zahlende Zinssatz (5%) und die monatlichen Zahlungen (250 Euro), um den Kredit abzuzahlen. In wie vielen Monaten ist der Kredit dann zurückgezahlt?

Listing 3.92: Die Laufzeit eines Kredits über die Funktion NPer ermitteln

```
Sub NPer_Beispiel()
Dim EndWert As Currency
Dim AnfangWert As Currency
Dim Zins As Single
Dim Zahlung As Currency
Dim ZahlTyp As Integer
Dim Monat As Integer

EndWert = 0
AnfangWert = 25000
Zins = 5
Zins = Zins / 100
Zahlung = 250
ZahlTyp = 0

Monat = NPer(Zins / 12, -Zahlung, AnfangWert, _
EndWert, ZahlTyp)
MsgBox "Ihr Kredit ist nach " & Monat & _
       " Monaten abgezahlt."
End Sub
```

▶ Verwandte Funktionen

DDB, FV, IPmt, IRR, MIRR, NPV, Pmt, PPmt, PV, Rate, SLN, SYG

NPV-Funktion

Die Funktion NPV errechnet den Nettobarwert einer Investition bei regelmäßigen Ein- und Auszahlungen und festem Diskontsatz.

▶ Syntax

```
NPV(rate, values())
```

Die NPV-Funktion hat folgende benannte Argumente:

Teil	Beschreibung
Rate	Erforderlich. Ein Wert vom Typ Double, der den Diskontsatz bezogen auf die Länge des Zeitraums (ausgedrückt als Dezimalzahl) enthält.
values()	Erforderlich. Ein Datenfeld mit Werten des Typs Double, die Cash Flow-Werte enthalten. Das Datenfeld muss mindestens einen negativen Wert (Auszahlung) und einen positiven Wert (Einzahlung) enthalten.

Tabelle 3.64: Argumente der Funktion NPV

▶ Beispiel

Beim folgenden Beispiel aus Listing 3.93 wird der Nettobarwert von einer Folge von Cash-Flows ermittelt. Die Werte liegen im Datenfeld Werte() vor. Die Variable IntZins ist ein fester interner Zinsfuß.

Listing 3.93: Den Nettobarwert über die Funktion NPV ermitteln

```
Sub NPV_Beispiel()
Dim IntZins As Single
Dim NB As Single
Static Werte(5) As Double

IntZins = 0.05
Werte(0) = -50000
Werte(1) = 12000: Werte(2) = 18000
Werte(3) = 23000: Werte(4) = 29000
NB = NPV(IntZins, Werte())

MsgBox "Der Netto-Barwert lautet " & _
Format(NB, "#,##0,00")
End Sub
```

Verwandte Funktionen

DDB, FV, IPmt, IRR, MIRR, NPer, Pmt, PPmt, PV, Rate, SLN, SYG

Pmt-Funktion

Die Funktion Pmt errechnet den Auszahlungswert für eine Annuität bei festen Zeiträumen, konstanten Zahlungen und festem Zinssatz.

Syntax

```
Pmt(rate, nper, pv[, fv[, type]])
```

Die Pmt-Funktion hat die folgenden benannten Argumente:

Teil	Beschreibung
Rate	Erforderlich. Ein Wert vom Typ Double, der den Zinssatz pro Zeitraum angibt.
Nper	Erforderlich. Ein Wert vom Typ Integer, der die Gesamtanzahl der Zahlungszeiträume für die Annuität angibt.
Pv	Erforderlich. Ein Wert vom Typ Double, der den Barwert oder heutigen Wert einer Folge zukünftiger Aus- oder Einzahlungen angibt.
Fv	Optional. Ein Wert vom Typ Variant, der den Endwert oder Kontostand angibt, der nach der letzten Zahlung erreicht sein soll.
Type	Optional. Ein Wert vom Typ Variant, der angibt, wann Zahlungen fällig sind. Bei 0 sind die Zahlungen am Ende eines Zahlungszeitraums fällig, bei 1 zu Beginn des Zahlungszeitraums. Wird der Wert nicht angegeben, so wird 0 angenommen.

Tabelle 3.65: Argumente der Funtion Pmt

Beispiel

Im folgenden Beispiel aus Listing 3.94 wird ein Kredit von € 25.000 zu einem Zinssatz von 5% aufgenommen. Die Laufzeit ist mit 36 Monaten vorgegeben. Wie hoch ist der monatlich zu zahlende Betrag?

Listing 3.94: Über die Funktion Pmt die Monatsrate für einen Kredit errechnen

```
Sub Pmt_Beispiel()
Dim EndWert As Currency
Dim anfangWert As Currency
Dim ZINS As Single
Dim Monat As Integer
Dim ZahlTyp As Integer
Dim Zahlung As Currency

EndWert = 0
anfangWert = 25000
ZINS = 5 / 100
Monat = 36
ZahlTyp = 0
Zahlung = Pmt(ZINS / 12, Monat, -anfangWert, _
          EndWert, ZahlTyp)
MsgBox "Sie zahlen " & Format(Zahlung, _
             "#,##0.00") & " im Monat."
End Sub
```

▶ **Verwandte Funktionen**

DDB, FV, IPmt, IRR, MIRR, NPer, NPV, PPmt, PV, Rate, SLN, SYG

PPmt-Funktion

Die Funktion PPmt errechnet den Kapitalanteil eines Zeitraums für eine Annuität bei einer festen Anzahl von Zeiträumen, konstanten Zahlungen und festem Zinssatz.

▶ **Syntax**

```
PPmt(rate, per, nper, pv[, fv[, type]])
```

Die PPmt-Funktion hat folgende benannte Argumente:

Teil	Beschreibung
Rate	Erforderlich. Ein Wert vom Typ Double, der den Zinssatz pro Zeitraum angibt.
Per	Erforderlich. Ein Wert vom Typ Integer, der den Zahlungszeitraum im Bereich von 1 bis nper angibt.
Nper	Erforderlich. Ein Wert vom Typ Integer, der die Gesamtanzahl der Zahlungszeiträume für die Annuität angibt.
Pv	Erforderlich. Ein Wert vom Typ Double, der den Barwert oder heutigen Wert einer Folge zukünftiger Aus- oder Einzahlungen angibt.
Fv	Optional. Ein Wert vom Typ Variant, der den Endwert oder Kontostand angibt, der nach der letzten Zahlung erreicht sein soll.
Type	Optional. Ein Wert vom Typ Variant, der angibt, wann Zahlungen fällig sind. Bei 0 sind die Zahlungen am Ende eines Zahlungszeitraums fällig, bei 1 zu Beginn des Zahlungszeitraums. Wird der Wert nicht angegeben, so wird 0 angenommen.

Tabelle 3.66: Argumente der Funktion PPmt

▶ Verwandte Funktionen

DDB, FV, IPmt, IRR, MIRR, NPer, NPV, Pmt, PV, Rate, SLN, SYG

PV-Funktion

Die Funktion PV errechnet den Barwert für eine Annuität bei konstanter Zahlung, festem Zinssatz und einer festen Laufzeit.

▶ Syntax

```
PV(rate, nper, pmt[, fv[, type]])
```

Die PV-Funktion hat folgende benannte Argumente:

Teil	Beschreibung
Rate	Erforderlich. Ein Wert vom Typ Double, der den Zinssatz pro Zeitraum angibt.
Nper	Erforderlich. Ein Wert vom Typ Integer, der die Gesamtanzahl der Zahlungszeiträume für die Annuität angibt.

Tabelle 3.67: Argumente der Funktion PV

Teil	Beschreibung
`Pmt`	Erforderlich. Ein Wert vom Typ `Double`, der die Zahlung pro Zeitraum angibt. Die Zahlungen enthalten gewöhnlich Kapital und Zinsen und ändern sich während der Laufzeit einer Annuität nicht.
`Fv`	Optional. Ein Wert vom Typ `Variant`, der den Endwert oder Kontostand angibt, der nach der letzten Zahlung erreicht sein soll.
`Type`	Optional. Ein Wert vom Typ `Variant`, der angibt, wann Zahlungen fällig sind. Bei 0 sind die Zahlungen am Ende eines Zahlungszeitraums fällig, bei 1 zu Beginn des Zahlungszeitraums. Wird der Wert nicht angegeben, so wird 0 angenommen.

Tabelle 3.67: Argumente der Funktion PV (Forts.)

▶ Beispiel

Beim folgenden Beispiel aus Listing 3.95 soll am Ende einer Laufzeit ein bestimmter Betrag von 850.000 Euro verfügbar sein. Dazu kann jedes Jahr über einen bestimmten Zeitraum hinweg (10 Jahre) ein bestimmter Betrag (65.000 Euro) eingezahlt und verzinst werden. Wie hoch muss nun der Ausgangswert sein, um das Ziel zu erreichen?

Listing 3.95: Über die Funktion PV den Barwert für eine Annuität ausrechnen

```
Sub Pv_Beispiel()
Dim ZINS As Single
Dim ZahlungJahr As Integer
Dim EinkommenJahr As Currency
Dim EndWert As Currency
Dim AnfangWert As Currency
Dim Zahltyp As Integer

ZINS = 0.045
ZahlungJahr = 10
EinkommenJahr = 65000
EndWert = 850000

Zahltyp = 0
AnfangWert = PV(ZINS, ZahlungJahr, -EinkommenJahr,_
                EndWert, Zahltyp)
```

```
MsgBox "Der Startwert lautet " & _
Format(AnfangWert, "#,##0.00")
End Sub
```

Verwandte Funktionen

DDB, FV, IPmt, IRR, MIRR, NPer, NPV, Pmt, PPmt, Rate, SLN, SYG

Randomize-Anweisung

Die Anweisung Randomize initialisiert den Zufallsgenerator.

Syntax

Randomize [Zahl]

Das optionale Argument Zahl ist ein Wert vom Typ Variant oder ein beliebiger zulässiger numerischer Ausdruck.

Beispiel

Siehe Funktion Rnd

Rate-Funktion

Die Funktion Rate errechnet den Zinssatz zu einer Annuität bei fester Anzahl von Zeiträumen, konstanten Zahlungen und festem Zinssatz.

Syntax

Rate(nper, pmt, pv[, fv[, type[, guess]]])

Die Rate-Funktion hat folgende benannte Argumente:

Teil	Beschreibung
Nper	Erforderlich. Ein Wert vom Typ Double, der die Gesamtanzahl der Zahlungszeiträume für die Annuität angibt.
Pmt	Erforderlich. Ein Wert vom Typ Double, der die Zahlung pro Zeitraum angibt. Die Zahlungen enthalten gewöhnlich Kapital und Zinsen und ändern sich während der Laufzeit einer Annuität nicht.
Pv	Erforderlich. Ein Wert vom Typ Double, der den Barwert oder heutigen Wert einer Folge zukünftiger Aus- oder Einzahlungen angibt.

Tabelle 3.68: Argument der Funktion Rate

Teil	Beschreibung
Fv	Optional. Ein Wert vom Typ Variant, der den Endwert oder Kontostand angibt, der nach der letzten Zahlung erreicht sein soll.
Type	Optional. Ein Wert vom Typ Variant, der angibt, wann Zahlungen fällig sind. Bei 0 sind die Zahlungen am Ende eines Zahlungszeitraums fällig, bei 1 zu Beginn des Zahlungszeitraums. Wird der Wert nicht angegeben, so wird 0 angenommen.
Guess	Optional. Ein Wert vom Typ Variant, der einen von Ihnen geschätzten Wert enthält, der von Rate zurückgegeben wird. Wird der Wert nicht angegeben, so ist guess gleich 0,1 (10 Prozent).

Tabelle 3.68: Argument der Funktion Rate (Forts.)

▶ Beispiel

Im folgenden Beispiel aus Listing 3.96 wird ein Kredit von 150.000 Euro aufgenommen. Der Kredit soll nach 12 Jahren zurückbezahlt sein. Monatlich werden jeweils 650 Euro abbezahlt. Wie hoch ist nun der Zinssatz?

Listing 3.96: Den Zinssatz für einen Kredit über die Funktion Rate ausrechnen

```
Sub Rate_Beispiel()
Dim EndWert As Currency
Dim Anfangwert As Currency
Dim Betrag As Currency
Dim Monate As Integer
Dim ZahlTyp As Integer
Dim ZINS As Single

EndWert = 0
Anfangwert = 150000
Betrag = 650
Monate = 12 * 12
ZahlTyp = 0
ZINS = (Rate(Monate, -Betrag, AnfangWert, EndWert, _
       ZahlTyp) * 12) * 100
MsgBox "Ihr Zinssatz beträgt " & _
        Format(ZINS, "#,##0.00")
End Sub
```

▶ Verwandte Funktionen

DDB, FV, IPmt, IRR, MIRR, NPer, NPV, Pmt, PPmt, PV, SLN, SYG

Rnd-Funktion

Die Funktion Rnd liefert eine Zufallszahl mit Dezimalstellen zwischen 0 und 1.

▶ Syntax

Rnd[(Zahl)]

Das optionale Argument Zahl ist ein Wert vom Typ Single oder ein beliebiger zulässiger numerischer Ausdruck.

▶ Beispiel

Beim folgenden Beispiel aus Listing 3.97 werden mithilfe der Funktion Rnd Zufallsbuchstaben gebildet.

Listing 3.97: Erzeugen von Zufallsbuchstaben über die Funktionen Rnd und Chr

```
Sub Rnd_Beispiel()
Dim i As Integer

Randomize
For i = 1 To 10
 Debug.Print (Chr(Int((122 - 97 + 1) * Rnd + 97)))
Next i
End Sub
```

Abbildung 3.37: Buchstaben über den Zufallsgenerator erzeugen

Round-Funktion

Mithilfe der Funktion `Round` runden Sie einen Zahlenwert auf Basis einer angegebenen Dezimalstelle.

► Syntax

```
Round(Ausdruck [,AnzahlAnDezimalpunktn])
```

Die Syntax der `Round`-Funktion besteht aus folgenden Teilen:

Teil	Beschreibung
`Ausdruck`	Erforderlich. Numerischer Ausdruck, der gerundet wird.
`AnzahlAnDezimalpunkten`	Optional. Zahl, die angibt, wie viele Stellen rechts vom Dezimalpunkt beim Runden berücksichtigt werden. Wird dieser Wert ausgelassen, gibt die `Round`-Funktion Ganzzahlen zurück.

Tabelle 3.69: Argumente der Funktion Round

► Beispiel

Im folgenden Beispiel aus Listing 3.98 werden einige Zahlen auf verschiedene Art und Weise gerundet.

Listing 3.98: Zahlen runden über die Funktion Round

```
Sub Round_Beispiel()
 Debug.Print Application.Round(12.456, 0)
 Debug.Print Application.Round(12.456, 1)
 Debug.Print Application.Round(12.456, 2)
 Debug.Print Application.Round(12.456, 3)
End Sub
```

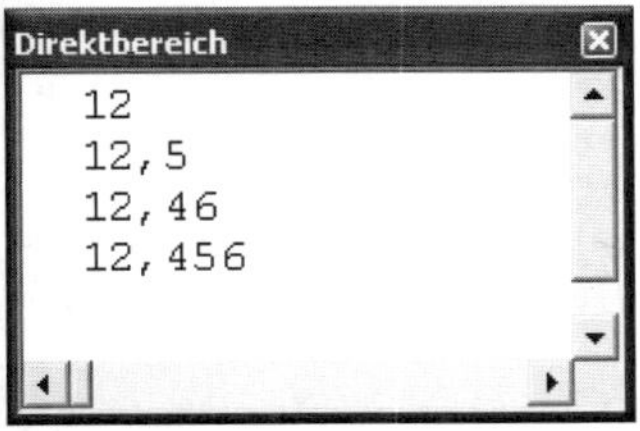

Abbildung 3.38: Die Ergebnisse des Rundens

▶ Verwandte Funktionen

`Int, Fix`

Sgn-Funktion

Die Funktion `Sgn` gibt das Vorzeichen eines Werts als Faktor (-10 oder 1) zurück.

▶ Syntax

`Sgn(Zahl)`

Das erforderliche Argument `Zahl` kann ein beliebiger numerischer Ausdruck sein.

Wert von Zahl	Rückgabewert von Sgn
Größer als Null	1
Gleich Null	0
Kleiner als Null	-1

Tabelle 3.70: Rückgabewerte der Funktion Sgn

▶ **Beispiel**

Im folgenden Beispiel aus Listing 3.99 werden einige Zahlen nach dem Vorzeichen ausgewertet.

Listing 3.99: Über die Funktion Sng die Vorzeichen einer Zahl ermitteln

```
Sub Sgn_Beispiel()
 Debug.Print Sgn(-120)
 Debug.Print Sgn(120)
 Debug.Print Sgn(0)
End Sub
```

▶ **Verwandte Funktionen**

`ABS, Left`

Sin-Funktion

Die Funktion `Sin` gibt den Sinus zu einem Winkel im Bogenmaß zurück.

▶ **Syntax**

`Sin(Zahl)`

Das erforderliche Argument `Zahl` ist ein Wert vom Typ `Double` oder ein beliebiger zulässiger numerischer Ausdruck, der einen Winkel im Bogenmaß ausdrückt.

▶ **Beispiel**

Siehe Beispiel `Cos`

▶ **Verwandte Funktionen**

`Cos, Tan, Atn`

SLN-Funktion

Die Funktion SLN errechnet den periodischen Abschreibungswert bei linearer Abschreibung über einen bestimmten Zeitraum.

▶ Syntax

```
SLN(cost, salvage, life)
```

Die SLN-Funktion hat folgende benannte Argumente:

Teil	Beschreibung
Cost	Erforderlich. Ein Wert vom Typ Double, der die Anschaffungskosten des Vermögenswerts angibt.
Salvage	Erforderlich. Ein Wert vom Typ Double, der den Vermögenswert am Ende seiner Nutzungsdauer angibt.
Life	Erforderlich. Ein Wert vom Typ Double, der die Länge der Nutzungsdauer des Vermögenswerts angibt.

Tabelle 3.71: Argumente der Funktion SLN

▶ Beispiel

Im folgenden Beispiel aus Listing 3.100 wird eine Maschine nach der linearen Abschreibungsmethode abgeschrieben.

Listing 3.100: Lineare Abschreibung über die Funktion SLN durchführen

```
Sub SLN_Beispiel()
Dim Wert As Currency
Dim Endwert As Currency
Dim Dauer As Integer
Dim i As Integer

Dauer = 5
Wert = 2500
Endwert = 0
For i = 1 To Dauer - 1
 Debug.Print SLN(Wert, Endwert, Dauer)
Next i
End Sub
```

▶ Verwandte Funktionen

`DDB, FV, IPmt, IRR, MIRR, NPer, NPV, Pmt, PPmt, PV, Rate, SYG`

Sqr-Funktion

Die Funktion `Sqr` errechnet die Quadratwurzel einer Zahl.

▶ Syntax

`Sqr(Zahl)`

Das erforderliche Argument `Zahl` ist ein Wert vom Typ `Double` oder ein beliebiger zulässiger numerischer Ausdruck, der größer oder gleich Null ist.

▶ Beispiel

Im folgenden Beispiel aus Listing 3.101 wird die Wurzel aus ein paar Zahlenwerten gezogen.

Listing 3.101: Wurzelziehen über die Funktion Sqr

```
Sub Sqr_Beispiel()
 Debug.Print Sqr(16)
 Debug.Print Sqr(64)
 Debug.Print Sqr(120)
End Sub
```

Abbildung 3.39: Die Ergebnisse aus der Wurzelrechnung

SYD-Funktion

Die Funktion SYD errechnet den Abschreibungswert für eine Periode nach dem Modell der Jahressummengewichtung.

▶ Syntax

```
SYD(cost, salvage, life, period)
```

Die SYD-Funktion hat folgende benannte Argumente:

Teil	Beschreibung
Cost	Erforderlich. Ein Wert vom Typ Double, der die Anschaffungskosten des Vermögenswerts angibt.
Salvage	Erforderlich. Ein Wert vom Typ Double, der den Vermögenswert am Ende seiner Nutzungsdauer angibt.
Life	Erforderlich. Ein Wert vom Typ Double, der die Länge der Nutzungsdauer des Vermögenswerts angibt.
Period	Erforderlich. Ein Wert vom Typ Double, der den Zeitraum angibt, für den die Abschreibung des Vermögenswerts berechnet wird.

Tabelle 3.72: Argumente der Funktion SYD

▶ Verwandte Funktionen

DDB, FV, IPmt, IRR, MIRR, NPer, NPV, Pmt, PPmt, PV, Rate, SLN

Tan-Funktion

Die Funktion Tan liefert den Tangens zu einem Winkel im Bogenmaß.

▶ Syntax

```
Tan(Zahl)
```

Das erforderliche Argument Zahl ist ein Wert vom Typ Double oder ein beliebiger zulässiger numerischer Ausdruck, der einen Winkel im Bogenmaß ausdrückt.

▶ Beispiel

Siehe Beispiel Cos

▶ Verwandte Funktionen

Atn, Cos, Sin

4 Excel-Funktionen

In Excel gibt es zahlreiche Funktionen, die Sie in Zellen einsetzen können, um bestimmte Aufgaben durchzuführen. Über einen Funktions-Assistenten können Sie diese Tabellenfunktionen elegant und schnell einfügen. Alle diese Funktionen können auch direkt in VBA eingesetzt werden. Eine wertvolle Hilfe, um die zur Verfügung stehenden Funktionen abzurufen, liefert die Datei VBALISTE.XLS, die standardmäßig im Office-Paket mitausgeliefert wird. Über die Windows-Suchen-Funktion können Sie diese Datei auf Ihrer Festplatte aufspüren. Je nach Betriebssystem ist diese Datei entsprechend in einem anderen Verzeichnis.

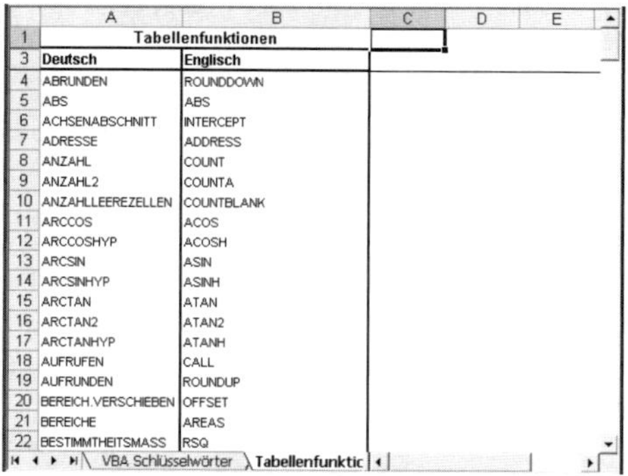

	A	B
1	Tabellenfunktionen	
3	Deutsch	Englisch
4	ABRUNDEN	ROUNDDOWN
5	ABS	ABS
6	ACHSENABSCHNITT	INTERCEPT
7	ADRESSE	ADDRESS
8	ANZAHL	COUNT
9	ANZAHL2	COUNTA
10	ANZAHLLEEREZELLEN	COUNTBLANK
11	ARCCOS	ACOS
12	ARCCOSHYP	ACOSH
13	ARCSIN	ASIN
14	ARCSINHYP	ASINH
15	ARCTAN	ATAN
16	ARCTAN2	ATAN2
17	ARCTANHYP	ATANH
18	AUFRUFEN	CALL
19	AUFRUNDEN	ROUNDUP
20	BEREICH.VERSCHIEBEN	OFFSET
21	BEREICHE	AREAS
22	BESTIMMTHEITSMASS	RSQ

Abbildung 4.1: Eine Gegenüberstellung von deutschen und englischen Funktionen

Mithilfe dieser Aufstellung können Sie sehen, wie die deutschen Tabellenfunktionen im Englischen umgesetzt werden. Damit haben Sie auch den Schlüssel zu den englischen VBA-Funktionen, die sich mehr oder weniger direkt aus der Tabelle ablesen lassen.

Es folgt eine Vorstellung der wichtigsten Tabellenfunktionen, die über das Objekt `WorksheetFunction` aufgerufen werden können. Zu fast jeder Funktion wird zusätzlich auch ein Beispiel vorgestellt.

4.1 Average-Funktion

Mithilfe der Funktion `Average` können Sie den Durchschnitt von Zahlen ermitteln. Die dazugehörige deutsche Tabellenfunktion heißt **MITTELWERT**.

▶ Syntax

`Average(Arg1,Arg2..Arg30)`

Bei den Argumenten `Agr1`, `Arg2` können Sie bis zu 30 Zahlen angeben, aus dem der Mittelwert errechnet werden soll. Anstatt einzelner Zahlen kann selbstverständlich auch ein ganzer Bereich übergeben werden.

▶ Beispiel

Im folgenden Beispiel aus Listing 4.1 wird der Mittelwert aus dem Zellenbereich A1:A10 der TABELLE1 errechnet.

Listing 4.1: Den Mittelwert über die Funktion Average ermitteln

```
Sub Average_Beispiel()
Dim Bereich As Range

Set Bereich = Sheets("Tabelle1").Range("A1:A10")
MsgBox _
Application.WorksheetFunction.Average(Bereich)
End Sub
```

▶ Verwandte Funktionen

`Min, Max`

4.2 Ceiling-Funktion

Die Funktion `Ceiling` (dt. **OBERGRENZE**) rundet eine Zahl betragsmäßig auf das kleinste Vielfache auf.

▶ Syntax

`Ceiling(Arg1, Arg2)`

Im Argument Arg1 geben Sie die Zahl an, die gerundet werden soll. Im Argument Arg2 wird das kleinste Vielfache angegeben, auf dessen Basis aufgerundet werden soll.

▶ Beispiel

Im folgenden Beispiel aus Listing 4.2 werden einige Zahlenwerte auf verschiedene Art und Weise gerundet.

Listing 4.2: Auf das nächste Vielfache runden mit der Funktion Ceiling


```
Sub Ceiling_Beispiel()
'Auf die nächsten 100
 Debug.Print _
 Application.WorksheetFunction.Ceiling(80.5, 100)
 Debug.Print _
Application.WorksheetFunction.Ceiling(145.5, 100)

 'Auf volle 5
 Debug.Print _
 Application.WorksheetFunction.Ceiling(80.33, 0.05)
 Debug.Print _
Application.WorksheetFunction.Ceiling(145.79, 0.05)
End Sub
```

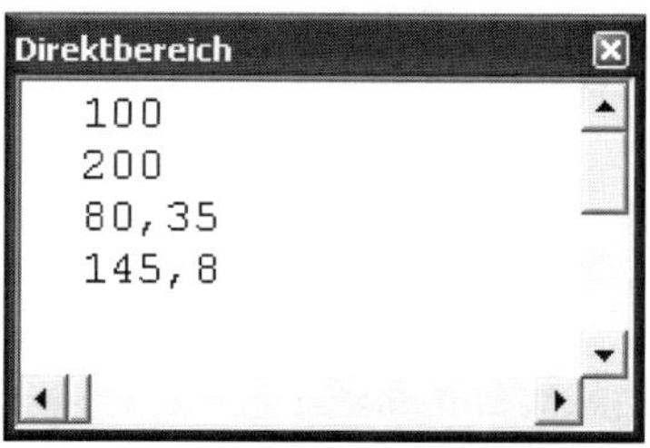

Abbildung 4.2: Die Werte wurden aufgerundet.

▶ Verwandte Funktionen

Round, Floor

4.3 Choose-Funktion

Mithilfe der Funktion `Choose` (dt. **WAHL**) können Sie einen Zahlenwert in einen vorher definierten Text umsetzen.

▶ Syntax

```
Choose(Nr, Text1, Text2.. Text30)
```

Im Argument `Nr` wird die Nummer, beginnend ab dem Wert 1, festgelegt. Die Argumente `Text1`, `Text2` bis `Text30` sind die dazu gehörenden Texte, die anhand der `Nr` von links nach rechts durchgezählt werden.

▶ Beispiel

Im folgenden Beispiel aus Listing 4.3 wird anhand einer Nummer ein bestimmter Text ausgegeben.

Listing 4.3: Über die Funktion Choose Zahlen in Texte umwandeln

```
Sub Choose_Beispiel()
Dim Wsf As WorksheetFunction

Set Wsf = Application.WorksheetFunction

Debug.Print Wsf.Choose _
(1, "Bier", "Wein", "Saft", "Tee", "Kaffee")
Debug.Print Wsf.Choose _
(2, "Bier", "Wein", "Saft", "Tee", "Kaffee")
Debug.Print Wsf.Choose _
(5, "Bier", "Wein", "Saft", "Tee", "Kaffee")
End Sub
```

▶ Verwandte Funktionen

`If`

4.4 Count-Funktion

Mithilfe der Funktion `Count` (dt. **ANZAHL**) zählen Sie die Zellen einer Tabelle, die eine Zahl enthalten.

Syntax

```
Count(Arg1, Arg2,..Arg30)
```

In den Argumenten `Arg1` bis `Arg30` können Werte oder Bezüge auf Zellen stehen.

Beispiel

Im folgenden Beispiel aus Listing 4.4 wird der Bereich A1:A10 der TABELLE2 untersucht und die Anzahl der gültigen Zahlenzellen gezählt.

Listing 4.4: Zellen, die Zahlen enthalten, über die Funktion Count zählen

```
Sub Count_Beispiel()
Dim Wsf As WorksheetFunction
Dim Bereich As Range

Set Wsf = Application.WorksheetFunction
Set Bereich = Sheets("Tabelle2").Range("A1:A10")
Debug.Print Wsf.Count(Bereich)
End Sub
```

Verwandte Funktionen

`CountA`, `CountBlank`

4.5 CountA-Funktion

Mithilfe der Funktion `CountA` (dt. **ANZAHL2**) zählen Sie die Zellen einer Tabelle, die eine Zahl oder einen Text enthalten. Es werden jedoch keine Zellen gezählt, in denen nichts drin steht.

Syntax

```
CountA(Arg1, Arg2,..Arg30)
```

In den Argumenten Arg1 bis Arg30 können Werte, Texte oder Bezüge auf Zellen stehen.

▶ Beispiel

Im folgenden Beispiel aus Listing 4.4 wird der momentan markierte Bereich der aktiven Tabelle untersucht und die Anzahl der Zellen gezählt.

Listing 4.5: Anzahl der belegten Zellen einer Markierung über die Funktion CountA ermitteln

```
Sub Count2_Beispiel()
Dim Wsf As WorksheetFunction
Dim Bereich As Range

Set Wsf = Application.WorksheetFunction
Set Bereich = Selection
Debug.Print Wsf.CountA(Bereich)
End Sub
```

▶ Verwandte Funktionen

Count, CountBlank

4.6 CountBlank-Funktion

Mithilfe der Funktion CountBlank (dt. **ANZAHLLEEREZELLEN**) zählen Sie die Zellen einer Tabelle, die leer sind.

▶ Syntax

```
CountBlank(Arg1, Arg2,..Arg30)
```

In den Argumenten Arg1 bis Arg30 können Werte, Texte oder Bezüge auf Zellen stehen.

▶ Beispiel

Im folgenden Beispiel aus Listing 4.6 wird der momentan markierte Bereich der aktiven Tabelle untersucht und die Anzahl der leeren Zellen gezählt.

Listing 4.6: Anzahl leerer Zellen eines markierten Bereichs über die Funktion CountBlank ermitteln

```
Sub CountBlank_Beispiel()
Dim Wsf As WorksheetFunction
Dim Bereich As Range

Set Wsf = Application.WorksheetFunction
Set Bereich = Selection
Debug.Print Wsf.CountBlank(Bereich)
End Sub
```


Verwandte Funktionen

Count, CountA

4.7 CountIf-Funktion

Mithilfe der Funktion CountIf (dt. **ZÄHLENWENN**) können Sie eine Zählung vornehmen, die einem bestimmten Kriterium entspricht.

Syntax

CountIf(Arg1, Bedingung)

Im Argument Arg1 geben Sie den Bereich an, der ausgewertet werden soll. Im Argument Bedingung formulieren Sie das Kriterium, nach dem die Zählung erfolgen soll.

Beispiel

Im folgenden Beispiel aus Listing 4.7 wird der Bereich A1:A10 der TABELLE3 durchsucht und alle Zellen gezählt, die einen Wert größer 100 aufweisen.

Listing 4.7: Eine bedingte Zählung über die Funktion CountIf durchführen

```
Sub CountIf_Beispiel()
Dim Wsf As WorksheetFunction
Dim Bereich As Range

Set Bereich = Sheets("Tabelle3").Range("A1:A10")
```

```
Set Wsf = Application.WorksheetFunction
Debug.Print Wsf.CountIf(Bereich, ">100")
End Sub
```

Verwandte Funktionen

`SumIf, Sum, Count, CountB`

4.8 Days360-Funktion

Bei der Funktion `Days360` (dt. **TAGE360**) kann die Differenz zwischen zwei Datumswerten ermittelt werden. Prämisse für diese Funktion ist die Annahme, dass jeder Monat genau 30 Tage hat. Diese Funktion wurde in Excel integriert, da es Fremdsysteme gibt, die mit dieser groben Methode rechnen.

Syntax

`Days360(Datum1, Datum2)`

Im Argument `Datum1` wird das frühere Datum angegeben, das Argument `Datums2` enthält das spätere Datum.

Beispiel

Im folgenden Beispiel aus Listing 4.8 wird eine Datumsdifferenzrechnung durchgeführt.

Listing 4.8: Datumsdifferenzen über die Funktion Days360 ausrechnen

```
Sub Days360_Beispiel()
Dim Wsf As WorksheetFunction

Set Wsf = Application.WorksheetFunction
Debug.Print Wsf.Days360 _
(CDate("21.03.2004"), CDate("12.12.2004"))
End Sub
```

Verwandte Funktionen

`DateDif, DateValue, EDate`

4.9 Even-Funktion

Über die Funktion Even (dt. **GERADE**) rundet eine Zahl auf die nächste gerade ganze Zahl auf. Sie können diese Funktion für die Verarbeitung von Elementen verwenden, die paarweise auftreten.

▶ Syntax

Even(Zahl)

Zahl ist der Wert, der aufgerundet werden soll.

▶ Beispiel

Im folgenden Beispiel aus Listing 4.9 wird überprüft, ob das aktuelle Tagesdatum ein gerader oder ungerader Tag ist.

Listing 4.9: Über die Funktion Even prüfen, ob eine gerade Zahl vorliegt

```
Sub Even_Beispiel()
Dim Wsf As WorksheetFunction

Set Wsf = Application.WorksheetFunction
If Wsf.Even(Day(Date)) Then
 MsgBox "Tag gerade!"
 Else
 MsgBox "Tag ungerade!"
 End If
End Sub
```

▶ Verwandte Funktionen

Odd, Round

4.10 Find-Funktion

Über die Funktion Find (dt. **FINDEN**) können Sie überprüfen, ob eine bestimmte Zeichenfolge in einer anderen Zeichenfolge vorkommt. Wenn ja, dann wird ein Rückgabewert > 0 zurückgegeben.

▶ Syntax

Find(Suchtext,Text,Erstes_Zeichen)

Argument	Beschreibung
`Suchtext`	`Suchtext` ist der Text, nach dem Sie suchen möchten.
`Text`	`Text` ist der Text, in dem Sie nach `Suchtext` suchen möchten.
`Erstes_Zeichen`	`Erstes_Zeichen` ist die Nummer des Zeichens in Text, ab der Sie mit der Suche beginnen möchten. Wenn dieses Argument weggelassen wird, dann wird ab der ersten Stelle von links nach rechts gesucht.

Tabelle 4.1: Argumente der Funktion Find

▶ Beispiel

Im folgenden Beispiel aus Listing 4.10 wird geprüft, ob eine E-Mail-Adresse gültig ist. Wenn ja, dann enthält die E-Mail-Adresse das Zeichen @.

Listing 4.10: Prüfung über die Funktion Find, ob eine Zeichenfolge in einer anderen Zeichenfolge vorkommt

```
Sub Find_Beispiel()
Dim Wsf As WorksheetFunction

On Error GoTo Fehler
Set Wsf = Application.WorksheetFunction
If Wsf.Find("@", "Held-Office@t-online.de") > 0 Then
 MsgBox "Gültige E-Mail-Adresse!"
End If
Exit Sub

Fehler:
 MsgBox "Ungültige E-Mail-Adresse!"
End Sub
```

▶ Verwandte Funktionen

`Search, SearchB, FindB`

4.11 Floor-Funktion

Die Funktion `Floor` (dt. **UNTERGRENZE**) rundet eine Zahl betragsmäßig auf das kleinste Vielfache ab.

▶ Syntax

```
Floor(Arg1, Arg2)
```

Im Argument `Arg1` geben Sie die Zahl an, die gerundet werden soll. Im Argument `Arg2` wird das kleinste Vielfache angegeben, auf dessen Basis abgerundet werden soll.

▶ Beispiel

Im folgenden Beispiel aus Listing 4.2 werden einige Zahlenwerte auf verschiedene Art und Weise gerundet.

Listing 4.11: Zahlen abrunden mit der Funktion Floor

```
Sub Floor_Beispiel()
Dim Wsf As WorksheetFunction

Set Wsf = Application.WorksheetFunction
'Auf die nächsten 100 abrunden
 Debug.Print Wsf.Floor(80.5, 100)
 Debug.Print Wsf.Floor(145.5, 100)

 'Auf volle 5 abrunden
 Debug.Print Wsf.Floor(80.33, 0.05)
 Debug.Print Wsf.Floor(145.79, 0.05)
End Sub
```

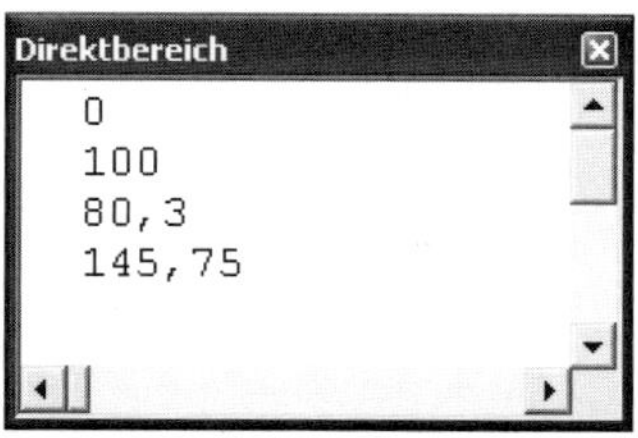

Abbildung 4.3: Zahlen wurden abgerundet

Verwandte Funktionen

`Ceiling`, `Round`

4.12 HLookUp-Funktion

Die Funktion `HLookUp` (dt. **WVERWEIS**) sucht in der obersten Zeile einer Tabelle oder einer Matrix nach Werten und gibt dann in derselben Spalte einen Wert aus einer Zeile zurück, die Sie in der Tabelle oder Matrix angeben.

Syntax

```
HLookUp(Suchkriterium,Matrix,
Zeilenindex,Bereich_Verweis)
```

Argument	Beschreibung
`Suchkriterium`	`Suchkriterium` ist der Wert, der in der ersten Zeile der Tabelle gefunden werden soll. Suchkriterium kann ein Wert, ein Bezug oder eine Zeichenfolge sein.
`Matrix`	`Matrix` ist eine Tabelle mit Informationen, in der Daten gesucht werden. Verwenden Sie einen Bezug auf einen Bereich oder einen Bereichsnamen. Bei den Werten in der ersten Zeile von Matrix kann es sich um Text, Zahlen oder Wahrheitswerte handeln.
`Zeilenindex`	`Zeilenindex` ist die Nummer der Zeile in Matrix, aus der der entsprechende Wert zurückgegeben wird. Ein Zeilenindex von 1 gibt den ersten Zeilenwert in Matrix zurück, ein Zeilenindex von 2 gibt den zweiten Zeilenwert in Matrix zurück usw.
`Bereich_Verweis`	`Bereich_Verweis` ist ein Wahrheitswert, der angibt, ob `HLookUp` eine genaue Entsprechung oder eine ungefähre Entsprechung suchen soll. Wenn dieser Parameter `True` ist oder weggelassen wird, wird eine ungefähre Entsprechung zurückgegeben.

Tabelle 4.2: Argumente der Funktion HLookUp

Beispiel

Im folgenden Beispiel aus Listing 4.12 werden einzelne Werte aus TABELLE4 mithilfe der Funktion `HLookUp` herausgelesen

Listing 4.12: Werte aus einer Matrix (waagerecht) über die Funktion HlookUp auslesen

```
Sub HLookUp_Beispiel()
Dim Wsf As WorksheetFunction
Dim Bereich As Range

Set Bereich = Sheets("Tabelle4").Range("A4:E7")
Set Wsf = Application.WorksheetFunction
 Debug.Print "1. Quartal Kosten " & _
    Wsf.HLookup(1, Bereich, 2, True)
 Debug.Print "1. Quartal Erträge " & _
    Wsf.HLookup(1, Bereich, 3, True)
 Debug.Print "1. Quartal Ergebnis " & _
     Wsf.HLookup(1, Bereich, 4, True)
End Sub
```

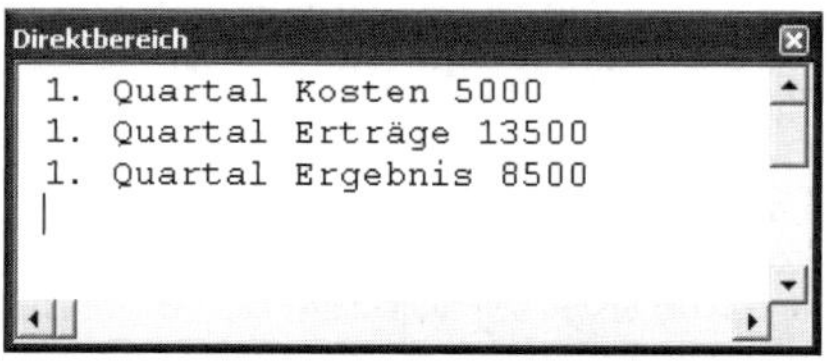

Abbildung 4.4: Die aus der Matrix gelesenen Werte

▶ Verwandte Funktionen

`VLookUp, LookUp, Match, Index`

4.13 Index-Funktion

Mithilfe der Funktion `Index` (dt. **INDEX**) können Sie über einen Index einen bestimmten Wert aus einer Matrix finden. Diese Funktion gibt es in zwei Versionen.

▶ Syntax 1

`=INDEX(Matrix,Zeile,Spalte)`

gibt den Bezug auf eine oder mehrere Zellen zurück, die zur Matrix gehören. Das Argument `Matrix` ist dabei ein Zellenbereich oder eine Matrixkonstante. Besteht das Argument `Matrix` aus nur einer Zeile oder Spalte, ist das entsprechende Argument `Zeile` bzw. `Spalte` optional. Erstreckt sich `Matrix` über mehrere Zeilen und Spalten und ist nur eines der Argumente `Zeile` oder `Spalte` angegeben, liefert die Funktion eine Matrix, die der gesamten zugehörigen Zeile oder Spalte von Matrix entspricht.

▶ Syntax 2

`=INDEX(Bezug,Zeile,Spalte,Bereich)`

gibt den Bezug auf Zellen zurück, die zu dem mit `Bezug` angegebenen Bereich gehören. Im Argument `Bezug` wird ein Bezug auf einen oder mehrere Zellenbereiche angegeben. Erstreckt sich jeder in `Bezug` angegebene Teilbereich über nur eine Zeile oder Spalte, ist das Argument `Zeile` bzw. `Spalte` optional.

Im Argument `Zeile` wird die Nummer der Zeile im Bereich angegeben, aus dem der Bezug geliefert werden soll.

Im Argument `Spalte` wird die Nummer der Spalte im Bereich angegeben, aus dem der Bezug geliefert werden soll.

Das Argument `Bereich` bestimmt den Zellenbereich, dessen Schnittpunkt von Zeile und Spalte geliefert werden soll. Der erste markierte oder eingegebene Teilbereich erhält die Nummer 1, der zweite die Nummer 2 usw. Ist `Bereich` nicht angegeben, verwendet die Funktion den Teilbereich 1.

▶ Beispiel

Im folgenden Beispiel aus Listing 4.13 werden bestimmte Daten aus einem Bereich ausgelesen.

Listing 4.13: Einzelne Zellen über die Funktion Index aus einem Bereich lesen

```
Sub Index_Beispiel()
Dim Wsf As WorksheetFunction
Dim Bereich As Range

Set Bereich = Sheets("Tabelle5").Range("A1:B4")
Set Wsf = Application.WorksheetFunction
```

```
 Debug.Print Wsf.Index(Bereich, 2, 2)
 Debug.Print Wsf.Index(Bereich, 3, 2)
End Sub
```

	A	B	C
1	**Daten**	**Daten**	
2	Apfel	Birne	
3	Pflaume	Kirsche	
4	Dattel	Nuss	
5			

Abbildung 4.5: Die Datenbasis

Verwandte Funktionen

`HLookUp, VLookUp, LookUp, Match`

4.14 IsNumber-Funktion

Über die Funktion `IsNumber` (dt. **ISTZAHL**) können Sie prüfen, ob es sich um eine gültige Zahl handelt.

Syntax

`IsNumber(Wert)`

Das Argument `Wert` kann entweder ein Wert, Text oder ein Zellenbezug sein. Als Rückgabewert gibt diese Funktion den Wert `True` zurück, wenn es sich um einen Zahlenwert handelt.

Verwandte Funktionen

`ISREF, ISERR, ISERROR, ISNONTEXT, ISBLANK, ISLOGICAL, ISNA, ISTEXT`

Da diese Funktionen alle dieselbe Syntax aufweisen und sehr sprechend sind, wird hier auf eine nähere Erläuterung zu Gunsten anderer wichtiger Themen verzichtet.

4.15 Large-Funktion

Über die Funktion `Larg` (dt. **KGRÖSSTE**) können Sie die größten Werte aus einer Datengruppe ermitteln.

▶ Syntax

`Larg(Matrix,k)`

Das Argument `Matrix` ist die Matrix oder der Datenbereich, deren `k`-größten Wert Sie bestimmen möchten.

Das Argument `k` ist der Rang des Elements einer Matrix oder eines Zellbereichs, dessen Wert zurückgegeben werden soll.

▶ Beispiel

Im folgenden Beispiel aus Listing 4.14 werden aus der TABELLE6 die drei größten Werte der Spalte A ermittelt.

Listing 4.14: Die drei größten Werte aus einem Bereich über die Funktion Large ermitteln

```
Sub Large_Beispiel()
Dim Wsf As WorksheetFunction
Dim Bereich As Range

Set Bereich = Sheets("Tabelle6").Columns("A:A")
Set Wsf = Application.WorksheetFunction
Debug.Print "1. Wert: " & Wsf.Large(Bereich, 1)
Debug.Print "2. Wert: " & Wsf.Large(Bereich, 2)
Debug.Print "3. Wert: " & Wsf.Large(Bereich, 3)
End Sub
```

▶ Verwandte Funktionen

`Small, Max`

4.16 LookUp-Funktion

Mit Hilfe der Funktion `LookUp` (dt. **VERWEIS**) können Sie die Werte eines Vektors oder einer Matrix durchsuchen. Für diese Funktion gibt es zwei Syntaxversionen: die Vektor- und die Matrixversion.

▶ Syntax 1

`=LookUp(Suchkriterium,Suchvektor,Vektor)`

Argument	Beschreibung
`Suchkriterium`	Gibt den Wert an, nach dem diese Funktion im ersten Vektor suchen soll. Das Suchkriterium kann dabei eine Zahl, eine Zeichenfolge (ein Text), ein Wahrheitswert oder ein Name bzw. ein Bezug sein, der sich auf einen Wert bezieht.
`Suchvektor`	Gibt den Bereich an, der nur eine Zeile oder Spalte enthält. Zulässige Elemente von Suchvektor sind Zeichenfolgen (Texte), Zahlen oder Wahrheitswerte.
`Vektor`	Gibt den Bereich an, der nur eine Zeile oder Spalte enthält. Dieser Vektor muss genauso viele Elemente beinhalten wie der Suchvektor.

Tabelle 4.3: Argumente der Funktion LookUp (Syntax 1)

▶ Syntax 2

`=LookUp(Suchkriterium;Matrix)`

Argument	Beschreibung
`Suchkriterium`	Gibt den Wert an, nach dem die Funktion in der Matrix suchen soll. Als Suchkriterium kann eine Zahl, eine Zeichenfolge (ein Text), ein Wahrheitswert oder ein Name bzw. ein Bezug angegeben werden, der sich auf einen Wert bezieht.
`Matrix`	Gibt den Zellbereich an, der entweder Text, Zahlen oder Wahrheitswerte enthält, die Sie mit `Suchkriterium` vergleichen möchten.

Tabelle 4.4: Argumente der Funktion LookUp (Syntax 2)

▶ Beispiel

Im folgenden Beispiel aus Listing 4.15 werden Texte über die Eingabe einer Nummer ausgegeben. Orientieren Sie sich dazu an der folgenden Abbildung.

	A	B
1	1	Mit freundlichen Grüßen
2	2	Grüße aus Stuttgart
3	3	Viele Grüße
4	4	Herzliche Grüße
5	5	Liebe Grüße
6	6	Gruß

Abbildung 4.6: Die Vorlage für die AutoTexte

Listing 4.15: Über die Eingabe einer Nummer wird ein Text angezeigt (Funktion LookUp).

```
Sub LookUp_Beispiel()
Dim Wsf As WorksheetFunction
Dim Bereich As Range
Set Bereich = Sheets("Tabelle7").Range("A1:B6")
Set Wsf = Application.WorksheetFunction
Debug.Print Wsf.Lookup(2, Bereich)
End Sub
```

▶ Verwandte Funktionen

`HLookUp, VLookUp, Match, Index`

4.17 Match-Funktion

Die Funktion `Match` (dt. **VERGLEICH**) sucht Werte innerhalb eines Bezugs oder einer Matrix.

▶ Syntax

`Match(Suchkriterium,Suchmatrix,Vergleichstyp)`

Argument	Beschreibung
`Suchkriterium`	Der Wert, aufgrund dessen der gewünschte Wert in einer Tabelle gesucht wird.
`Suchmatrix`	Ein zusammenhängender Zellbereich mit möglichen Vergleichskriterien. Suchmatrix muss eine Matrix oder ein Bezug auf eine Matrix sein.
`Vergleichstyp`	Die Zahl -1, 0 oder 1. Gibt an, auf welche Weise Microsoft Excel die Werte in einer Suchmatrix mit den Suchkriterien vergleicht.

Tabelle 4.5: Argumente der Funktion Match

Folgende Vergleichstypen sind möglich:

- Ist Vergleichstyp gleich 1, gibt `Match` den größten Wert zurück, der kleiner gleich `Suchkriterium` ist.
- Ist Vergleichstyp gleich 0, gibt `Match` den ersten Wert zurück, der gleich `Suchkriterium` ist. Die Elemente der Suchmatrix dürfen in beliebiger Reihenfolge angeordnet sein.
- Ist Vergleichstyp gleich -1, gibt `Match` den kleinsten Wert zurück, der größer gleich `Suchkriterium` ist.

▶ Beispiel

Im folgenden Beispiel aus Listing 4.16 soll in TABELLE8 im Zellenbereich A1:A10 die Zelle mit dem niedrigsten Wert gesucht werden.

Listing 4.16: Die Adresse des kleinsten Wertes einer Liste wird ermittelt (Funktion Match & Min).

```
Sub Match_Beispiel()
Dim Wsf As WorksheetFunction
Dim Bereich As Range

Set Bereich = Sheets("Tabelle8").Range("A1:A10")
Set Wsf = Application.WorksheetFunction
 Debug.Print "Zeile: " & _
 Wsf.Match(Wsf.Min(Bereich), Bereich, 0)
End Sub
```

▶ Verwandte Funktionen

`HLookUp, VLookUp, LookUp, Index`

4.18 Max-Funktion

Über die Funktion `Max` (dt. **MAX**) ermitteln Sie den größten Wert aus einer Liste.

▶ Syntax

`MAX(Zahl1,Zahl2,...)`

Die Argumente `Zahl1, Zahl2`, .. sind 1 bis 30 Zahlen, die Sie angeben können, um den Maximalwert zu finden. Selbstverständlich kann hier auch ein ganzer Zellenbereich angegeben werden.

Beispiel

Im folgenden Beispiel aus Listing 4.17 wird der größte Wert der TABELLE8 im Bereich A1:A10 ermittelt.

Listing 4.17: Den größten Wert einer Liste über die Funktion Max ermitteln

```
Sub Max_Beispiel()
Dim Wsf As WorksheetFunction
Dim Bereich As Range

Set Bereich = Sheets("Tabelle8").Range("A1:A10")
Set Wsf = Application.WorksheetFunction
Debug.Print "Größter Wert: " & Wsf.Max(Bereich)
End Sub
```

Verwandte Funktionen

`Min, Average, Small, Large`

4.19 Min-Funktion

Über die Funktion `Min` (dt. **MIN**) ermitteln Sie den kleinsten Wert aus einer Liste.

Syntax

`MIN(Zahl1,Zahl2,...)`

Die Argumente `Zahl1, Zahl2`,.. sind 1 bis 30 Zahlen, die Sie angeben können, um den Minimalwert zu finden. Selbstverständlich kann hier auch ein ganzer Zellenbereich angegeben werden.

Beispiel

Im folgenden Beispiel aus Listing 4.18 wird der kleinste Wert der TABELLE8 im Bereich A1:A10 ermittelt.

Listing 4.18: Den kleinsten Wert einer Liste über die Funktion Min ermitteln

```
Sub Min_Beispiel()
Dim Wsf As WorksheetFunction
Dim Bereich As Range
```

```
Set Bereich = Sheets("Tabelle8").Range("A1:A10")
Set Wsf = Application.WorksheetFunction
Debug.Print "Kleinster Wert: " & Wsf.Min(Bereich)
End Sub
```

Verwandte Funktionen

`Max, Average, Small, Large`

4.20 Odd-Funktion

Über die Funktion `Odd` (dt. **UNGERADE**) runden Sie eine Zahl auf die nächste ungerade ganze Zahl auf.

Syntax

`Odd(Zahl)`

Im Argument `Zahl` geben Sie den Wert an, auf den aufgerundet werden soll.

Beispiel

Im folgenden Beispiel aus Listing 4.19 wird in TABELLE8 der Zellenbereich A1:A10 abgearbeitet. In die Nebenspalte wird bei geraden Zahlenwerten jeweils die nächsthöhere ungerade Zahl eingefügt.

Listing 4.19: Die Funktion Odd rundet jeweils auf die nächsthöhere ungerade Zahl

```
Sub Odd_Beispiel()
Dim Wsf As WorksheetFunction
Dim Bereich As Range
Dim zelle As Range

Set Bereich = Sheets("Tabelle8").Range("A1:A10")
Set Wsf = Application.WorksheetFunction
For Each zelle In Bereich
 zelle.Offset(0, 1).Value = Wsf.Odd(zelle)
Next zelle
End Sub
```

Verwandte Funktionen

`Even, Round`

4.21 Proper-Funktion

Die Funktion `Proper` (dt. **GROSS2**) wandelt den ersten Buchstaben aller Wörter einer Zeichenfolge in Großbuchstaben um und alle anderen Buchstaben in Kleinbuchstaben.

Syntax

`GROSS2(Text)`

Das Argument `Text` ist in Anführungszeichen eingeschlossener Text, eine Formel, die Text zurückgibt, oder ein Bezug auf eine Zelle, die den Text enthält, den Sie teilweise groß schreiben möchten.

Beispiel

Im folgenden Beispiel aus Listing 4.20 werden auf der TABELLE9 im Bereich A1:A10 jeweils der Anfangsbuchstabe des jeweiligen Zelleninhalts in Großschreibweise ausgegeben.

Listing 4.20: Die Funktion Proper wandelt den ersten Buchstaben eines Textes in Großschreibweise um

```
Sub Proper_Beispiel()
Dim Wsf As WorksheetFunction
Dim Bereich As Range
Dim zelle As Range

Set Bereich = Sheets("Tabelle9").Range("A1:A10")
Set Wsf = Application.WorksheetFunction
For Each zelle In Bereich
 zelle.Value = Wsf.Proper(zelle)
Next zelle
End Sub
```

Verwandte Funktionen

`LCase, UCase`

4.22 Funktion Rank

Die Funktion `Rank` (dt. **RANG**) gibt den Rang zurück, den eine Zahl innerhalb einer Liste von Zahlen einnimmt. Als Rang einer Zahl wird deren Größe, bezogen auf die anderen Werte der jeweiligen Liste, bezeichnet. (Wenn Sie die Liste sortieren würden, würde die Rangzahl der Zahl deren Position angeben.)

▶ Syntax

```
Rank(Zahl,Bezug,Reihenfolge)
```

Argument	Beschreibung
`Zahl`	Ist die Zahl, deren Rangzahl Sie bestimmen möchten.
`Bezug`	Ist eine Matrix mit Zahlen oder ein Bezug auf eine Liste von Zahlen. Nicht numerische Werte im Bezug werden ignoriert.
`Reihenfolge`	Ist eine Zahl, die angibt, wie der Rang von Zahl bestimmt werden soll.

Tabelle 4.6: Argumente der Funktion Rank

Folgende Reihenfolgen sind möglich:

- Ist `Reihenfolge` mit 0 (Null) belegt oder nicht angegeben, bestimmt Microsoft Excel den Rang von `Zahl` so, als wäre `Bezug` eine in absteigender Reihenfolge sortierte Liste.
- Ist `Reihenfolge` mit einem Wert ungleich 0 belegt, bestimmt Microsoft Excel den Rang von `Zahl` so, als wäre `Bezug` eine in aufsteigender Reihenfolge sortierte Liste.

▶ Beispiel

Im folgenden Beispiel aus Listing 4.21 wird in TABELLE10 die Rangfolge der Einträge in den Zellen A1:A10 festgelegt. Dabei wird der jeweilige Rang der Zahl in die Nebenspalte B geschrieben.

Listing 4.21: Über die Funktion Rank die Rangfolge einer Zahlenliste feststellen

```
Sub Rank_Beispiel()
Dim Wsf As WorksheetFunction
Dim Bereich As Range
```

```
Dim zelle As Range

Set Bereich = Sheets("Tabelle10").Range("A1:A10")
Set Wsf = Application.WorksheetFunction

For Each zelle In Bereich
 zelle.Offset(0, 1).Value = Wsf.Rank(zelle, Bereich)
Next zelle
End Sub
```

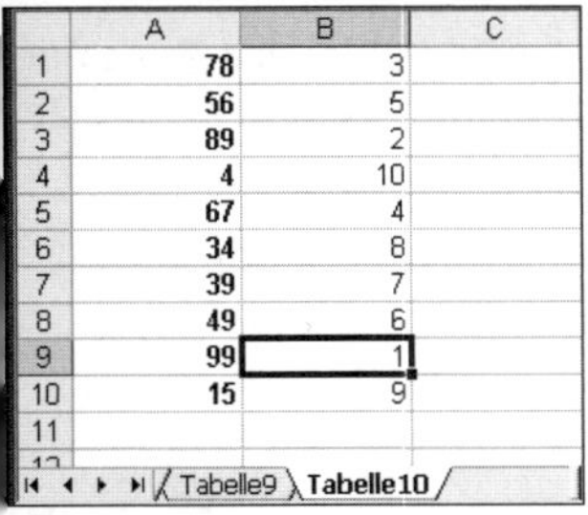

	A	B	C
1	78	3	
2	56	5	
3	89	2	
4	4	10	
5	67	4	
6	34	8	
7	39	7	
8	49	6	
9	99	1	
10	15	9	
11			

Tabelle9 Tabelle10

Abbildung 4.7: Die Rangfolge wurde festgelegt

4.23 Replace-Funktion

Über die Funktion `Replace` (dt. **ERSETZEN**) ersetzen Sie auf der Grundlage der Anzahl von Zeichen, die Sie angeben, einen Teil einer Textzeichenfolge durch eine andere Textzeichenfolge.

Syntax

```
Replace(Alter_Text,Erstes_Zeichen,
Anzahl_Zeichen,Neuer_Text)
```

Argument	Beschreibung
`Alter_Text`	Ist der Text (die Zeichenfolge), in dem (der) Sie einige Zeichen ersetzen möchten.
`Erstes_Zeichen`	Ist die Position des zu `Alter_Text` gehörenden Zeichens, an der mit dem Ersetzen durch `Neuer_Text` begonnen werden soll.

Tabelle 4.7: Argumente der Funktion Replace

Argument	Beschreibung
Anzahl_Zeichen	Hiermit geben Sie an, wie viele der zu Alter_Text gehörenden Zeichen durch Neuer_Text ersetzen werden sollen.
Neuer_Text	Ist der Text, durch den die zu Alter_Text gehörenden Zeichen ersetzt werden.

Tabelle 4.7: Argumente der Funktion Replace (Forts.)

▶ Beispiel

Im folgenden Beispiel aus Listing 4.22 wird im Bereich A1:A10 der TABELLE11 jede Zelle überarbeitet. Dabei wird jeweils das dritte Zeichen durch den Buchstaben X ausgetauscht.

Listing 4.22: Zeichen austauschen mit der Funktion Replace

```
Sub Replace_Beispiel()
Dim Wsf As WorksheetFunction
Dim Bereich As Range
Dim zelle As Range

Set Bereich = Sheets("Tabelle11").Range("A1:A10")
Set Wsf = Application.WorksheetFunction

For Each zelle In Bereich
 zelle.Value = Wsf.Replace(zelle, 3, 1, "X")
Next zelle
End Sub
```

▶ Verwandte Funktionen

Substitute, Mid

4.24 Rept-Funktion

Die Funktion Rept (dt. **WIEDERHOLEN**) wiederholt einen Text so oft wie angegeben.

▶ Syntax

Rept(Text,Multiplikator)

Argument	Beschreibung
`Text`	Ist der Text, den Sie wiederholen möchten.
`Multiplikator`	Ist eine positive Zahl, die angibt, wie oft Text wiederholt werden soll.

Tabelle 4.8: Argumente der Funktion Rept

Beispiel

Im folgenden Beispiel aus Listing 4.23 wird eine mehrzeilige Bildschirmmeldung angezeigt, die einen horizontalen Trennstreifen aufweist.

Listing 4.23: Mit der Funktion Rept Zeichenfolgen beliebig oft wiederholen

```
Sub Rept_Beispiel()
Dim Wsf As WorksheetFunction

Set Wsf = Application.WorksheetFunction
MsgBox "Hallo " & Application.UserName & vbLf & _
Wsf.Rept("-", 30) & vbLf & " heute ist der " & Date
End Sub
```

Abbildung 4.8: Meldungsfenster mit horizontalem Trennstreifen

4.25 Roman-Funktion

Mithilfe der Funktion `Roman` (dt. **RÖMISCH**) kann eine arabische Zahl in eine römische Zahl als Text umgewandelt werden.

Syntax

`Roman(Zahl,Typ)`

Argument	Beschreibung
`Zahl`	Ist die arabische Zahl, die Sie umwandeln möchten.
`Typ`	Ist eine Zahl, die den Typ der römischen Zahl festlegt. Die Schreibweise der römischen Zahlen reicht von klassisch bis vereinfacht, wobei die Zeichenfolge kürzer wird, sobald ein höherer Typ vorliegt.

Tabelle 4.9: Argumente der Funktion Roman

Folgende Typen sind möglich:

Typ	Funktion
`0` oder nicht angegeben	Klassisch
`1`	Kürzer
`2`	Noch kürzer
`3`	Noch viel kürzer (wenn möglich)
`4`	Vereinfacht
`True`	Klassisch
`False`	Vereinfacht

Tabelle 4.10: Typenfestlegung der Funktion Roman

▶ Beispiel

Im folgenden Beispiel aus Listing 4.24 sehen Sie einige Beispiele, wie arabische Zahlen in römische Zahlen umgesetzt werden.

Listing 4.24: Mit der Funktion Roman arabische Zahlen in römische Zahlen wandeln

```
Sub Roman_Beispiel()
Dim Wsf As WorksheetFunction

Set Wsf = Application.WorksheetFunction
Debug.Print "1457 --> "; Wsf.Roman(1457, 0)
Debug.Print "1457 --> "; Wsf.Roman(1457, 1)
Debug.Print "1457 --> "; Wsf.Roman(1457, True)
End Sub
```

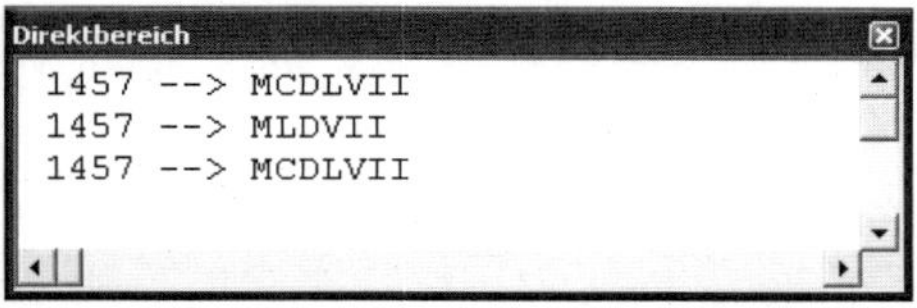

Abbildung 4.9: Umsetzung von arabischen in römische Zahlen

4.26 Round-Funktion

Die Funktion `Round` (dt. **RUNDEN**) rundet eine Zahl auf eine bestimmte Anzahl von Dezimalstellen.

▶ Syntax

`Round(Zahl,Anzahl_Stellen)`

Argument	Beschreibung
`Zahl`	Ist die Zahl, die Sie auf- oder abrunden möchten.
`Anzahl_Stellen`	Gibt an, auf wie viele Dezimalstellen Sie die Zahl auf- oder abrunden möchten.

Tabelle 4.11: Argumente der Funktion Round

▶ Beispiel

Im folgenden Beispiel aus Listing 4.25 sehen Sie ein Beispiel für das Runden über die Funktion `Round`.

Listing 4.25: Zahlenwerte runden über die Funktion Round

```
Sub Round_Beispiel()
Dim Wsf As WorksheetFunction

Set Wsf = Application.WorksheetFunction
Debug.Print Wsf.Round(123.45, 0)
Debug.Print Wsf.Round(123.45, 1)
Debug.Print Wsf.Round(123.45, 2)
End Sub
```

Abbildung 4.10: Ergebnisse der Funktion Round

▶ Verwandte Funktionen

`RoundUp, RoundDown`

4.27 RoundDown-Funktion

Die Funktion `RoundDown` (dt. **ABRUNDEN**) rundet die Zahl auf eine bestimmte Anzahl Stellen ab.

▶ Syntax

`RoundDown(Zahl,Anzahl_Stellen)`

Argument	Beschreibung
`Zahl`	Ist eine reelle Zahl, die Sie abrunden möchten.
`Anzahl_Stellen`	Gibt an, auf wie viele Dezimalstellen die Zahl gerundet werden soll.

Tabelle 4.12: Argumente der Funktion RoundDown

▶ Hinweis

Die Funktion `RoundDown` unterscheidet sich von der Funktion `Round` nur dadurch, dass sie eine Zahl immer abrundet.

▶ Beispiel

Im folgenden Beispiel aus Listing 4.26 wird das Makro aus Listing 4.25 aufgegriffen und dabei die Funktion `RoundDown` angewendet.

Listing 4.26: Werte abrunden über die Funktion RoundDown

```
Sub RoundDown_Beispiel()
Dim Wsf As WorksheetFunction
```

```
Set Wsf = Application.WorksheetFunction
Debug.Print Wsf.RoundDown(123.45, 0)
Debug.Print Wsf.RoundDown(123.45, 1)
Debug.Print Wsf.RoundDown(123.45, 2)
End Sub
```

Abbildung 4.11: Ergebnisse der Funktion RoundDown

▶ Verwandte Funktionen

`RoundUp, Round`

4.28 RoundUp-Funktion

Die Funktion `RoundUp` (dt. **AUFRUNDEN**) rundet die Zahl auf eine bestimmte Anzahl Stellen auf.

▶ Syntax

`RoundUp(Zahl,Anzahl_Stellen)`

Argument	Beschreibung
`Zahl`	Ist eine reelle Zahl, die Sie aufrunden möchten.
`Anzahl_Stellen`	Gibt an, auf wie viele Dezimalstellen die Zahl gerundet werden soll.

Tabelle 4.13: Argumente der Funktion RoundUp

▶ Beispiel

Im folgenden Beispiel aus Listing 4.27 wird das Makro aus Listing 4.25 aufgegriffen und dabei die Funktion `RoundUp` angewendet.

Listing 4.27: Werte aufrunden über die Funktion RoundUp

```
Sub RoundUp_Beispiel()
Dim Wsf As WorksheetFunction
Set Wsf = Application.WorksheetFunction
```

```
Debug.Print Wsf.RoundUp(123.45, 0)
Debug.Print Wsf.RoundUp(123.45, 1)
Debug.Print Wsf.RoundUp(123.45, 2)
End Sub
```

Abbildung 4.12: Ergebnisse der Funktion RoundUp

▶ Verwandte Funktionen

`RoundDown, Round`

4.29 Search-Funktion

Über die Funktion `Search` (dt. **SUCHEN**) können Sie überprüfen, ob eine bestimmte Zeichenfolge in einer anderen Zeichenfolge vorkommt. Wenn ja, dann wird ein Rückgabewert > 0 zurückgegeben.

▶ Syntax

```
Search(Suchtext,Text,Erstes_Zeichen)
```

Argument	Beschreibung
`Suchtext`	`Suchtext` ist der Text, nach dem Sie suchen möchten.
`Text`	`Text` ist der Text, in dem Sie nach `Suchtext` suchen möchten.
`Erstes_Zeichen`	`Erstes_Zeichen` ist die Nummer des Zeichens in Text, ab der Sie mit der Suche beginnen möchten. Wenn dieses Argument weggelassen wird, dann wird ab der ersten Stelle von links nach rechts gesucht.

Tabelle 4.14: Argumente der Funktion Search

▶ Beispiel

Im folgenden Beispiel aus Listing 4.28 werden in der TABELLE12 alle Zelleninhalte im Bereich A1:A10 überprüft. Dabei werden alle in den Zellen enthaltenen Bindestriche entfernt.

Listing 4.28: Zeichenfolgen aufspüren über die Funktion Search

```
Sub Search_Beispiel()
Dim Wsf As WorksheetFunction
Dim Bereich As Range
Dim Zelle As Range

Set Wsf = Application.WorksheetFunction
Set Bereich = Sheets("Tabelle12").Range("A1:A10")
For Each Zelle In Bereich
 Zelle.Value = Left(Zelle.Value, Wsf.Search("-", _
 Zelle.Value) - 1) & Mid(Zelle.Value, _
  Wsf.Search("-", Zelle.Value) + 1, 10)
Next Zelle
End Sub.
```

Verwandte Funktionen

`Find, FindB, SearchB`

4.30 Small-Funktion

Über die Funktion `Small` (dt. **KLEINSTE**) können Sie die größten Werte aus einer Datengruppe ermitteln.

Syntax

`Small(Matrix,k)`

Das Argument `Matrix` ist die Matrix oder der Datenbereich, deren `k`-kleinsten Wert Sie bestimmen möchten.

Das Argument `k` ist der Rang des Elements einer Matrix oder eines Zellbereichs, dessen Wert zurückgegeben werden soll.

Beispiel

Im folgenden Beispiel aus Listing 4.29 werden aus der TABELLE6 die drei kleinsten Werte der Spalte A ermittelt.

Listing 4.29: Die kleinsten Werte einer Liste über die Funktion Small ermitteln

```
Sub Small_Beispiel()
Dim Wsf As WorksheetFunction
Dim Bereich As Range

Set Bereich = Sheets("Tabelle6").Columns("A:A")
Set Wsf = Application.WorksheetFunction
Debug.Print "1. Wert: " & Wsf.Small(Bereich, 1)
Debug.Print "2. Wert: " & Wsf.Small(Bereich, 2)
Debug.Print "3. Wert: " & Wsf.Small(Bereich, 3)
End Sub
```


Verwandte Funktionen

Large, Min

4.31 Substitute-Funktion

Mithilfe der Funktion Substitute (dt. **WECHSELN**) können Sie einen alten Text durch neuen Text ersetzen.

Syntax

Substitute(Text,Alter_Text,Neuer_Text,n)

Argument	Beschreibung
Text	Ist der in Anführungszeichen gesetzte Text oder Bezug auf eine Zelle, die den Text enthält, in dem Zeichen ausgetauscht werden sollen.
Alter_Text	Ist der Text, den Sie ersetzen möchten.
Neuer_Text	Ist der Text, mit dem Sie Alter_Text ersetzen möchten.
N	Gibt an, an welchen Stellen Alter_Text durch Neuer_Text ersetzt werden soll. Wenn Sie n angeben, wird nur dieses Vorkommen von Alter_Text ersetzt; andernfalls wird Alter_Text an jeder Stelle, an der er in Text vorkommt, durch Neuer_Text ersetzt.

Tabelle 4.15: Argumente der Funktion Substitute

▶ Beispiel

Im folgenden Beispiel aus Listing 4.30 werden auf der TABELLE13 im Bereich A1:A10 alle Umlaute entfernt.

Listing 4.30: Umlaute entfernen über die Funktion Substitute

```
Sub Substitute_Beispiel()
Dim Wsf As WorksheetFunction
Dim Bereich As Range
Dim zelle As Range

Set Bereich = Sheets("Tabelle13").Range("A1:A10")
Set Wsf = Application.WorksheetFunction
For Each zelle In Bereich
 zelle.Value = Wsf.Substitute(Wsf.Substitute _
 (Wsf.Substitute(zelle.Value, _
 "ä", "ae"), "ö", "oe"), "ü", "ue")
Next zelle
End Sub
```

	A	B	C
1	Bruecke		Brücke
2	boese		böse
3	aendern		ändern
4	Blaetterteig		Blätterteig
5	ueben		üben

Abbildung 4.13: Umlaute wurden in Spalte A getauscht

▶ Verwandte Funktionen

`Replace, Mid`

4.32 Subtotal-Funktion

Die Funktion `Subtotal` (dt. **TEILERGEBNIS**) gibt ein Teilergebnis in einer Liste oder Datenbank zurück.

▶ Syntax

```
SubTotal(Funktion,Bezug)
```

Argument	Beschreibung
`Funktion`	Ist eine Zahl (1 bis 11), die festlegt, welche Funktion in der Berechnung des Teilergebnisses verwendet werden soll.
`Bezug`	Legt den Datenbereich fest, auf welchen die Funktion angewendet werden soll.

Tabelle 4.16: Argumente der Funktion SubTotal

Folgende Funktionen sind über `SubTotal` abrufbar:

Funktions-Nr.	Funktionsname
1	`Average` (dt. **MITTELWERT**)
2	`Count` (dt. **ANZAHL**)
3	`CountB` (dt. **ANZAHL2**)
4	`Max` (dt. **MAX**)
5	`Min` (dt. **MIN**)
6	`Product` (dt. **PRODUKT**)
7	`StdDev` (dt. **STABW**)
8	`StdEvp` (dt. **STABWN**)
9	`Sum` (dt. **SUMME**)
10	`Var` (dt. **VARIANZ**)
11	`VarP` (dt. **VARIANZEN**)

Tabelle 4.17: Die möglichen »Teilfunktionen« von Subtotal

▶ Beispiel

Beim folgenden Beispiel aus Listing 4.31 werden einige dieser Funktionen anhand der TABELLE6 vorgestellt.

Listing 4.31: Über die Funktion SubTotal Teilergebnisse abrufen

```
Sub SubTotal_Beispiel()
Dim Wsf As WorksheetFunction
Dim Bereich As Range

Set Bereich = Sheets("Tabelle6").Range("A1:A10")
Set Wsf = Application.WorksheetFunction
Debug.Print "Max-Wert: "; Wsf.Subtotal(4, Bereich)
Debug.Print "Min-Wert: "; Wsf.Subtotal(5, Bereich)
```

```
Debug.Print "Summe: "; Wsf.Subtotal(9, Bereich)
End Sub
```

▶ Verwandte Funktionen

Average, Count, CountB, Max, Min, Product, StdDev, StdEvp, Sum, Var, VarP

4.33 Sum-Funktion

Die wohl beliebteste Funktion in Excel ist die Funktion Sum (dt. **SUMME**). Mithilfe dieser Funktion können Sie Werte summieren.

▶ Syntax

Sum(Zahl1,Zahl2, ...)

Die Argumente Zahl1, Zahl2, ... sind 1 bis 30 Argumente, deren Summe Sie berechnen möchten. Selbstverständlich kann hierfür auch ein Zellenbereich angegeben werden.

▶ Beispiel

Im folgenden Beispiel aus Listing 4.32 wird der markierte Bereich summiert und am Bildschirm ausgegeben.

Listing 4.32: Bereich summieren über die Funktion Sum

```
Sub Sum_Beispiel()
Dim Wsf As WorksheetFunction

Set Wsf = Application.WorksheetFunction
MsgBox Wsf.Sum(Selection)
End Sub
```

▶ Verwandte Funktionen

SumIf, SumProduct

4.34 SumIf-Funktion

Die Funktion SumIf (dt. **SUMMEWENN**) addiert Zahlen, die mit den Suchkriterien übereinstimmen.

▶ Syntax

```
SumIf(Bereich,Kriterien,Summe_Bereich)
```

Argument	Beschreibung
Bereich	Ist der Zellbereich, den Sie berechnen möchten.
Kriterien	Gibt die Kriterien in Form einer Zahl, eines Ausdrucks oder einer Zeichenfolge an. Diese Kriterien bestimmen, welche Zellen addiert werden.
Summe_Bereich	Gibt die tatsächlich zu addierenden Zellen an.

Tabelle 4.18: Argumente der Funktion SumIf

▶ Beispiel

Im folgenden Beispiel aus Listing 4.33 werden auf der TABELLE10 nur Zahlen summiert, die größer als 10 sind.

Listing 4.33: Bedingtes Summieren von Zahlen über die Funktion SumIf

```
Sub SumIf_Beispiel()
Dim Wsf As WorksheetFunction
Dim Bereich As Range

Set Bereich = Sheets("Tabelle10").Range("A1:A10")
Set Wsf = Application.WorksheetFunction
MsgBox Wsf.SumIf(Bereich, ">10")
End Sub
```

▶ Verwandte Funktionen

Sum, CountIf, Count, CountB

4.35 SumProduct-Funktion

Die Funktion `SumProduct` (dt. **SUMMENPRODUKT**) multipliziert die einander entsprechenden Komponenten der angegebenen Matrizen miteinander und gibt die Summe dieser Produkte zurück.

► Syntax

```
SumProduct(Matrix1,Matrix2,Matrix3 ...)
```

Die Argumente `Matrix1`, `Matrix2`, ... sind 2 bis 30 Matrizen, deren Komponenten Sie zunächst multiplizieren und anschließend addieren möchten.

► Beispiel

Im folgenden Beispiel aus Listing 4.34 wird die TABELLE14 summiert. Dabei werden die beiden Spalten A (MENGE) und B (PREIS) direkt miteinander ausmultipliziert.

Listing 4.34: Matrixen miteinander multiplizieren und addieren über die Funktion SumProduct

```
Sub SumProduct_Beispiel()
Dim Wsf As WorksheetFunction
Dim Bereich1 As Range
Dim Bereich2 As Range

Set Wsf = Application.WorksheetFunction
Set Bereich1 = Sheets("Tabelle14").Range("A2:A5")
Set Bereich2 = Sheets("Tabelle14").Range("B2:B5")
MsgBox Wsf.SumProduct(Bereich1, Bereich2)
End Sub
```

► Verwandte Funktionen

`Sum`, `Product`, `MMult`

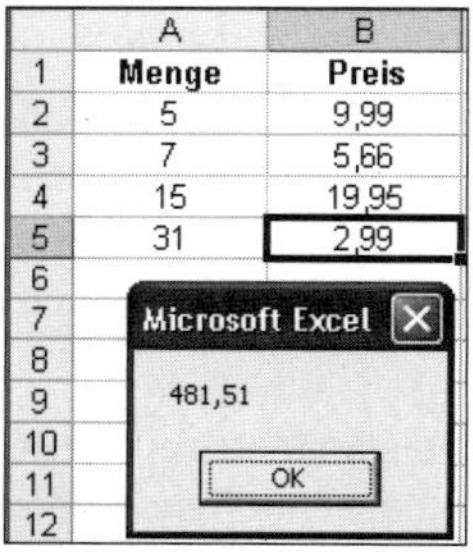

Abbildung 4.14: Das Gesamtergebnis kann über eine Funktion ermittelt werden

4.36 VLookUp-Funktion

Mit der Funktion `VLookUp` (dt. **SVERWEIS**) können Sie einen Wert über einen Suchbegriff aus einem Datenbereich ermitteln und ausgeben.

▶ Syntax

```
VLookUp(Suchkriterium,Matrix,
Spaltenindex,Bereich_Verweis)
```

Argument	**Beschreibung**
`Suchkriterium`	Ist der Wert, der in der ersten Matrixspalte gefunden werden soll.
`Matrix`	Kann ein Wert, ein Bezug oder eine Textzeichenfolge sein. Das Argument `Matrix` ist die Tabelle mit Informationen, in der die Daten gesucht werden.

Tabelle 4.19: Argumente der Funktion VLookUp

Argument	Beschreibung
`Spaltenindex`	Ist die Spaltennummer in `Matrix`, aus der der entsprechende Wert zurückgegeben werden muss. Ein `Spaltenindex` von 1 gibt den Wert der ersten Spalte in Matrix zurück; ein `Spaltenindex` von 2 gibt den Wert der zweiten Spalte von `Matrix` zurück.
`Bereich_Verweis`	Wenn dieses Argument `True` ist, müssen die Werte in der ersten Spalte von `Matrix` in aufsteigender Reihenfolge angeordnet werden. Wenn `Bereich_Verweis` den Wert `False` aufweist, muss die Tabelle nicht sortiert vorliegen.

Tabelle 4.19: Argumente der Funktion VLookUp (Forts.)

▶ Beispiel

Im folgenden Beispiel aus Listing 4.35 wird in TABELLE15 aus einem Datenbereich ein ganz bestimmter Wert mithilfe der Funktion `VLookUp` herausgesucht.

Listing 4.35: Werte aus einer Matrix herauslesen über die Funktion VLookUp

```
Sub VLookUpBeispiel()
Dim Wsf As WorksheetFunction
Dim Bereich As Range

Set Wsf = Application.WorksheetFunction
Set Bereich = Sheets("Tabelle15").Range("A2:C8")
MsgBox _
 Wsf.VLookup("6789K4", Bereich, 2, False) & _
 " --> " & _
 Wsf.VLookup("6789K4", Bereich, 3, False)
End Sub
```

▶ Verwandte Funktionen

`HLookUp, LookUp, Match, Index`

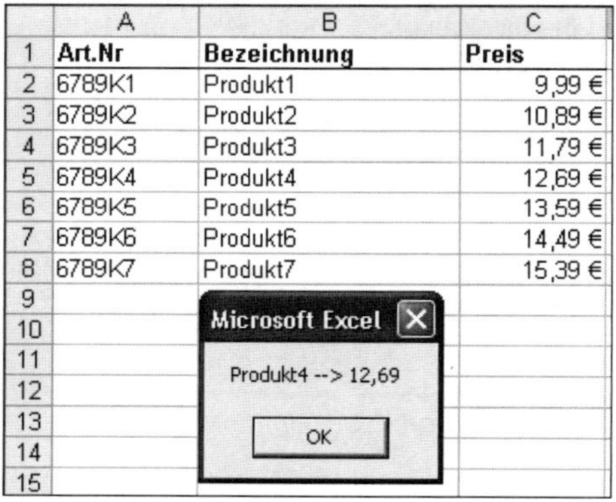

	A	B	C
1	**Art.Nr**	**Bezeichnung**	**Preis**
2	6789K1	Produkt1	9,99 €
3	6789K2	Produkt2	10,89 €
4	6789K3	Produkt3	11,79 €
5	6789K4	Produkt4	12,69 €
6	6789K5	Produkt5	13,59 €
7	6789K6	Produkt6	14,49 €
8	6789K7	Produkt7	15,39 €

Abbildung 4.15: Der richtige Wert mit den dazugehörigen Daten wurde gefunden

5 Sprachelemente

Das Wesentliche, was eine Programmiersprache ausmacht, sind deren Sprachelemente. In diesem Kapitel erfahren Sie, wie Sie mithilfe von Abfragen, Schleifen und anderen Anweisungen Ihre Programme flexibel gestalten können. Diese Sprachelemente lassen sich nicht mit dem Makrorekorder aufzeichnen; sie müssen von Ihnen selbst erstellt werden. Der richtige Einsatz der Sprachelemente macht letztendlich die Kunst der Programmierung aus.

5.1 IF-Verzweigung

Mit Verzweigungen können Sie in Excel bestimmte Zustände abfragen und je nach Zustand anders reagieren. Jede Verzweigung hat eine oder mehrere Bedingungen, dann einen Zweig, der eintritt, wenn die Bedingung zutrifft, und einen Zweig, der abgearbeitet wird, wenn die Bedingung nicht zutrifft.
Bei den Verzweigungen kann zwischen zwei Formen unterschieden werden:

▶ Syntax Normalform

```
IF Bedingung Then Aktion1 Else Aktion2
```

▶ Syntax Blockform

```
If Bedingung Then
 Aktion1
 Aktion1b
 Aktion1c
Else
 Aktion2
 Aktion2a
End if
```

Wird die Blockform verwendet, können mehrere Schritte nacheinander durchgeführt werden. Dabei muss aber beachtet werden, dass die Anweisung mit einem `End If` abgeschlossen werden muss.

▶ Beispiele

Im folgenden Beispiel aus Listing 5.1 wird geprüft, ob der aktuelle Tag ein Wochentag oder ein Tag am Wochenende ist.

Listing 5.1: Bedingungen prüfen über die If-Abfrage

```
Sub If_Bespiel()
If Weekday(Date) = 1 Or Weekday(Date) = 7 Then
 MsgBox "Wochenende:  " & WeekdayName(Weekday(Date))
Else
 MsgBox "Wochentag: " & WeekdayName(Weekday(Date))
End If
End Sub
```


Im nächsten Beispiel aus Listing 5.2 werden gleich mehrere Bedingungen geprüft. Zuerst wird überprüft, ob die aktive Zelle leer ist. Wenn nicht, dann wird abgefragt, ob in der Zelle ein numerischer Wert steht oder nicht.

Listing 5.2: Mehrere Überprüfungen über If-Abfragen durchführen

```
Sub If_Beispiel2()
 If IsEmpty(ActiveCell) Then
  MsgBox "Die Zelle " & _
  ActiveCell.Address & " ist leer"
 Else
  MsgBox "Zelle " & ActiveCell.Address & _
  " enthält den Wert: " & ActiveCell.Value
  If IsNumeric(ActiveCell) Then
   MsgBox "Zelle enthält einen numerischen Wert!"
  Else
   MsgBox "Zelle enthält keinen numerischen Wert!"
  End If
 End If
End Sub
```

Neben den Funktionen `IsEmpty` und `IsNumeric` gibt es weitere Prüffunktionen, die Sie der folgenden Tabelle entnehmen können.

Funktion	Beschreibung
`IsEmpty`	Gibt einen Wert vom Typ `Boolean` zurück, der angibt, ob eine Variable initialisiert wurde.
`IsArray`	Gibt einen Wert vom Typ `Boolean` zurück, der angibt, ob eine Variable ein Datenfeld ist.
`IsDate`	Gibt einen Wert vom Typ `Boolean` zurück, der angibt, ob ein Ausdruck in ein Datum umgewandelt werden kann.
`IsError`	Gibt einen Wert vom Typ `Boolean` zurück, der angibt, ob ein Ausdruck ein Fehlerwert ist.
`IsNull`	Gibt einen Wert vom Typ `Boolean` zurück, der angibt, ob ein Ausdruck keine gültigen Daten (Null) enthält.
`IsNumeric`	Gibt einen Wert vom Typ `Boolean` zurück, der angibt, ob ein Ausdruck als Zahl ausgewertet werden kann.
`IsObject`	Gibt einen Wert vom Typ `Boolean` zurück, der angibt, ob ein Bezeichner eine Objekt-Variable darstellt.

Tabelle 5.1: Prüffunktionen von Excel

5.2 IIf-Verzweigung

Neben der Verzweigung `If...Then...Else` gibt es eine weitere Möglichkeit, um Werte zu überprüfen. Die Funktion lautet `IIf`.

▶ Syntax

```
IIf(expr, truepart, falsepart)
```

Argument	Beschreibung
`Expr`	Geben Sie den auszuwertenden Ausdruck an.
`Truepart`	Liefert den zurückgegebenen Wert oder Ausdruck, wenn `expr` den Wert `True` ergibt.
`Falsepart`	Stellt den zurückgegebenen Wert oder Ausdruck dar, wenn `expr` den Wert `False` liefert.

Tabelle 5.2: Argumente der Funktion IIf

Die Funktion `IIf` wertet immer sowohl den Teil `truepart` als auch den Teil `falsepart` aus, auch dann, wenn nur einer von beiden Teilen zurückgegeben wird.

▶ Beispiel

Im folgenden Beispiel aus Listing 5.3 überprüfen Sie den Inhalt einer Zelle. Sofern der Inhalt numerisch ist, schreiben Sie in die Nebenzelle den Text »Numerisch«. Sollte es sich um einen Text handeln, dann schreiben Sie in die Nebenzelle den Text »Alphanumerisch«.

Listing 5.3: Wert prüfen über die Funktion IIf

```
Sub IIf_Beispiel()
ActiveCell.Offset(0, 1).Value = _
IIf(IsNumeric(ActiveCell), _
"Numerisch", "Alphanumerisch")
End Sub
```


5.3 Select Case-Anweisung

Die `Select Case`-Anweisung führt eine von mehreren Gruppen von Anweisungen aus, abhängig vom Wert eines Ausdrucks.

▶ Syntax

```
Select Case Testausdruck
[Case Bedingung(en)
[Anweisungen-n]] ...
[Case Else
[elseAnw]]
End Select
```

Argument	Beschreibung
`Testausdruck`	Erforderlich. Ein beliebiger numerischer Ausdruck oder Zeichenfolgenausdruck.
`Bedingung(en)`	Erforderlich, Hier wird die Bedingung formuliert.
`Anweisungen-n`	Optional. Eine oder mehrere Anweisungen, die ausgeführt werden, wenn `Testausdruck` mit irgendeinem Teil in `Ausdrucksliste-n` übereinstimmt.
`elseAnw`	Optional. Eine oder mehrere Anweisungen, die ausgeführt werden, wenn `Testausdruck` mit keinem der Ausdrücke im `Case`-Abschnitt übereinstimmt.

Tabelle 5.3: Argumente der Anweisung Select Case

Folgende `Bedingungen` sind dabei möglich:

Bedingungen	Beschreibung
<	Kleiner als
<=	Kleiner oder gleich
>	Größer als
>=	Größer oder gleich
=	Gleich
<>	Ungleich
to	Werte, die in einem bestimmten Bereich liegen
Is, like	Entspricht einem Wert oder Text

Tabelle 5.4: Mögliche Bedingungen

▶ Beispiele

Im folgenden Beispiel aus Listing 5.4 wird eine Zahl aus der aktiven Zelle ausgewertet. Je nach Wert wird die Zelle mit einem farbigen Hintergrund belegt.

Listing 5.4: Farben zuordnen mithilfe der Select Case-Anweisung

```
Sub SelectCase_Beispiel()
Select Case ActiveCell.Value
 Case 1 'schwarz
  ActiveCell.Interior.ColorIndex = 1
 Case 2 'weiß
   ActiveCell.Interior.ColorIndex = 2
 Case 3 'rot
   ActiveCell.Interior.ColorIndex = 3
 Case 4 'hellgrün
   ActiveCell.Interior.ColorIndex = 4
 Case 5 'blau
   ActiveCell.Interior.ColorIndex = 5
 Case 6 'gelb
   ActiveCell.Interior.ColorIndex = 6
 Case 7 'violett
   ActiveCell.Interior.ColorIndex = 7
 Case 8 'hellblau
   ActiveCell.Interior.ColorIndex = 8
```

```
  Case 9 'braun
    ActiveCell.Interior.ColorIndex = 9
  Case 10 'dunkelgrün
    ActiveCell.Interior.ColorIndex = 10
  Case Else
   ActiveCell.Interior.ColorIndex = _
   xlColorIndexNone
End Select
End Sub
```

Im nächsten Beispiel aus Listing 5.5 soll die Excel-Version eines Anwenders ermittelt werden.

Listing 5.5: Aktuelle Excel-Version abfragen mithilfe einer Select Case-Anweisung

```
Sub SelectCase_Beispiel2()
MsgBox Application.Version
    Select Case Left(Application.Version, 1)
      Case "5"
        MsgBox "Excel 5"
      Case "7"
        MsgBox "Excel 7/95"
      Case "8"
        MsgBox "Excel 8/97"
      Case "9"
        MsgBox "Excel 2000"
      Case "1"
        If Left(Application.Version, 2) = "10" Then
        MsgBox "Excel 2002"
        Else
        MsgBox "Excel 2003"
        End If
      Case Else
        MsgBox "Unbekannte Version von Excel"
    End Select
End Sub
```

5.4 For...Next-Schleife

Sie können die Schleife `For...Next` verwenden, um einen Block von Anweisungen eine unbestimmte Anzahl von Wiederholungen ausführen zu lassen. `For...Next`-Schleifen verwenden eine Zählervariable, deren Wert mit jedem Schleifendurchlauf erhöht oder verringert wird. Sie brauchen daher nicht daran zu denken, den Zähler selbst hoch- oder herunterzusetzen.

Syntax

```
For Zähler = Anfang To Ende [Step Schritt]
[Anweisungen]
[Exit For]
[Anweisungen]
Next [Zähler]
```

Argument	Beschreibung
`Zähler`	Erforderlich und besteht aus einer numerischen Variable, die als Schleifenzähler dient.
`Anfang`	Repräsentiert den Startwert von `Zähler`.
`Ende`	Legt den Endwert von `Zähler` fest. Das Argument `Schritt` ist optional. Hier können Sie den Betrag bestimmen, um den `Zähler` bei jedem Schleifendurchlauf verändert wird. Falls kein Wert angegeben wird, ist die Voreinstellung 1.
`Anweisungen`	Dort stehen eine oder mehrere Anweisungen zwischen `For...Next`, die so oft wie angegeben ausgeführt werden.
`Exit for`	Innerhalb einer Schleife kann eine beliebige Anzahl von `Exit for`-Anweisungen an beliebiger Stelle als alternative Möglichkeit zum Verlassen der Schleife verwendet werden.

Tabelle 5.5: Argumente der Schleife For...Next

Beispiele

Im folgenden Beispiel aus Listing 5.6 werden mithilfe der `For...Next`-Schleife neue Tabellenblätter in eine neue Arbeitsmappe eingefügt.

Listing 5.6: For...Next-Schleife zum Einfügen von Tabellen einsetzen

```
Sub ForNext_Beispiel()
Dim i As Integer

  Workbooks.Add
  For i = 1 To 50
     Worksheets.Add
  Next i
End Sub
```

Im folgenden Beispiel aus Listing 5.7 wird die `For...Next`-Schleife eingesetzt, um auf einer Tabelle jede zweite Zeile auszublenden.

Listing 5.7: For...Next-Schleife zum Ausblenden von Zeilen einsetzen


```
Sub ForNext_Beispiel2()
Dim i As Integer

    For i = 1 To 20 Step 2
        Rows(i).Hidden = True
    Next i
End Sub
```

5.5 For Each...Next-Schleife

Die Schleife `For Each...Next` wiederholt eine Gruppe von Anweisungen für jedes Element in einem Datenfeld oder einer Auflistung.

▶ Syntax

```
For Each Element In Gruppe
[Anweisungen]
[Exit For]
[Anweisungen]
Next [Element]
```

Argument	Beschreibung
`Element`	Stellt die Variable zum Durchlauf durch die Elemente der Auflistung oder des Datenfelds dar. Bei Auflistungen ist für `Element` nur eine Variable vom Typ `Variant`, eine allgemeine Objektvariable oder eine beliebige spezielle Objektvariable zulässig. Bei Datenfeldern ist für `Element` nur eine Variable vom Typ `Variant` zulässig.
`Gruppe`	Steht für den Namen einer Objektauflistung oder eines Datenfelds.
`Anweisungen`	Ist optional und führt eine oder mehrere Anweisungen durch, die für jedes Element in `Gruppe` ausgeführt werden sollen.

Tabelle 5.6: Argumente der For Each...Next-Schleife

▶ Beispiele

Im folgenden Beispiel aus Listing 5.8 werden alle markierten Zellen überprüft. Enthält die jeweilige Zelle den Wert Null, dann wird der Inhalt dieser Zellen gelöscht.

Listing 5.8: Alle Zellen in Markierung über die Schleife For Each...Next abarbeiten

```
Sub ForEachNext_Beispiel()
Dim Zelle As Range

For Each Zelle In Selection
 If Zelle.Value = 0 Then Zelle.ClearContents
Next Zelle
End Sub
```

Im nächsten Beispiel aus Listing 5.9 werden alle Tabellen, die sich in einer Arbeitsmappe befinden, verarbeitet. Dabei werden die Namen der einzelnen Tabellen ermittelt und in das Direktfenster der Entwicklungsumgebung geschrieben.

Listing 5.9: Alle Tabellen einer Mappe über die Schleife For Each...Next abarbeiten

```
Sub ForEachNext_Beispiel2()
Dim Tabelle As Worksheet

For Each Tabelle In ActiveWorkbook.Worksheets
 Debug.Print Tabelle.Name
Next Tabelle
End Sub
```

Abbildung 5.1: Alle Tabellennamen einer Mappe wurden ermittelt

5.6 Do Until...Loop-Scheife

Die Do Until...Loop-Schleife wiederholt einen Block mit Anweisungen, solange eine Bedingung den Wert True erhält. Die Bedingung wird jeweils am *Ende* der Schleife geprüft. Als Abbruchbedingung können Sie alles Mögliche abfragen; so können Sie z.B. eine Abbruchbedingung festlegen, wenn ein bestimmter Wert erreicht ist oder eine Zelle einen bestimmten Text aufweist. Beispielsweise könnten Sie eine solche Schleife so oft wiederholen, solange die Zellenformatierung der Zellen sich nicht ändert.

▶ Syntax

```
Do [{Until} Bedingung]
[Anweisungen]
[Exit Do]
[Anweisungen]
Loop
```

Argument	Beschreibung
`Bedingung`	Stellt einen numerischen Ausdruck oder Zeichenfolgenausdruck dar, der entweder `True` oder `False` ergibt. Liefert die Bedingung den Wert 0, so wird die Bedingung als `False` interpretiert.
`Anweisungen`	Eine oder mehrere Anweisungen, die wiederholt werden, solange oder bis Bedingung durch `True` erfüllt ist.
`Exit Do`	Innerhalb einer `Do Until...Loop`-Anweisung kann eine beliebige Anzahl von `Exit Do`-Anweisungen an beliebiger Stelle als Alternative zum normalen Verlassen einer `Do...Loop`-Anweisung verwendet werden. `Exit Do` wird oft in Zusammenhang mit der Auswertung einer Bedingung (zum Beispiel `If...Then`) eingesetzt und hat zur Folge, dass die Ausführung mit der ersten Anweisung im Anschluss an `Loop` fortgesetzt wird.

Tabelle 5.7: Argumente der Schleife Do Until

▶ Beispiele

Im folgenden Beispiel aus Listing 5.10 soll eine Datumszeile von links nach rechts abgearbeitet werden, solange bis das aktuelle Tagesdatum dem Datum auf der Zeitleiste entspricht.

Listing 5.10: Die Schleife Do Until einsetzen, um einen bestimmten Wert zu finden

```
Sub DoUntilLoop_Beispiel()
Dim heutDat As Date
Dim i  As Integer

heutDat = Cells(1, 1).Value
i = 1
Do Until Date = Sheets("Tabelle1").Cells(2, i).Value
 i = i + 1
Loop
Cells(2, i).Select
End Sub
```

Im nächsten Beispiel aus Listing 5.11 werden die Daten einer Tabelle auf eine andere Tabelle übertragen.

	A	B	C	D	E	F
1	**24.03.2004**					
2	22.03.2004	23.03.2004	24.03.2004	25.03.2004	26.03.2004	27.03.2004
3						

Abbildung 5.2: Das aktuelle Tagesdatum wird gesucht.

Listing 5.11: Datensätze übertragen mithilfe einer Do Until-Schleife

```
Sub DoUntilLoop_Beispiel2()
Dim Tab1 As Worksheet
Dim Tab2 As Worksheet
Dim L As Long
Dim i As Long

Set Tab1 = ActiveWorkbook.Worksheets("Tabelle2")
Set Tab2 = ActiveWorkbook.Worksheets("Tabelle3")
Tab2.Cells(1, 1).Value = "Überschrift1"
Tab2.Cells(1, 2).Value = "Überschrift2"
L = 2
Do Until L = Tab1.UsedRange.Rows.Count
Tab2.Cells(Tab2.UsedRange.Rows.Count + 1, 1).Value _
 = Tab1.Cells(L, 1).Value
Tab2.Cells(Tab2.UsedRange.Rows.Count, 2).Value = _
Tab1.Cells(L, 2).Value
L = L + 1
 Loop
End Sub
```

5.7 Do While...Loop-Schleife

Die `Do While...Loop`-Schleife wiederholt einen Block mit Anweisungen, solange eine Bedingung den Wert `True` erhält. Die Prüfung der angegebenen Bedingung erfolgt immer zu *Beginn* der Schleife. Als Abbruchbedingung können Sie alles Mögliche abfragen; so können Sie z.B. eine Abbruchbedingung festlegen, wenn ein bestimmter Wert erreicht ist oder eine Zelle einen bestimmten Text aufweist.

▶ Syntax

```
Do [{While} Bedingung]
[Anweisungen]
[Exit Do]
[Anweisungen]
Loop
```

Argument	Bedingung
Bedingung	Stellt einen numerischen Ausdruck oder Zeichenfolgenausdruck dar, der entweder `True` oder `False` ergibt. Liefert die Bedingung den Wert 0, so wird die Bedingung als `False` interpretiert.
Anweisungen	Eine oder mehrere Anweisungen, die wiederholt werden, solange oder bis die Bedingung `True` erfüllt ist.
Exit Do	Innerhalb einer `Do While...Loop`-Anweisung kann eine beliebige Anzahl von `Exit Do`-Anweisungen an beliebiger Stelle als Alternative zum Verlassen einer `Do...Loop`-Anweisung verwendet werden. `Exit Do` wird oft in Zusammenhang mit der Auswertung einer Bedingung (z.B. `If...Then`) eingesetzt und hat zur Folge, dass die Ausführung mit der ersten Anweisung im Anschluss an `Loop` fortgesetzt wird.

Tabelle 5.8: Argumente der Schleife Do While

▶ Beispiele

Im folgenden Beispiel aus Listing 5.12 wird eine Tabelle von oben nach unten abgearbeitet. Es werden dabei nur Zahlenwerte summiert, welche größer 100 sind.

Listing 5.12: Zeilen abarbeiten über eine Do While-Schleife

```
Sub DoWhileLoop_Beispiel()
Dim summe As Long
Dim i As Long
Const Grenzwert = 100

  i = 1

  Do While Cells(i, 1).Value <> ""
     If Cells(i, 1).Value > Grenzwert _
```

```
    Then summe = summe + Cells(i, 1).Value
    i = i + 1
  Loop
  i = i + 2
  Cells(i, 1).Value = summe
  With Cells(i, 1).Font
   .Bold = True
   .Underline = True
  End With
End Sub
```

	A
1	5
2	78
3	456
4	123
5	5
6	679
7	234
8	
9	
10	**1492**
11	

Abbildung 5.3: Die Werte größer 100 wurden summiert

Im nächsten Beispiel aus Listing 5.13 werden die Namen von Dateien aus einem bestimmten Verzeichnis in eine Excel-Tabelle eingelesen.

Listing 5.13: Dateien auslesen mithilfe einer Do While-Schleife

```
Sub DoWhileLoop_Beispiel2()
Dim s As String
Dim Pfad As String
Dim i As Integer

Pfad = "c:\Eigene Dateien\"
i = 1
 s = Dir(Pfad)
```

```
  Do While s <> ""
    Sheets("Tabelle5").Cells(i, 1).Value = s
    i = i + 1
    s = Dir()
  Loop
End Sub
```

	A	B
1	AlexPass.ppt	
2	Artikel1.txt	
3	Artikel2.txt	
4	Ausgabe.csv	
5	Ausgabe.txt	
6	Bericht_10042003.xls	
7	Bericht_10042003_1038.xls	
8	Bericht_1042003.xls	
9	Datei1.txt	
10	Datei2.txt	
11	Datei3.txt	
12		

Abbildung 5.4: Dateien aus einem Verzeichnis in einer Tabelle auflisten

6 Application-Objekt

In der folgenden Tabelle sehen Sie das Objekt `Application`, das die höchste Einordnung im Objektmodell von Excel einnimmt.

Objekt	Verwendung
`Workbook`	Komplette Arbeitsmappe
`AddIn`	Ein Add-In
`Answer`	Antwort-Assistent
`AutoCorrect`	Autokorrektur
`Assistant`	Office-Assistenten
`AutoRecover`	Automatische Wiederherstellungsfunktion einer Arbeitsmappe
`CellFormat`	Suchkriterien für ein Zellenformat
`COMAddIn`	COMAddIn-Objekt
`Debug`	Testumgebung
`Dialog`	Integriertes Dialogfeld
`CommandBar`	Menü- oder Symbolleisten
`ErrorCheckingOptions`	Optionen zur Fehlerprüfung
`LanguageSettings`	Spracheinstellungen
`Name`	Name der Applikation
`Window`	Fenster der Anwendung
`WorksheetFunction`	Tabellenfunktion
`RecentFile`	Liste der zuletzt verwendeten Dateien
`SmartTagRecognizers`	Erkennung von SmartTags
`Speech`	Spracheigenschaften
`SpellingOptions`	Rechtschreibprüfung
`FileSearch`	Standardisierte Dateisuche
`VBE`	Zugriff auf Entwicklungsumgebung
`ODBCError`	Fehlerbeschreibung bei ODBC-Zugriff
`OLEDBError`	Fehlerbeschreibung bei OLEDB-Zugriff
`DefaultWebOptions`	Web-basierte Einstellungen
`UsedObjects`	Benutzte Objekte einer Mappe
`Watch`	Überwachungsfenster (neu ab Excel 2003)

Tabelle 6.1: Die untergeordneten Objekte von Application

6.1 Application-Eigenschaften

▶ ActiveCell-Eigenschaft

Die Eigenschaft `ActiveCell` gibt die aktive Zelle zurück.

▶ Beispiel

Das folgende Beispiel aus Listing 6.1 gibt die aktuell markierte Adresse sowie den Inhalt dieser Zelle am Bildschirm aus.

Listing 6.1: Die aktive Zelle ermitteln und auslesen

```
Sub Activecell_Beispiel()
 MsgBox ActiveCell.Address
 MsgBox ActiveCell.Value
End Sub
```

▶ ActiveChart-Eigenschaft

Die Eigenschaft `ActiveChart` stellt das aktive Diagramm (entweder ein eingebettetes Diagramm oder ein Diagrammblatt) dar.

▶ Beispiel

Das folgende Beispiel aus Listing 6.2 gibt den Namen sowie den Speicherort des markierten Diagrammobjekts zurück.

Listing 6.2: Name des Diagramms ermitteln

```
Sub ActiveChart_Beispiel()
 MsgBox ActiveChart.Name
End Sub
```

▶ ActivePrinter-Eigenschaft

Über die Eigenschaft `ActivePrinter` können Sie den Namen des aktuell eingestellten Druckers ermitteln.

▶ Beispiel

Listing 6.3: Den Namen des eingestellten Standarddruckers ausgeben

```
Sub ActivePrinter_Beispiel()
 MsgBox Application.ActivePrinter
End Sub
```

ActiveSheet-Eigenschaft

Die Eigenschaft `ActiveSheet` gibt den Namen der aktiven Tabelle zurück oder legt ihn fest.

Beispiel

Im folgenden Beispiel aus Listing 6.4 wird der Name der aktiven Tabelle festgelegt.

Listing 6.4: Die aktive Tabelle umbenennen

```
Sub ActiveSheet_Beispiel()
 ActiveSheet.Name = "Tabelle1"
End Sub
```

ActiveWindow-Eigenschaft

Über die Eigenschaft `ActiveWindow` lässt sich das aktive Fenster ansprechen.

Beispiel

Im folgenden Beispiel aus Listing 6.5 wird ein neues Fenster auf de[n] Basis des aktiven Fensters, also eine Kopie, erstellt.

Listing 6.5: Ein neues Fenster erstellen

```
Sub ActiveWindow_Beispiel()
 ActiveWindow.NewWindow
End Sub
```

ActiveWorkbook-Eigenschaft

Über die Eigenschaft `ActiveWorkbook` können Sie die aktive Arbeitsmappe ansprechen.

Beispiel

Im folgenden Beispiel aus Listing 6.6 wird der Name sowie der Speicherpfad der aktiven Arbeitsmappe ausgegeben.

Listing 6.6: Name und Speicherpfad der aktiven Mappe ermitteln

```
Sub Activeworkbook_Beispiel()
 MsgBox ActiveWorkbook.FullName
End Sub
```

▶ AddIns-Eigenschaft

Die Eigenschaft `AddIns` gibt eine AddIns-Auflistung zurück, die alle im Dialogfeld ADD-INS (Menü EXTRAS) aufgeführten Add-Ins darstellt.

▶ Beispiel

Im folgenden Beispiel aus Listing 6.7 werden alle derzeit aktivierten Add-Ins im Direktfenster der Entwicklungsumgebung ausgegeben.

Listing 6.7: Alle installierten Add-Ins ermitteln

```
Sub AddIns_Beispiel()
Dim Addi As AddIn

For Each Addi In Application.AddIns
 If Addi.Installed = True Then
  Debug.Print Addi.Name
  End If
Next Addi
End Sub
```

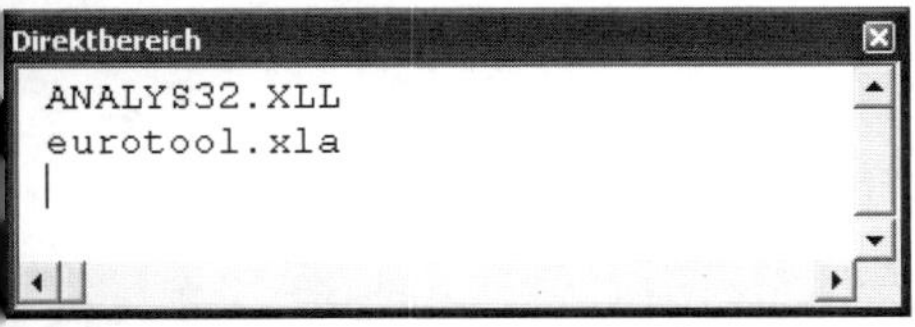

Abbildung 6.1: Die installierten Add-Ins

▶ AlertBeforeOverWriting-Eigenschaft

Die Eigenschaft `AlertBeforeOverWriting` meldet den Wert `True`, wenn Microsoft Excel eine Meldung einblenden soll, bevor nicht leere Zellen während einer Drag&Drop-Operation überschrieben werden.

▶ Beispiel

Im folgenden Beispiel aus Listing 6.8 wird diese Eigenschaft ausgeschaltet.

Listing 6.8: Meldung beim Überschreiben von Zellen bei Drag&Drop ausschalten

```
Sub AlertBeforeOverWriting_Beispiel()
 Application.AlertBeforeOverwriting = False
End Sub
```

▶ AltStartupPath-, StartUpPath-Eigenschaft

Die Eigenschaft `AltStartupPath` gibt den Namen des alternativen Startordners zurück bzw. legt diesen fest. Alle Excel-Mappen, die in diesen Ordner gespeichert sind, werden beim Starten von Excel automatisch geöffnet.

Die Eigenschaft `StartUpPath` gibt den vollständigen Pfad des Startordners ohne das abschließende Trennzeichen zurück.

▶ Beispiel

Beim folgenden Beispiel aus Listing 6.9 wird ein zusätzlicher Startordner festgelegt.

Listing 6.9: Einen Zusatzstartordner festlegen

```
Sub AltStartupPath_Beispiel()
 Application.AltStartupPath = "C:\Wichtig"
End Sub
```

▶ AnswerWizard-Eigenschaft

Die Eigenschaft `AnswerWizard` gibt das `AnswerWizard`-Objekt für Microsoft Excel zurück.

▶ Beispiel

Im folgenden Beispiel aus Listing 6.10 wird die Dateiliste des Antwort-Assistenten zurückgesetzt.

Listing 6.10: Die Dateiliste des Antwort-Assistenten zurücksetzen

```
Sub AnswerWizard_Beispiel()
 Application.AnswerWizard.ResetFileList
End Sub
```

▶ ArbitraryXMLSupportAvailable-Eigenschaft

Diese Eigenschaft steht erst ab Microsoft Excel 2003 zur Verfügung und prüft, ob die XML-Features in Excel verfügbar sind.

▶ Beispiel

Im folgenden Beispiel aus Listing 6.11 wird überprüft, ob die XML-Features zur Verfügung stehen.

Listing 6.11: XLM-Features überprüfen

```
Sub ArbitraryXMLSupportAvailable_Beispiel()
If Application.ArbitraryXMLSupportAvailable then
 MsgBox "XML-Features verfügbar!"
Else
 MsgBox "XML-Features nicht verfügbar!"
End If
End Sub
```

▶ AskToUpdateLinks-Eigenschaft

Die Eigenschaft `AskToUpdateLinks` meldet den Wert `True`, wenn Microsoft Excel den Benutzer fragen soll, ob beim Öffnen von Dateien mit Verknüpfungen diese Verknüpfungen aktualisiert werden sollen. Wenn der Wert `False` eingestellt wird, werden Verknüpfungen automatisch ohne Dialogfeld aktualisiert.

▶ Beispiel

Im folgenden Beispiel aus Listing 6.12 wird eingestellt, dass beim Öffnen von verknüpften Dateien die Warnmeldung angezeigt werden soll.

Listing 6.12: Datei-Verknüpfungsabfrage beim Öffnen anzeigen

```
Sub AskToUpdateLinks_Beispiel()
 Application.AskToUpdateLinks = True
End Sub
```

▶ Assistant-Eigenschaft

Die Eigenschaft `Assistant` gibt ein `Assistant`-Objekt für Microsoft Excel zurück.

Beispiel

Im folgenden Beispiel aus Listing 6.13 wird die Online-Hilfe von Excel aufgerufen.

Listing 6.13: Online-Hilfe aufrufen

```
Sub Assistant_Beispiel()
 Application.Assistant.Help
End Sub
```

AutoCorrect-Eigenschaft

Die Eigenschaft `AutoCorrect` gibt ein `AutoCorrect`-Objekt zurück, das die AutoKorrektur-Attribute darstellt.

Beispiel

Im folgenden Beispiel aus Listing 6.14 wird ein zusätzlicher AutoKorrektur-Eintrag angelegt.

Listing 6.14: Einen AutoKorrektur-Eintrag einfügen

```
Sub AutoCorrect_Beispiel()
With Application.AutoCorrect
    .AddReplacement "Sei", "Sie"
End With
End Sub
```

AutoFormatAsYouTypeReplaceHyperlinks-Eigenschaft

Setzen Sie die Eigenschaft `AutoFormatAsYouTypeReplaceHyperlinks` auf den Wert `True`, wenn Microsoft Excel Hyperlinks automatisch formatieren soll, während Sie diese eingeben. Wenn diese Eigenschaft auf den Wert `False` gesetzt wird, unterbleibt die automatische Formatierung.

Beispiel

Im folgenden Beispiel aus Listing 6.15 wird die automatische Formatierung von Internetseiten und E-Mail-Adressen zukünftig unterbunden.

Listing 6.15: Hyperlinkkonvertierung verhindern

```
Sub AutoFormatAsYouTypeReplaceHyperlinks_Beispiel()
Application.AutoFormatAsYouTypeReplaceHyperlinks = _
False
End Sub
```

▶ AutomationSecurity-Eigenschaft

Die Eigenschaft `AutomationSecurity` gibt eine `MsoAutomationSecurity`-Konstante zurück oder legt eine solche Konstante fest. Diese steht für den Sicherheitsmodus, der von Microsoft Excel beim programmatischen Öffnen von Dateien verwendet wird.
Als Konstanten stehen folgende zur Verfügung:

Konstante	Beschreibung
msoAutomationSecurityByUI	Verwendet die Sicherheitseinstellung, die im Dialogfeld SICHERHEIT angegeben wurde.
msoAutomationSecurityForceDisable	Deaktiviert alle Makros in allen programmgesteuert geöffneten Dateien, ohne Sicherheitswarnungen anzuzeigen.
msoAutomationSecurityLow	Aktiviert alle Makros. Dies ist der Standardwert beim Starten einer Anwendung.

Tabelle 6.2: Sicherheitskonstanten der Eigenschaft AutomationSecurity

▶ Beispiel

Im folgenden Beispiel aus Listing 6.16 wird eine Mappe, die Makros enthält, geöffnet, ohne dass die Makros aktiviert werden.

Listing 6.16: Arbeitsmappe öffnen mit deaktivierten Makros

```
Sub AutomationSecurity_Beispiel()
 Application.AutomationSecurity =  _
msoAutomationSecurityForceDisable
 Workbooks.Open ("c:\Eigene Dateien\Mappe1.xls")
End Sub
```

▶ AutoRecover-Eigenschaft

Die Eigenschaft `AutoRecover` gibt ein `AutoRecover`-Objekt zurück, das in festgelegten Intervallen alle Dateiformate sichert.

▶ Beispiel

Im folgenden Beispiel aus Listing 6.17 wird die `AutoRecover`-Einstellung auf 10 Minuten eingestellt.

Listing 6.17: AutoRecover-Einstellungen vornehmen

```
Sub AutoRecover_Beispiel()
 Application.AutoRecover.Time = 10
End Sub
```

▶ Hinweis

Gültige Zeitintervalle liegen zwischen 1 und 120 Minuten.

▶ CalculateBeforeSave-, Calculation-Eigenschaft

Setzen Sie die Eigenschaft `CalculateBeforeSave` auf den Wert `True`, um Arbeitsmappen vor dem Speichern neu zu berechnen.
Die Eigenschaft `Calculation` gibt die Berechnungsart zurück oder legt sie fest. Dazu stehen folgende Möglichkeiten zur Verfügung:

Konstante	Beschreibung
`xlCalculationAutomatic`	Automatische Berechnung (Standardeinstellung)
`xlCalculationManual`	Manuelle Berechnung
`xlCalculationSemiautomatic`	Automatisch außer bei Mehrfachoperationen

Tabelle 6.3: Berechnungskonstanten der Eigenschaft Calculation

▶ Beispiel

Im folgenden Beispiel wurde bei einer etwas größeren Arbeitsmappe die Berechnungs-Eigenschaft `Calculation` ausgeschaltet, um zügiger arbeiten zu können. Über die Eigenschaft `CalculateBeforeSave` wird die Mappe vor der Speicherung neu berechnet, also aktualisiert.

Listing 6.18: Mappe wird vor dem Speichern neu berechnet

```
Sub CalculationBeforeSave_Beispiel()
 Application.Calculation = xlManual
 Application.CalculateBeforeSave = True
End Sub
```

▶ Caller-Eigenschaft

Die Eigenschaft `Caller` gibt Informationen darüber zurück, wie Visual Basic aufgerufen wurde.

▶ Beispiel

Im folgenden Beispiel aus Listing 6.19 wird mithilfe der Eigenschaft `Caller` geprüft, welche Schaltfläche auf einer Tabelle geklickt wurde. Dabei wird das Makro den beiden Schaltflächen zugewiesen.

Listing 6.19: Welche Schaltfläche wurde angeklickt?

```
Sub Caller_Bespiel()
Select Case Application.Caller
    Case "Schaltfläche 2"
          MsgBox "Schaltfläche 2 geklickt!"
    Case "Schaltfläche 3"
          MsgBox "Schaltfläche 3 geklickt!"
    End Select
End Sub
```

▶ Caption-Eigenschaft

Die Eigenschaft `Caption` legt den Namen in der Titelleiste des Microsoft Excel-Hauptfensters fest bzw. gibt diesen zurück.

▶ Beispiel

Beim folgenden Beispiel aus Listing 6.20 wird der Name des Titelfensters angepasst.

Listing 6.20: Name des Titelfensters anpassen

```
Sub Caption_Beispiel()
 Application.Caption = "Referenz-Buch"
End Sub
```

CellDragAndDrop-Eigenschaft

Die Eigenschaft `CellDragAndDrop` legt fest, ob Drag&Drop für Zellenbearbeitung zugelassen wird oder nicht.

Beispiel

Im folgenden Beispiel aus Listing 6.21 wird die Drag&Drop-Eigenschaft abgeschaltet.

Listing 6.21: Drag&Drop für Zellenbearbeitung abschalten

```
Sub CellDragAndDrop_Beispiel()
 Application.CellDragAndDrop = False
End Sub
```

CommandBars-Eigenschaft

Die Eigenschaft `CommandBars` gibt ein `CommandBars`-Objekt zurück, das die Microsoft Excel-Befehlsleisten darstellt.

Beispiel

Im folgenden Beispiel werde die Menüs der Arbeitsplatzmenüleiste gezählt.

Listing 6.22: Menüs zählen

```
Sub CommandBars_Beispiel()
 MsgBox Application.CommandBars(1).Controls.Count
End Sub
```

Cursor-Eigenschaft

Die Eigenschaft `Cursor` gibt das Erscheinungsbild des Mauszeigers in Microsoft Excel zurück oder legt es fest. Folgende Mauszeiger stehen zur Verfügung:

Konstante	Beschreibung
`xlDefault`	Der Standardmauszeiger
`xlIBeam`	Der I-Mauszeiger

Tabelle 6.4: Mauszeigertypen

Konstante	Beschreibung
xlNorthwestArrow	Der Nordwestpfeil-Zeiger
xlWait	Der Sanduhrzeiger

Tabelle 6.4: Mauszeigertypen (Forts.)

▶ Beispiel

Im folgenden Beispiel aus Listing 6.23 wird der Mauszeiger während der Laufzeit eines Makros verändert

Listing 6.23: Cursor-Anzeige während der Laufzeit eines Makros verändern

```
Sub Cursor_Beispiel()
Dim l As Long
Dim i As Integer

    Application.Cursor = xlIBeam
    For l = 1 To 100000
      For i = 1 To 1000
      Next i
    Next l
    Application.Cursor = xlDefault
End Sub
```

▶ CutCopyMode-Eigenschaft

Die Eigenschaft `CutCopyMode` gibt den Status des Ausschneide- oder Kopiermodus zurück bzw. stellt diesen ein. Folgende Konstanten stehen zur Verfügung:

Rückgabewert	Beschreibung
False	Weder im Ausschneide- noch im Kopiermodus; entfernt den Laufrahmen
xlCopy	Im Kopiermodus
xlCut	Im Ausschneidemodus

Tabelle 6.5: Konstanten der Eigenschaft CutCopyMode

Beispiel

Im folgenden Beispiel aus Listing 6.24 werden alle benutzten Zellen einer Tabelle kopiert und in einer anderen Tabelle eingefügt. Danach erfolgt die Deaktivierung des Laufrahmens, der nach dem Einfügen noch läuft.

Listing 6.24: Laufrahmen nach dem Kopieren von Daten entfernen

```
Sub CutCopyMode_Beispiel()
 ActiveSheet.UsedRange.Copy
 Sheets("Tabelle3").Activate
 Range("A1").Select
 ActiveSheet.Paste
 Application.CutCopyMode = False
End Sub
```


DecimalSeparator-, ThousandsSeparator-, UseSystemSeparators-Eigenschaft

Die Eigenschaft `DecimalSeparator` gibt das als Dezimaltrennzeichen verwendete Zeichen als String-Wert zurück oder legt dieses fest.
Die Eigenschaft `ThousandsSeparator` gibt das als Tausendertrennzeichen verwendete Zeichen als String-Wert zurück oder legt dieses fest.
Über die Eigenschaft `UseSystemSeparators` bestimmen Sie, ob Sie die in der Systemsteuerung hinterlegten Einstellungen anwenden möchten.

Beispiel

Im folgenden Beispiel aus Listing 6.25 werden die Dezimaltrennzeichen sowie das Tausendertrennzeichen, wie es beispielsweise in der Schweiz üblich ist, eingestellt.

Listing 6.25: Trennzeichen austauschen

```
Sub DecimalSeparator_Beispiel()
 Application.DecimalSeparator = "."
 Application.ThousandsSeparator = ","
 Application.UseSystemSeparators = False
End Sub
```

▶ DefaultFilePath-, TemplatesPath-Eigenschaft

Die Eigenschaft `DefaultFilePath` gibt den Standardpfad zurück, den Microsoft Excel beim Öffnen von Dateien verwendet, oder legt ihn fest.
Die Eigenschaft `TemplatesPath` gibt den lokalen Pfad zurück, unter dem Vorlagen gespeichert sind. Diese Eigenschaft kann nur abgefragt und nicht gesetzt werden.

▶ Beispiel

Im folgenden Beispiel aus Listing 6.26 wird der Standardpfad von Excel abgefragt.

Listing 6.26: Den Standardpfad von Excel abfragen

```
Sub DefaultFilePath_Beispiel()
 MsgBox Application.DefaultFilePath
End Sub
```

▶ DefaultSaveFormat-Eigenschaft

Die Eigenschaft `DefaultSaveFormat` gibt das Standardformat beim Speichern von Dateien zurück oder legt es fest. Wenn Sie beispielsweise standardmäßig Excel-Arbeitsmappen für eine ältere Excel-Version erstellen müssen, dann können Sie diese Eigenschaft einsetzen.

▶ Beispiel

Im folgenden Beispiel aus Listing 6.27 wird das Standardspeicherformat für Excel-Arbeitsmappen auf Excel 97 eingestellt.

Listing 6.27: Das Standardspeicherformat in Excel einstellen

```
Sub DefaultSaveFormat_Beispiel()
 Application.DefaultSaveFormat = xlExcel9795
End Sub
```

▶ DisplayAlerts-Eigenschaft

Über die Eigenschaft `DisplayAlerts` können Sie Standardmeldungen von Excel temporär ein- bzw. ausschalten.

Beispiel

Beim folgenden Beispiel aus Listing 6.28 wird eine bestimmte Tabelle gelöscht. Damit keine Rückfrage erfolgt, werden die Standardmeldungen für diesen Vorgang ausgeschaltet.

Listing 6.28: Standardmeldungen in Excel unterdrücken

```
Sub DisplayAlerts_Beispiel()
 DisplayAlerts = False
 Sheets("Tabelle3").Delete
 DisplayAlerts = True
End Sub
```

DisplayClipboardWindow-Eigenschaft

Über die Eigenschaft `DisplayClipboardWindow` können Sie die Zwischenablage von Office anzeigen, indem Sie diese Eigenschaft auf den Wert `True` setzen.

DisplayCommentIndicator-, DisplayNoteIndicator-Eigenschaft

Über die Eigenschaft `DisplayCommentIndicator` können Sie festlegen, wie Zellen-Kommentare und Indikatoren (rotes Dreieck) in Excel angezeigt werden. Folgende Konstanten stehen dabei zur Verfügung:

Konstante	Beschreibung
`xlNoIndicator`	Es wird kein Indikator angezeigt.
`xlCommentIndicatorOnly`	Es wird nur der Indikator angezeigt.
`xlCommentAndIndicator`	Es werden der Indikator sowie das Kommentarfester angezeigt.

Tabelle 6.6: Konstanten der Eigenschaft DisplayCommentIndicator

Über die Eigenschaft `DisplayNoteIndicator` können Sie festlegen, ob Indikatoren (rotes Dreieck) in Excel angezeigt werden sollen.

Beispiel

Beim folgenden Beispiel aus Listing 6.29 machen Sie es von einem bestimmten Zelleninhalt abhängig, ob Kommentarfester und Indikator angezeigt werden oder nicht.

Listing 6.29: Kommentarfenster und Indikator anzeigen

```
Sub DisplayCommentIndicator_Beispiel()
If Sheets("Tabelle1").Range("A1").Value = 1 Then
 Application.DisplayCommentIndicator = xlNoIndicator
Else
 Application.DisplayCommentIndicator = _
  xlCommentAndIndicator
End If
End Sub
```

DisplayFormulaBar-, DisplayStatusBar-Eigenschaft

Über die Eigenschaft `DisplayFormulaBar` können Sie die Bearbeitungsleiste von Excel anzeigen (`True`) bzw. ausblenden (`False`).
Über die Eigenschaft `DisplayStatusBar` können Sie die Statusleiste von Excel anzeigen (`True`) bzw. ausblenden (`False`).

DisplayFullScreen-Eigenschaft

Über die Eigenschaft `DisplayFullScreen` können Sie in Excel den Vollbildmodus anzeigen (`True`) bzw. die Normalansicht einstellen (`False`).

DisplayFunctionToolTips-Eigenschaft

Über die Eigenschaft `DisplayFunctionToolTips` können Sie Quick-Infos für Funktionen anzeigen (`True`) bzw. ausblenden (`False`).

DisplayRecentFiles-, RecentFiles-Eigenschaft

Über die Eigenschaft `DisplayRecentFile` können Sie entscheiden, ob Sie die Wiedervorlageliste im Menü DATEI unten anzeigen (`true`) oder ausblenden (`False`) möchten.
Die Eigenschaft `RecentFiles` gibt eine Liste mit den zuletzt geöffneten Dateien zurück.

Beispiel

Im folgenden Beispiel aus Listing 6.30 werden die Namen der zuletzt geöffneten Arbeitsmappen im Direktfenster der Entwicklungsumgebung ausgegeben.

Listing 6.30: Die zuletzt geöffneten Dateien ermitteln

```
Sub RecentFiles_Beispiel()
Dim Rf As RecentFile

For Each Rf In Application.RecentFiles
 Debug.Print Rf.Name
Next Rf
End Sub
```

DisplayScrollBars-Eigenschaft

Die Eigenschaft `DisplayScrollBars` legt fest, ob die horizontalen und vertikalen Bildlaufleisten angezeigt (`True`) oder ausgeblendet (`False`) werden sollen.

Hinweis

Sollen die beiden Leistenarten (horizontal und vertikal) einzeln eingeblendet bzw. ausgeblendet werden können, dann stehen hierfür die Eigenschaften `DisplayHorizontalScrollBar` und `DisplayVerticalScrollBar` zur Verfügung.

EditDirectlyInCell-Eigenschaft

Über die Eigenschaft `EditDirectlyInCell` können Sie festlegen, ob in Microsoft Excel eine direkte Zellbearbeitung zugelassen werden soll oder nicht. Wenn Sie diese Eigenschaft auf den Wert `False` setzen, wird die direkte Zellbearbeitung deaktiviert, d.h. es ist danach nicht mehr möglich, über einen Doppelklick direkt in die Zelle zu springen.

EnableAnimations-Eigenschaft

Setzen Sie die Eigenschaft `EnableAnimations` auf den Wert `True`, wenn der Animationseffekt für Einfügen und Löschen aktiviert werden soll. Dadurch werden in das Arbeitsblatt eingefügte Zeilen und Spalten langsam eingeblendet; aus dem Arbeitsblatt gelöschte Zeilen und Spalten verschwinden langsam.

EnableAutoComplete-Eigenschaft

Über die Eigenschaft `EnableAutoComplete` können Sie die automatische Vervollständigung von bereits bekannten Wörtern in Zellen aktivieren (`True`) bzw. deaktivieren (`False`).

EnableCancelKey-Eigenschaft

Über die Eigenschaft `EnableCancelKey` können Sie die normale Funktion der Taste [Esc], die Unterbrechung eines laufenden Makros, deaktivieren. Dazu stehen folgende Konstanten zur Verfügung:

Konstante	Beschreibung
`xlDisabled`	Das Drücken der Abbruchtasten wird nicht beachtet.
`xlErrorHandler`	Die Unterbrechung wird als Fehler an die momentan ausgeführte Prozedur gesendet. Dieser Fehler kann dort durch eine Fehlerbehandlungsroutine behandelt werden, die mit einer `On Error GoTo`-Anweisung festgelegt wurde. Der Fehlercode des auffangbaren Fehlers ist 18.
`xlInterrupt`	Die aktuelle Prozedur wird unterbrochen, und der Benutzer kann die Prozedur testen oder beenden.

Tabelle 6.7: Konstanten der Eigenschaft EnableCancelKey

EnableEvents-Eigenschaft

Über die Eigenschaft `EnableEvents` können Sie die Ereignissteuerung von Excel ein- (`True`) bzw. ausschalten (`False`).

FileDialog-Eigenschaft

Siehe dazu *Kapitel 10* »Interaktive Programmierung«.

FileSearch-Eigenschaft

Über die wichtige Eigenschaft `FileSearch` wird ein `FileSearch`-Objekt zur Verwendung bei Dateisuchen zurückgegeben.

Beispiel

Im folgenden Beispiel aus Listing 6.31 werden alle Textdateien aus einem bestimmten Verzeichnis gesucht und deren Namen im Direktbereich der Entwicklungsumgebung ausgegeben.

Listing 6.31: Alle Textdateien aus einem Verzeichnis mit FileSearch auflisten lassen

```
Sub FileSearch_Beispiel()
Dim s As String
Dim i As Integer

 s = Dir("C:\Eigene Dateien\" & "*.txt")
 i = 1
   While s <> ""
       s = Dir
       Debug.Print s
       i = i + 1
   Wend
End Sub
```

FindFormat-, ReplaceFormat-Eigenschaft

Über die Eigenschaft `FindFormat` können Sie die Suchkriterien für den Typ der zu suchenden Zellenformate ermitteln oder festlegen. Sie haben damit die Möglichkeit, nach Formatierungen zu suchen und diese dann über die Eigenschaft `ReplaceFormat` zu ersetzen.

Beispiel

Im folgenden Beispiel aus Listing 6.32 wird auf der aktiven Tabelle nach einer bestimmten Formatierung gesucht und diese dann durch eine andere ersetzt.

Listing 6.32: Formate suchen und ersetzen

```
Sub FindFormat_Beispiel()
 With Application.FindFormat.Font
    .Name = "Arial"
    .Size = 10
 End With
```

```
 With Application.ReplaceFormat.Font
    .Name = "Arial Narrow"
    .Size = 12
 End With
 Cells.Replace What:="", Replacement:="", _
 LookAt:=xlPart, SearchOrder:=xlByRows, _
 MatchCase:=False, SearchFormat:=True, _
 ReplaceFormat:=True
End Sub
```

▶ FixedDecimal-, FixedDecimalPlaces-Eigenschaft

Mithilfe der Eigenschaft `FixedDecimal` werden alle eingegebenen Daten mit einer festen Anzahl an Dezimalstellen formatiert, die durch die `FixedDecimalPlaces`-Eigenschaft festgelegt wurde.

▶ Beispiel

Beim folgenden Beispiel aus Listing 6.33 werden alle Eingaben von Zahlenwerten in Excel automatisch durch 1.000 geteilt.

Listing 6.33: Daten mit fester Dezimalstellenanzahl formatieren

```
Sub FixedDecimal_Beispiel()
Application.FixedDecimal = True
Application.FixedDecimalPlaces = 3
End Sub
```

▶ Height-, Width-, Top-, Left-Eigenschaft

Über die Eigenschaft `Height` kann die Höhe des Anwendungsfensters festgelegt bzw. abgefragt werden. Wenn das Fenster zum Symbol minimiert wurde, ist diese Eigenschaft schreibgeschützt und gibt die Höhe des Symbols an. Ist das Fenster maximiert, kann diese Eigenschaft nicht festgelegt werden.

Über die Eigenschaft `Width` kann der Abstand zwischen dem linken und rechten Rand des Anwendungsfensters festgelegt werden.

Die Eigenschaft `Top` liefert den Abstand vom oberen Rand des Bildschirms zum oberen Rand des Microsoft Excel-Hauptfensters.

Die Eigenschaft `Left` liefert den Abstand von der linken Seite des Bildschirms zur linken Seite des Excel-Hauptfensters.

▶ Beispiel

Im folgenden Beispiel aus Listing 6.34 wird die Abmessung des Anwendungsfensters ermittelt.

Listing 6.34: Die Abmessung des Anwendungsfensters ermitteln

```
Sub HeightWidth_Beispiel()
MsgBox "Das Fenster hat die Abmessungen" & vbLf & _
Application.Height & " auf " & Application.Width
End Sub
```

▶ IgnoreRemoteRequests-Eigenschaft

Über die Eigenschaft `IgnoreRemoteRequests` können DDE-Fernabfragen ignoriert werden. Setzen Sie in diesem Fall die Eigenschaft auf den Wert `True`.

▶ Interactive-Eigenschaft

Über die Eigenschaft `Interactive` können Sie Microsoft Excel in den interaktiven Modus bringen (`True`). Setzen Sie diese Eigenschaft auf `False`, so wird von Excel jegliche Eingabe von Tastatur oder Maus blockiert. Ideal wird diese Eigenschaft eingesetzt, wenn während DDE-Abfragen, Web-Abfragen oder OLE-Automatisierungen keine Störungen zugelassen werden sollen.

▶ International-Eigenschaft

Die Eigenschaft `International` gibt Informationen über die aktuellen landesspezifischen/regionalen und internationalen Einstellungen zurück. Diese Eigenschaft kann nicht gesetzt werden. Eine komplette Auflistung der Konstanten finden Sie in der Online-Hilfe von VBA.

▶ Beispiel

Im folgenden Beispiel aus Listing 6.35 werden der Ländercode sowie das Dezimaltrennzeichen der installierten Anwendung ermittelt.

Listing 6.35: Ländereinstellungen auslesen

```
Sub International_Beispiel()
 MsgBox Application.International(xlCountryCode) & _
 vbLf & Application.International(xlListSeparator)
End Sub
```

▶ Iteration-, MaxChange-, MaxIteration-Eigenschaft

Setzen Sie die Eigenschaft `Iteration` auf den Wert `True`, wenn Zirkelbezüge in Microsoft Excel durch Iteration aufgelöst werden sollen.
Die Eigenschaft `MaxChange` gibt die maximal zulässige Anzahl an Änderungen zwischen jeder Iteration beim Auflösen von Zirkularbezügen in Excel zurück oder legt sie fest.
Die Eigenschaft `MaxIteration` gibt die maximale Anzahl von Iterationsschritten zurück, die bei der Auflösung von Zirkularbezügen durchlaufen werden können, oder legt sie fest.

▶ MailSystem-Eigenschaft

Die Eigenschaft `MailSystem` gibt den Namen des Mailsystems zurück, das auf Ihrem Computer installiert ist.

▶ Beispiel

Im folgenden Beispiel aus Listing 6.36 wird das installierte Mailsystem ermittelt.

Listing 6.36: Installiertes Mailsystem ermitteln

```
Sub MailSystem_Beispiel()
Select Case Application.MailSystem
    Case xlMAPI
        MsgBox "Mailsystem:  Microsoft Mail"
    Case xlPowerTalk
        MsgBox "Mailsystem: PowerTalk"
    Case xlNoMailSystem
        MsgBox "Kein Mailsystem installiert!"
End Select
End Sub
```

▶ MemoryFree-, MemoryUsed-Eigenschaft

Die Eigenschaft `MemoryFree` gibt die Größe des Arbeitsspeichers in Byte zurück, der Microsoft Excel noch zur Verfügung steht.
Die Eigenschaft `MemoryUsed` gibt den Speicherplatz in Byte zurück, den Excel gegenwärtig verwendet

▶ MouseAvailable-Eigenschaft

Über der Eigenschaft `MouseAvailable` können Sie prüfen, ob eine Maus am Computer angeschlossen ist. In diesem Fall gibt diese Eigenschaft den Wert `True` zurück.

▶ MoveAfterReturn-, MoveAfterReturnDirection-Eigenschaft

Setzen Sie die Eigenschaft `MoveAfterReturn` auf den Wert `True`, wenn die aktive Zelle nach dem Drücken der Taste [↵] verschoben werden soll.
Über die Eigenschaft `MoveAfterReturnDirection` legen Sie fest, wohin die aktive Zelle nach dem Drücken der Taste [↵] verschoben wird. Dazu stehen folgende Richtungskonstanten zur Verfügung:

Konstante	Beschreibung
`xlDown`	Markierung wird nach unten verschoben.
`xlToLeft`	Markierung wird nach links verschoben.
`xlToRight`	Markierung wird nach rechts verschoben.
`xlUp`	Markierung wird nach oben verschoben.

Tabelle 6.8: Richtungskonstanten der Eigenschaft MoveAfterReturnDirection

▶ Name-, Names-Eigenschaft

Über die Eigenschaft `Name` können Sie den Namen der Anwendung abfragen. So liefert die Anweisung `MsgBox Application.Name` das Ergebnis »Microsoft Excel«.
Über die Eigenschaft `Names` können Sie alle verwendeten Namen der Arbeitsmappe ermitteln und die genaue Zellenposition aufspüren.

▶ **Beispiel**

Im folgenden Beispiel aus Listing 6.37 werden alle Namen einer Mappe im Direktfenster der Entwicklungsumgebung ausgegeben.

Listing 6.37: Alle verwendeten Namen einer Arbeitsmappe ermitteln

```
Sub Names_Beispiel()
Dim Namen As Name

For Each Namen In Application.Names
 Debug.Print Namen.Value; vbTab; Namen.Name
Next Namen
End Sub
```

▶ **NetWorkTemplatePath-Eigenschaft**

Die Eigenschaft `NetWorkTemplatePath` gibt den Netzwerkpfad zurück, unter dem Vorlagen gespeichert sind. Existiert der Netzwerkpfad nicht, gibt die Eigenschaft eine leere Zeichenfolge zurück.

▶ **OperatingSystem-, Version-, Build-Eigenschaft**

Die Eigenschaft `OperatingSystem` gibt die Versionsnummer des aktuellen Betriebssystems, also Windows, zurück.
Die Eigenschaft `Version` liefert die Versionsnummer von Excel.
Die Eigenschaft `Build` gibt die interne Versionsnummer von Excel zurück.

▶ **OrganizationName-, UserName-Eigenschaft**

Die Eigenschaft `OrganizationName` gibt den Namen der registrierten Organisation zurück.
Die Eigenschaft `UserName` gibt den Namen des aktuellen Benutzers zurück oder legt ihn fest.

▶ **Parent-Eigenschaft**

Die Eigenschaft `Parent` gibt das übergeordnete Objekt für das angegebene Objekt zurück.

▶ Beispiel

Im folgenden Beispiel aus Listing 6.38 wird die Fußzeile einer Tabelle mit der Dokumenteigenschaft »Firma« ausgestattet.

Listing 6.38: Fußzeile mit Dokumenteigenschaft füllen

```
Sub Parent_Beispiel()
With ActiveSheet
  .PageSetup.RightFooter = _
  .Parent.BuiltinDocumentProperties("Company")
End With
End Sub
```

▶ Path-Eigenschaft

Über die Eigenschaft `Path` können Sie das Installationsverzeichnis von Excel abfragen.

▶ Beispiel

Im folgenden Beispiel aus Listing 6.39 wird das Installationsverzeichnis der Anwendung Excel abgefragt.

Listing 6.39: Das Installationsverzeichnis von Office abfragen

```
Sub Path_Beispiel()
MsgBox Application.Path
End Sub
```

▶ PreviousSelections-Eigenschaft

Über die Eigenschaft `PreviousSelections` können Sie die vier zuletzt markierten Bereiche oder Namen ermitteln, sofern diese über die Methode `Goto` bzw. über den Dialog GEHE ZU aktiviert und markiert wurden.

▶ Beispiel

Im folgenden Beispiel aus Listing 6.40 werden die zuletzt markierten Bereiche ermittelt.

Listing 6.40: Die zuletzt markierten Bereiche auslesen

```
Sub PreviousSelection_Beispiel()
On Error Resume Next
For i = LBound(Application.PreviousSelections) To _
        UBound(Application.PreviousSelections)
   Debug.Print _
   Application.PreviousSelections(i).Address
Next i
End Sub
```

▶ PromptForSummaryInfo-Eigenschaft

Die Eigenschaft `PromptForSummaryInfo` kann eingesetzt werden, um Microsoft Excel so einzustellen, dass beim ersten Speichern von Dateien der Datei-Eigenschaften-Dialog aufgerufen wird.

▶ Ready-Eigenschaft

Über die Eigenschaft `Ready` kann abgefragt werden, ob die Anwendung bereit oder gerade beschäftigt ist.

▶ RecordRelative-, ReferenceStyle-Eigenschaft

Die Eigenschaft `RecordRelative` betrifft die Einstellung des Makrorekorders. Setzen Sie diese Eigenschaft auf den Wert `True`, um Makros mit relativen Bezügen aufzuzeichnen. Stellen Sie hingegen den Wert `False` ein, um die Aufzeichnung absolut durchzuführen.
Über die Eigenschaft `ReferenceStyle` können Sie bestimmen, wie Microsoft Excel Zellbezüge sowie Zeilen- und Spaltenköpfe anzeigt. Dabei gibt es die Möglichkeit des Z1S1- Stils oder derA1-Bezugsart.

▶ RollZoom-Eigenschaft

Die Eigenschaft `RollZoom` bestimmt, wie eine IntelliMouse reagieren soll. Setzen Sie diese Eigenschaft auf den Wert `True`, damit die Intelli Mouse bei Betätigung des Rädchens den Bereich vergrößert, anstatt einen Bildlauf durchzuführen.

ScreenUpdating-Eigenschaft

Die Eigenschaft `ScreenUpdating` kann dazu eingesetzt werden, um die Laufzeit von Makros erheblich zu verkürzen. Dabei kann die Bildschirmaktualisierung abgeschaltet werden, indem Sie dieser Eigenschaft den Wert `False` zuweisen.

SheetsInNewWorkbook-Eigenschaft

Über die Eigenschaft `SheetsInNewWorkbook` können Sie festlegen, wie viele Tabellen automatisch angelegt werden sollen, wenn Sie eine neue Arbeitsmappe einrichten.

Beispiel

Beim folgenden Beispiel aus Listing 6.41 wird eine neue Arbeitsmappe angelegt, die bereits 12 Tabellen enthält.

Listing 6.41: Anzahl der Tabellen einer neuen Mappe festlegen

```
Sub SheetsInNewWorkbook_Beispiel()
 Application.SheetsInNewWorkbook = 12
 Workbooks.Add
End Sub
```

ShowWindowsInTaskBar-Eigenschaft

Setzen Sie die Eigenschaft `ShowWindowsInTaskBar` auf den Wert `True`, um für jede geöffnete Arbeitsmappe eine eigene Schaltfläche auf der Windows-Taskleiste anzuzeigen.

StandardFont-, StandardFontSize-Eigenschaft

Die Eigenschaft `StandardFont` gibt den Namen der Standardschriftart zurück oder legt diesen fest.
Die Eigenschaft `StandardFontSize` gibt den Standardschriftgrad in Punkt zurück oder legt diesen fest.
Beide Einstellungen werden erst nach erneutem Excel-Start wirksam

Beispiel

Im folgenden Beispiel aus Listing 6.42 wird die Standardschriftart ARIAL sowie die Standardschriftgröße von 10 Punkt festgelegt.

Listing 6.42: Standardschriftart und -größe festlegen

```
Sub StandardFont_Beispiel()
With Application
 .StandardFont = "Arial"
 .StandardFontSize = 10
End With
End Sub
```

▶ StatusBar-Eigenschaft

Über die Eigenschaft `StatusBar` können Sie den Text der Statusleiste abfragen oder festlegen. Gerade bei länger laufenden Makros wird die Statusleiste oft dazu eingesetzt, die einzelnen Schritte eines Makros aufzuzeigen.

▶ Beispiel

Im folgenden Listing aus Listing 6.43 wird jede Minute ein bestimmtes Makro aufgerufen. Dieser Vorgang wird in der Statusleiste vermerkt.

Listing 6.43: Die Statusleiste einsetzen

```
Sub Zeitmakro()
 Application.OnTime Now + TimeValue("00:01:00"), _
 "StatusBar_Beispiel"
End Sub

Sub StatusBar_Beispiel()
Application.StatusBar = Date & "," & Time
Call Zeitmakro
End Sub
```

▶ UsableHeight-, UsableWidth-Eigenschaft

Die Eigenschaft `UsableHeight` gibt in Punkt die maximale Höhe der Fläche zurück, die ein Fenster innerhalb des Anwendungsfensters einnehmen kann.

Die Eigenschaft `UsableWidth` gibt die Breite der Fläche zurück, die von einem Fenster innerhalb des Anwendungsfensters eingenommen werden kann.

Hinweis

Beide Eigenschaften werden in der Einheit Punkt ausgegeben. Ein Punkt bezieht sich auf die Höhe eines gedruckten Zeichens und entspricht ca. 0,0357 cm.

UsedObjects-Eigenschaft

Die Eigenschaft `UsedObjects` gibt ein `UsedObjects`-Objekt zurück, das Objekte darstellt, die in einer Arbeitsmappe zugewiesen sind.

Beispiel

Im folgenden Beispiel aus Listing 6.44 werden alle verwendeten Objekte der Anwendung im Direktfenster der Entwicklungsumgebung ausgegeben.

Listing 6.44: Die verwendeten Objekte einer Anwendung ausgeben

```
Sub UsedObjects_Beispiel()
Dim obj As Object

 For Each obj In Application.UsedObjects
  Debug.Print TypeName(obj)
 Next obj
End Sub
```

UserControl-Eigenschaft

Die Eigenschaft `UserControl` meldet den Wert `True`, wenn die Anwendung sichtbar ist oder vom Benutzer selbst erstellt oder gestartet wurde. Wurde die Anwendung als Programm mithilfe der Funktionen `CreateObject` oder `GetObject` erstellt bzw. gestartet und die Anwendung ist nicht sichtbar, dann meldet die Eigenschaft den Wert `False`.

UserLibraryPath-Eigenschaft

Die Eigenschaft `UserLibraryPath` liefert den Pfad zu dem Speicherort auf dem Computer des Benutzers zurück, an dem die COM-Add-Ins installiert sind.

▶ VBE-Eigenschaft

Die Eigenschaft `VBE` gibt ein VBE-Objekt zurück, das den Visual Basic-Editor darstellt.

▶ Beispiel

Im folgenden Beispiel aus Listing 6.45 wird die Entwicklungsumgebung per Makro aufgerufen.

Listing 6.45: Die Entwicklungsumgebung per Makro aufrufen

```
Sub VBE_Beispiel()
Application.VBE.MainWindow.Visible = True
End Sub
```

▶ Visible-Eigenschaft

Die Eigenschaft `Visible` bestimmt, ob ein Objekt angezeigt wird oder nicht.

▶ Beispiel

Im folgenden Beispiel aus Listing 6.46 wird eine neue Excel-Applikation erstellt, eine neue Mappe eingefügt und sichtbar gemacht.

Listing 6.46: Neue Anwendungssitzung aufrufen und sichtbar machen

```
Sub Visible_Beispiel()
Dim Xl As Excel.Application

Set Xl = New Excel.Application
Xl.Workbooks.Add
Xl.Visible = True
End Sub
```

▶ Watches-Eigenschaft

Die neue Eigenschaft `Watches` (ab Excel 2002) gibt ein `Watches`-Objekt zurück, das einen Bereich darstellt, der bei der Neuberechnung eines Arbeitsblattes protokolliert wird.

▶ Beispiel

Im folgenden Beispiel aus Listing 6.47 wird eine bestimmte Zelle überwacht und dazu im Überwachungsfenster eingefügt.

Listing 6.47: Überwachung hinzufügen

```
Sub Watch_Beispiel()
With Application
    .Range("A1").Value = 1
    .Range("A2").Value = 2
    .Range("A3").Formula = "=Sum(A1:A2)"
    .Watches.Add Source:=Range("A3").Address
End With
End Sub
```

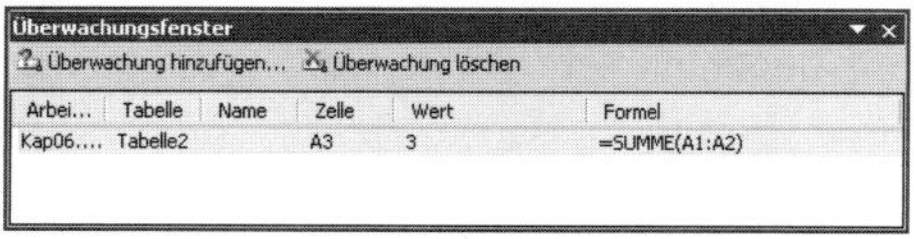

Abbildung 6.2: Die Zelle A3 wird überwacht

▶ Windows-Eigenschaft

Die Eigenschaft `Windows` gibt für ein `Application`-Objekt eine Windows-Auflistung zurück, die alle Fenster in allen Arbeitsmappen darstellt.

▶ Beispiel

Im folgenden Beispiel aus Listing 6.48 wird der Windows-Titel jeder geöffneten Excel-Mappe im Direktbereich der Entwicklungsumgebung ausgegeben.

Listing 6.48: Fenstertitel ermitteln

```
Sub Windows_Beispiel()
Dim fenster As Window

For Each fenster In Application.Windows
 Debug.Print fenster.Caption
Next fenster
End Sub
```

WindowState-Eigenschaft

Über die Eigenschaft `WindowState` können Sie den Status des Fensters abfragen oder festlegen. Dazu stehen folgende Konstanten zur Verfügung:

Konstante	Beschreibung
xlMaximized	Fenster ist maximiert.
xlNormal	Fenster liegt in Normalgröße vor.
xlMinimized	Fenster ist minimiert.

Tabelle 6.9: Konstanten der Eigenschaft WindowState

Beispiel

Im folgenden Beispiel aus Listing 6.49 wird der momentane Fensterstatus abgefragt.

Listing 6.49: Fensterstatus abfragen

```
Sub WindowState_Beispiel()
Dim s As String

Select Case Application.WindowState
    Case xlMaximized
        s = "xlMaximized"
    Case xlMinimized
        s = "xlMinimized"
    Case xlNormal
        s = "xlNormal"
End Select
MsgBox "Window-Status: " & s
End Sub
```

6.2 Application-Methoden

ActivateMicrosoftApp-Methode

Die Methode `ActivateMicrosoftApp` aktiviert eine Microsoft-Anwendung. Falls die Anwendung bereits ausgeführt wird, aktiviert diese Methode das betreffende Anwendungsfenster. Wird die Anwendung noch nicht ausgeführt, startet die Methode eine neue Instanz der Anwendung. Folgende Konstanten stehen dabei zur Verfügung:

Konstante	Anwendung
`xlMicrosoftWord`	Word
`xlMicrosoftPowerPoint`	PowerPoint
`xlMicrosoftMail`	Outlook, Outlook Express
`xlMicrosoftAccess`	Access
`xlMicrosoftFoxPro`	FoxPro
`xlMicrosoftProject`	Project

Tabelle 6.10: Konstanten der Methode ActivateMicrosoftApp

▶ Beispiel

Im folgenden Beispiel aus Listing 6.50 wird die Anwendung Outlook gestartet.

Listing 6.50: Outlook starten über die Methode ActivateMicrosoftApp

```
Sub ActivateMicrosoftApp_Beispiel()
 Application.ActivateMicrosoftApp xlMicrosoftMail
End Sub
```

▶ AddChartAutoFormat-, DeleteChartAutoFormat-Methode

Die Methode `AddChartAutoFormat` fügt der Liste verfügbarer Diagramme ein benutzerdefiniertes Diagramm hinzu.

▶ Syntax

`Ausdruck.AddChartAutoFormat(Chart, Name, Description)`

Argument	Beschreibung
`Ausdruck`	Erforderlich. Ein Ausdruck, der ein `Application`-Objekt zurückgibt.
`Chart`	Erforderlich. Ein Diagramm mit dem Format, das dem neuen Diagramm als AutoFormat zugeordnet werden soll.

Tabelle 6.11: Argumente der Methode AddChartAutoFormat

Argument	Beschreibung
`Name`	Erforderlich. Der Name des AutoFormats.
`Description`	Optional. Eine Beschreibung des benutzerdefinierten AutoFormats.

Tabelle 6.11: Argumente der Methode AddChartAutoFormat (Forts.)

Die Methode `DeleteChartAutoFormat` entfernt ein benutzerdefiniertes Diagramm-AutoFormat aus der Liste verfügbarer Diagramme.

▶ Beispiel

Im folgenden Beispiel aus Listing 6.51 wird ein eigenes Diagramm in den Diagramm-Assistenten im Register BENUTZERDEFINIERTE TYPEN eingestellt.

Listing 6.51: Ein benutzerdefiniertes Diagramm hinzufügen

```
Sub AddChartAutoFormat_Beispiel()
Application.AddChartAutoFormat _
 Chart:=Charts("Diagramm1"), _
 Name:="Eigenes Diagramm", _
 Description:="Mein eigenes Diagramm"
End Sub
```

▶ AddCustomList- , GetCustomListContents-, DeleteCustomList-Methode

Die Methode `AddCustomList` fügt eine benutzerdefinierte Liste für benutzerdefiniertes AutoAusfüllen und benutzerdefiniertes Sortieren den bereits bestehenden Listen hinzu.

Die Methode `GetCustomListContents` gibt eine benutzerdefinierte Liste (ein Array mit Zeichenfolgen) zurück.

Die Methode `DeleteCustomList` löscht eine benutzerdefinierte Liste. Es wird eine Fehlermeldung erzeugt, wenn die Listennummer kleiner 5 ist oder die entsprechende benutzerdefinierte Liste nicht existiert.

▶ Beispiele

Im folgenden Beispiel aus Listing 6.52 wird eine Liste mit Automobilherstellern angelegt.

Listing 6.52: Eine Autoliste erstellen

```
Sub AddCustomList_Beispiel()
Application.AddCustomList Array _
("DaimlerChrysler", "Volkswagen", "Volvo", "Audi", _
"Opel", "Suzuki", "Toyota", "Mitsubishi", "Porsche")
End Sub
```

Im nächsten Listing aus Listing 6.53 wird genau die gerade angelegte Liste in eine neue Tabelle eingefügt.

Listing 6.53: Eine benutzerdefinierte Liste in eine Tabelle einfügen

```
Sub GetCutstomListContents_Beispiel()
Dim Tabelle As Worksheet
Dim VList As Variant
Dim i As Integer

Set Tabelle = Worksheets.Add
VList = Application.GetCustomListContents(5)
For i = LBound(VList, 1) To UBound(VList, 1)
   Tabelle.Cells(i, 1).Value = VList(i)
Next i
End Sub
```

Abbildung 6.3: Die benutzerdefinierte Liste wurde eingefügt

Calculate-, CalculateFull-, CalculateFullRebuild-Methode

Die Methode `Calculate` berechnet alle geöffneten Arbeitsmappen, ein bestimmtes Arbeitsblatt einer Arbeitsmappe oder einen bestimmten Zellbereich in einem Arbeitsblatt.
Die Methode `CalculateFull` erzwingt eine vollständige Berechnung der Daten in allen geöffneten Arbeitsmappen.
Die Methode `CalculateFullRebuild` erzwingt für alle geöffneten Arbeitsmappen eine vollständige Berechnung der Daten und erstellt die Abhängigkeiten erneut.

CentimetersToPoints-, InchesToPoints-Eigenschaft

Die Methode `CentimetersToPoints` wandelt eine Maßangabe von Zentimeter in Punkt um.
Die Methode `InchesToPoints` wandelt eine Maßangabe von Zoll in Punkt um. Ein Punkt entspricht ca. 0,0357 cm (1/72 Zoll).

CheckAbort-Methode

Die Methode `CheckAbort` stoppt die Neuberechnung in einer Microsoft Excel-Anwendung.

CheckSpelling-Methode

Die Methode `CheckSpelling` prüft die Rechtschreibung eines einzelnen Wortes. Sie gibt den Wert `True` zurück, wenn das Wort in einem der Wörterbücher gefunden wird.

Syntax

```
Ausdruck.CheckSpelling(Word, CustomDictionary,
IgnoreUppercase)
```

Argument	Beschreibung
`Ausdruck`	Erforderlich. Ein Ausdruck, der ein `Application`-Objekt zurückgibt.
`Word`	Erforderlich. Das zu überprüfende Wort.

Tabelle 6.12: Argumente der Methode CheckSpelling

Argument	Beschreibung
`CustomDictionary`	Optional. Das Benutzerwörterbuch, in dem das Word gesucht werden soll, das nicht im Standardwörterbuch zu finden ist.
`IgnoreUppercase`	Optional. `True`, Microsoft Excel ignoriert alle Wörter in Großbuchstaben. Ist der Wert `False`, prüft Microsoft Excel auch Wörter, die in Großbuchstaben geschrieben sind. Wenn Sie dieses Argument nicht angeben, wird die aktuelle Einstellung verwendet.

Tabelle 6.12: Argumente der Methode CheckSpelling (Forts.)

▶ Beispiel

Im folgenden Beispiel aus Listing 6.54 wird geprüft, ob das Wort »Scooter« im Wörterbuch bereits vorhanden ist.

Listing 6.54: Wortüberprüfung über die Methode SpellChecking vornehmen

```
Sub CheckSpelling()
If Application.CheckSpelling("Scooter") = True Then
 MsgBox "Wort gefunden!"
Else
 MsgBox "Wort nicht gefunden!"
End If
End Sub
```

▶ ConvertFormula-Methode

Die Methode `ConvertFormula` konvertiert Zellbezüge in Formeln zwischen den Bezugsarten A1 und Z1S1, zwischen relativen und absoluten Bezügen oder beides.

▶ Syntax

```
Ausdruck.ConvertFormula(Formula, FromReferenceStyle,
ToReferenceStyle, ToAbsolute, RelativeTo)
```

Argument	**Beschreibung**
Ausdruck	Erforderlich. Ein Ausdruck, der ein Application-Objekt zurückgibt.
Formula	Erforderlich. Eine Zeichenfolge, welche die zu konvertierende Formel enthält. Es muss eine gültige Formel sein, die mit einem Gleichheitszeichen beginnt.
FromReferenceStyle	Erforderlich. XlReferenceStyle-Wert.
XlReferenceStyle	Erforderlich. Kann eine der folgenden XlReferenceStyle-Konstanten sein. xlA1 oder xlR1C1
ToReferenceStyle	Optional. XlReferenceStyle-Wert. Die Bezugsart, die Sie zurückgeben möchten.
XlReferenceStyle	Kann eine der folgenden XlReferenceStyle-Konstanten sein: xlA1 oder xlR1C1
ToAbsolute	Optional. XlReferenceStyle-Wert: xlAbsolute xlAbsRowRelColumn xlRelRowAbsColumn xlRelative
RelativeTo	Optionaler Variant-Wert. Ein Range-Objekt, das eine Zelle enthält. Relative Bezüge verweisen auf diese Zelle.

Tabelle 6.13: Argumente der Methode ConvertFormula

▶ Beispiel

Im folgenden Beispiel aus Listing 6.55 werden die Absolutbezüge aus allen markierten Zellen entfernt und durch relative Bezüge ersetzt.

Listing 6.55: Absolutbezüge durch Relativbezüge tauschen

```
Sub ConvertFormular_Beispiel()
Dim zelle As Range

For Each zelle In _
Selection.SpecialCells(xlCellTypeFormulas)
```

```
zelle.Formula = _
 Application.ConvertFormula(zelle.Formula, _
 xlA1, , xlRelative, zelle)
Next zelle
End Sub
```

DoubleClick-Methode

Die Methode `DoubleClick` entspricht einem Doppelklick auf die aktive Zelle.

FindFile-, GetOpenFilename-, GetSaveAsFilename-Methode

Siehe *Kapitel 10* »Interaktive Programmierung«

GoTo-Methode

Die Methode `GoTo` markiert einen Bereich oder eine Visual Basic-Prozedur in einer beliebigen Arbeitsmappe und aktiviert diese, falls sie nicht bereits aktiv ist.

Syntax

```
Ausdruck.Goto(Reference, Scroll)
```

Argument	Beschreibung
`Ausdruck`	Erforderlich. Ein Ausdruck, der ein `Application`-Objekt zurückgibt.
`Reference`	Optional. Gibt das Ziel an. Kann ein Range-Objekt sein, eine Zeichenfolge, die einen Zellbezug in Z1S1-Bezugsart enthält, oder aber eine Zeichenfolge, die den Namen einer Visual Basic-Prozedur enthält. Wenn Sie dieses Argument nicht angeben, ist das Ziel der letzte mit der `Goto`-Methode ausgewählte Bereich.
`Scroll`	Optional. Wenn `True`, führt Microsoft Excel die nötigen Bildläufe durch, damit die obere linke Zelle des Bereichs als obere linke Zelle des Fensters erscheint. Wenn `False`, führt Microsoft Excel keine Bildläufe durch. Der Standardwert ist `False`.

Tabelle 6.14: Argumente der Methode GoTo

▶ Beispiel

Im folgenden Beispiel aus Listing 6.56 wird in TABELLE2 die Zelle D200 angesteuert und die Bildlaufleisten dementsprechend eingestellt.

Listing 6.56: Zellenbereiche ansteuern über die Methode Goto

```
Sub Goto_Beispiel()
Application.Goto Reference:= _
Worksheets("Tabelle1").Range("D200"), scroll:=True
End Sub
```

▶ Help-Methode

Über die Methode `Help` können Sie ein Hilfethema anzeigen.

▶ Syntax

```
Ausdruck.Help(HelpFile, HelpContextID)
```

Argument	Beschreibung
`Ausdruck`	Erforderlich. Ein Ausdruck, der ein `Application`-Objekt zurückgibt.
`HelpFile`	Optional. Der Name der Hilfedatei, die angezeigt werden soll. Wenn Sie dieses Argument nicht angeben, wird die Microsoft Excel-Hilfe angezeigt.
`HelpContextID`	Optional. Hier können Sie die Kontext-ID für das betreffende Hilfethema angeben. Wenn Sie dieses Argument nicht angeben, wird das Dialogfeld HILFETHEMEN angezeigt.

Tabelle 6.15: Argumente der Methode Help

▶ Beispiel

Im folgenden Beispiel aus Listing 6.57 wird die Excel-Online-Hilfe aufgerufen.

Listing 6.57: Excel-Online-Hilfe aufrufen

```
Sub Help_Beispiel()
 Application.Help
End Sub
```

InputBox-Methode

Siehe *Kapitel 10* »Interaktive Programmierung«

Intersect-Methode

Die Methode `Intersect` gibt ein `Range`-Objekt zurück, das die rechteckige Schnittmenge von zwei oder mehreren Bereichen darstellt.

Beispiel

Im folgenden Beispiel aus Listing 6.58 wird geprüft, ob die aktive Zelle in einem vorher definierten Bereich liegt.

Listing 6.58: Prüfung, ob eine Zelle in einem bestimmten Bereich liegt

```
Sub Intersect_Bespiel()
Dim Bereich As Range

Set Bereich = Sheets("Tabelle1").Range("A1:B5")
If Application.Intersect _
(Bereich, ActiveCell) Is Nothing Then
    MsgBox "Die aktive Zelle liegt nicht im Bereich"
Else
    MsgBox "Die aktive Zelle liegt im Bereich"
End If
End Sub
```

MacroOptions-Methode

Die Methode `MacroOptions` legt die Eigenschaften eines Makos/Funktion fest.

Syntax

```
Ausdruck.MacroOptions(Macro, Description, HasMenu,
MenuText, HasShortcutKey, ShortcutKey, Category,
StatusBar, HelpContextID, HelpFile)
```

Argument	Beschreibung
Ausdruck	Erforderlich. Ein Ausdruck, der ein Application-Objekt zurückgibt.
Macro	Optional. Der Name des Makros.
Description	Optional. Die Beschreibung des Makros.
HasMenu	Optional. Dieses Argument wird ignoriert.
MenuText	Optional. Dieses Argument wird ignoriert.
HasShortcutKey	Optional. Wenn True, wird dem Makro eine Tastenkombination zugeordnet (ShortcutKey muss ebenfalls angegeben werden). Wenn das Argument den Wert False besitzt, wird dem Makro keine Tastenkombination zugewiesen.
ShortcutKey	Optional. Erforderlich, wenn HasShortcutKey den Wert True besitzt. Andernfalls wird das Argument ignoriert. Die Tastenkombination.
Category	Optional. Eine Ganzzahl, die die Funktionskategorie des Makros angibt.
StatusBar	Optionaler Variant-Wert. Der Statusleistentext des Makros.
HelpContextId	Optional. Eine Ganzzahl, die die Kontext-ID für das Hilfethema angibt, das dem Makro zugeordnet ist.
HelpFile	Optional. Der Name der Hilfedatei, die das Hilfethema beinhaltet, das durch das Argument HelpContextId angegeben wurde.

Tabelle 6.16: Argumente der Methode MacroOptions

Das Argument Category hat folgende Bedeutung:

Zahl	Funktionskategorie
1	Finanzmathematik
2	Datum & Zeit
3	Math. & Trigonom.
4	Statistik
5	Matrix
6	Datenbank
7	Text

Tabelle 6.17: Bedeutung des Arguments Category

Zahl	Funktionskategorie
8	Logik
9	Information
10	Benutzerdefiniert

Tabelle 6.17: Bedeutung des Arguments Category (Forts.)

Beispiel

Im folgenden Beispiel aus Listing 6.59 wird eine Funktion der Funktions-Kategorie INFORMATION zugewiesen. Standardmäßig werden eigene Funktionen der Funktions-Kategorie BENUTZERDEFINIERT zugewiesen.

Listing 6.59: Eine Funktion einer Funktions-Kategorie zuweisen

```
Function TabName()
 TabName = ActiveSheet.Name
End Function

Sub MacroOptions_Beispiel()
  Application.MacroOptions _
  Macro:="TabName", _
  Description:="Tabellennamen ermitteln", _
  Category:=9
End Sub
```

MailLogOn-, MailLogoff-Methode

Die Methode `MailLogOn` meldet sich bei MAPI Mail oder Microsoft Exchange an und stellt eine Mail-Sitzung her.

Syntax

```
Ausdruck.MailLogon(Name,Password, DownloadNewMail)
```

Argument	Beschreibung
Ausdruck	Erforderlich. Ein Ausdruck, der ein Application-Objekt zurückgibt.
Name	Optional. Der Name des Mail-Kontos oder des Microsoft Exchange-Profils. Ohne Angabe wird der Standardname des Mail-Kontos eingesetzt.
Password	Optional. Das Kennwort des Mail-Kontos. Dieses Argument wird in Microsoft Exchange ignoriert.
DownloadNewMail	Optional. Wenn True, werden neue Nachrichten sofort heruntergeladen.

Tabelle 6.18: Argumente der Methode MailLogOn

Die Methode MailLogoff beendet eine von Microsoft Excel hergestellte MAPI Mail-Sitzung.

OnKey-Methode

Die Methode OnKey führt die angegebene Prozedur aus, wenn eine bestimmte Taste oder Tastenkombination gedrückt wird.

Syntax

```
Ausdruck.OnKey(Key, Procedure)
```

Argument	Beschreibung
Ausdruck	Erforderlich. Ein Ausdruck, der ein Application-Objekt zurückgibt.
Key	Erforderlich. Eine Zeichenfolge, die die zu drückende Taste angibt.
Procedure	Optional. Eine Zeichenfolge, die den Namen der auszuführenden Prozedur festlegt.

Tabelle 6.19: Argumente der Methode OnKey

Beispiel

Im folgenden Beispiel aus Listing 6.60 wird einem Makro eine Tastenkombination zugewiesen.

Listing 6.60: Über die Tastenkombination `Alt` + `9` *wird die Adresse der aktiven Zelle am Bildschirm ausgegeben*

```
Sub TastenkombinationZuweisen()
    Application.OnKey "%9", "Onkey_Beispiel"
End Sub

Sub Onkey_Beispiel()
With Application.ActiveCell
   MsgBox "Aktive Zelle ist in Zeile " & _
   .Row & " und Spalte " & .Column
End With
End Sub
```

▶ Hinweis

Die Belegung der einzelnen Tasten der Methode `OnKey` können Sie übersichtlich in der Online-Hilfe nachschlagen.

▶ OnRepeat-, OnUndo-Methode

Über die Methode `OnRepeat` können Sie den Befehl WIEDERHOLEN aus dem Menü BEARBEITEN mit einem anderen Text sowie mit einem anderen Makro hinterlegen.
Mit der Methode `OnUndo` können Sie den Befehl RÜCKGÄNGIG aus dem Menü BEARBEITEN mit einem anderen Text sowie mit einem anderen Makro hinterlegen.

▶ Beispiel

Im folgenden Beispiel aus Listing 6.61 werden die beiden Befehle WIEDERHOLEN und RÜCKGÄNGIG aus dem Menü BEARBEITEN umbenannt und jeweils ein anderes Makro hinterlegt.

Listing 6.61: Auf die Befehle Wiederholen bzw. Rückgängig reagieren

```
Sub OnRepeat_Beispiel()
Application.OnRepeat "Aktion wiederholen", _
    "WiederholenMakro"
Application.OnUndo "Aktion widerrufen", _
    "WiderrufenMakro"
End Sub
```

▶ OnTime-Methode

Über die Methode `OnTime` können Sie ein Makro zu einem bestimmten Zeitpunkt starten.

▶ Syntax

```
Ausdruck.OnTime(EarliestTime, Procedure, LatestTime,
Schedule)
```

Argument	Beschreibung
`Ausdruck`	Erforderlich. Ein Ausdruck, der ein `Application`-Objekt zurückgibt.
`EarliestTime`	Erforderlich. Die Zeit, zu der diese Prozedur ausgeführt werden soll.
`Procedure`	Erforderlich. Der Name der auszuführenden Prozedur.
`LatestTime`	Optional. Der späteste Zeitpunkt zum Ausführen der Prozedur.
`Schedule`	Optional. `True` führt eine neue `OnTime`-Prozedur aus. `False` löscht eine vorher eingestellte Prozedur. Der Standardwert ist `True`.

Tabelle 6.20: Argumente der Methode OnTime

▶ Beispiel

Im folgenden Beispiel aus Listing 6.62 wird ein bestimmtes Makro zu einem zukünftigen Datum um eine bestimmte Uhrzeit ausgeführt.

Listing 6.62: Am 25.03.2004 um 8:30 wird das Makro Abfrage automatisch gestartet

```
Sub OnTime_Beispiel()
Application.OnTime DateValue("25.03.04") + _
TimeValue("08:30:00"), "Abfrage"
End Sub
```

▶ Hinweis

Um diesen Countdown einzuleiten, starten Sie zu einem früheren Zeitpunkt das Makro aus Listing 6.62 und lassen den Computer eingeschaltet.

▶ Quit-Methode

Die Methode `Quit` beendet Excel.

▶ Beispiel

Im folgenden Beispiel aus Listing 6.63 werden alle noch geöffneten Arbeitsmappen gespeichert und anschließend wird Excel beendet.

Listing 6.63: Die Anwendung über die Methode Quit beenden

```
Sub Quit_Beispiel()
Dim Mappe As Workbook

For Each Mappe In Application.Workbooks
 Mappe.Save
Next Mappe
Application.Quit
End Sub
```


▶ Repeat-Methode

Die Methode `Repeat` wiederholt die letzte Benutzeraktion.

▶ Run-Methode

Die Methode `Run` führt ein Makro aus oder ruft eine Funktion auf. Diese Syntax eignet sich zur Ausführung eines Makros, das in Visual Basic oder der Microsoft Excel-Makrosprache geschrieben wurde oder zur Ausführung einer Funktion in einer DLL oder XLL.

▶ Syntax

```
Ausdruck.Run(Macro, Arg1, Arg2,..Arg30)
```

Argument	Beschreibung
`Ausdruck`	Erforderlich. Ein Ausdruck, der ein `Application`-Objekt zurückgibt.
`Macro`	Optional. Das auszuführende Makro. Es kann entweder eine Zeichenfolge mit dem Makronamen angegeben werden oder ein `Range`-Objekt, welches die Position der Funktion bezeichnet, oder die Registerkennnummer einer registrierten DLL (XLL)-Funktion.
`Arg1-Arg30`	Optional. Die Argumente, die an die Funktion weiterzuleiten sind.

Tabelle 6.21: Argumente der Methode Run

SaveWorkspace-Methode

Die Methode `SaveWorkspace` speichert den aktuellen Arbeitsbereich. Dabei werden alle geöffneten Arbeitsmappen unter einem Arbeitsbereich abgelegt. Dies ermöglicht schnelleres Öffnen aller im Arbeitsbereich verzeichneten Arbeitsmappen.

Syntax

```
Ausdruck.SaveWorkspace(Filename)
```

Argument	Beschreibung
`Ausdruck`	Erforderlich. Ein Ausdruck, der ein `Application`-Objekt zurückgibt.
`Filename`	Optional. Der Name der gespeicherten Datei.

Tabelle 6.22: Argumente der Methode SaveWorkspace

SendKeys-Methode

Die Methode `SendKeys` sendet Tastenkombinationen an die aktive Anwendung.

Syntax

```
Ausdruck.SendKeys(Keys, Wait)
```

Argument	Beschreibung
`Ausdruck`	Optional. Ein Ausdruck, der ein `Application`-Objekt zurückgibt.
`Keys`	Erforderlich. Die Taste oder Tastenkombination, die Sie als Text an die Anwendung senden möchten.
`Wait`	Optional. Falls `True`, wartet Microsoft Excel das Ende der Verarbeitung ab, bevor die Steuerung an das Makro zurückgegeben wird. Bei `False` oder keiner Angabe wird das Makro weiter ausgeführt, ohne dass auf eine Tastenkombination gewartet wird.

Tabelle 6.23: Argumente der Methode SendKeys

Beispiel

Im folgenden, eher theoretischen Beispiel aus Listing 6.64 wird eine Tabelle umbenannt, indem über die Methode `SendKeys` nacheinander einzelne Tastenkombinationen an die Anwendung gesendet werden.

Listing 6.64: Über die Methode SendKeys Tastenkombinationen senden

```
Sub SendKeys_Bespiel()
 SendKeys "%T"
 SendKeys "b"
 SendKeys "~"
 SendKeys "Neue Tabelle"
 SendKeys "~"
End Sub
```


Hinweis

Die Tastenbelegung der Methode `SendKeys` können Sie übersichtlich und schnell in der Online-Hilfe nachsehen.

SetDefaultChart-Methode

Über die Methode `SetDefaultChart` können Sie den Namen der Diagrammvorlage angeben, die in Microsoft Excel beim Erstellen neuer Diagramme standardmäßig verwendet werden soll.

Syntax

`Ausdruck.SetDefaultChart(FormatName)`

Argument	**Beschreibung**
`Ausdruck`	Erforderlich. Ein Ausdruck, der ein `Application`-Objekt zurückgibt.
`FormatName`	Optional. Gibt den Namen eines benutzerdefinierten Auto-Formats an. Dieser Name kann ein benutzerdefiniertes Auto-Format (als eine Zeichenfolge) oder aber die spezielle Konstante `xlBuiltIn` sein, mit der die integrierte Diagrammvorlage angegeben wird.

Tabelle 6.24: Argumente der Methode SetDefaultChart

Beispiel

Im folgenden Beispiel aus Listing 6.65 wird der standardmäßig eingestellte Diagrammtyp »Säulen« durch ein Liniendiagramm ersetzt.

Listing 6.65: Das Standarddiagramm über die Methode SetDefaultChart ändern

```
Sub SetDefaultChart_Beispiel()
 Application.SetDefaultChart _
 FormatName:=xlLineMarkers
End Sub
```

Undo-Methode

Die Methode `Undo` macht die letzte Benutzeraktion rückgängig.

Union-Methode

Über die Methode `Union` können Sie mehrere Bereiche einer Tabelle miteinander vereinen.

Beispiel

Im folgenden Beispiel aus Listing 6.66 werden zwei nicht zusammenhängende Bereiche miteinander vereint.

Listing 6.66: Nichtzusammenhängende Bereiche vereinen

```
Sub Union_Beispiel()
Dim Bereich1 As Range
Dim Bereich2 As Range
Dim Gesamt As Range

Set Bereich1 = Range("A1:A5")
Set Bereich2 = Range("C1:D2")
Set Gesamt = Application.Union(Bereich1, Bereich2)
Gesamt.Select
End Sub
```

Volatile-Methode

Über die Methode `Volatile` wird eine benutzerdefinierte Funktion als veränderlich gekennzeichnet. Solche Funktionen werden immer neu berechnet, wenn in einer beliebigen Zelle des Arbeitsblattes eine Berechnung durchgeführt wird. Nicht veränderliche Funktionen werden nur dann neu berechnet, wenn sich die Eingabevariablen ändern.

▶ Wait-Methode

Die Methode `Wait` hält das aktuell ausgeführte Makro bis zu einem angegebenen Zeitpunkt an.

▶ Syntax

```
Ausdruck.Wait(Time)
```

Argument	Beschreibung
`Ausdruck`	Erforderlich. Ein Ausdruck, der ein `Application`-Objekt zurückgibt.
`Time`	Erforderlich. Der Zeitpunkt, zu dem das Makro fortgesetzt werden soll (im Datumsformat von Microsoft Excel).

Tabelle 6.25: Argumente der Methode Wait

▶ Beispiel

Im folgenden Beispiel aus Listing 6.67 wird ein Bild in eine Tabelle eingefügt und nach 5 Sekunden wieder gelöscht.

Listing 6.67: Bild einfügen und nach 5 Sekunden wieder entfernen

```
Sub Wait_Beispiel()
Dim Pic As Picture

ActiveSheet.Pictures.Insert ("c:\Bild.jpg")
AStunde = Hour(Now())
AMinute = Minute(Now())
ASekunde = Second(Now()) + 5
PauseZeit = TimeSerial(AStunde, AMinute, ASekunde)
Application.Wait PauseZeit
ActiveSheet.Pictures(1).Delete
End Sub
```

7 Workbook-Objekt

In der folgenden Tabelle sehen Sie das Objekt `Workbook` sowie die untergeordneten Objekte.

Objekt	Verwendung
`Workbook`	Komplette Arbeitsmappe
`Worksheet`	Einzelnes Tabellenblatt
`Chart`	Einzelnes Diagramm
`DocumentProperty`	Dokumenteigenschaft
`VBProject`	Einzelnes VB-Projekt
`CustomView`	Benutzerdefinierte Ansicht
`CommandBar`	Menü- bzw. Symbolleisten
`HTMLProject`	HTML-Dokument
`PivotCache`	Hintergrundspeicher für eine Pivot-Tabelle
`Style`	Formatvorlage
`Window`	Fenster der Arbeitsmappe
`Name`	Name der Arbeitsmappe
`RoutingSlip`	Verteiler, an den die Mappe gemailt werden soll
`PublishObject`	Eine als Webseite gespeicherte Mappe
`SmartTagOptions`	SmartTag-Einstellungen
`WebOptions`	Webseiten-Einstellungen

Tabelle 7.1: Workbook-Objekte

7.1 Workbook-Eigenschaften

► ActiveChart-Eigenschaft

Die Eigenschaft `ActiveChart` gibt ein Diagramm-Objekt zurück, das das aktive Diagramm (entweder ein eingebettetes Diagramm oder ein Diagrammblatt) darstellt.

► Beispiel

Im folgenden Beispiel aus Listing 7.1 wird das aktive Säulen-Diagrammobjekt in ein Liniendiagramm umgewandelt.

Listing 7.1: Säulendiagramm in Liniendiagramm konvertieren

```
Sub ActiveChart_Beispiel()
Sheets("Tabelle1").ChartObjects(1).Select
With ActiveChart
 .ChartType = xlLine
End With
End Sub
```

ActiveSheet-Eigenschaft

Die Eigenschaft `ActiveSheet` gibt ein Objekt zurück, das die aktive Tabelle darstellt.

Beispiel

Im folgenden Beispiel aus Listing 7.2 wird der Name der aktiven Tabelle ermittelt.

Listing 7.2: Name der aktiven Tabelle ausgeben

```
Sub ActiveSheet_Beispiel()
 MsgBox ActiveSheet.Name
End Sub
```

AutoUpdateFrequency-Eigenschaft

Über die Eigenschaft `AutoUpdateFrequency` können Sie die Anzahl der Minuten zwischen automatischen Aktualisierungen der gemeinsam verwendeten Arbeitsmappe abfragen bzw. einstellen. Die gültigen Minutenwerte liegen zwischen 5 und 1.440.

Beispiel

Beim folgenden Beispiel aus Listing 7.3 wird die Anzahl der Minuten zwischen einer Aktualisierung auf 10 Minuten eingestellt.

Listing 7.3: Die Aktualisierungsfrequenz über die Eigenschaft AutoUpdateFrequency einstellen

```
Sub Beispiel_AutoUpdateFrequency()
 ActiveWorkbook.AutoUpdateFrequency = 10
End Sub
```

▶ AutoUpdateSaveChanges-Eigenschaft

Setzen Sie die Eigenschaft `AutoUpdateSaveChanges` auf den Wert `True`, um aktuelle Änderungen an der gemeinsam verwendeten Arbeitsmappe an andere Benutzer weiterzuleiten, sobald die Arbeitsmappe automatisch aktualisiert wird.

▶ BuiltInDocumentProperties-Eigenschaft

Die Eigenschaft `BuiltInDocumentProperties` gibt eine `DocumentProperties`-Auflistung zurück, die alle integrierten Dokumenteigenschaften für die angegebene Arbeitsmappe darstellt.

▶ Beispiel

Im folgenden Beispiel aus Listing 7.4 werden alle verfügbaren Dokumenteigenschaften einer Arbeitsmappe abgerufen und in eine Tabelle eingefügt.

Listing 7.4: Dokumenteigenschaften einlesen

```
Sub BuiltInProperties_Beispiel()
Dim i As Integer
Dim p As DocumentProperty

i = 1
Worksheets.Add
For Each p In _
ActiveWorkbook.BuiltinDocumentProperties
    On Error GoTo fehler
    Cells(i, 1).Value = p.Name
    Cells(i, 2).Value = p.Value
weiter:
    i = i + 1
Next
Exit Sub

fehler:
Resume weiter
End Sub
```

	A	B
1	Title	
2	Subject	
3	Author	Held
4	Keywords	
5	Comments	
6	Template	
7	Last author	Held
8	Revision number	
9	Application name	Microsoft Excel
10	Last print date	
11	Creation date	26.03.2004 09:35
12	Last save time	26.03.2004 09:52
13	Total editing time	0
14	Number of pages	
15	Number of words	
16	Number of characters	
17	Security	0
18	Category	
19	Format	
20	Manager	
21	Company	Held-Office
22	Number of bytes	
23	Number of lines	
24	Number of paragraphs	
25	Number of slides	
26	Number of notes	
27	Number of hidden Slides	
28	Number of multimedia clips	
29	Hyperlink base	
30	Number of characters (with spaces)	

Abbildung 7.1: Die verfügbaren Dokumenteigenschaften in Excel

▶ ChangeHistoryDuration-Eigenschaft

Die Eigenschaft `ChangeHistoryDuration` gibt die Anzahl der Tage zurück, die im Änderungsprotokoll einer gemeinsam verwendeten Arbeitsmappe angezeigt werden, oder legt sie fest.

▶ Charts-Eigenschaft

Die Eigenschaft `Charts` gibt eine `Sheets`-Auflistung zurück, die alle Diagrammblätter in der angegebenen Arbeitsmappe darstellt.

▶ Beispiel

Im folgenden Beispiel aus Listing 7.5 werden alle Diagramme aus der aktiven Arbeitsmappe ohne Rückfrage gelöscht.

Listing 7.5: Alle Diagramme einer Mappe löschen

```
Sub Charts_Beispiel()
 ActiveWorkbook.Charts.Delete
End Sub
```

▶ Colors-Eigenschaft

Die Eigenschaft `Colors` gibt die Farben in der Palette der Arbeitsmappe zurück oder legt sie fest. Die Palette hat 56 Einträge, die jeweils als `RGB`-Wert angegeben werden.

▶ Syntax

`Ausdruck.Colors(Index)`

Argument	Beschreibung
`Ausdruck`	Erforderlich. Ein Ausdruck, der ein `Workbook`-Objekt zurückgibt.
`Index`	Optional. Die Farbnummer (von 1 bis 56). Wird dieses Argument nicht angegeben, wird eine Matrix mit allen 56 Farben der Palette zurückgegeben.

Tabelle 7.2: Argumente der Eigenschaft Colors

▶ Beispiel

Im folgenden Beispiel aus Listing 7.6 wird die veränderte Farbpalette von einer geöffneten Arbeitsmappe auf eine andere übertragen.

Listing 7.6: Die Farbpalette von einer Mappe auf eine andere übertragen mithilfe der Eigenschaft Colors

```
Sub Colors_Beispiel()
ActiveWorkbook.Colors = _
 Workbooks("Diagramme.xls").Colors
End Sub
```

ConflictResolution-Eigenschaft

Die Methode `ConflictResolution` gibt vor, wie Konflikte bei der Aktualisierung einer gemeinsam verwendeten Arbeitsmappe aufgelöst werden sollen.

Syntax

`Ausdruck.ConflictResolution=Konstante`

Das erforderliche Argument `Ausdruck` gibt ein `Workbook`-Objekt zurück. Folgende Konfliktkonstanten sind einsetzbar:

Konstante	Beschreibung
`xlLocalSessionChanges`	Die Änderungen des lokalen Benutzers werden immer akzeptiert.
`xlOtherSessionChanges`	Die Änderungen des lokalen Benutzers werden immer zurückgewiesen.
`xlUserResolution`	Der Benutzer wird in einem Dialogfeld aufgefordert, den Konflikt zu lösen.

Tabelle 7.3: Die möglichen Konflikt-Konstanten

CreateBackUp-Eigenschaft

Die Eigenschaft `CreateBackUp` wird auf den Wert `True` gesetzt, wenn beim Speichern der Datei eine Sicherungsdatei erstellt werden soll.

CustomDocumentProperties-Eigenschaft

Die Eigenschaft `CustomDocumentProperties` gibt eine `DocumentProperties`-Auflistung zurück oder legt diese fest, welche alle benutzerdefinierten Dokumenteigenschaften für die angegebene Arbeitsmappe darstellt.

CustomViews-Eigenschaft

Die Eigenschaft `CustomViews` gibt eine `CustomViews`-Auflistung zurück, die alle benutzerdefinierten Ansichten der Arbeitsmappe darstellt.

▶ Date1904-Eigenschaft

Die Eigenschaft `Date1904` liefet den Wert `True`, falls in dieser Arbeitsmappe das 1904-Datumssystem verwendet wird. Bei dieser Eigenschaft beginnt die Zeitrechnung von Excel am 1.1.1904. Dieses Datum repräsentiert den Wert 1.

▶ Beispiel

Im folgenden Makro aus Listing 7.7 wird geprüft, ob die aktive Arbeitsmappe mit dem 1904-Datumssystem rechnet.

Listing 7.7: Das verwendete Datumssystem prüfen mithilfe der Eigenschaft Date1904

```
Sub Date1904_Beispiel()
 If ActiveWorkbook.Date1904 = True Then
  MsgBox "1904-Datumssystem"
 Else
  MsgBox "Standard-Datumssystem"
 End If
End Sub
```

▶ DisplayDrawingObjects-Eigenschaft

Über die Eigenschaft `DisplayDrawingObjects` können Sie festlegen, ob Zeichnungsobjekte in der Arbeitsmappe angezeigt werden sollen oder nicht.
Zulässig ist eine der folgenden `XlDisplayDrawingObjects`-Konstanten:

Konstante	Beschreibung
`xlDisplayShapes`	Alle Zeichnungsobjekte anzeigen
`XlPlaceholders`	Nur Platzhalter anzeigen
`XlHide`	Alle Zeichnungsobjekte ausblenden

Tabelle 7.4: Konstanten der Eigenschaft DisplayDrawingObjects

▶ DisplayInkComments-Eigenschaft

Über die Eigenschaft `DisplayInkComments` können Sie bestimmen, ob Freihandkommentare in der Arbeitsmappe angezeigt werden sollen. Wenn ja, dann setzen Sie diese Eigenschaft auf den Wert `True`.

▶ EnableAutoRecover-Eigenschaft

Über die Eigenschaft `EnableAutoRecover` können Sie festlegen, wie Excel reagieren soll, wenn die Anwendung abstürzen sollte. Dabei können standardmäßig geänderte Dateien aller Formate zu festgelegten Zeitpunkten gespeichert und beim Starten nach einem Absturz wieder zurückgeholt werden.

▶ Beispiel

Im folgenden Beispiel aus Listing 7.8 wird der Status von AutoRecover geprüft.

Listing 7.8: Status der Wiederherstellungsfunktion überprüfen

```
Sub AutoRecover_Beispiel()
If ActiveWorkbook.EnableAutoRecover = False Then
 MsgBox "AutoRecover ist deaktiviert!"
Else
 MsgBox "AutoRecover ist aktiv!"
End If
End Sub
```

▶ EnvelopeVisible-Eigenschaft

Setzen Sie die Eigenschaft `EnvelopeVisible` auf den Wert `True`, um den E-Mail-Editorkopfbereich und die Umschlagsymbolleiste sichtbar zu machen.

▶ FileFormat-Eigenschaft

Über die Eigenschaft `FileFormat` können Sie das Dateiformat und/oder den Typ der Arbeitsmappe feststellen.

Eine Auswahl der gängigsten Formate sehen Sie in folgender Tabelle:

Format	Beschreibung
xlCSV	Csv-Textdatei
xlDBF3	Dbase3-Datei
xlDBF4	DBase4-Datei
xlAddIn	Excel-Add-In
xlExcel4Workbook	Excel 4-Mappe
xlExcel5	Excel 5-Mappe
xlExcel7	Excel 7-Mappe
xlExcel9795	Excel 98/97 Mappe
xlHtml	Html-Dokument
xlTemplate	Excel-Vorlage
xlTextMSDOS	Textdatei
xlWKS	Works-Datei
xlWorkbookNormal	Normale Excel-Arbeitsmappe
xlXMLSpreadsheet	XLM-Tabelle

Tabelle 7.5: Die wichtigsten Konstanten der Eigenschaft Fileformat

▶ FullName-, Name-, Path-Eigenschaft

Die Eigenschaft `FullName` gibt den Namen der Arbeitsmappe einschließlich Pfadangabe zurück.
Die Eigenschaft `Name` gibt den Namen der Arbeitsmappe zurück.
Die Eigenschaft `Path` gibt den Speicherpfad der Arbeitsmappe zurück.

▶ Beispiel

Im folgenden Beispiel aus Listing 7.9 werden alle drei Eigenschaften für die aktive Arbeitsmappe abgefragt.

Listing 7.9: Namen und Pfad einer Arbeitsmappe ermitteln

```
Sub FullName_Beispiel()
Dim Mappe As Workbook

Set Mappe = ActiveWorkbook
 Debug.Print Mappe.FullName
 Debug.Print Mappe.Name
 Debug.Print Mappe.Path
End Sub
```

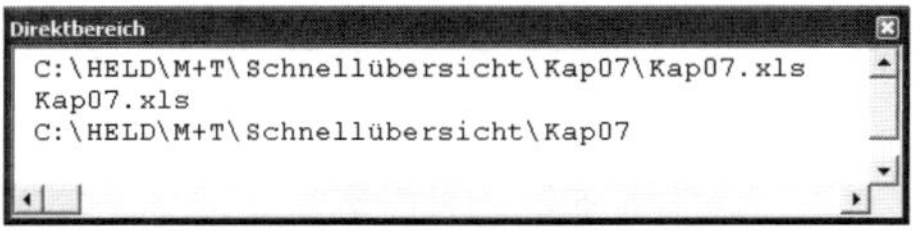

Abbildung 7.2: Der Mappenname sowie der Speicherpfad wurden ermittelt

▶ HTMLProject-Eigenschaft

Die Eigenschaft `HTMLProject` gibt das `HTMLProject`-Objekt in der angegebenen Arbeitsmappe zurück.

▶ HasPassword-Eigenschaft

Über die Eigenschaft `HasPassword` können Sie abfragen, ob eine Arbeitsmappe geschützt ist. Wenn ja, dann meldet diese Eigenschaft den Wert `True` zurück.

▶ HasRoutingSlip-, RoutingSlip-Eigenschaft

Über die Eigenschaft `HasRoutingSlip` können Sie prüfen, ob eine Arbeitsmappe einen Verteiler hat. Wenn ja, dann gibt diese Eigenschaft den Wert `True` zurück.
Die Eigenschaft `RoutingSlip` gibt ein `RoutingSlip`-Objekt zurück, das den Verteiler für die Arbeitsmappe darstellt.

▶ HighlightChangesOnScreen-Eigenschaft

Die Eigenschaft `HighlightChangesOnScreen` gibt den Wert `True` zurück, falls Änderungen an der gemeinsam genutzten Arbeitsmappe auf dem Bildschirm hervorgehoben werden sollen.

▶ IsAddin-Eigenschaft

Über die Eigenschaft `IsAddin` können Sie prüfen, ob die Arbeitsmappe als Add-In ausgeführt wird. In diesem Fall gibt die Eigenschaft den Wert `True` zurück.
Diese Eigenschaft kann auch auf den Wert `True` gesetzt werden. Wenn, dann gehen Sie von folgenden Punkten aus:

- Sie werden nicht aufgefordert, die Arbeitsmappe zu speichern, falls Änderungen vorgenommen werden, während die Arbeitsmappe geöffnet ist.
- Das Arbeitsmappenfenster ist nicht sichtbar.
- Eventuell in der Arbeitsmappe enthaltene Makros werden im Makro-Dialogfeld nicht dargestellt (das Dialogfeld wird angezeigt, wenn Sie auf MAKRO im EXTRAS-MENÜ zeigen und auf Makros klicken).
- Makros der Arbeitsmappe können, obwohl sie nicht dargestellt werden, über das MAKRO-Dialogfeld ausgeführt werden. Außerdem müssen Makronamen nicht mit dem Namen der Arbeitsmappe qualifiziert werden.
- Wenn Sie beim Öffnen der Arbeitsmappe die Taste [⇧] gedrückt halten, hat dies keine Wirkung.

Beispiel

Im folgenden Beispiel aus Listing 7.10 wird überprüft, ob die Arbeitsmappe ein Add-In ist.

Listing 7.10: Überprüfung, ob Mappe als Add-In ausgeführt wird

```
Sub IsAddIn_Beispiel()
If ThisWorkbook.IsAddin = True Then
 MsgBox "Diese Funktion stammt aus einem Add-In!"
End If
End Sub
```

IsInPlace-Eigenschaft

Über die Eigenschaft `IsInPlace` lässt sich feststellen, ob eine Arbeitsmappe direkt bearbeitet wird (`True`) oder die Arbeitsmappe zur Bearbeitung in Microsoft Excel geöffnet wurde (`False`).

KeepChangeHistory-Eigenschaft

Die Eigenschaft `KeepChangeHistory` gibt den Wert `True` zurück, falls die Protokollierung der Änderungen in der gemeinsam genutzten Arbeitsmappe aktiviert ist. Wenn Sie dieser Eigenschaft den Wert `True` zuweisen, dann aktivieren Sie hiermit die Protokollierung aller Änderungen einer Arbeitsmappe.

▶ ListChangesOnNewSheet-Eigenschaft

Über die Eigenschaft `ListChangesOnNewSheet` können Sie Änderungen, die an einer gemeinsam genutzten Arbeitsmappe vorgenommen werden, in einem eigenen Arbeitsblatt ausgeben.

▶ Beispiel

Im folgenden Beispiel aus Listing 7.11 werden alle Änderungen einer Mappe auf einem separaten Tabellenblatt dokumentiert.

Listing 7.11: Änderungen auf einer extra Tabelle festhalten

```
Sub ListChangesOnNewSheet_Beispiel()
With ActiveWorkbook
    .HighlightChangesOptions _
        When:=xlSinceMyLastSave, _
        Who:="Jeder"
    .ListChangesOnNewSheet = True
End With
End Sub
```

▶ MultiUserEditing-, ShowConflictHistory-Eigenschaft

Die Eigenschaft `MultiUserEditing` wird auf den Wert `True` gesetzt, wenn die Arbeitsmappe für gemeinsamen Zugriff freigegeben werden soll.

Die Eigenschaft `ShowConflictHistory` wird auf den Wert `True` gesetzt, wenn das Konfliktprotokoll-Arbeitsblatt in der geöffneten und freigegebenen Arbeitsmappe sichtbar sein soll.

▶ Password-, WritePassword-, WriteReserved-, WriteReservedBy-Eigenschaft

Über die Eigenschaft `Password` können Sie das Kennwort zurückgeben oder festlegen, welches bereitgestellt werden muss, um die angegebene Arbeitsmappe zu öffnen.

Die Eigenschaft `WritePassword` gibt einen `String`-Wert für das Schreibkennwort einer Arbeitsmappe zurück oder legt dieses fest.

Die Eigenschaft `WriteReserved` gibt `True` zurück, wenn die Arbeitsmappe ein Schreibschutz-Kennwort besitzt.

Die Eigenschaft `WriteReservedBy` gibt den Namen des Benutzers zurück, der momentan Schreiberlaubnis für die Arbeitsmappe besitzt.

▶ Beispiel

Im folgenden Beispiel aus Listing 7.12 wird eine passwortgeschützte Arbeitsmappe geöffnet.

Listing 7.12: Passwortgeschützte Arbeitsmappe öffnen

```
Sub Password_Beispiel()
Dim Mappe As Workbook

Set Mappe = _
Application.Workbooks.Open("C:\Mappe1.xls")
Mappe.Password = "Test"
End Sub
```

▶ PersonalViewListSettings-, PersonalViewPrintSettings-Eigenschaft

Die Eigenschaft `PersonalViewListSettings` liefert den Wert `True`, wenn Filter- und Sortiereinstellungen für Listen in der persönlichen Benutzeransicht der gemeinsam genutzten Arbeitsmappe eingesetzt werden sollen.
Die Eigenschaft `PersonalViewPrintSettings` liefert den Wert `True`, wenn Druckeinstellungen in der persönlichen Benutzeransicht der gemeinsam genutzten Arbeitsmappe eingesetzt werden sollen.

▶ PrecisionAsDisplayed-Eigenschaft

Die Eigenschaft `PrecisionAsDisplayed` liefert den Wert `True`, wenn die Berechnungen in dieser Arbeitsmappe nur mit der Genauigkeit durchgeführt werden sollen, mit der die Zahlen angezeigt werden.

▶ ProtectStructure-, ProtectWindows-Eigenschaft

Die Eigenschaft `ProtectStructure` gibt den Wert `True` zurück, wenn die Reihenfolge der Blätter in der Arbeitsmappe geschützt ist.
Die Eigenschaft `ProtectWindows` gibt den Wert `True` zurück, wenn die Fenster der Arbeitsmappe geschützt sind.

▶ ReadOnly-, ReadOnlyRecommended-Eigenschaft

Über die Eigenschaft `ReadOnly` können Sie feststellen, ob eine Arbeitsmappe schreibgeschützt geöffnet wurde. In diesem Fall liefert diese Eigenschaft den Wert `True`.
Die Eigenschaft `ReadOnlyRecommended` liefert den Wert `True`, wenn die Arbeitsmappe mit SCHREIBSCHUTZ EMPFEHLEN gespeichert wurde.

▶ Beispiel

Im folgenden Beispiel aus Listing 7.13 wird geprüft, ob die aktive Mappe schreibgeschützt geöffnet wurde. Wenn ja, dann können Sie Änderungen natürlich nicht speichern. Daher speichern Sie in diesem Fall die Mappe unter einem neuen Namen ab.

Listing 7.13: Prüfen über die Eigenschaft ReadOnly, ob eine Mappe schreibgeschützt geöffnet wurde

```
Sub ReadOnly_Beispiel()
Dim Mappe As Workbook

Set Mappe = ActiveWorkbook
If Mappe.ReadOnly Then
   Mappe.SaveAs Filename:="Ableger.xls"
End If
End Sub
```

▶ RemovePersonalInformation-Eigenschaft

Die Eigenschaft `RemovePersonalInformation` liefert den Wert `True`, falls persönliche Informationen aus der angegebenen Arbeitsmappe entfernt werden können.

▶ Routed-Eigenschaft

Über die Eigenschaft `Routed` können Sie prüfen, ob eine Arbeitsmappe bereits an den nächsten Empfänger weitergeleitet wurde (`True`) oder ob sie noch weitergeleitet werden muss (`False`).

SaveLinkValues-Eigenschaft

Setzen Sie die Eigenschaft `SaveLinkValues` auf den Wert `True`, wenn Microsoft Excel externe Verknüpfungswerte mit der aktiven Arbeitsmappe speichern soll.

Saved-Eigenschaft

Über die Eigenschaft `Saved` können Sie feststellen, ob eine Arbeitsmappe seit dem letzten Speichern geändert wurde.

Beispiel

Im folgenden Beispiel aus Listing 7.14 wird geprüft, ob die aktive Arbeitsmappe seit der letzten Speicherung geändert wurde.

Listing 7.14: Abfrage über die Eigenschaft Saved, ob eine Mappe seit der letzten Speicherung geändert wurde

```
Sub Saved_Beispiel()
Dim i As Integer

If Not ActiveWorkbook.Saved Then
  i = MsgBox _
 ("Es wurden Änderungen durchgeführt, Speichern?", _
   vbYesNo)
  If i = 7 Then
    ActiveWorkbook.Saved = True
    ActiveWorkbook.Close
   End If
End If
End Sub
```

Sheets-, Worksheets-Eigenschaft

Die Eigenschaft `Sheets` gibt eine `Sheets`-Auflistung zurück, die alle Blätter (Tabellen, Diagrammblätter und alte Makro-4-Tabellen und Dialoge) in der angegebenen Arbeitsmappe darstellt.
Die Eigenschaft `Workheets` gibt eine `Worksheets`-Auflistung zurück, die alle Tabellen in der angegebenen Arbeitsmappe darstellt.

Beispiel

Im folgenden Beispiel aus Listing 7.15 werden die Namen aller Tabellen der aktiven Arbeitsnamen im Direktfenster der Entwicklungsumgebung ausgegeben.

Listing 7.15: Die Namen aller Tabellen einer Mappe ermitteln

```
Sub Sheets_Beispiel()
Dim i As Integer

For i = 1 To ActiveWorkbook.Sheets.Count
 Debug.Print Sheets(i).Name
Next i
End Sub
```

ShowPivotTableFieldList-Eigenschaft

Über die Eigenschaft `ShowPivotTableFieldList` kann abgefragt werden, ob die `PivotTable`-Feldliste angezeigt werden kann. Soll dies verhindert werden, dann setzen Sie diese Eigenschaft auf den Wert `False`.

SmartTagOptions-Eigenschaft

Die Eigenschaft `SmartTagOptions` gibt ein `SmartTagOptions`-Objekt zurück, das die Optionen darstellt, die mit einem SmartTag ausgeführt werden können.

Beispiel

Im folgenden Beispiel aus Listing 7.16 wird überprüft, wie SmartTags in der aktiven Arbeitsmappe angezeigt werden.

Listing 7.16: Prüfung, wie SmartTags angezeigt werden

```
Sub SmartTagOptions_Beispiel()
Dim Mappe As Workbook
Dim smt As SmartTagOptions

Set Mappe = ActiveWorkbook
Set smt = Mappe.SmartTagOptions
Select Case smt.DisplaySmartTags
```

```
Case xlButtonOnly
  MsgBox "Die SmartTag-Schaltfläche wird angezeigt"
Case xlDisplayNone
  MsgBox "Es wird kein SmartTag-Symbol angezeigt"
Case xlIndicatorAndButton
  MsgBox "Schaltfl. und Indikator werden angezeigt"
End Select
End Sub
```

Styles-Eigenschaft

Die Eigenschaft `Styles` gibt eine `Styles`-Auflistung zurück, die alle Formatvorlagen in der angegebenen Arbeitsmappe darstellt.

Beispiel

Im folgenden Beispiel aus Listing 7.17 werden alle Formatvorlagen der aktiven Arbeitsmappe ausgelesen.

Listing 7.17: Alle Formatvorlagen der Mappe auslesen

```
Sub Styles_Beispiel()
Dim Mappe As Workbook
Dim Sty As Style

Set Mappe = ActiveWorkbook
For Each Sty In Mappe.Styles
 Debug.Print Sty.Name
Next Sty
End Sub
```

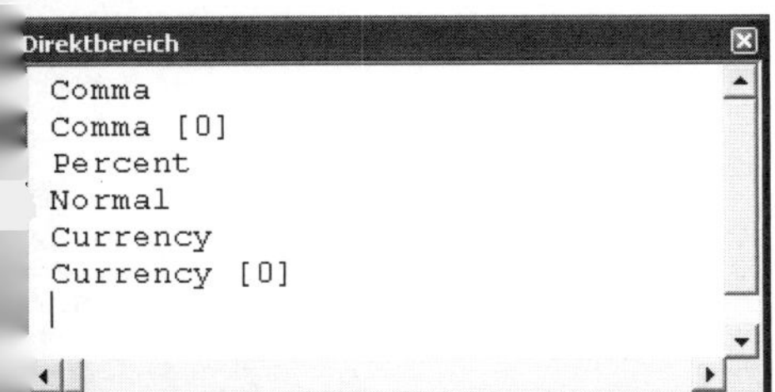

Abbildung 7.3: Verwendete Formatvorlagen ermitteln

TemplateRemoveExtData-Eigenschaft

Die Eigenschaft `TemplateRemoveExtData` wird auf den Wert `True` ge setzt, um externe Datenbezüge zu löschen, wenn die Arbeitsmappe als Vorlage gespeichert wird.

UpdateLinks-Eigenschaft

Die Eigenschaft `UpdateLinks` gibt eine `XlUpdateLink`-Konstante zurück, die die Einstellungen einer Arbeitsmappe für die Aktualisierung eingebetteter OLE-Verknüpfungen anzeigt, oder legt diese fest. Folgende Konstanten sind dabei möglich:

Konstante	Beschreibung
`xlUpdateLinksAlways`	Eingebettete OLE-Verknüpfungen werden für die angegebene Arbeitsmappe immer aktualisiert.
`xlUpdateLinksNever`	Eingebettete OLE-Verknüpfungen werden für die angegebene Arbeitsmappe nicht aktualisiert.
`xlUpdateLinksUserSetting`	Eingebettete OLE-Verknüpfungen werden gemäß den Einstellungen des Benutzers für die angegebene Arbeitsmappe aktualisiert.

Tabelle 7.6: Die Konstanten der Eigenschaft UpdateLinks

Beispiel

Im folgenden Beispiel aus Listing 7.18 werden OLE-Verknüpfungen nicht aktualisiert.

Listing 7.18: OLE-Verknüpfungen zulassen oder verweigern

```
Sub UpdateLinksBeispiel()
Dim Mappe As Workbook

Set Mappe = Application.ActiveWorkbook
 Mappe.UpdateLinks = xlUpdateLinksNever
End Sub
```

▶ UpdateRemoteReferences-Eigenschaft

Die Eigenschaft `UpdateRemoteReferences` wird auf den Wert `True` gesetzt, wenn Remotebezüge für die Arbeitsmappe aktualisiert werden sollen.

▶ UserStatus-Eigenschaft

Die Eigenschaft `UserStatus` gibt eine zweidimensionale Matrix, deren Index mit 1 beginnt, zurück. Sie enthält Informationen über jeden Benutzer, der die Arbeitsmappe im Freigabemodus geöffnet hat. Das erste Element der zweiten Dimension ist der Benutzername; das zweite Element gibt Datum und Uhrzeit des Öffnens der Arbeitsmappe durch den Benutzer an; das dritte Element ist eine Zahl, die den Modus angibt (1 steht für Exklusivmodus, 2 für Freigabemodus).

▶ VBASigned-Eigenschaft

Die Eigenschaft `VBASigned` liefert den Wert `True`, wenn das Visual Basic für Applikationen-Projekt für die angegebene Arbeitsmappe digital signiert wurde.

▶ Beispiel

Im folgenden Beispiel aus Listing 7.19 wird eine Arbeitsmappe geöffnet und geprüft, ob die Mappe ein digitales Zertifikat hat.

Listing 7.19: Prüfen, ob eine Mappe eine digitale Signatur aufweist

```
Sub VBASigned_Beispiel()
Dim Mappe As Workbook

Set Mappe = _
Workbooks.Open(Filename:="c:\Mappe1.xls")
If Mappe.VBASigned = False Then
 MsgBox "Das Projekt hat keine digitale Signatur! "
End If
End Sub
```

▶ VBProject-Eigenschaft

Die Eigenschaft `VBProject` gibt ein `VBProject`-Objekt zurück, das das Visual Basic-Projekt in der angegebenen Arbeitsmappe darstellt.

▶ Beispiel

Im folgenden Beispiel aus Listing 7.20 wird der Name des VB-Projekts ausgelesen.

Listing 7.20: Name des VB-Projekts ermitteln

```
Sub VBProject_Beispiel()
 MsgBox ThisWorkbook.VBProject.Name
End Sub
```

7.2 Workbook-Methoden

▶ AcceptAllChanges-, -RejectAllChanges-Methode

Die Methode `AcceptAllChanges` übernimmt alle Änderungen in der angegebenen, gemeinsam genutzten Arbeitsmappe.
Die Methode `RejectAllChanges` lehnt alle Änderungen in der angegebenen, gemeinsam genutzten Arbeitsmappe ab.

Syntax

`Ausdruck.AcceptAllChanges(When, Who, Where)`

Argument	Beschreibung
`Ausdruck`	Erforderlich. Ein Ausdruck, der ein `Workbook`-Objekt zurückgibt.
`When`	Optional. Gibt an, wann alle Änderungen akzeptiert wurden.
`Who`	Optional. Gibt an, von wem alle Änderungen akzeptiert wurden.
`Where`	Optional. Gibt an, wo alle Änderungen akzeptiert wurden.

Tabelle 7.7: Argumente der Methode AcceptAllChanges

▶ Beispiel

Im folgenden Beispiel aus Listing 7.21 werden alle Änderungen ohne Einschränkung akzeptiert.

Listing 7.21: Die Methode AcceptAllChanges akzeptiert alle Änderungen

```
Sub AcceptAllChanges_Beispiel()
 ActiveWorkbook.AcceptAllChanges
End Sub
```

▶ Activate-Methode

Die Methode `Activate` aktiviert eine Arbeitsmappe.

▶ Beispiel

Im folgenden Beispiel aus Listing 7.22 sehen Sie drei Möglichkeiten, wie Sie eine Arbeitsmappe aktivieren können.

Listing 7.22: Arbeitsmappe aktivieren über die Methode Activate

```
Sub Activate_Beispiel()
Dim Mappe As Workbook

Set Mappe = ActiveWorkbook
 Workbooks(1).Activate
 Workbooks("Mappe1").Activate
 Mappe.Activate
End Sub
```

Beim Makro aus Listing 7.22 wird bei der ersten Anweisung die zuerst geöffnete Arbeitsmappe ausgewählt. Bei der zweiten Anweisung erfolgt die Identifikation der gewünschten Mappe direkt über den Namen. Bei der dritten Variante erfolgt die Aktivierung der Mappe über eine Objektvariable.

▶ AddToFavorites-Methode

Die Methode `AddToFavorites` fügt dem Favoritenordner einen Eintrag zur Arbeitsmappe hinzu.

▶ BreakLink-Methode

Die Methode `BreakLink` wandelt mit anderen Microsoft Excel- oder OLE-Quellen verknüpfte Formeln in Werte um.

▶ Syntax

```
Ausdruck.BreakLink(Name, Type)
```

Argument	Beschreibung
`Ausdruck`	Erforderlich. Ein Ausdruck, der ein `Workbook`-Objekt zurückgibt.
`Name`	Erforderlich. Der Name der Verknüpfung.
`Type`	Erforderlich. `XlLinkType`-Wert.

Tabelle 7.8: Argumente der Methode BreakLink

Folgende Verknüpfungstypen sind möglich:

Konstante	Beschreibung
`xlLinkTypeExcelLinks`	Eine Verknüpfung mit einer Microsoft Excel-Quelle
`xlLinkTypeOLELinks`	Eine Verknüpfung mit einer OLE-Quelle

Tabelle 7.9: Verknüpfungstypen des Arguments Type

▶ Beispiel

Im folgenden Beispiel aus Listing 7.23 werden alle Verknüpfungen zu einer anderen Excel-Arbeitsmappe in Festwerte umgewandelt.

Listing 7.23: Über die Methode BreakLink alle Verknüpfungen in Festwerte wandeln

```
Sub BreakLink_Beispiel()
im VArr As Variant
Dim l As Long

VArr = ActiveWorkbook.LinkSources _
(Type:=xlLinkTypeExcelLinks)

For l = 1 To UBound(VArr)
ActiveWorkbook.BreakLink _
    Name:=VArr(l), _
    Type:=xlLinkTypeExcelLinks
Next l
End Sub
```

▶ ChangeFileAccess-Methode

Die Methode `ChangeFileAccess` ändert die Zugriffsberechtigungen zu der Arbeitsmappe.

▶ Syntax

```
Ausdruck.ChangeFileAccess(Mode, WritePassword, Notify)
```

Argument	Beschreibung
`Ausdruck`	Erforderlich. Ein Ausdruck, der ein `Workbook`-Objekt zurückgibt.
`Mode`	Erforderlich. XlFileAccess-Wert. Gibt den neuen Zugriffsmodus an.
`WritePassword`	Optional. Gibt das Schreibschutzkennwort an, wenn die Datei schreibgeschützt ist und Mode den Wert `xlReadWrite` hat.
`Notify`	Optional. `True` (oder keine Angabe), um den Benutzer zu benachrichtigen, falls auf die Datei nicht sofort zugegriffen werden kann.

Tabelle 7.10: Argumente der Methode ChangeFileAccess

Für das Argument `Mode` sind folgende Konstanten verfügbar:

- xlReadWrite: Lese-/Schreibzugriff
- xlReadOnly: Nur Lesezugriff

▶ Close-Methode

Die Methode `Close` schließt eine Arbeitsmappe.

▶ Syntax

```
Ausdruck.Close(SaveChanges, Filename, RouteWorkbook)
```

Argument	Beschreibung
`Ausdruck`	Erforderlich. Ein Ausdruck, der ein `Workbook`-Objekt zurückgibt.
`SaveChanges`	Speichert die Änderungen in der Arbeitsmappe (`True`). Speichert die Änderungen in der Datei nicht (`False`). Wird dieses Argument weggelassen, dann wird der Anwender über ein Dialogfeld abgefragt, wie weiter verfahren werden soll.
`FileName`	Optional. Gibt den Dateinamen an, unter dem die Änderungen gespeichert werden sollen.
`RouteWorkbook`	Repräsentiert die Weiterleitung: Leitet die Arbeitsmappe an den nächsten Empfänger weiter (`True`). Leitet die Arbeitsmappe nicht weiter (`False`). Wird dieses Argument weggelassen, dann wird der Anwender über ein Dialogfeld abgefragt, wie weiter verfahren werden soll.

Tabelle 7.11: Argumente der Methode Close

▶ DeleteNumberFormat-Methode

Die Methode `DeleteNumberFormat` löscht ein benutzerdefiniertes Zahlenformat aus der Arbeitsmappe.

▶ ExclusiveAccess-Methode

Über die Methode `ExclusiveAccess` können Sie einem Anwender exklusiven Zugriff auf die geöffnete und für gemeinsamen Zugriff freigegebene Arbeitsmappe einräumen.

▶ FollowHyperlink-Methode

Zeigt ein zwischengespeichertes Dokument an, falls dieses bereits übertragen worden ist. Andernfalls stellt diese Methode den Hyperlink wieder her, überträgt das Zieldokument und zeigt es in der entsprechenden Anwendung an.

▶ Syntax

```
Ausdruck.FollowHyperlink(Address, SubAddress, NewWindow)
```

Argument	Beschreibung
Ausdruck	Erforderlich. Ein Ausdruck, der ein Workbook-Objekt zurückgibt.
Address	Erforderlich. Die Adresse des Zieldokuments.
SubAddress	Optional. Die Position innerhalb des Zieldokuments. Der Standardwert ist eine leere Zeichenfolge.
NewWindow	Optional. True, wenn die Zielanwendung in einem neuen Fenster angezeigt wird. Der Standardwert ist False.

Tabelle 7.12: Argumente der Methode FollowHyperlink

Es existieren noch weitere Argumente für die Methode FollowHyperlink, die aber kaum benötigt werden sollten.

▶ Beispiel

Im folgenden Beispiel aus Listing 7.24 wird eine Internetseite in einem neuen Fenster aufgerufen.

Listing 7.24: Internetseite aufrufen über die Methode FollowHyperlink

```
Sub FollowHyperlink_Beispiel()
ActiveWorkbook.FollowHyperlink _
Address:="http://Held-office.de", NewWindow:=True
End Sub
```

▶ LinkSources-, UpdateLink-Methode

Die Methode LinkSources gibt eine Matrix mit Verknüpfungen in der Arbeitsmappe zurück. Die Namen in der Matrix entsprechen den Namen der verknüpften Dokumente, Auflagen oder DDE- bzw. OLE-Server.

Die Methode UpdateLink aktualisiert eine Microsoft Excel-, DDE- oder OLE-Verknüpfung (bzw. mehrere Verknüpfungen).

▶ Beispiel

Siehe Methode BreakLink

MergeWorkbook-Methode

Über die Methode `MergeWorkbook` können Sie Änderungen einer Arbeitsmappe mit einer geöffneten Arbeitsmappe zusammenführen.

Syntax

```
Ausdruck.MergeWorkbook(Filename)
```

Argument	Beschreibung
`Ausdruck`	Erforderlich. Ein Ausdruck, der ein `Workbook`-Objekt zurückgibt.
`Filename`	Erforderlich. Der Dateiname der Arbeitsmappe mit den Änderungen, die in die geöffnete Arbeitsmappe eingefügt werden sollen.

Tabelle 7.13: Argumente der Methode MergeWorkbook

NewWindow-Methode

Die Methode `NewWindow` erstellt ein neues Fenster oder eine Kopie des angegebenen Fensters.

Beispiel

Im folgenden Beispiel aus Listing 7.25 wird ein neues Fenster auf Basis der aktiven Arbeitsmappe erstellt.

Listing 7.25: Über die Methode NewWindow ein neues Fenster erstellen

```
Sub NewWindow_Beispiel()
 ActiveWorkbook.NewWindow
End Sub
```

OpenLinks-Methode

Mithilfe der Methode `OpenLinks` können Sie alle verknüpften Arbeitsmappen ermitteln.

Syntax

```
Ausdruck.OpenLinks(Name, ReadOnly, Type)
```

Argument	Beschreibung
`Ausdruck`	Erforderlich. Ein Ausdruck, der ein `Workbook`-Objekt zurückgibt.
`Name`	Erforderlich. Der Name der Microsoft Excel- oder DDE/OLE-Verknüpfung, wie er von der `LinkSources`-Methode zurückgegeben wird.
`ReadOnly`	Setzen Sie dieses Argument auf den Wert `True`, wenn die Dokumente schreibgeschützt geöffnet werden sollen. Der Standardwert ist `False`.
`Type`	Verknüpfungstyp.

Tabelle 7.14: Argumente der Methode OpenLinks

Beispiel

Im folgenden Beispiel aus Listing 7.26 werden alle verknüpften Arbeitsmappen geöffnet.

Listing 7.26: Alle verknüpften Arbeitsmappen öffnen

```
Sub OpenLinks_Beispiel()
Dim VArr As Variant
Dim i As Integer

VArr = ActiveWorkbook.LinkSources _
(Type:=xlLinkTypeExcelLinks)
On Error Resume Next
For i = LBound(VArr) To UBound(VArr)
    ActiveWorkbook.OpenLinks VArr(i)
Next i
End Sub
```

Protect-, Unprotect-Methode

Die Methode `Protect` schützt eine Arbeitsmappe.

Syntax

```
Ausdruck.Protect(Password, Structure, Windows)
```

Argument	Beschreibung
`Ausdruck`	Erforderlich. Ein Ausdruck, der ein `Workbook`-Objekt zurückgibt.
`Password`	Optional. Legt das Passwort fest. Unterscheidet zwischen Groß- und Kleinschreibung.
`Structure`	Optional. `True`, wenn die Struktur der Arbeitsmappe geschützt werden soll.
`Windows`	Optional. `True`, wenn die Fenster der Mappe geschützt werden sollen.

Tabelle 7.15: Argumente der Methode Protect

Die Methode `UnProtect` hebt den Schutz eines Blattes oder einer Arbeitsmappe auf.

ProtectSharing-, UnprotectSharing-Methode

Die Methode `UnProtectSharing` speichert eine Arbeitsmappe und schützt sie zur gemeinsamen Verwendung.

Syntax

```
Ausdruck.ProtectSharing(Filename, Password,
WriteResPassword, ReadOnlyRecommended, CreateBackup,
SharingPassword)
```

Argument	Beschreibung
`Ausdruck`	Ein Ausdruck, der ein `Workbook`-Objekt zurückgibt.
`Filename`	Optional. Legt den Dateinamen der Mappe fest, die freigegeben werden soll.
`Password`	Optional. Gibt das max. 15 Stellen lange Passwort an.
`WriteResPassword`	Optional. Legt das Kennwort zum Schreibzugriff auf die Datei fest.
`ReadOnlyRecommended`	Optional. `True`, wenn beim Öffnen der Datei eine Meldung angezeigt werden soll, die empfiehlt, die Datei schreibgeschützt zu öffnen.

Tabelle 7.16: Argumente der Methode ProtectSharing

Argument	Beschreibung
CreateBackup	Optional. True, wenn eine Sicherungsdatei erstellt werden soll.
SharingPassword	Optional. Legt das Kennwort fest, das verwendet werden muss, um die Datei für die gemeinsame Verwendung zu schützen

Tabelle 7.16: Argumente der Methode ProtectSharing (Forts.)

Die Methode `UnProtectSharing` hebt den Schutz für die Freigabe auf und speichert die Arbeitsmappe.

▶ Syntax

```
Ausdruck.UnprotectSharing(SharingPassword)
```

Argument	Beschreibung
Ausdruck	Erforderlich. Ein Ausdruck, der ein Workbook-Objekt zurückgibt.
SharingPassword	Optional. Das Kennwort der Arbeitsmappe.

Tabelle 7.17: Argumente der Methode UnProtextSharing

▶ RefreshAll-Methode

Die Methode `RefreshAll` aktualisiert alle externen Datenbereiche und PivotTable-Berichte in der angegebenen Arbeitsmappe.

▶ RemoveUser-Methode

Die Methode `RemoveUser` trennt den angegebenen Benutzer von der gemeinsam genutzten Arbeitsmappe. Dabei wird der Benutzer über eine Nummer angesprochen.

▶ ResetColors-Methode

Die Methode `ResetColors` setzt die Farbpalette auf die Standardfarben zurück.

▶ Route-Methode

Die Methode `Route` leitet die Arbeitsmappe entsprechend den Einstellungen des aktuellen Verteilers der Arbeitsmappe weiter.

Save-Methode

Die Methode `Save` speichert Änderungen in der angegebenen Arbeitsmappe.

SaveAs-Methode

Die Methode `SaveAs` speichert Änderungen an der Arbeitsmappe in einer anderen Datei.

Gekürzte Syntax

```
Ausdruck.SaveAs(FileName, FileFormat, Password,
WriteResPassword, ReadOnlyRecommended, CreateBackup,
AccessMode, ConflictResolution)
```

Argument	Beschreibung
`Ausdruck`	Erforderlich. Ein Ausdruck, der ein `Workbook`-Objekt zurückgibt.
`Filename`	Gibt den Namen der Datei an.
`FileFormat`	Optional. Gibt das Dateiformat an.
`Password`	Optional. Ein Password kann angegeben werden.
`WriteResPassword`	Optional. Ein Schreibschutzkennwort kann angegeben werden.
`ReadOnlyRecommended`	Optional. Falls `True`, wird beim Öffnen der Datei in einer Meldung empfohlen, die Datei schreibgeschützt zu öffnen.
`CreateBackup`	Optional. `True`, um eine Sicherungsdatei zu erstellen.
`AccessMode`	Optional. Konstante, die den Zugriff festlegt.
`ConflictResolution`	Optional. Konstante, die den Konfliktfall regelt.

Tabelle 7.18: Argumente der Methode SaveAs

Für das Argument `AccessMode` liegen folgende Konstanten vor:

Konstante	Beschreibung
`xlExclusive`	Exklusivmodus
`xlNoChange`	Standard; Zugriffsmodus nicht ändern
`xlShared`	Freigabeliste

Tabelle 7.19: Konstanten des Arguments AccessMode

Für das Argument `ConflictResolution` liegen folgende Konstanten vor:

Konstante	Beschreibung
`xlUserResolution`	Anzeige des Dialogfeldes KONFLIKTLÖSUNG
`xlLocalSessionChanges`	Automatisches Akzeptieren der Änderungen des lokalen Benutzers
`xlOtherSessionChanges`	Änderungen anderer Benutzer haben Vorrang vor denen des lokalen Benutzers.

Tabelle 7.20: Konstanten des Arguments ConflictResolution

SaveCopyAs-Methode

Die Methode `SaveCopyAs` speichert eine Kopie der Arbeitsmappe in einer Datei, ändert aber nicht die geöffnete Arbeitsmappe im Speicher.

SendForReview-Methode

Die Methode `SendForReview` sendet eine Arbeitsmappe in einer E-Mail, damit diese von den angegebenen Empfängern überprüft werden kann.

Syntax

```
Ausdruck.SendForReview(Recipients, Subject,
ShowMessage, IncludeAttachment)
```

Argument	Beschreibung
`Ausdruck`	Erforderlich. Ein Ausdruck, der ein `Workbook`-Objekt zurückgibt.
`Recipients`	Optional. Gibt den oder die Empfänger der E-Mail bekannt.
`Subject`	Optional. Enthält den Betreff der Nachricht.
`ShowMessage`	Optional. `True`, wenn eine Nachricht beim Versenden angezeigt werden soll.
`IncludeAttachment`	Optional. `True`, wenn ein Anhang an die Nachricht angehängt werden soll.

Tabelle 7.21: Argumente der Methode SendForReview

▶ SendMail-Methode

Die Methode `SendMail` sendet die Arbeitsmappe über das installierte Mail-System.

▶ Syntax

```
Ausdruck.SendMail(Recipients, Subject, ReturnReceipt)
```

Argument	Beschreibung
`Ausdruck`	Erforderlich. Ein Ausdruck, der ein `Workbook`-Objekt zurückgibt.
`Recipients`	Erforderlich. Gibt den Namen des bzw. der Empfänger bekannt.
`Subject`	Optional. Gibt den Betreff der Nachricht an. Wurde dieses Argument ausgelassen, wird der Name des Dokuments verwendet.
`ReturnReceipt`	Optional. `True`, wenn eine Empfangsbestätigung angefordert werden soll.

Tabelle 7.22: Argumente der Methode SendMail

▶ Beispiel

Im folgenden Beispiel aus Listing 7.27 wird die aktuell geöffnete Arbeitsmappe per E-Mail versendet.

Listing 7.27: Aktive Arbeitsmappe per E-Mail versenden

```
Sub SendMail_Beispiel()
 ActiveWorkbook.SendMail _
 Subject:="Aktuelle DAten", _
 Recipients:=Held-office@t-online.de
End Sub
```

▶ UpdateFromFile-Methode

Aktualisiert eine schreibgeschützte Arbeitsmappe mit der gespeicherten Version, falls die Version auf dem Datenträger neuer ist als die aktuelle Kopie der Arbeitsmappe im Arbeitsspeicher. Wurde die Kopie auf dem Datenträger seit dem Laden der Arbeitsmappe nicht verändert, wird die Kopie im Arbeitsspeicher nicht neu geladen.

WebPagePreview-Methode

Zeigt in einer Vorschau das Erscheinungsbild der angegebenen Arbeitsmappe an, wenn sie als Webseite gespeichert wäre.

7.3 Workbook-Ereignisse

Sehen Sie in der folgenden Tabelle alle Ereignisse auf `Workbook`-Ebene, die Excel anbietet:

Ereignis	Beschreibung
`Workbook_Activate`	Tritt ein, sobald eine Arbeitsmappe aktiviert wird.
`Workbook_AddinInstall`	Tritt ein, wenn ein Add-In eingebunden wird. Dies kann entweder durch direktes Öffnen des Add-Ins erfolgen oder durch das Einbinden in den Add-Ins-Manager.
`Workbook_AddinUninstall`	Tritt ein, wenn ein Add-In aus dem Add-Ins-Manager deaktiviert wird.
`Workbook_BeforePrint`	Tritt vor dem Druck einer Arbeitsmappe oder nur einzelner Tabellen ein.
`Workbook_BeforeSave`	Tritt vor dem Speichervorgang ein. Dabei spielt es keine Rolle, ob Sie über Menübefehle, Symbolleiste oder Tastenkombination speichern.
`Workbook_Deactivate`	Tritt ein, wenn eine Arbeitsmappe deaktiviert wird, beispielsweise wenn eine Arbeitsmappe minimiert wird.
`Workbook_NewSheet`	Tritt ein, wenn eine neue Tabelle in die Arbeitsmappe eingefügt wird.
`Workbook_SheetActivate`	Tritt ein, wenn ein beliebiges Tabellen- oder Diagrammblatt in der Arbeitsmappe aktiviert wird.

Tabelle 7.23: Ereignisse auf Arbeitsmappenebene

Ereignis	Beschreibung
Workbook_SheetBeforeDoubleClick	Tritt ein, wenn an einer beliebigen Stelle der Arbeitsmappe ein Doppelklick mit der linken Maustaste durchgeführt wird.
Workbook_SheetBeforeRightClick	Tritt ein, wenn an einer beliebigen Stelle der Arbeitsmappe ein Klick mit der rechten Maustaste durchgeführt wird.
Workbook_SheetCalculate	Tritt nach der Neuberechnung jedes Tabellenblatts auf.
Workbook_SheetChange	Tritt ein, wenn sich auf einem beliebigen Tabellenblatt etwas ändert, sei es durch eine Verknüpfung oder den Anwender selbst.
Workbook_SheetDeactivate	Tritt ein, sobald ein beliebiges Tabellenblatt in der Arbeitsmappe verlassen wird.
Workbook_SheetFollowHyperlink	Tritt ein, wenn der Anwender auf einen Hyperlink in einer Tabelle klickt.
Workbook_SheetSelectionChange	Tritt ein, wenn sich die Markierung auf einem Tabellenblatt ändert.
Workbook_WindowActivate	Tritt ein, wenn ein Arbeitsmappen-Fenster aktiviert wird.
Workbook_WindowDeactivate	Tritt ein, wenn ein Arbeitsmappen-Fenster deaktiviert wird.
Workbook_WindowResize	Tritt ein, wenn eine Änderung an der Größe des Arbeitsmappen-Fensters durchgeführt wurde.

Tabelle 7.23: Ereignisse auf Arbeitsmappenebene (Forts.)

Einstellen von Arbeitsmappen-Ereignissen

Um ein Arbeitsmappen-Ereignis einzustellen, gehen Sie wie folgt vor:

1. Drücken Sie die Tastenkombination `Alt` + `F11`, um in die Entwicklungsumgebung zu gelangen.
2. Im Projekt-Explorer klicken Sie den Eintrag DIESEARBEITSMAPPE doppelt an.
3. Klicken Sie im Codefenster auf den Pfeil des linken Kombinationsfelds und wählen Sie den Eintrag WORKBOOK aus. Excel stellt Ihnen nun standardmäßig ein schon vorgefertigtes Ereignismakro zur Verfügung.
4. Mit einem Klick auf das zweite Kombinationsfeld bekommen Sie alle verfügbaren Ereignisse angezeigt, welche für die Arbeitsmappe einsetzbar sind.

8 Worksheet-Objekt

In der folgenden Tabelle sehen Sie das Objekt `Worksheet` sowie die untergeordneten Objekte:

Objekt	Verwendung
`Worksheet`	Einzelnes Tabellenblatt
`Name`	Name der Tabelle
`Range`	Einzelne Zelle, Bereich, Spalten oder Zeilen
`Comment`	Kommentar
`HPageBreak`	Horizontaler Tabellenseitenumbruch
`VPageBreak`	Vertikaler Tabellenseitenumbruch
`Hyperlink`	Hyperlink
`Scenario`	Szenario
`OLEObject`	Eingebettetes Objekt
`Outline`	Tabellengliederung
`PageSetup`	Seiteneinrichtung
`QueryTable`	Datenabfrage über Query
`PivotTable`	Pivot-Tabelle
`ChartObject`	Eingebettetes Diagramm
`AutoFilter`	Filter einer Tabelle
`Tab`	Registerkarte einer Tabelle (ab Excel 2002)

Tabelle 8.1: Worksheet-Objekte

8.1 Worksheet-Eigenschaften

▶ AutoFilter-, AutoFilterMode-, EnableAutoFilter-, FilterMode-Eigenschaft

Die Eigenschaft `AutoFilter` gibt ein `AutoFilter`-Objekt zurück, sofern die Filterung aktiviert ist.

Die Eigenschaft `AutoFilterMode` liefert den Wert `True` zurück, wenn die Dropdown-Pfeile für AutoFilter momentan in der Tabelle angezeigt werden.

Die Eigenschaft `EnableAutoFilter` gibt den Wert `True` zurück, falls AutoFilter-Pfeile aktiviert sind, wenn der Schutz »Nur-Benutzer-

schnittstelle« eingeschaltet ist. Hiermit können die Filterpfeile auch in einer geschützten Tabelle verwendet werden.
Über die Eigenschaft `FilterMode` können Sie feststellen, ob sich die Tabelle im Filtermodus befindet.

▶ Beispiel

Im folgenden Beispiel aus Listing 8.1 werden die Dropdown-Pfeile für die Filterung angezeigt.

Listing 8.1: AutoFilter anzeigen

```
Sub Worksheets_Beispiel()
 Sheets("Tabelle1").Activate
 If Not ActiveSheet.AutoFilterMode = True Then
  Range("A1").AutoFilter
 End If
End Sub
```

▶ Comments-Eigenschaft

Die Eigenschaft `Comments` gibt eine `Comments`-Auflistung zurück, die alle Kommentare im angegebenen Arbeitsblatt darstellt.

▶ Beispiel

Im folgenden Beispiel aus Listing 8.2 werden alle Kommentare der aktiven Tabelle in der Entwicklungsumgebung ausgegeben.

Listing 8.2: Alle Kommentare einer Tabelle auslesen

```
Sub Comments_Beispiel()
Dim Notiz As Comment

For Each Notiz In ActiveSheet.Comments
 Debug.Print Notiz.Text
Next Notiz
End Sub
```

DisplayPageBreaks-Eigenschaft

Die Eigenschaft `DisplayPageBreaks` gibt den Wert `True` zurück, wenn Seitenumbrüche (automatische und manuelle) auf dem angegebenen Arbeitsblatt angezeigt werden.

EnableCalculation-Eigenschaft

Die Eigenschaft `EnableCalculation` meldet den Wert `True`, falls Microsoft Excel das Arbeitsblatt automatisch neu berechnet. `False`, falls Excel das Arbeitsblatt nicht neu berechnet.

EnableOutlining-Eigenschaft

Die Eigenschaft `EnableOutlining` meldet den Wert `True`, falls die Gliederungssymbole aktiviert sind, sofern der Schutz »Nur-Benutzerschnittstelle« eingeschaltet ist. Somit können Sie auch in geschützten Tabellen mit den Gliederungssymbolen arbeiten.

Beispiel

Im folgenden Beispiel aus Listing 8.3 wird auf der TABELLE1 die Gliederungsfunktion auch trotz Blattschutzes eingestellt.

Listing 8.3: Gliederungsfunktion trotz Blattschutzes einstellen

```
Sub EnableOutlining_Beispiel()
Dim Tabelle As Worksheet

Set Tabelle = Sheets("Tabelle1")
With Tabelle
 .EnableOutlining = True
 .Protect contents:=True, userInterfaceOnly:=True
End With
End Sub
```

EnablePivotTable-Eigenschaft

Die Eigenschaft `EnablePivotTable` meldet den Wert `True`, falls die Steuerelemente und -aktionen für Pivot-Tabellen aktiviert sind, wenn der Schutz »Nur-Benutzerschnittstelle« eingeschaltet ist. Sie sind somit in der Lage, auch in geschützten Tabellen Pivot-Tabellen einzusetzen.

EnableSelection-Eigenschaft

Über die Eigenschaft `EnableSelection` können Sie über eine Konstante festlegen, welche Objekte auf einer geschützten Tabelle markiert werden dürfen. Folgende Konstanten stehen dabei zur Verfügung:

Konstante	Beschreibung
`xlNoSelection`	Keine Markierung möglich
`xlNoRestrictions`	Keine Einschränkungen
`xlUnlockedCells`	Nur die ungeschützten Zellen

Tabelle 8.2: Konstanten der Eigenschaft EnableSelection

Beispiel

Im folgenden Beispiel aus Listing 8.4 wird die TABELLE2 geschützt. Nach dem Einstellen des Schutzes kann keine einzige Zelle der Tabelle markiert werden.

Listing 8.4: Tabelle mit Markierungsoptionen schützen

```
Sub EnableSelection_Beispiel()
With Worksheets("Tabelle2")
    .EnableSelection = xlNoSelection
    .Protect Contents:=True, UserInterfaceOnly:=True
End With
End Sub
```

HPageBreaks-, VPageBreaks-Eigenschaft

Die Eigenschaft `HPageBreaks` gibt eine `HPageBreaks`-Auflistung zurück, die die horizontalen Seitenwechsel des Blattes darstellt.
Die Eigenschaft `VPageBreaks` gibt eine `VPageBreaks`-Auflistung zurück, die die vertikalen Seitenwechsel eines Blattes darstellt.

Beispiel

Im folgenden Beispiel aus Listing 8.5 wird die Anzahl der horizontalen und vertikalen Seitenwechsel gezählt.

Listing 8.5: Die Seitenwechsel einer Tabelle zählen

```
Sub HPageBreaks_Beispiel()
With Sheets("Tabelle3")
Debug.Print "Horizontale Seitenwechsel " & _
  .HPageBreaks.Count
Debug.Print "Vertikale Seitenwechsel " & _
  .VPageBreaks.Count
End With
End Sub
```

▶ Hyperlinks-Eigenschaft

Die Eigenschaft `Hyperlinks` gibt eine Hyperlinks-Auflistung zurück, die die Hyperlinks des Bereichs oder des Arbeitsblattes darstellt.

▶ Beispiel

Im folgenden Beispiel aus Listing 8.6 werden alle in TABELLE4 enthaltenen Hyperlinks ermittelt und im Direktfenster der Entwicklungsumgebung dokumentiert.

Listing 8.6: Hyperlinks in einer Tabelle aufspüren und auslesen

```
Sub Hyperlinks_Beispiel()
Dim Link As Hyperlink

For Each Link In Worksheets("Tabelle4").Hyperlinks
 Debug.Print Link.Range.Address & vbTab & _
 Link.Address
Next Link
End Sub
```

▶ Index-Eigenschaft

Über die Eigenschaft `Index` können Sie den Index einer Tabelle ermitteln. Die Tabelle, die in der Mappe ganz links steht, hat dabei den Index 1.

▶ Beispiel

Im folgenden Beispiel aus Listing 8.7 ermitteln Sie die Anordnung einer Tabelle innerhalb der Arbeitsmappe.

Listing 8.7: Die Reihenfolge der Anordnung einer Tabelle innerhalb einer Mappe ermitteln

```
Sub Index_Beispiel()
 MsgBox Sheets("Tabelle4").Index
End Sub
```

MailEnvelope-Eigenschaft

Über die Eigenschaft `MailEnvelope` können Sie den Text einer E-Mail-Kopfzeile für ein Dokument bestimmen.

Name-Eigenschaft

Mithilfe der Eigenschaft `Name` können Sie den Namen einer Tabelle festlegen bzw. ermitteln.

Beispiel

Im folgenden Beispiel aus Listing 8.8 wird eine neue Mappe mit 12 Tabellen erstellt und die Tabellen danach umbenannt.

Listing 8.8: Tabellenblätter über die Eigenschaft Name neu benennen

```
Sub Name_Eigenschaft()
Dim i As Integer

Application.SheetsInNewWorkbook = 12
Workbooks.Add
For i = 1 To 12
 Sheets(i).Name = "Monat" & i
Next i
End Sub
```

Outline-Eigenschaft

Die Eigenschaft `Outline` gibt ein `Outline`-Objekt zurück, das die Gliederung für das angegebene Arbeitsblatt darstellt.

▶ PageSetup-Eigenschaft

Die Eigenschaft `PageSetUp` gibt ein `PageSetup`-Objekt zurück, das alle Seiteneinstellungen für das angegebene Objekt enthält. Damit können Sie unter anderem die Kopf- und Fußzeilen programmieren.

▶ Beispiel

Im folgenden Beispiel aus Listing 8.9 wird die Kopf- und Fußzeile der TABELLE5 per Makro erstellt.

Listing 8.9: Kopf- und Fußzeile einrichten

```
Sub PageSetUp_Beispiel()
Dim Tabelle As Worksheet

Set Tabelle = Worksheets("Tabelle5")
With Tabelle.PageSetup
 .LeftHeader = Application.UserName
 .CenterHeader = ""
 .RightHeader = Date
 .LeftFooter = ActiveWorkbook.FullName
 .CenterFooter = ""
 .RightFooter = Tabelle.Name
End With
End Sub
```

▶ ProtectContents, ProtectDrawingObjects, ProtectScenarios-Eigenschaft

Die Eigenschaft `ProtectContents` liefert den Wert `True`, wenn der Inhalt des Blattes geschützt ist. Bei einem Diagramm wird das gesamte Diagramm geschützt. Bei einem Arbeitsblatt werden die einzelnen Zellen geschützt.

Die Eigenschaft `ProtectDrawingObjects` liefert den Wert `True` wenn Formen in einer Tabelle geschützt sind.

Die Eigenschaft `ProtectScenarios` liefert den Wert `True`, wenn die Arbeitsblatt-Szenarios geschützt sind.

Protection-Eigenschaft

Die Eigenschaft `Protection` gibt ein `Protection`-Objekt zurück, das die Schutzoptionen für die Anwendung darstellt. Damit können Sie prüfen, welche Schutzoptionen in einer Tabelle eingestellt sind.

Folgende Optionen, auch bei geschützten Tabellen, sind ab der Excel-Version 2002 verfügbar:

Schutzeigenschaft	Beschreibung
`AllowDeletingColumns`	Spalten dürfen gelöscht werden.
`AllowDeletingRows`	Zeilen dürfen gelöscht werden.
`AllowFiltering`	Der AutoFilter darf eingesetzt werden.
`AllowFormattingCells`	Zellen dürfen formatiert werden.
`AllowFormattingColumns`	Spalten dürfen formatiert werden.
`AllowFormattingRows`	Zeilen dürfen formatiert werden.
`AllowInsertingColumns`	Spalten dürfen eingefügt werden.
`AllowInsertingHyperlinks`	Hyperlinks dürfen eingefügt werden.
`AllowInsertingRows`	Zeilen dürfen eingefügt werden.
`AllowSorting`	Die Sortierung darf durchgeführt werden.
`AllowUsingPivotTables`	Pivot-Tabellen können benutzt werden.

Tabelle 8.3: Schutzeigenschaften beim Tabellenschutz

Hinweis

Zum Einstellen des Tabellenschutzes sehen Sie nach bei der Methode `Protect` weiter unten im Kapitel.

QueryTables-Eigenschaft

Die Eigenschaft `QueryTables` gibt die `QueryTables`-Auflistung zurück, die alle Abfragetabellen des angegebenen Arbeitsblattes darstellt.

Beispiel

Im folgenden Beispiel aus Listing 8.10 werden alle Abfragen auf einer Tabelle aktualisiert.

Listing 8.10: Alle Abfragen auf einer Tabelle aktualisieren

```
Sub QueryTables_Beispiel()
Dim Tabelle As Worksheet
Dim qt As QueryTable

Set Tabelle = Worksheets("Tabelle5")
For Each qt In Tabelle.QueryTables
    qt.Refresh
Next qt
End Sub
```

▶ ScrollArea-Eigenschaft

Die Eigenschaft `ScrollArea` gibt den Bereich zurück, in dem der Bildlauf bzw. die Zellenaktivierung erlaubt ist. Da diese Einstellung leider nicht die nächste Excel-Sitzung überlebt, muss diese Eigenschaft beim Öffnen der Arbeitsmappe über das Ereignis `Workbook_Open` eingestellt werden.

▶ Beispiel

Im folgenden Beispiel aus Listing 8.11 wird beim Öffnen der Arbeitsmappe auf der TABELLE6 eine `ScrollArea` eingerichtet. Das Ereignismakro muss zu diesem Zweck genau hinter dem Eintrag DIESEARBEITSMAPPE hinterlegt werden.

Listing 8.11: Eine ScrollArea dauerhaft einrichten

```
Private Sub Workbook_Open()
 Worksheets("Tabelle6").ScrollArea = "A1:E50"
End Sub
```

▶ StandardHeight-, StandardWidth-Eigenschaft

Über die Eigenschaft `StandardHeight` können Sie die Standardhöhe aller Zeilen des Arbeitsblattes in Punkt abfragen oder festlegen. Über die Eigenschaft `StandardWidth` können Sie die Standardbreite aller Spalten eines Arbeitsblattes abfragen oder festlegen.

▶ Tab-Eigenschaft

Die Eigenschaft `Tab` gibt ein Tab-Objekt für ein Diagramm oder ein Arbeitsblatt zurück.

▶ Beispiel

Im folgenden Beispiel aus Listing 8.12 wird die Registerkarte der TABELLE1 mit der Hintergrundfarbe ROT formatiert.

Listing 8.12: Registerkarte einer Tabelle einfärben

```
Sub Tab_Beispiel()
 Worksheets("Tabelle1").Tab.ColorIndex = 3
End Sub
```

▶ Type-Eigenschaft

Über die Eigenschaft `Type` können Sie den Typ eines Arbeitsblattes abfragen oder festlegen. Dabei gelten folgende Blatt-Konstanten:

Konstante	Beschreibung
xlChart	Diagrammblatt
xlDialogSheet	Altes Dialogblatt (Makro Excel 4)
xlExcel4IntlMacroSheet	Internationals Makroblatt
xlExcel4MacroSheet	Makroblatt (Excel-Version 4)
xlWorksheet	Tabellenblatt

Tabelle 8.4: Konstanten der Eigenschaft Type

▶ Beispiel

Im folgenden Beispiel aus Listing 8.13 wird überprüft, ob es sich beim aktiven Blatt um eine Tabelle handelt.

Listing 8.13: Tabellenprüfung über die Eigenschaft Type durchführen

```
Sub Type_Beispiel()
If ActiveSheet.Type = xlWorksheet Then
 MsgBox "Tabelle"
End If
End Sub
```

▶ UsedRange-Eigenschaft

Die Eigenschaft `UsedRange` repräsentiert den verwendeten Bereich in einer Tabelle.

▶ Beispiel

Im folgenden Beispiel aus Listing 8.14 wird der verwendete Bereich einer Tabelle ausgelesen.

Listing 8.14: Den verwendeten Bereich einer Tabelle über die Eigenschaft UsedRange ermitteln

```
Sub UsedRange_Beispiel()
 MsgBox Sheets("Tabelle6").UsedRange.Address
End Sub
```

▶ Visible-Eigenschaft

Über die Eigenschaft `Visible` können Sie bestimmen, ob die Tabelle sichtbar oder unsichtbar sein soll. Über folgende Konstanten können Tabellen ein- bzw. ausgeblendet werden:

Konstante/Wert	Beschreibung
`True`	Tabelle ist sichtbar.
`False`	Tabelle ist ausgeblendet.
`xlHidden`	Tabelle ist ausgeblendet.
`XlVeryHidden`	Tabelle ist sicher ausgeblendet.

Tabelle 8.5: Werte/Konstanten der Eigenschaft Visible

▶ Beispiel

Im folgenden Beispiel aus Listing 8.15 wird die TABELLE6 so ausgeblendet, dass sie über den Menübefehl FORMAT/BLATT-EINBLENDEN nicht wieder eingeblendet werden kann.

Listing 8.15: Sicheres Ausblenden einer Tabelle

```
Sub Visible_Beispiel()
 Worksheets("Tabelle6").Visible = xlVeryHidden
End Sub
```

8.2 Worksheet-Methoden

Activate-, Select-Methode

Über die Methoden Activate oder Select können Sie eine Tabelle aktivieren.

Beispiel

Im folgenden Beispiel aus Listing 8.16 wird die TABELLE1 aktiviert.

Listing 8.16: Aktivieren einer Tabelle über die Methode Activate

```
Sub Activate_Beispiel()
 Worksheets("Tabelle1").Activate
End Sub
```

Calculate-Methode

Über die Methode Calculate können Sie unter anderem ein bestimmtes Arbeitsblatt einer Arbeitsmappe neu berechnen lassen.

Beispiel

Im folgenden Beispiel aus Listing 8.17 wird die TABELLE1 der aktiven Arbeitsmappe neu berechnet.

Listing 8.17: Eine Tabelle über die Methode Calculate neu berechnen lassen

```
Sub Calculate_Beispiel()
 Worksheets("Tabelle1").Calculate
End Sub
```

ChartObjects-Methode

Die Methode ChartObjects gibt ein Objekt zurück, das ein einzelnes eingebettetes Diagramm oder eine Auflistung aller eingebetteten Diagramme des Blattes darstellt.

Beispiel

Im folgenden Beispiel aus Listing 8.18 wird die Abmessung eines Diagrammobjekts in der TABELLE7 neu eingestellt.

Listing 8.18: Die Abmessung eines Diagrammobjekts ändern

```
Sub ChartObject_Beispiel()
Dim Dia As ChartObject

Set Dia = Sheets("Tabelle7").ChartObjects(1)
With Dia
.Width = 450
.Height = 250
End With
End Sub
```


▶ CheckSpelling-Methode

Mithilfe der Methode `CheckSpelling` können Sie eine Rechtschreibprüfung durchführen.

▶ Beispiel

Im folgenden Beispiel aus Listing 8.19 wird die Rechtschreibprüfung für die TABELLE7 durchgeführt.

Listing 8.19: Die Rechtschreibprüfung über die Methode CheckSpelling durchführen

```
Sub CheckSpelling_Beispiel()
 Worksheets("Tabelle7").CheckSpelling
End Sub
```

▶ CircleInvalid-, ClearCircles-Methode

Die Methode `CircleInvalid` kreist ungültige Einträge in einer Tabelle ein.
Die Methode `ClearCircles` löscht Kreise von ungültigen Einträgen auf einer Tabelle.

▶ ClearArrows-, ShowDependents-, ShowPrecedents-, ShowErrors-Methode

Die Methode `ClearArrows` entfernt die Spurpfeile in einer Tabelle, die vom Detektiv hinzugefügt wurden.
Die Methode `ShowDependents` zeichnet Spurpfeile zu den direkten Nachfolgern des Bereichs.

Die Methode ShowPrecedents zeichnet Spurpfeile zu den direkten Vorgängerzellen des Bereichs.
Die Methode ShowErrors zeichnet Spurpfeile durch die Struktur bis zu der Zelle, welche die Fehlerquelle darstellt, und gibt den Bereich zurück, der die Zelle enthält.

▶ Copy-Methode

Mithilfe der Methode Copy können Sie eine Tabelle kopieren.

▶ Syntax

```
Ausdruck.Copy(Before, After)
```

Argument	Beschreibung
Ausdruck	Erforderlich. Ein Ausdruck, der ein Worksheet- oder Chartobjekt zurückgibt.
Before	Optional. Das Blatt, vor das dieses Blatt kopiert wird. Sie können Before nicht angeben, wenn Sie After angeben.
After	Optional. Das Blatt, hinter das dieses Blatt kopiert wird. Sie können After nicht angeben, wenn Sie Before angeben.

Tabelle 8.6: Argumente der Methode Copy

▶ Hinweis

Werden die Argumente weggelassen, wird die Tabelle in eine neue Arbeitsmappe kopiert.

▶ Beispiel

Im folgenden Beispiel aus Listing 8.20 wird die erste Tabelle der Arbeitsmappe ganz ans Ende der Arbeitsmappe kopiert.

Listing 8.20: Tabelle ans Ende der Arbeitsmappe kopieren

```
Sub Copy_Beispiel()
 Worksheets(1).Copy _
 After:=Worksheets(Worksheets.Count)
End Sub
```

Delete-Methode

Über die Methode `Delete` können Sie eine Tabelle aus einer Arbeitsmappe entfernen.

Beispiel

Im folgenden Beispiel aus Listing 8.21 wird die TABELLE8 aus der aktiven Arbeitsmappe gelöscht. Zuvor werden dabei die Standardmeldungen von Excel ausgeschaltet, damit das Löschen der Tabelle nicht bestätigt werden muss.

Listing 8.21: Über die Methode Delete eine Tabelle entfernen

```
Sub Delete_Beispiel()
 Application.DisplayAlerts = False
 Worksheets("Tabelle8").Delete
 Application.DisplayAlerts = True
End Sub
```

Evaluate-Methode

Die Methode `Evaluate` konvertiert einen Microsoft Excel-Namen in ein Objekt oder in einen Wert.

Syntax

`Ausdruck.Evaluate(Name)`

Argument	Beschreibung
`Ausdruck`	Erforderlich. Ein Ausdruck, der ein `Chart`- oder `Worksheet`-Objekt zurückgibt.
`Name`	Erforderlich. Der Name des Objekts, wobei die für Microsoft Excel gültigen Namenskonventionen zu berücksichtigen sind

Tabelle 8.7: Argumente der Methode Evaluate

Move-Methode

Die Methode `Move` verschiebt das Blatt an eine andere Position in der Arbeitsmappe.

Syntax

`Ausdruck.Move(Before, After)`

Argument	Beschreibung
`Ausdruck`	Erforderlich. Ein Ausdruck, der ein `Worksheet`- oder `Chart`-Objekt zurückgibt.
`Before`	Optional. Das Blatt, vor das dieses Blatt geschoben wird. Sie können `Before` nicht angeben, wenn Sie `After` angeben.
`After`	Optional. Das Blatt, hinter das dieses Blatt geschoben wird. Sie können `After` nicht angeben, wenn Sie `Before` angeben.

Tabelle 8.8: Argumente der Methode Move

▶ Hinweis

Werden die Argumente weggelassen, wird die Tabelle in eine neue Arbeitsmappe verschoben.

▶ OLEObjects-Methode

Die Methode `OLEObjects` gibt ein Objekt zurück, das ein einzelnes OLE-Objekt oder eine Auflistung aller OLE-Objekte des Diagramms oder Blattes darstellt.

▶ Beispiel

Im folgenden Beispiel aus Listing 8.22 werden alle OLE-Objekte der TABELLE9 identifiziert und deren Quellen im Direktfenster der Entwicklungsumgebung ausgegeben.

Listing 8.22: Alle OLE-Objekte auf einer Tabelle identifizieren

```
Sub OLEObjects_Beispiel()
Dim OLE As OLEObject

For Each OLE In Sheets("Tabelle9").OLEObjects
 Debug.Print OLE.Name; vbTab; OLE.SourceName
Next OLE
End Sub
```

Paste-Methode

Die Methode `Paste` fügt den Inhalt der Zwischenablage in das Blatt ein.

Syntax

```
Ausdruck.Paste(Destination, Link)
```

Argument	Beschreibung
`Ausdruck`	Erforderlich. Ein Ausdruck, der ein `Worksheet`-Objekt zurückgibt.
`Destination`	Optional. Ein `Range`-Objekt, das festlegt, wo der Inhalt der Zwischenablage einzufügen ist.
`Link`	Optional. `True`, wenn eine Verknüpfung zum Quelldokument der eingefügten Daten hergestellt werden soll. Wenn dieses Argument angegeben wird, ist es nicht möglich, auch das `Destination`-Argument anzugeben. Der Standardwert ist `False`.

Tabelle 8.9: Argumente der Methode Paste

Beispiel

Im folgenden Beispiel aus Listing 8.23 wird ein Teil einer Tabelle in eine andere Tabelle übertragen.

Listing 8.23: Teile aus einer Tabelle kopieren und einfügen

```
Sub Paste_Beispiel()
 Worksheets("Tabelle1").Range("A1:D10").Copy
 ActiveSheet.Paste _
 Destination:=Worksheets("Tabelle2").Range("A1:D10")
End Sub
```

PasteSpecial-Methode

Mithilfe der Methode `PasteSpecial` können Sie den Inhalt der Zwischenablage im angegebenen Format in das Blatt einfügen.

Syntax

```
Ausdruck.PasteSpecial(Format, Link, DisplayAsIcon,
IconFileName, IconIndex, IconLabel, NoHTMLFormatting)
```

Argument	Beschreibung
`Ausdruck`	Erforderlich. Ein Ausdruck, der ein `Worksheet`-Objekt zurückgibt.
`Format`	Optional. Gibt das Zwischenablageformat für die Daten an.
`Link`	Optional. `True`, wenn eine Verknüpfung zum Quelldokument der eingefügten Daten hergestellt werden soll.
`DisplayAsIcon`	Optional. `True`, wenn die eingefügten Daten als Symbol angezeigt werden sollen.
`IconFileName`	Optional. Der Name der Datei mit dem zu verwendenden Symbol, wenn `DisplayAsIcon` den Wert `True` annimmt.
`IconIndex`	Optional. Die Indexnummer des Symbols in der Symboldatei.
`IconLabel`	Optional. Die Beschriftung für das Symbol.
`NoHTMLFormatting`	Optional. `True`, um sämtliche Formatierungen, Hyperlinks und Bilder aus HTML zu entfernen. `False`, um HTML unverändert einzufügen.

Tabelle 8.10: Argumente der Methode PasteSpecial

▶ Beispiel

Im folgenden Beispiel aus Listing 8.24 wird eine vorher kopierte Grafik in eine Excel-Tabelle eingefügt.

Listing 8.24: Eine Grafik aus der Zwischenablage in eine Tabelle einfügen

```
Sub PasteSpecial_Beispiel()
ActiveSheet.PasteSpecial _
Format:="Bitmap", Link:=False, DisplayAsIcon:=False
End Sub
```

▶ PivotTable-Methode

Die Methode `PivotTable` gibt ein Objekt zurück, das einen einzelnen PivotTable-Bericht oder eine Auflistung aller PivotTable-Berichte in einem Arbeitsblatt darstellt.

PivotTableWizard-Methode

Über die Methode `PivotTableWizard` können Sie eine Pivot-Tabelle über den Assistenten erstellen. Bei dieser Methode wird der Pivot-Tabellen-Assistent nicht angezeigt.

Syntax

```
Ausdruck.PivotTableWizard(SourceType, SourceData,
TableDestination, TableName, RowGrand, ColumnGrand,
SaveData,HasAutoFormat, AutoPage, BackgroundQuery,
OptimizeCache, PageFieldOrder, PageFieldWrapCount,
ReadData, Connection)
```

Argument	Beschreibung
`Ausdruck`	Erforderlich. Ein Ausdruck, der ein `Worksheet`-Objekt zurückgibt.
`SourceType`	Optional. Gibt den Datentyp der Daten an, die ausgewertet werden sollen.
`SourceData`	Optional. Die Daten für den neuen Bericht.
`TableDestination`	Optional. Position, an der der Bericht im Arbeitsblatt stehen soll.
`TableName`	Optional. Name des neuen Berichts.
`RowGrand`	Optional. `True`, wenn der neue Bericht Gesamtergebnisse für Zeilen aufweisen soll.
`ColumnGrand`	Optional. `True`, wenn der neue Bericht Gesamtergebnisse für Spalten aufweisen soll.
`SaveData`	Optional. `True`, wenn die Daten zusammen mit dem Bericht gespeichert werden sollen.
`HasAutoFormat`	Optional. `True`, wenn Microsoft Excel den Bericht automatisch nach einer Aktualisierung oder dem Verschieben von Feldern formatiert.

Tabelle 8.11: Argumente der Methode PivotTableWizard

Argument	Beschreibung
AutoPage	Optional. Nur gültig, wenn für SourceType der Wert xlConsolidation angegeben wird. True, wenn von Microsoft Excel für die Konsolidierung ein Seitenfeld erstellt wird.
BackgroundQuery	Optional. True, wenn Excel die Abfragen für den Bericht asynchron (im Hintergrund) ausführen soll.
OptimizeCache	Optional. True, wenn der PivotTable-Cache beim Erstellen optimiert werden soll.
PageFieldOrder	Optional. Die Reihenfolge, in der Seitenfelder dem Layout des PivotTable-Berichts hinzugefügt werden: xlDownThenOver oder xlOverThenDown.
PageFieldWrapCount	Optional. Die Anzahl von Seitenfeldern in jeder Spalte oder Zeile des PivotTable-Berichts.
ReadData	Optional. True, wenn ein PivotTable-Cache erstellt werden soll, der alle Datensätze aus einer externen Datenbank beinhaltet.
Connection	Optional. Hiermit kann eine Verbindung von Excel zu einer ODBC-Datenquelle stattfinden.

Tabelle 8.11: Argumente der Methode PivotTableWizard (Forts.)

Im Argument SourceType stehen folgende Typen zur Verfügung:

Konstante	Beschreibung
xlConsolidation	Mehrere Konsolidierungsbereiche
xlDatabase	Microsoft Excel-Liste oder -Datenbank
xlExternal	Daten aus einer anderen Anwendung kopieren
xlPivotTable	Gleiche Quelle wie ein anderer PivotTable-Bericht

Tabelle 8.12: Konstanten des Arguments SourceType

Beispiel

Im folgenden Beispiel aus Listing 8.25 wird eine Pivot-Tabelle über den Assistenten erstellt.

Listing 8.25: Pivot-Tabelle erstellen über den Assistenten

```
Sub PivotTableWizard_Beispiel()
Sheets("Tabelle9").PivotTableWizard _
xlDatabase, Range("A1:D50")
End Sub
```

PrintOut-Methode

Über die Methode `PrintOut` können Sie eine Tabelle oder Arbeitsmappe drucken.

Syntax

`Ausdruck.PrintOut(From, To, Copies, Preview, ActivePrinter, PrintToFile, Collate, PrToFileName)`

Argument	Beschreibung
`Ausdruck`	Erforderlich. Ein Ausdruck, der ein `Worksheet`-Objekt zurückgibt.
`From`	Optional. Die Nummer der ersten Seite, die gedruckt werden soll. Wenn Sie dieses Argument nicht angeben, wird von der ersten Seite an gedruckt.
`To`	Optional. Die Nummer der letzten Seite, die gedruckt werden soll. Wenn Sie dieses Argument nicht angeben, wird bis zur letzten Seite gedruckt.
`Copies`	Optional. Die Anzahl der zu druckenden Kopien.
`Preview`	Optional. `True` ruft die Seitenansicht auf, bevor das Objekt gedruckt wird.
`ActivePrinter`	Optional. Gibt den Namen des aktiven Druckers an.
`PrintToFile`	Optional. `True`, Ausgabe erfolgt in eine Datei.
`Collate`	Optional. `True`, Mehrfachkopien werden sortiert.
`PrToFileName`	Optional. Namen der Datei, in die Sie drucken möchten (nur, wenn `PrintToFile` gesetzt ist).

Tabelle 8.13: Argumente der Methode PrintOut

Beispiel

Im folgenden Beispiel aus Listing 8.26 werden alle markierten Tabellen doppelt gedruckt.

Listing 8.26: Gruppierte Tabelle mit Kopie drucken

```
Sub PrintOut_Beispiel()
ActiveWindow.SelectedSheets.PrintOut _
Copies:=1, Collate:=True
End Sub
```

PrintPreview-Methode

Über die Methode `PrintPreview` können Sie eine Tabelle in der Seitenansicht von Excel anzeigen.

Beispiel

Im folgenden Beispiel aus Listing 8.27 wird die TABELLE2 in der Seitenansicht dargestellt.

Listing 8.27: Die Seitenansicht einer Tabelle aufrufen

```
Sub PrintPreview_Beispiel()
 Worksheets("Tabelle2").PrintPreview
End Sub
```

Protect-, Unprotect-Methode

Über die Methode `Protect` können Sie eine Tabelle so schützen, dass sie nicht geändert werden kann.

Syntax (ab Excel 2002)

```
Ausdruck.Protect(Password, DrawingObjects, Contents,
Scenarios, UserInterfaceOnly, AllowFormattingCells,
AllowFormattingColumns, AllowFormattingRows,
AllowInsertingColumns, AllowInsertingRows,
AllowInsertingHyperlinks, AllowDeletingColumns,
AllowDeletingRows, AllowSorting, AllowFiltering,
AllowUsingPivotTables)
```

Argument	Beschreibung
Ausdruck	Erforderlich. Ein Ausdruck, der ein Worksheet-Objekt zurückgibt.
Password	Optional. Legt das Passwort für den Tabellenschutz fest.
DrawingObjects	Optional. True, wenn Formen geschützt werden sollen. Die Voreinstellung ist False.
Contents	Optional. True, wenn der Inhalt geschützt werden soll. Bei einem Diagramm wird dieses insgesamt geschützt. Bei einem Arbeitsblatt werden die gesperrten Zellen geschützt. Die Voreinstellung ist True.
Scenarios	Optional. True, wenn Szenarios geschützt werden sollen. Das Argument gilt nur für Arbeitsmappen. Die Voreinstellung ist True.
UserInterfaceOnly	Optional. True, wenn die Benutzeroberfläche, jedoch keine Makros geschützt werden sollen.
AllowFormattingCells	Optional. True, wenn es dem Benutzer möglich sein soll, jede Zelle eines geschützten Arbeitsblatts zu formatieren. Der Standardwert ist False.
AllowFormattingColumns	Optional. True, wenn es dem Benutzer möglich sein soll, jede Spalte eines geschützten Arbeitsblatts zu formatieren. Der Standardwert ist False.
AllowFormattingRows	Optional. True, wenn es dem Benutzer möglich sein soll, jede Zeile eines geschützten Arbeitsblatts zu formatieren. Der Standardwert ist False.
AllowInsertingColumns	Optional. True, wenn es dem Benutzer möglich sein soll, Spalten in ein geschütztes Arbeitsblatt einzufügen. Der Standardwert ist False.

Tabelle 8.14: Argumente der Methode Protect (ab Excel 2002)

Argument	Beschreibung
AllowInsertingRows	Optional. True, wenn es dem Benutzer möglich sein soll, Zeilen in ein geschütztes Arbeitsblatt einzufügen. Der Standardwert ist False.
AllowInsertingHyperlinks	Optional. True, wenn Hyperlinks in ein geschütztes Arbeitsblatt eingefügt werden können. Der Standardwert ist False.
AllowDeletingColumns	Optional. True, wenn Spalten im geschützten Arbeitsblatt gelöscht werden dürfen, wobei keine Zelle in der zu löschenden Spalte gesperrt sein darf. Der Standardwert ist False.
AllowDeletingRows	Optional. True, wenn Zeilen im geschützten Arbeitsblatt gelöscht werden dürfen, wobei keine Zelle in der zu löschenden Zeile gesperrt ist. Der Standardwert ist False.
AllowSorting	Optional. True, wenn für das geschützte Arbeitsblatt eine Sortierung durchgeführt werden darf. Für jede Zelle im Sortierbereich muss die Sperre oder der Schutz aufgehoben werden. Der Standardwert ist False.
AllowFiltering	Optional. True, wenn ein Filter für das geschützte Arbeitsblatt eingesetzt werden darf. Die Benutzer können Filterkriterien ändern, jedoch keinen AutoFilter aktivieren oder deaktivieren. Der Standardwert ist False.
AllowUsingPivotTables	Optional. True, wenn PivotTable-Berichte für das geschützte Arbeitsblatt eingesetzt werden dürfen. Der Standardwert ist False.

Tabelle 8.14: Argumente der Methode Protect (ab Excel 2002)

▶ **Syntax** (vor Excel 2002)

```
Ausdruck.Protect _
(Password, DrawingObjects, Contents, _
 Scenarios, UserInterfaceOnly)
```

Argument	Beschreibung
Ausdruck	Erforderlich. Ein Ausdruck, der ein Worksheet-Objekt zurückgibt.
Password	Optional. Legt das Passwort für den Tabellenschutz fest.
DrawingObjects	Optional. True, wenn Formen geschützt werden sollen. Die Voreinstellung ist False.
Contents	Optional. True, wenn der Inhalt geschützt werden soll. Bei einem Diagramm wird das gesamte Diagramm geschützt. Bei einem Arbeitsblatt werden die gesperrten Zellen geschützt. Die Voreinstellung ist True.
Scenarios	Optional. True, wenn Szenarios geschützt werden sollen. Das Argument gilt nur für Arbeitsmappen. Die Voreinstellung ist True.
UserInterFaceOnly	Optional. True, wenn die Benutzeroberfläche, jedoch keine Makros geschützt werden sollen.

Tabelle 8.15: Argumente der Methode Protect (vor Excel 2002)

Über die Methode Unprotect können Sie den Schutz eines Blattes oder einer Arbeitsmappe aufheben.

▶ Syntax

```
Ausdruck.Unprotect(Password)
```

Argument	Beschreibung
Ausdruck	Erforderlich. Ein Ausdruck, der ein Worksheet-Objekt zurückgibt.
Password	Optional. Legt das Passwort für den Tabellenschutz fest.

Tabelle 8.16: Argumente der Methode Unprotect

▶ Beispiele

Im folgenden Beispiel aus Listing 8.28 wird eine Tabelle so geschützt, dass trotz Tabellenschutzes noch Zeilen und Spalten eingefügt werden dürfen.

Listing 8.28: Eine Tabelle schützen über die Methode Protect

```
Sub Protect_Beispiel()
With Sheets("Tabelle1")
 .Protect Password:="Geheim", _
  AllowInsertingColumns:=True, _
  AllowInsertingRows:=True
End With
End Sub
```

Im folgenden Beispiel aus Listing 8.29 wird der Passwortschutz für die TABELLE1 wieder entfernt.

Listing 8.29: Den Tabellenschutz über die Methode Unprotect aufheben

```
Sub Unprotect_Beispiel()
With Sheets("Tabelle1")
 .Protect Password:="Geheim"
End With
End Sub
```

ResetAllPageBreaks-Methode

Über die Methode `ResetAllPageBreaks` können Sie alle Seitenwechsel im angegebenen Arbeitsblatt zurücksetzen.

Beispiel

Im folgenden Beispiel aus Listing 8.30 werden alle gesetzten Seitenwechsel in der Arbeitsmappe zurückgesetzt.

Listing 8.30: Über die Methode ResetAllPageBreaks den Seitenwechsel zurücksetzen

```
Sub ResetPageBreaks_Beispiel()
Dim Tabelle As Worksheet

For Each Tabelle In ActiveWorkbook.Worksheets
 Tabelle.ResetAllPageBreaks
Next Tabelle
End Sub
```

▶ Scenarios-Methode

Über die Methode `Scenarios` können Sie ein Objekt zurückgeben, das ein einzelnes Szenario oder eine Auflistung von Szenarien des Arbeitsblatts darstellt.

▶ Syntax

```
Ausdruck.Scenarios(Index)
```

Argument	Beschreibung
`Ausdruck`	Erforderlich. Ein Ausdruck, der ein `Worksheet`-Objekt zurückgibt.
`Index`	Optional. Der Name oder die Nummer des Szenarios. Verwenden Sie eine Matrix, um mehr als ein Szenario anzugeben.

Tabelle 8.17: Argumente der Methode Scenarios

▶ SetBackgroundPicture-Methode

Mithilfe der Methode `SetBackgroundPicture` können Sie die Hintergrundgrafik für ein Arbeitsblatt oder ein Diagramm festlegen.

▶ Syntax

```
Ausdruck.SetBackgroundPicture(FileName)
```

Argument	Beschreibung
`Ausdruck`	Erforderlich. Ein Ausdruck, der ein `Worksheet`- oder ein `Chart`-Objekt zurückgibt.
`FileName`	Erforderlich. Der Name der Grafikdatei.

Tabelle 8.18: Argumente der Methode SetBackgroundPicture

▶ Beispiel

Im folgenden Beispiel aus Listing 8.31 wird der TABELLE2 ein Hintergrundbild zugewiesen.

Listing 8.31: Die Methode BackgroundPicture weist einer Tabelle ein Hintergrundbild zu

```
Sub SetBackgroundpicture_Beispiel()
With Worksheets("Tabelle2")
 .SetBackgroundPicture "c:\logo.gif"
End With
End Sub
```

Hinweis

Nach dem Einfügen des Hintergrundbilds besteht keine Verbindung mehr zur Grafik, d.h. die Grafik wird nach dem Einfügen mit der Arbeitsmappe gespeichert. Außerdem ist ein Hintergrundbild in Excel leider standardmäßig nicht druckbar.

ShowAllData-Methode

Über die Methode `ShowAllData` können Sie alle Zeilen der momentan gefilterten Liste einblenden. Wird `AutoFilter` verwendet, so ändert diese Methode die Pfeile in ALLE.

Beispiel

Im folgenden Beispiel aus Listing 8.32 wird der AutoFilter der TABELLE10 zurückgesetzt.

Listing 8.32: Über die Methode ShowAllData alle ausgefilterten Zeilen wieder einblenden

```
Sub ShowAllData_Beispiel()
On Error Resume Next
With Worksheets("Tabelle10")
 .ShowAllData = True
End With
End Sub
```

ShowDataForm-Methode

Über die Methode `ShowDataForm` können Sie die mit dem Arbeitsblatt verknüpfte Datenmaske anzeigen.

Beispiel

Im folgenden Beispiel aus Listing 8.33 wird die Datenmaske zu TABELLE10 angezeigt.

Listing 8.33: Über die Methode ShowDataForm die Datenmaske einer Tabelle anzeigen

```
Sub ShowDataForm_Beispiel()
With Worksheets("Tabelle10")
 .ShowDataForm
End With
End Sub
```

8.3 Worksheet-Ereignisse

Sehen Sie in der folgenden Tabelle alle Ereignisse auf `Worksheet`-Ebene, die Excel anbietet:

Ereignis	**Beschreibung**
`Worksheet_Activate`	Tritt ein, wenn ein Tabellenblatt aktiviert wird.
`Worksheet_Change`	Tritt ein, wenn sich der Wert in einer Zelle ändert.
`Worksheet_Calculate`	Tritt ein, wenn eine Tabelle neu berechnet wird.
`Worksheet_Deactivate`	Tritt ein, wenn ein Tabellenblatt deaktiviert wird, beispielsweise wenn ein Tabellenblatt verlassen wird.
`Worksheet_FollowHyperlink`	Tritt ein, wenn der Anwender auf einen Hyperlink in einer Tabelle klickt.
`Worksheet_SelectionChange`	Tritt ein, wenn sich die Markierung auf einem Tabellenblatt ändert.

Tabelle 8.19: Ereignisse auf Worksheet-Ebene

Allgemeine Vorgehensweise bei der Einstellung von Tabellenereignissen

Um für ein Tabellenblatt ein Ereignis einzustellen, verfahren Sie wie folgt:

1. Drücken Sie die Tastenkombination [Alt] + [F11], um in die Entwicklungsumgebung zu gelangen.
2. Im Projekt-Explorer klicken Sie die Tabelle, der Sie das Ereignis zuweisen möchten, doppelt an.
3. Klicken Sie im Codefenster auf den Pfeil des linken Kombinationsfelds und wählen Sie den Eintrag WORKSHEET.
4. Im zweiten Kombinationsfeld wählen Sie dann das gewünschte Ereignis aus.

9 Range-Objekt

In der folgenden Tabelle sehen Sie das Objekt `Range` sowie die untergeordneten Objekte:

Objekt	Verwendung
`Range`	Einzelne Zelle, Bereich, Spalten oder Zeilen
`Areas`	Zusammenhängende Zellenblöcke innerhalb einer Markierung
`Border`	Rahmen einer Zelle
`Errors`	Fehlerüberprüfung
`Font`	Schriftattribute
`Interior`	Zellenhintergrund
`Characters`	Einzelne Zeichen innerhalb einer Zelle
`Name`	Name der Zelle bzw. des Bereichs
`Style`	Formatvorlage eines Bereichs
`FormatCondition`	Bedingte Formatierung
`Hyperlink`	Hyperlink
`Validation`	Gültigkeitsprüfung
`Comment`	Kommentar

Tabelle 9.1: Die Range-Objekte

9.1 Range-Eigenschaften

▶ AddIndent-, HorizontalAlignment-, VerticalAlignment-Eigenschaft

Setzen Sie die Eigenschaft `AddIndent` auf den Wert `True`, um den Text in einer Zelle automatisch einzuziehen, sofern die Textausrichtung in einer Zelle horizontal oder vertikal auf gleich verteilt festgelegt ist.

Über die Eigenschaft `HorizontalAlignment` geben Sie die horizontale Ausrichtung für das angegebene Objekt zurück oder legen sie fest.

Über die Eigenschaft `VerticalAlignment` geben Sie die vertikale Ausrichtung des angegebenen Objekts zurück oder legen sie fest.

▶ Beispiel

Im folgenden Beispiel aus Listing 9.1 wird die Spalte A der TABELLE1 mit einem Texteinzug ausgestattet.

Listing 9.1: Über die Eigenschaft AddIndent einen Texteinzug für Zellen festlegen

```
Sub AddIndent_Beispiel()
With Worksheets("Tabelle1").Columns(1)
    .HorizontalAlignment = xlHAlignDistributed
    .AddIndent = True
End With
End Sub
```

▶ Address-, AddressLocal-Eigenschaft

Über die Eigenschaft `Address` können Sie den Bezug auf eine Zelle oder einen Bereich festlegen.
Über die Eigenschaft `AddressLocal` können Sie den Bezug für den angegebenen Bereich in der Sprache des Benutzers oder der Benutzerin zurückgeben.

▶ Syntax

```
Ausdruck.Address(RowAbsolute, ColumnAbsolute,
ReferenceStyle, External, RelativeTo)
```

Argument	Beschreibung
`Ausdruck`	Erforderlich. Ein Ausdruck, der ein `Range`-Objekt zurückgibt.
`RowAbsolute`	Optional. `True`, wenn der Bezugsteil mit der Zeilenangabe als absoluter Bezug zurückgegeben werden soll.
`ColumnAbsolute`	Optional. `True`, wenn der Bezugsteil mit der Spaltenangabe als absoluter Bezug zurückgegeben werden soll.
`ReferenceStyle`	Optional. `XlReferenceStyle`-Wert: `xlA1`: Standard. A1-Schreibweise oder `xlR1C1`: Z1S1-Schreibweise

Tabelle 9.2: Argumente der Eigenschaft Address

Range-Eigenschaften 9.1

Argument	Beschreibung
External	Optional. True, wenn ein externer Bezug zurückgegeben werden soll. False, wenn ein lokaler Bezug zurückgegeben werden soll. Die Voreinstellung ist False.
RelativeTo	Optional. Wenn RowAbsolute und ColumnAbsolute beide den Wert False einnehmen und für ReferenceStyle der Wert xlR1C1 angegeben wird, muss ein Startpunkt für den relativen Bezug angegeben werden. Dieses Argument ist ein Range-Objekt und definiert den Startpunkt.

Tabelle 9.2: Argumente der Eigenschaft Address (Forts.)

▶ AllowEdit-Eigenschaft

Die Eigenschaft AllowEdit nimmt den Wert True ein, wenn der Bereich für ein geschütztes Arbeitsblatt bearbeitet werden darf.

▶ Beispiel

Im folgenden Beispiel aus Listing 9.2 wird überprüft, ob die Zelle A1 auf der geschützten TABELLE1 geändert werden darf.

Listing 9.2: Editierbarkeit einer Zelle über die Eigenschaft AllowEdit abfragen

```
Sub AllowEdit_Beispiel()
Dim Tabelle As Worksheet

Set Tabelle = ActiveWorkbook.Worksheets("Tabelle1")
Tabelle.Protect
If Tabelle.Range("A1").AllowEdit = True Then
   MsgBox "Zelle A1 kann verändert werden!"
 Else
   MsgBox "Zelle A1 kann nicht verändert werden!"
End If
End Sub
```

▶ Areas-Eigenschaft

Die Eigenschaft Areas gibt eine Areas-Auflistung zurück, die alle Bereiche in einer Mehrfachmarkierung darstellt.

Beispiel

Im folgenden Beispiel aus Listing 9.3 wird überprüft, ob in einer Tabelle mehrere, nicht zusammenhängende Zellbereiche markiert sind.

Listing 9.3: Über die Eigenschaft Areas ermitteln, ob mehrere Bereiche markiert sind

```
Sub Areas_Beispiel()
If Selection.Areas.Count > 1 Then
  MsgBox _
"Mehrere Bereiche sind in der Tabelle markiert!"
End If
End Sub
```

Borders-Eigenschaft

Über die Eigenschaft `Borders` können Sie eine `Borders`-Auflistung zurückgeben, die den Rahmen einer Formatvorlage oder eines Zellbereichs darstellt.

Beispiel

Im folgenden Beispiel aus Listing 9.4 wird ein Zellenbereich am oberen sowie am unteren Ende mit einem Rahmen ausgestattet.

Listing 9.4: Den Rahmen eines Bereichs festlegen

```
Sub Borders_Beispiel()
With Workheets("Tabelle2"). _
Range("A2:B4").Borders(xlEdgeBottom)
    .LineStyle = xlContinuous
    .Weight = xlThin
    .ColorIndex = 5
End With
With Worksheets("Tabelle2"). _
Range("A2:B4").Borders(xlEdgeTop)
    .LineStyle = xlContinuous
    .Weight = xlThin
    .ColorIndex = 5
End With
End Sub
```

Cells-Eigenschaft

Über die Eigenschaft `Cells` können Sie ein `Range`-Objekt zurückgeben, das die Zellen im angegebenen Bereich darstellt.

Syntax

`Cells(Zeile, Spalte)`

Im Argument `Zeile` wird die Zeilennummer angegeben (1-65536). Im Argument `Spalte` wird die Spaltennummer angegeben (1-256).

Beispiel

Im folgenden Beispiel werden in der TABELLE2 die Zelle A1 sowie die Zelle B2 mit dem Schriftschnitt FETT formatiert.

Listing 9.5: Über die Cells-Eigenschaft auf bestimmte Zellen zugreifen

```
Sub Cells_Beispiel()
 Cells(1, 1).Font.Bold = True
 Cells(2, 2).Font.Bold = True
End Sub
```

Characters-Eigenschaft

Die Eigenschaft `Characters` gibt ein `Characters`-Objekt zurück, das einen Bereich von Zeichen innerhalb des Objekttextes darstellt.

Syntax

`Ausdruck.Characters(Start, Length)`

Argument	**Beschreibung**
`Ausdruck`	Erforderlich. Ein Ausdruck, der ein `Range`-Objekt zurückgibt.
`Start`	Optional. Das erste zurückzugebende Zeichen. Falls dieses Argument den Wert 1 hat oder nicht angegeben wird, gibt diese Eigenschaft einen Zeichenbereich zurück, der mit dem ersten Zeichen beginnt.
`Length`	Optional. Die Anzahl der zurückzugebenden Zeichen. Falls dieses Argument nicht angegeben wird, gibt diese Eigenschaft den Rest der Zeichenfolge zurück (alle Zeichen nach Start).

Tabelle 9.3: Argumente der Eigenschaft Characters

▶ Beispiel

Im folgenden Beispiel aus Listing 9.6 wird eine Formel aus einer Zelle genommen und als Text wieder eingefügt. Die Argumente, die sich dabei innerhalb der Klammern befinden, werden mit dem Schriftschnitt FETT dargestellt. So wird aus der Formel `SUMME(A1:A5)` der Text SUMME(**A1:A5**).

Listing 9.6: Den Formeltext mithilfe der Eigenschaft Characters formatieren

```
Sub Characters_Beispiel()
Dim s As String
Dim iPosBeginn As Integer
Dim iPosEnde As Integer

s = ActiveCell.FormulaLocal
iPosBeginn = InStr(s, "(")
iPosEnde = InStr(s, ")")

ActiveCell.Value = "'" & s
ActiveCell.Font.Bold = False
ActiveCell.Characters(Start:=(iPosBeginn + 1), _
Length:=(iPosEnde - 1)).Font.Bold = True
End Sub
```

▶ Column-, Columns-, EntireColumn-, Row-, Rows-, EntireRow-Eigenschaft

Die Eigenschaft `Column` gibt die erste Spalte am Anfang des angegebenen Bereichs als Zahl zurück

Die Eigenschaft `Columns` gibt ein `Range`-Objekt zurück, das die Spalten im angegebenen Bereich darstellt.

Die Eigenschaft `EntireColumn` gibt ein `Range`-Objekt zurück, das eine oder mehrere ganze Spalten darstellt, die den angegebenen Bereich enthalten.

Die Eigenschaft `Row` gibt die Nummer der ersten Zeile im ersten Bereich zurück.

Die Eigenschaft `Rows` gibt ein `Range`-Objekt zurück, das die Zeilen im angegebenen Bereich darstellt.
Die Eigenschaft `EntireRow` gibt ein `Range`-Objekt zurück, das eine oder mehrere ganze Zeilen darstellt, die den angegebenen Bereich enthalten.

▶ Beispiele

Im folgenden Beispiel aus Listing 9.7 wird jede Spalte im benutzten Bereich einer Tabelle auf die Spaltenbreite 20 erweitert.

Listing 9.7: Einzelne Spalten ansprechen über die Eigenschaft Columns

```
Sub Column_Eigenschaft()
Dim Spalte As Range

For Each Spalte In _
 Worksheets("Tabelle3").UsedRange.Columns
   Spalte.ColumnWidth = 20
Next Spalte
End Sub
```

Im nächsten Beispiel aus Listing 9.8 wird jede zweite verwendete Zeile in einer Tabelle mit der Hintergrundfarbe ROT formatiert.

Listing 9.8: Einzelne Zeilen ansprechen über die Eigenschaft Rows

```
Sub Rows_Eigenschaft()
Dim Zeile As Range

For Each Zeile In _
 Worksheets("Tabelle3").UsedRange.Rows
  If Zeile.Row Mod 2 = 0 Then
  Zeile.EntireRow.Interior.ColorIndex = 3
  End If
Next Zeile
End Sub
```

▶ ColumnWidth-, RowHeight-, Width-, Height-Eigenschaft

Über die Eigenschaft `ColumnWidth` können Sie die Breite aller Spalten im angegebenen Bereich abfragen oder festlegen.

Über die Eigenschaft `RowHeight` können Sie die Höhe aller Zeilen im angegebenen Bereich abfragen oder festlegen.

Über die Eigenschaft `Height` können Sie die Höhe eines Bereichs ermitteln.

Über die Eigenschaft `Width` können Sie die Breite eines Bereichs ermitteln.

▶ Beispiele

Im folgenden Beispiel aus Listing 9.9 werden alle Spaltenbreiten sowie Zeilenhöhen im verwendeten Bereich angepasst.

Listing 9.9: Zeilenhöhe und Spaltenbreite im benutzten Bereich anpassen

```
Sub ColumnWidth_Beispiel()
Dim Bereich As Range

Set Bereich = Sheets("Tabelle3").UsedRange
With Bereich
 .ColumnWidth = 20
 .RowHeight = 15
End With
End Sub
```

Im folgenden Beispiel aus Listing 9.10 wird die Höhe und Breite eines bestimmten Bereichs ermittelt.

Listing 9.10: Höhe und Breite eines Bereichs ermitteln

```
Sub Height_Beispiel()
Dim Bereich As Range

Set Bereich = Range("A1:A5")
MsgBox "Höhe: " & Bereich.Height & vbLf & _
"Breite: " & Bereich.Width
End Sub
```

Comment-Eigenschaft

Die Eigenschaft `Comment` gibt ein `Comment`-Objekt zurück, das den Kommentar darstellt, der mit der Zelle in der linken oberen Ecke des Bereichs verknüpft ist.

Beispiel

Im folgenden Beispiel aus Listing 9.11 wird ein Kommentar in eine Zelle eingefügt und sichtbar gemacht.

Listing 9.11: Kommentar einfügen

```
Sub Comment_Beispiel()
With Sheets("Tabelle3").Range("A1")
    .NoteText "Hallo"
    .Font.Name = "Tahoma"
    .Comment.Visible = True
End With
End Sub
```

Count-Eigenschaft

Mithilfe der Eigenschaft `Count` können Sie die Objekte einer Auflistung zählen.

Beispiele

Im folgenden Beispiel aus Listing 9.12 wird die Anzahl der Zellen, die sich in einer Markierung befinden, gezählt.

Listing 9.12: Anzahl der markierten Zellen über die Eigenschaft Count zählen

```
Sub Count_Beispiel()
 MsgBox Selection.Count
End Sub
```

Im nächsten Beispiel aus Listing 9.13 werden die markierten Zeilen und Spalten gezählt.

Listing 9.13: Markierte Zeilen und Spalten über die Eigenschaft Count zählen

```
Sub Count_Beispiel2()
 MsgBox "Zeilen: " & Selection.Rows.Count & vbLf & _
        "Spalten: " & Selection.Columns.Count
End Sub
```

▶ CurrentArray-, HasArray-, CurrentRegion-Eigenschaft

Über die Eigenschaft `CurrentArray` können Sie ein `Range`-Objekt zurückgeben, das die gesamte Matrix darstellt, sofern die angegebene Zelle Teil einer Matrix ist.

Die Eigenschaft `HasArray` meldet den Wert `True`, wenn die angegebene Zelle Teil einer Matrixformel ist.

Die Eigenschaft `CurrentRegion` gibt ein `Range`-Objekt zurück, das den aktuellen Bereich darstellt. Der aktuelle Bereich wird von einer beliebigen Kombination leerer Zeilen und Spalten umschlossen.

▶ Beispiel

Im folgenden Beispiel aus Listing 9.14 wird, ausgehend von der markierten Zelle, der umliegende Bereich ermittelt und mit Nullen gefüllt. Dabei werden jedoch nur Zellen angepackt, die bereits einen numerischen Inhalt haben oder noch leer sind.

Listing 9.14: Den umliegenden Bereich mit Nullen füllen

```
Sub CurrentRegion_Beispiel()
Dim Bereich As Range
Dim zelle As Range

Set Bereich = ActiveCell.CurrentRegion
For Each zelle In Bereich
 If IsNumeric(zelle.Value) Or zelle.Value = "" Then
    zelle.Value = 0
 End If
Next zelle
End Sub
```

Dependents-, DirectDependents-, Precedents-, DirectPrecedents-Eigenschaft

Die Eigenschaft `Dependents` gibt ein `Range`-Objekt zurück, das den Bereich mit allen von einer Zelle abhängigen Zellen (Nachfolgern) darstellt. Dabei kann es sich um eine Mehrfachauswahl (eine Vereinigung mehrerer `Range`-Objekte) handeln, falls mehrere Zellen abhängig sind.

Die Eigenschaft `DirectDependents` gibt ein `Range`-Objekt zurück, das den Bereich darstellt, der die direkten Nachfolger einer Zelle enthält. Dabei kann es sich um eine Mehrfachauswahl (eine Vereinigung mehrerer `Range`-Objekte) handeln, falls mehrere Zellen abhängig sind.

Die Eigenschaft `Precedents` gibt ein `Range`-Objekt zurück, das alle Vorgänger einer Zelle darstellt. Dabei kann es sich um eine Mehrfachauswahl handeln (eine Vereinigung von `Range`-Objekten), falls mehrere Vorgänger vorhanden sind.

Die Eigenschaft `DirectPrecedents` gibt ein `Range`-Objekt zurück, das den Bereich darstellt, der die direkten Nachfolger einer Zelle enthält. Dabei kann es sich um eine Mehrfachauswahl (eine Vereinigung mehrerer `Range`-Objekte) handeln, falls mehrere Zellen abhängig sind

End-Eigenschaft

Die Eigenschaft `End` gibt ein `Range`-Objekt zurück, das die Zelle am Ende der Region darstellt, die den Quellbereich enthält. Diese Methode entspricht dem Drücken der Tasten [ENDE] + [↑], [ENDE] + [↓], [ENDE] + [←] oder [ENDE] + [→].

Syntax

```
Ausdruck.End(Direction)
```

Argument	Beschreibung
`Ausdruck`	Erforderlich. Ein Ausdruck, der ein Range-Objekt zurückgibt.
`Direction`	Erforderlich. Die Richtungskonstante, in die verschoben wird. `xlDown`: Nach unten `xlToRight`: Nach rechts `xlToLeft`: Nach links `xlUp`: Nach oben

Tabelle 9.4: Argumente der Eigenschaft End

▶ Beispiel

Im folgenden Beispiel aus Listing 9.15 wird in Spalte A die letzte benutzte Zelle markiert.

Listing 9.15: Über die Eigenschaft End die letzte verwendete Zelle in Spalte A ermitteln

```
Sub End_Beispiel()
 Range("A65536").End(xlUp).Select
End Sub
```

▶ Font-Eigenschaft

Die Eigenschaft `Font` gibt ein `Font`-Objekt zurück, das die Schriftart des angegebenen Objekts darstellt.

▶ Beispiel

Im folgenden Beispiel aus Listing 9.16 wird ein Bereich in der TABELLE4 mit einer bestimmten Schriftart sowie Schriftgröße formatiert.

Listing 9.16: Über die Eigenschaft Font auf die Schriftart zugreifen

```
Sub Font_Beispiel()
Dim Bereich As Range

Set Bereich = Worksheets("Tabelle4").Range("A1:G2")
```

```
With Bereich
 .Font.Name = "Arial"
 .Font.Size = 12
End With
End Sub
```

▶ FormatConditions-Eigenschaft

Die Eigenschaft `FormatConditions` gibt eine `FormatConditions`-Auflistung zurück, die alle bedingten Formate des angegebenen Bereichs darstellt.

▶ Beispiel

Im folgenden Beispiel aus Listing 9.17 wird der verwendete Bereich einer Tabelle nach einer bestimmten bedingten Formatierung abgesucht. Dabei sollen alle roten bedingten Formate durch die Farbe BLAU ersetzt werden.

Listing 9.17: Zugriff auf die bedingte Formatierung über die Eigenschaft FormatConditions gewinnen

```
Sub FormatConditions_Beispiel()
Dim zelle As Range
Dim Bereich As Range

Set Bereich = Worksheets("Tabelle5").UsedRange
For Each zelle In Bereich
If zelle.FormatConditions(1). _
 Interior.ColorIndex = 3 Then
 zelle.FormatConditions(1).Interior.ColorIndex = 5
End If
Next zelle
End Sub
```

▶ Formula-, FormulaLocal-, FormulaR1C1-, FormulaR1C1Local-Eigenschaft

Die Eigenschaft `Formula` gibt die Formel des Objekts im A1-Bezugssystem entsprechend der Ländereinstellung zurück oder legt sie fest.

Die Eigenschaft `FormulaLocal` gibt die Formel für das Objekt unter Verwendung von A1-Bezügen in der Sprache des Benutzers zurück oder legt einen Wert für sie fest.
Die Eigenschaft `FormulaR1C1` gibt die Formel für das Objekt unter Verwendung von Z1S1-Bezügen zurück oder legt einen Wert für sie fest.
Die Eigenschaft `FormulaR1C1Local` gibt die Formel für das Objekt unter Verwendung von Z1S1-Bezügen in der Sprache des Benutzers zurück oder legt einen Wert für sie fest.

► Beispiel

Im folgenden Beispiel aus Listing 9.18 werden alle verwendeten Formeln aus TABELLE6 im Direktfenster der Entwicklungsumgebung ausgegeben.

Listing 9.18: Über die Eigenschaft FormulaLocal die Formeln dokumentieren

```
Sub FormulaLocal_Beispiel()
Dim Zelle As Range

Sheets("Tabelle6").Cells. _
 SpecialCells(xlCellTypeFormulas).Select
For Each Zelle In Selection
 Debug.Print Zelle.FormulaLocal
Next Zelle
End Sub
```

► FormulaHidden-, Locked-Eigenschaft

Die Eigenschaft `FormulaHidden` gibt den Wert `True` zurück, falls die Formel ausgeblendet wird, wenn das Arbeitsblatt geschützt ist.
Die Eigenschaft `Locked` meldet den Wert `True`, wenn das Objekt gesperrt ist, und `False`, wenn das Objekt geändert werden kann, obwohl das Blatt geschützt ist.

► Beispiel

Im folgenden Beispiel aus Listing 9.19 sollen alle nicht gesperrten Zellen der TABELLE7 gelöscht werden.

Listing 9.19: Über die Eigenschaft Locked die »Zellensperre« überprüfen

```
Sub Locked_Beispiel()
Dim Tabelle As Worksheet
Dim Zelle As Range

Set Tabelle = Worksheets("Tabelle7")
For Each Zelle In Tabelle.UsedRange.Cells
 If Zelle.Locked = False Then Zelle.Value = ""
Next Zelle
End Sub
```

▶ Hidden-Eigenschaft

Die Eigenschaft `Hidden` meldet den Wert `True`, wenn die Zeilen oder Spalten ausgeblendet sind. Der angegebene Bereich muss eine ganze Zeile oder Spalte umfassen.

▶ Beispiel

Im folgenden Beispiel aus Listing 9.20 werden alle ausgeblendeten Zeilen im benutzten Bereich wieder eingeblendet.

Listing 9.20: Zeilen über die Eigenschaft Hidden ein- und ausblenden

```
Sub Hidden_Beispiel()
Dim Tabelle As Worksheet
Dim zeile As Range

Set Tabelle = Worksheets("Tabelle8")
For Each zeile In Tabelle.UsedRange.Rows
 zeile.Hidden = False
Next zeile
End Sub
```

▶ HorizontalAlignment-, VerticalAlignment-Eigenschaft

Die Eigenschaft `HorizontalAlignment` gibt die horizontale Ausrichtung für das angegebene Objekt zurück oder legt sie fest.
Die Eigenschaft `VerticalAlignment` gibt die vertikale Ausrichtung für das angegebene Objekt zurück oder legt sie fest.

▶ Beispiel

Im folgenden Beispiel aus Listing 9.21 wird die Ausrichtung von Text in einem Bereich horizontal und vertikal ausgerichtet.

Listing 9.21: Zellen ausrichten über die Eigenschaften HorizontalAlignment und VerticalAlignment

```
Sub HorizontalAligment_Beispiel()
Dim Bereich As Range

Set Bereich = Worksheets("Tabelle8").Range("A1:D17")
With Bereich
 .HorizontalAlignment = xlLeft
 .VerticalAlignment = xlCenter
End With
End Sub
```

▶ Hyperlinks-Eigenschaft

Die Eigenschaft `Hyperlinks` gibt eine Hyperlinks-Auflistung zurück, die die Hyperlinks des Bereichs oder des Arbeitsblatts darstellt.

▶ Beispiel

Im folgenden Beispiel aus Listing 9.22 werden alle markierten Zellen abgearbeitet. Dabei wird überprüft, ob in der jeweiligen Zelle ein Hyperlink existiert. Wenn ja, dann wird er entfernt.

Listing 9.22: Hyperlinks über die Eigenschaft Hyperlinks aufspüren

```
Sub Hyperlinks_Beispiel()
Dim zelle As Range

For Each zelle In Selection.Cells
 With zelle
  If .Hyperlinks.Count > 0 Then
  .Hyperlinks.Delete
   With .Font
    .Underline = xlUnderlineStyleNone
    .ColorIndex = xlAutomatic
   End With
```

```
  End If
 End With
Next zelle
End Sub
```

IndentLevel-Eigenschaft

Über die Eigenschaft `IndentLevel` können Sie die Einzugsebene für die Zelle oder den Bereich zurückgeben bzw. festlegen. Dies kann eine Ganzzahl zwischen 0 und 15 sein.

Beispiel

Im folgenden Beispiel wird auf der TABELLE9 in der Spalte A überprüft, ob dort ein fett formatierter Text steht. Wenn ja, dann wird dieser Text 2 Einzüge nach rechts verschoben.

```
Sub IndentLevel_Beispiel()
Dim Bereich As Range
Dim Zelle As Range

Set Bereich = Worksheets("Tabelle9").Range("A1:A10")
For Each Zelle In Bereich
 If Zelle.Font.Bold = True Then
  Zelle.IndentLevel = 2
End If
Next Zelle
End Sub
```

	A	B
1	Käse	
2	Wurst	
3	Milch	
4	Wasser	
5	**Food**	
6	CD-Rekorder	
7	Radio	
8	Computer	
9	Fernseher	
10	**Technik**	
11		

Abbildung 9.1: Fett formatierte Texte werden eingezogen

▶ Interior-Eigenschaft

Über die Eigenschaft `Interior` können Sie ein `Interior`-Objekt zurückgeben, das den Innenbereich des angegebenen Objekts darstellt.

▶ Beispiel

Im folgenden Beispiel aus Listing 9.23 werden alle Zellen eines Bereichs kontrolliert. Alle Zellenwerte, die über 100 sind, werden dabei mit einem roten Zellenhintergrund versehen.

Listing 9.23: Über die Eigenschaft Interior den Zellenhintergrund ansprechen

```
Sub Interior_Beispiel()
Dim Bereich As Range
Dim Zelle As Range

Set Bereich = Worksheets("Tabelle10").UsedRange
For Each Zelle In Bereich
 If Zelle.Value >= 100 Then
  Zelle.Interior.ColorIndex = 3
 Else
  Zelle.Interior.ColorIndex = xlColorIndexNone
 End If
Next Zelle
End Sub
```


▶ Item-Eigenschaft

Die Eigenschaft `Item` gibt ein `Range`-Objekt zurück, das einen versetzten Bereich in Bezug zum angegebenen Bereich darstellt.

▶ Syntax

```
Ausdruck.Item(RowIndex, ColumnIndex)
```

Argument	Beschreibung
`Ausdruck`	Erforderlich. Ein Ausdruck, der ein `Range`-Objekt zurückgibt.
`RowIndex`	Erforderlich. Der Index der Zelle, auf die Sie zugreifen möchten, in der Reihenfolge von links nach rechts und danach nach unten. `Range.Item(1)` gibt die obere linke Zelle des Bereichs zurück; `Range.Item(2)` gibt die nächste Zelle rechts der oberen linken Zelle zurück.
`ColumnIndex`	Optional. Eine Zahl oder eine Zeichenfolge, die die Spaltennummer der Zelle angibt, auf die Sie zugreifen möchten, beginnend mit `1` bzw. `"A"` für die erste Spalte des Bereichs.

Tabelle 9.5: Argumente der Eigenschaft Item

▶ Beispiele

Im folgenden Beispiel aus Listing 9.24 wird von einer Zelle auf eine andere zugegriffen.

Listing 9.24: Zellenzugriff über die Eigenschaft Item realisieren

```
Sub Item_Beispiel()
 MsgBox Range("B2").Item(4, "C").Address
End Sub
```

Im folgenden Beispiel aus Listing 9.25 wird der zuerst ausgewählte Zellenbereich gelöscht.

Listing 9.25: Über die Eigenschaft Item einen Bereich ansprechen

```
Sub Item_Beispiel2()
If Selection.Areas.Count <> 1 Then
    Selection.Areas.Item(1).Clear
End If
End Sub
```

▶ ListHeaderRows-Eigenschaft

Die Eigenschaft `ListHeaderRows` gibt die Anzahl der Überschriftenzeilen für den angegebenen Bereich zurück.

Beispiel

Im folgenden Beispiel aus Listing 9.26 wird ein Bereich überprüft und die Anzahl der Überschriftenzeilen ermittelt.

Listing 9.26: Über die Eigenschaft ListHeaderRows die Anzahl der Überschriften ermitteln

```
Sub ListHeaderRows_Beispiel()
Dim Bereich As Range
Dim i As Integer

Set Bereich = _
Sheets("Tabelle12").Range("A2").CurrentRegion
MsgBox "Der umliegende Bereich enthält " & _
Bereich.ListHeaderRows & " Überschriftenzeile(n)"
End Sub
```

MergeArea-, MergeCells-Eigenschaft

Die Eigenschaft `MergeArea` gibt ein `Range`-Objekt zurück, das den zusammengeführten Bereich mit der angegebenen Zelle darstellt. Wenn sich die angegebene Zelle nicht in einem zusammengeführten Bereich befindet, gibt diese Eigenschaft die angegebene Zelle zurück.

Die Eigenschaft `MergeCells` liefert den Wert `True`, wenn der Bereich oder die Formatvorlage zusammengeführte Zellen enthält.

Beispiel

Im folgenden Beispiel aus Listing 9.27 sollen alle Zellen aus einem bestimmten Bereich auf TABELLE13 untersucht werden. Die Koordinaten der Zellen, die in einem Zellenverbund organisiert sind, sollen dabei in das Direktfenster der Entwicklungsumgebung geschrieben werden.

Listing 9.27: Über die Eigenschaft MergeArea prüfen, ob sich eine Zelle in einem Zellenverbund befindet

```
Sub MergeArea_Beispiel()
Dim Bereich As Range
Dim Zelle As Range
```

```
Set Bereich = _
Worksheets("Tabelle13").Range("A1:D10")
For Each Zelle In Bereich
 If Zelle.MergeArea.Address <> Zelle.Address Then
  Debug.Print Zelle.Address
 End If
Next Zelle
End Sub
```

▶ Name-Eigenschaft

Die Eigenschaft `Name` gibt den Namen des Objekts zurück oder legt ihn fest.

▶ Beispiel

Über die folgende Lösung aus Listing 9.28 wird überprüft, ob eine bestimmte Zelle mit einem Namen belegt ist.

Listing 9.28: Über die Eigenschaft Name prüfen, ob eine Zelle benannt wurde

```
Function NameDa(Zelle) As Boolean
On Error GoTo fehler
If Zelle.Name <> "" Then
  NameDa = True
  Exit Function
 End If

fehler:
 NameDa = False
End Function

Sub Name_Beispiel()
 If NameDa(Sheets("Tabelle14").Range("A2")) Then
  MsgBox "Zelle enthält einen Namen"
  Else
  MsgBox "Zelle enthält keinen Namen"
 End If
End Sub
```

NumberFormat-, NumberFormatLocal-Eigenschaft

Die Eigenschaft `NumberFormat` gibt den Formatierungscode für das Objekt zurück oder legt ihn fest.

Die Eigenschaft `NumberFormatLocal` gibt den Formatierungscode des Objekts als Zeichenfolge in der Sprache des Benutzers zurück oder legt ihn fest.

Beispiel

Im folgenden Beispiel aus Listing 9.29 wird in der TABELLE14 der Datenbereich A1:A10 mit der Formatierung ZAHL MIT TAUSENDER-PUNKT und 2 Dezimalstellen formatiert.

Listing 9.29: Das Zahlenformat über die Eigenschaft NumberFormatLocal einstellen

```
Sub NumberFormat_Beispiel()
Dim Bereich As Range

Set Bereich = _
Worksheets("Tabelle14").Range("A1:A10")
Bereich.NumberFormatLocal = "#.##0,00"
End Sub
```

Offset-Eigenschaft

Die Eigenschaft `Offset` gibt ein `Range`-Objekt zurück, das einen Bereich darstellt, der gegenüber dem angegebenen Bereich versetzt ist.

Syntax

`Ausdruck.Offset(RowOffset, ColumnOffset)`

Argument	Beschreibung
`Ausdruck`	Erforderlich. Ein Ausdruck, der ein `Range`-Objekt zurückgibt.
`RowOffset`	Optional. Die Anzahl der Zeilen (positiv, negativ oder 0 (Null)), um die der Bereich versetzt werden soll. Bei positiven Werten erfolgt ein Versatz nach unten, bei negativen Werten ein Versatz nach oben. Der Standardwert ist 0.

Tabelle 9.6: Argumente der Eigenschaft Offset

Argument	Beschreibung
`ColumnOffset`	Optional. Die Anzahl der Spalten (positiv, negativ oder 0 (Null)), um die der Bereich versetzt werden soll. Bei positiven Werten erfolgt ein Versatz nach rechts, bei negativen Werten ein Versatz nach links. Der Standardwert ist 0.

Tabelle 9.6: Argumente der Eigenschaft Offset (Forts.)

Beispiel

Im folgenden Beispiel aus Listing 9.30 wird die erste freie Zelle der Spalte A in der TABELLE15 angesteuert.

Listing 9.30: Einen Zellenversatz über die Eigenschaft Offset erreichen

```
Sub Offset_Beispiel()
 Sheets("Tabelle15").Activate
 Range("A65536").End(xlUp).Offset(1, 0).Select
End Sub
```

OutlineLevel-Eigenschaft

Die Eigenschaft `OutlineLevel` gibt die aktuelle Zeilen- oder Spaltengliederungsebene für die angegebene Zeile oder Spalte zurück oder legt sie fest.

Range-Eigenschaft

Die Eigenschaft Range gibt ein `Range`-Objekt zurück, das eine Zelle oder einen Zellbereich darstellt.

Syntax

```
Ausdruck.Range(Cell1, Cell2)
```

Argument	Beschreibung
Ausdruck	Erforderlich. Ein Ausdruck, der ein Range-Objekt zurückgibt.
Cell1	Erforderlich. Der Name des Bereichs. Es muss eine A1-Bezugsart in der Sprache des Makros sein. Sie kann den Bereichsoperator (Doppelpunkt), den Schnittmengenoperator (Leerzeichen) oder den Vereinigungsoperator (Komma) enthalten.
Cell2	Optional. Die Zellen in der oberen linken und unteren rechten Ecke des Bereichs. Es kann ein Range-Objekt sein, das eine einzelne Zelle, eine gesamte Zeile oder eine gesamte Spalte enthält, oder eine Zeichenfolge, die eine einzelne Zelle in der Sprache des Makros bezeichnet.

Tabelle 9.7: Argumente der Eigenschaft Range

▶ Beispiel

Im folgenden Beispiel aus Listing 9.31 werden ein Text sowie eine Zahl in bestimmte Zellen einer Tabelle geschrieben.

Listing 9.31: Über die Eigenschaft Range auf Zellen zugreifen

```
Sub Range_Beispiel()
With Worksheets("Tabelle15")
 .Range("B1").Value = "Mwst"
 .Range("B2").Value = 0.16
End With
End Sub
```

▶ Resize-Eigenschaft

Die Eigenschaft Resize ändert die Größe des angegebenen Bereichs. Sie gibt ein Range-Objekt zurück, das den geänderten Bereich darstellt.

▶ Syntax

```
Ausdruck.Resize(RowSize, ColumnSize)
```

Argument	Beschreibung
`Ausdruck`	Erforderlich. Ein Ausdruck, der ein `Range`-Objekt zurückgibt, dessen Größe zu ändern ist.
`RowSize`	Optional. Die Anzahl der Zeilen im neuen Bereich. Falls dieses Argument nicht angegeben wird, bleibt die Anzahl der Zeilen im Bereich unverändert.
`ColumnSize`	Optional. Die Anzahl der Spalten im neuen Bereich. Falls dieses Argument nicht angegeben wird, bleibt die Anzahl der Spalten im Bereich unverändert.

Tabelle 9.8: Argumente der Eigenschaft Resize

▶ Beispiele

Im folgenden Beispiel aus Listing 9.32 werden nach der aktiven Zelle neue Zellen eingefügt. Dabei sollen nur in den Spalten A-D neue Zellen eingefügt werden.

Listing 9.32: Zellen einfügen

```
Sub Resize_Beispiel()
 Cells(ActiveCell.Row, 1).Resize(, 4).Insert _
shift:=xlDown
End Sub
```

Im folgenden Beispiel aus Listing 9.33 werden in einer Tabelle alle Daten bis auf die Überschriftenzeile markiert.

Listing 9.33: Über die Eigenschaft Resize einen Bereich neu definieren

```
Sub Resize_Beispiel2()
Dim Bereich As Range

Set Bereich = ActiveCell.CurrentRegion
Bereich.Offset(1, 0).Resize _
(Bereich.Rows.Count - 1, _
Bereich.Columns.Count).Select
End Sub
```

ShowDetail-Eigenschaft

Die Eigenschaft `ShowDetail` liefert den Wert `True`, wenn die Gliederung für den angegebenen Bereich erweitert ist (sodass die Details der Spalte bzw. Zeile sichtbar sind). Der angegebene Bereich muss eine einzelne Hauptspalte oder -zeile in einer Gliederung sein.

ShrinkToFit-Eigenschaft

Die Eigenschaft `ShrinkToFit` liefert den Wert `True`, wenn sich die Textgröße automatisch an die zur Verfügung stehende Spaltenbreite anpasst.

Beispiel

Im folgenden Beispiel aus Listing 9.34 wird die Textgröße der Zeile 5 an die zur Verfügung stehende Spaltenbreite angepasst.

Listing 9.34: Textgröße an Spaltenbreite anpassen über die Eigenschaft ShrinkToFit

```
Sub ShrinkToFit_Beispiel()
 Rows(5).ShrinkToFit = True
End Sub
```

Summary-Eigenschaft

Die Eigenschaft `Summary` liefert den Wert `True`, wenn es sich bei dem Bereich um eine Hauptzeile oder Hauptspalte einer Gliederung handelt. Der Bereich sollte eine Zeile oder Spalte sein.

Text-, Value-, Value2-Eigenschaft

Die Eigenschaft `Text` gibt den Text für das angegebene Objekt zurück oder legt ihn fest.
Die Eigenschaft `Value` gibt den Wert des angegebenen Bereichs zurück oder legt diesen fest.
Die Eigenschaft `Value2` gibt den Zellwert zurück oder legt ihn fest.

Hinweis

Der Unterschied zwischen den Eigenschaften `Value` und `Value2` besteht darin, dass die `Value2`-Eigenschaft die Datentypen `Currency` und `Date` nicht verwendet.

Der Unterschied zwischen der Eigenschaft `Text` und den beiden `Value`-Eigenschaften besteht darin, dass bei der Eigenschaft `Text` auch Formate mit ausgegeben werden.

▶ UseStandardHeight-, UseStandardWidth-Eigenschaft

Die Eigenschaft `UseStandardHeight` liefert den Wert `True`, wenn die Zeilenhöhe des `Range`-Objekts mit der Standardhöhe für das Blatt übereinstimmt.
Die Eigenschaft `UseStandardWidth` liefert den Wert `True`, wenn die Spaltenbreite des `Range`-Objekts mit der Standardbreite für das Blatt übereinstimmt.

▶ Validation-Eigenschaft

Die Eigenschaft `Validation` gibt das `Validation`-Objekt zurück, das die Gültigkeit für den angegebenen Bereich darstellt.

▶ Beispiel

Im folgenden Beispiel aus Listing 9.35 wird in TABELLE18 in den Zellen A1:A10 eine Gültigkeitsprüfung eingebaut.

Listing 9.35: Über die Eigenschaft Validation auf die Gültigkeitsprüfung zugreifen

```
Sub Validation_Beispiel()
Dim Bereich As Range

Set Bereich = _
Worksheets("Tabelle18").Range("A1:A10")
With Bereich.Validation
 .Add Type:=xlValidateWholeNumber, _
  AlertStyle:=xlValidAlertStop, _
  Operator:=xlBetween, Formula1:="1", Formula2:="10"
 .InputTitle = "Zahleneingabe"
 .ErrorTitle = "Falsche Zahl"
 .InputMessage = " Zahl zwischen 1 und 10 eingeben"
 .ErrorMessage = "Zahl zwischen 1 bis 10 eingeben"
End With
End Sub
```

▶ WrapText-Eigenschaft

Die Eigenschaft `WrapText` liefert den Wert `True`, wenn Microsoft Excel den Text im Objekt umbricht. Sie gibt Null zurück, wenn der angegebene Bereich einige Zellen enthält, in denen der Text umbrochen wird, und andere, in denen er nicht umbrochen wird.

▶ Beispiel

Im folgenden Beispiel aus Listing 9.36 werden eventuell eingestellte Zeilenumbrüche in Zellen entfernt.

Listing 9.36: Zeilenumbrüche über die Eigenschaft WrapText entfernen

```
Sub WrapText_Beispiel()
Dim Bereich As Range

Set Bereich = _
Worksheets("Tabelle18").Range("B1:B10")
    With Bereich
        .HorizontalAlignment = xlGeneral
        .VerticalAlignment = xlBottom
        .WrapText = False
        .Orientation = 0
        .ShrinkToFit = False
        .MergeCells = False
    End With
End Sub
```


9.2 Range-Methoden

▶ Activate-, Select-Methode

Die Methode `Activate` aktiviert eine einzelne Zelle, die sich innerhalb der aktuellen Markierung befinden muss.
Die Methode `Select` markiert eine Zelle oder einen Zellbereich.

▶ AddComment-Methode

Über die Methode `AddComment` können Sie einer Zelle einen Kommentar hinzufügen.

▶ Beispiel

Im folgenden Beispiel aus Listing 9.37 sollen Zellen aus einem bestimmten Bereich Kommentare hinzugefügt werden.

Listing 9.37: Kommentare über die Methode AddComment einfügen

```
Sub AddComment_Beispiel()
Dim Bereich As Range
Dim Zelle As Range

Set Bereich = Sheets("Tabelle19").Range("A1:A10")
For Each Zelle In Bereich
 Zelle.AddComment "Daten eingeben!"
Next Zelle
End Sub
```

▶ AdvancedFilter-Methode

Mithilfe der Methode `AdvancedFilter` können Sie Daten aus einer Liste, basierend auf einem Kriterienbereich, filtern oder kopieren.

▶ Syntax

```
Ausdruck.AdvancedFilter(Action, CriteriaRange,
CopyToRange, Unique)
```

Argument	Beschreibung
`Ausdruck`	Erforderlich. Ein Ausdruck, der ein `Range`-Objekt zurückgibt.
`Action`	Erforderlich. Konstante: `xlFilterCopy` oder `xlFilterInPlace`.
`CriteriaRange`	Optional. Der Kriterienbereich. Falls das Argument nicht angegeben wird, gibt es keine Kriterien.
`CopyToRange`	Optional. Der Zielbereich für die kopierten Zeilen, wenn `Action` den Wert `xlFilterCopy` hat. Andernfalls wird das Argument ignoriert.
`Unique`	Optional. `True`, wenn ausschließlich einmal vorhandene Datensätze gefiltert werden sollen. Ist der Wert `False` (Standardeinstellung), werden alle Datensätze gefiltert, die die Kriterien erfüllen.

Tabelle 9.9: Argumente der Methode AdvancedFilter

Beispiel

Im folgenden Beispiel aus Listing 9.38 wird eine Unikatliste mithilfe des Spezialfilters erstellt.

Listing 9.38: Über die Methode AdvancedFilter den Spezialfilter einsetzen

```
Sub AdvancedFilter_Beispiel()
Dim Bereich As Range

Set Bereich = _
Worksheets("Tabelle19").Range("A1:A10")
 Bereich.AdvancedFilter Action:=xlFilterCopy, _
 CriteriaRange:=Bereich, CopyToRange:=Range("D1"), _
 Unique:=True
End Sub
```

ApplyNames-Methode

Über die Methode `ApplyNames` können Sie einer Zelle oder einem Bereich einen Namen zuweisen.

Syntax

```
Ausdruck.ApplyNames(Names, IgnoreRelativeAbsolute,
UseRowColumnNames, OmitColumn, OmitRow, Order,
AppendLast)
```

Argument	Beschreibung
`Ausdruck`	Erforderlich. Ein Ausdruck, der u.a. ein `Range`-Objekt zurückgibt.
`Names`	Optional. Eine Matrix mit den Namen, die zugewiesen werden sollen. Wenn Sie dieses Argument nicht angeben, werden dem Bereich alle Namen des Arbeitsblatts zugewiesen.

Tabelle 9.10: Argumente der Methode ApplyNames

Argument	Beschreibung
`IgnoreRelativeAbsolute`	Optional. `True`, wenn Bezüge durch Namen ersetzt werden, ohne den Bezugstyp des Namens oder des Bezugs selbst zu berücksichtigen. `False`, wenn absolute Bezüge nur durch absolute Namen, relative Bezüge nur durch relative Namen und kombinierte Bezüge nur durch kombinierte Namen ersetzt werden.
`UseRowColumnNames`	Optional. `True`, wenn die Namen der Zeilen- und Spaltenbereiche verwendet werden, die den angegebenen Bereich enthalten, sofern Namen für diesen Bereich nicht gefunden werden können.
`OmitColumn`	Optional. `True`, wenn der gesamte Bezug mit dem zeilenorientierten Namen ersetzt wird.
`OmitRow`	Optional. `True`, wenn der gesamte Bezug mit dem spaltenorientierten Namen ersetzt wird.
`Order`	Optional. Legt fest, welcher Bereichsname zuerst erscheint, wenn ein Zellbezug durch einen zeilenorientierten und spaltenorientierten Bereichsnamen ersetzt wird. Kann eine der folgenden Konstanten sein: `xlColumnThenRow` oder `xlRowThenColumn`.
`AppendLast`	Optional. `True`, wenn die Definitionen der Namen in `Names` sowie die Definitionen der zuletzt definierten Namen ersetzt werden. `False`, wenn nur die Definitionen der Namen in `Names` ersetzt werden.

Tabelle 9.10: Argumente der Methode ApplyNames (Forts.)

▶ Beispiel

Im folgenden Beispiel aus Listing 9.39 wird dem benutzten Bereich einer Tabelle ein Name gegeben.

Listing 9.39: Über die Methode ApplyNames Namen vergeben

```
Sub ApplyNames_Beispiel()
Dim Tabelle As Worksheet

Set Tabelle = Worksheets("Tabelle19")
Tabelle.Names.Add Name:="DATEN", _
RefersTo:=Tabelle.UsedRange
End Sub
```

▶ AutoComplete-Methode

Diese Methode gibt eine `AutoComplete`-Übereinstimmung aus der Liste zurück. Besteht keine Übereinstimmung oder stimmt mehr als ein Listeneintrag mit der zu ergänzenden Zeichenfolge überein, gibt die Methode eine leere Zeichenfolge zurück.

▶ AutoFill-Methode

Die Methode `AutoFill` füllt die Zellen in einem angegebenen Bereich automatisch aus.

▶ Syntax

`Ausdruck.AutoFill(Destination, Type)`

Argument	Beschreibung
`Ausdruck`	Erforderlich. Ein Ausdruck, der ein `Range`-Objekt zurückgibt.
`Destination`	Erforderlich. Die auszufüllenden Zellen. Der Quellbereich muss dabei im Objekt enthalten sein.
`Type`	Optional: Die Info über eine Konstante, wie ausgefüllt werden soll. Wird die Konstante weggelassen, dann wählt Excel selbst einen geeigneten Typ aus. `xlFillDays`, `xlFillFormats`, `xlFillSeries`, `xlFillWeekdays`, `xlGrowthTrend`, `xlFillCopy`, `xlFillDefault`, `xlFillMonths`, `xlFillValues`, `xlFillYears`, `xlLinearTrend`.

Tabelle 9.11: Argumente der Methode AutoFill

▶ Beispiel

Im folgenden Beispiel aus Listing 9.40 wird ein Bereich nach unten ausgefüllt. Dabei wird als Vorgabewert das aktuelle Datum in Zelle A1 geschrieben.

Listing 9.40: Mit der Methode AutoFill Bereiche ausfüllen

```
Sub AutoFill_Beispiel()
Dim Bereich As Range

Set Bereich = _
Worksheets("Tabelle20").Range("A1:A10")
Range("A1").AutoFill Destination:=Bereich
End Sub
```

▶ AutoFilter-Methode

Über die Methode `AutoFilter` können Sie eine Liste unter Verwendung von `AutoFilter` filtern.

▶ Syntax

```
Ausdruck.AutoFilter(Field, Criteria1, Operator,
Criteria2, VisibleDropDown)
```

Argument	Beschreibung
`Ausdruck`	Erforderlich. Ein Ausdruck, der ein `Range`-Objekt zurückgibt.
`Field`	Optional. Der ganzzahlige `Offset` (Versatz) des Feldes, auf dem der Filter basieren soll (links in der Liste beginnend, wobei das Feld ganz links als erstes Feld verwendet wird).
`Criteria1`	Optional. Das Kriterium.
`Operator`	Optional. Folgende Konstanten sind möglich:. `xlAnd`, `xlBottom10Items`, `xlBottom10Percent`, `xlOr`, `xlTop10Items`, `xlTop10Percent`,

Tabelle 9.12: Argumente der Methode AutoFilter

Argument	Beschreibung
`Criteria2`	Optional. Das zweite Kriterium
`VisibleDropDown`	Optional. `True`, wenn die Dropdown-Pfeile von `AutoFilter` für das gefilterte Feld angezeigt werden sollen.

Tabelle 9.12: Argumente der Methode AutoFilter (Forts.)

▶ Beispiel

Beim folgenden Beispiel aus Listing 9.41 wird ein AutoFilter in Spalte A der TABELLE21 gesetzt.

Listing 9.41: Daten filtern über die Methode AutoFilter

```
Sub AutoFilter_Beispiel()
Dim Bereich As Range

Set Bereich = _
Worksheets("Tabelle21").Range("A1:D10")
Bereich.AutoFilter Field:=1, Criteria1:="Test"
End Sub
```

▶ AutoFit-Methode

Die Methode `AutoFit` ändert die Spaltenbreite oder die Zeilenhöhe im angegebenen Bereich, um eine optimale Anpassung zu erreichen.

▶ Beispiel

Im folgenden Beispiel aus Listing 9.42 wird für die Spalten A-D der TABELLE20 eine optimale Anpassung eingestellt.

Listing 9.42: Die Methode AutoFit stellt die optimale Spaltenbreite ein

```
Sub AutoFit_Beispiel()
With Worksheets("Tabelle20")
 .Range("A1:D1").Columns.AutoFit
    'Oder
 .Columns("A:D").AutoFit
End With
End Sub
```

▶ AutoFormat-Methode

Über die Methode `AutoFormat` können Sie einen Bereich automatisch mit einem vordefinierten Format formatieren.

▶ Syntax

```
Ausdruck.AutoFormat(Format, Number, Font, Alignment,
Border, Pattern, Width)
```

Argument	Beispiel
`Ausdruck`	Erforderlich. Ein Ausdruck, der ein `Range`-Objekt zurückgibt.
`Format`	Optional. Die gewünschte `AutoFormat`-Konstante, die Sie in der Online-Hilfe nachschlagen können.
`Number`	Optional. `True`, wenn Zahlenformate in die automatische Formatierung mitaufgenommen werden.
`Font`	Optional. `True`, wenn Schriftformate in die automatische Formatierung mitaufgenommen werden.
`Alignment`	Optional. `True`, wenn die Ausrichtung in die automatische Formatierung mitaufgenommen wird.
`Border`	Optional. `True`, wenn Rahmenformatierung in die automatische Formatierung mitaufgenommen wird.
`Pattern`	Optional. `True`, wenn Musterformatierung in die automatische Formatierung mitaufgenommen wird.
`Width`	Optional. `True`, wenn Spaltenbreite und Zeilenhöhe in die automatische Formatierung mitaufgenommen werden.

Tabelle 9.13: Argumente der Methode AutoFormat

▶ Beispiel

Im folgenden Beispiel aus Listing 9.43 wird die TABELLE16 mit einem `AutoFormat` belegt.

Listing 9.43: Mit der Methode AutoFormat ein vordefiniertes Format für einen Bereich anwenden

```
Sub AutoFormat_Beispiel()
Dim Bereich As Range

Set Bereich = Worksheets("Tabelle16").UsedRange
Bereich.AutoFormat (xlRangeAutoFormatAccounting1)
End Sub
```

▶ AutoOutline-Methode

Die Methode `AutoOutline` erstellt automatisch eine Gliederung für den angegebenen Bereich. Handelt es sich bei dem Bereich um eine einzelne Zelle, so erstellt Microsoft Excel eine Gliederung für das gesamte Blatt.

▶ BorderAround-Methode

Mithilfe der Methode `BorderAround` können Sie einen Bereich mit einem Rahmen umgeben.

▶ Syntax

```
Ausdruck.BorderAround(LineStyle, Weight, ColorIndex,
Color)
```

Argument	Beschreibung
`Ausdruck`	Erforderlich. Ein Ausdruck, der ein `Range`-Objekt zurückgibt.
`LineStyle`	Optional. Die Linienart für den Rahmen: `xlContinuous`, `xlDash`, `xlDashDot`, `xlDashDotDot`, `xlDot`, `xlDouble`, `xlLineStlyeNone`, `xlSlantDashDot`, `xlLineStlyeNone`
`Weight`	Optional. Die Rahmenstärke: `xlHairline`, `xlMedium`, `xlThick`, `xlThin`,
`ColorIndex`	Optional. Die Rahmenfarbe als Farbindex in der aktuellen Farbpalette oder als `XlColorIndex`-Konstante: `xlColorIndexAutomatic`, `xlColorIndexNone`
`Color`	Optional. Die Rahmenfarbe als `RGB`-Wert (Rot, Grün, Blau).

Tabelle 9.14: Argumente der Methode BorderAround

▶ Beispiel

Im folgenden Beispiel aus Listing 9.44 wird ein Rahmen um einen Bereich gelegt.

Listing 9.44: Die Methode BorderAround rahmt einen Bereich ein.

```
Sub BorderAround_Beispiel()
With Worksheets("Tabelle17")
 .Range("A1:E9").BorderAround _
  LineStyle:=xlDashDot, ColorIndex:=5, _
  Weight:=xlThick
End With
End Sub
```

▶ Clear-, ClearContents-, ClearFormats-, ClearComments-, ClearNotes-, ClearOutline-Methode

Mithilfe der Methode `Clear` können Sie den Zelleninhalt samt Formatierungen und Formeln löschen.
Die Methode `ClearContents` löscht die Formeln aus dem Bereich. Sie löscht die Daten aus einem Diagramm, jedoch nicht die Formatierung.
Die Methode `ClearFormats` löscht die Formatierung einer Zelle.
Über die Methode `ClearComments` können Sie alle Kommentare im angegebenen Bereich löschen.
Die Methode `ClearNotes` löscht Notizen und Audionotizen aus allen Zellen des angegebenen Bereichs.
Die Methode `ClearOutline` entfernt die Gliederung für den angegebenen Bereich.

▶ ColumnDifferences-, RowDifferences-Methode

Die Methode `ColumnDifferences` gibt ein `Range`-Objekt zurück, das alle Zellen darstellt, deren Inhalt sich von der Vergleichszelle in jeder Spalte unterscheidet.
Die Methode `RowDifferences` gibt ein `Range`-Objekt zurück, das alle Zellen darstellt, deren Inhalt sich vom Inhalt der Vergleichszelle jeder Zeile unterscheidet.

▶ Beispiel

Im folgenden Beispiel aus Listing 9.45 soll die Zelle A1 aus der TABELLE17 mit den übrigen benützten Zellen der Spalte A verglichen werden. Dabei sollen die Unterschiede mit roter Hintergrundfarbe gekennzeichnet werden.

Listing 9.45: Unterschiede über die Methode ColumnDifferences ermitteln

```
Sub ColumnDifferences_Beispiel()
Dim Zelle As Range

Set Zelle = _
Sheets("Tabelle17").Range("A1:A9") _
.ColumnDifferences( _
Comparison:=Sheets("Tabelle17").Range("A1"))
Zelle.Interior.ColorIndex = 3
End Sub
```

▶ Consolidate-Methode

Über die Methode `Consolidate` können Sie Daten aus mehreren Bereichen verschiedener Tabellen zu einem einzigen Bereich in einem einzelnen Arbeitsblatt konsolidieren.

▶ Syntax

```
Ausdruck.Consolidate(Sources, Function, TopRow,
LeftColumn, CreateLinks)
```

Argument	Beschreibung
`Ausdruck`	Erforderlich. Ein Ausdruck, der ein `Range`-Objekt zurückgibt.
`Sources`	Optional. Gibt die Quellen der Konsolidierung als eine Matrix von Textbezügen als Zeichenfolge in der Z1S1-Bezugsart an. Die Bezüge müssen den vollständigen Pfad der zu konsolidierenden Blätter enthalten.
`Function`	Optional. Mögliche Konstanten:: `xlAverage`, `xlCount`, `xlCountNums`, `xlMax`, `xlMin`, `xlProduct`, `xlStDev`, `xlStDevP`, `xlSum`, `xlVar`, `xlVarP`
`TopRow`	Optional. `True`, wenn die Konsolidierung der Daten auf der Grundlage der Spaltenüberschriften in der ersten Zeile der Konsolidierungsbereiche durchgeführt wird.

Tabelle 9.15: Argumente der Methode Consolidate

Argument	Beschreibung
`LeftColumn`	Optional. `True`, wenn die Konsolidierung der Daten auf der Grundlage der Zeilenüberschriften in der linken Spalte der Konsolidierungsbereiche durchgeführt wird.
`CreateLinks`	Optional. `True`, wenn die Konsolidierung Arbeitsblattverknüpfungen verwendet. `False`, wenn die Konsolidierung die Daten kopiert.

Tabelle 9.15: Argumente der Methode Consolidate (Forts.)

▶ Beispiel

Im folgenden Beispiel aus Listing 9.46 werden zwei Tabellen konsolidiert. Dabei werden die Bereiche A1:A10 der TABELLE23 und TABELLE24 summiert.

Listing 9.46: Über die Methode Consolidate Tabellen konsolidieren

```
Sub Consolid_Beispiel()
Worksheets("Tabelle22").Range("A1").Consolidate _
Sources:=Array("Tabelle23!R1C1:R10C1", _
 "Tabelle24!R1C1:R10C1"), Function:=xlSum
End Sub
```

▶ Copy-Methode

Die Methode `Copy` kopiert den Bereich in den angegebenen Bereich oder in die Zwischenablage.

▶ Syntax

```
Ausdruck.Copy(Destination)
```

Argument	Beschreibung
`Ausdruck`	Erforderlich. Ein Ausdruck, der ein `Range`-Objekt zurückgibt.
`Destination`	Optional. Gibt den neuen Bereich an, in den der angegebene Bereich hineinkopiert wird. Wenn dieses Argument ausgelassen wird, kopiert Microsoft Excel den Bereich in die Zwischenablage.

Tabelle 9.16: Argumente der Methode Copy

Beispiel

Im folgenden Beispiel aus Listing 9.47 wird ein Bereich einer Tabelle in eine neue Tabelle kopiert.

Listing 9.47: Zellen und Bereiche über die Methode Copy kopieren

```
Sub Copy_Beispiel()
Dim Bereich As Range
Dim Tabelle As Worksheet

Set Tabelle = Worksheets.Add
Set Bereich = Worksheets("Tabelle1").Range("A1:E10")
Bereich.Copy Destination:=Tabelle.Range("A1")
End Sub
```

CopyFromRecordset-Methode

Über die Methode `CopyFromRecordset` können Sie den Inhalt eines ADO- oder DAO-`Recordset`-Objekts in ein Arbeitsblatt kopieren, wobei an der linken oberen Ecke des angegebenen Bereichs begonnen wird.

Syntax

`Ausdruck.CopyFromRecordset(Data, MaxRows, MaxColumns)`

Argument	Beschreibung
`Ausdruck`	Erforderlich. Ein Ausdruck, der ein `Range`-Objekt zurückgibt.
`Data`	Erforderlich. Das `Recordset`-Objekt, das in den Bereich kopiert werden soll.
`MaxRows`	Optional. Die maximale Anzahl von Datensätzen, die in das Arbeitsblatt kopiert werden soll. Wenn Sie dieses Argument nicht angeben, werden alle Datensätze im `Recordset`-Objekt kopiert.
`MaxColumns`	Optional. Die maximale Anzahl von in das Arbeitsblatt zu kopierenden Feldern. Wenn Sie dieses Argument nicht angeben, werden alle Felder im `Recordset`-Objekt kopiert.

Tabelle 9.17: Argumente der Methode CopyFromRecordset

▶ CopyPicture-Methode

Die Methode `CopyPicture` kopiert das markierte Objekt als Bild in die Zwischenablage.

▶ Syntax

`Ausdruck.CopyPicture(Appearance, Format)`

Argument	Beschreibung
`Ausdruck`	Erforderlich. Ein Ausdruck, der unter anderem ein `Range`-Objekt zurückgibt.
`Appearance`	Optional. Legt fest, wie das Bild kopiert werden soll: `xlPrinter`: Das Bild wird so kopiert, wie es beim Drucken dargestellt wird. `xlScreen`: Das Bild wird standardmäßig so kopiert, dass es seiner Darstellung auf dem Bildschirm so weit wie möglich entspricht.
`Format`	Optional. Das Bildformat: `xlBitmap` oder `xlPicture`.

Tabelle 9.18: Argumente der Methode CopyPicture

▶ Beispiel

Im folgenden Beispiel aus Listing 9.48 wird ein Ausschnitt aus einer Tabelle als Bild kopiert und in eine neue Tabelle eingefügt.

Listing 9.48: Bereiche als Bild kopieren über die Methode CopyPicture

```
Sub CopyPicture_Beispiel()
Dim Tabelle As Worksheet

Set Tabelle = Worksheets.Add
With Worksheets("Tabelle16")
 .Range("A1:E16").CopyPicture xlScreen, xlBitmap
 .Paste Destination:=Tabelle.Range("A1")
End With
End Sub
```

▶ CreateNames-Methode

Die Methode `CreateName` übernimmt die Beschriftungen des Arbeitsblatts als Namen für den angegebenen Bereich.

▶ Syntax

```
Ausdruck.CreateNames(Top, Left, Bottom, Right)
```

Argument	Beschreibung
`Ausdruck`	Erforderlich. Ein Ausdruck, der ein `Range`-Objekt zurückgibt.
`Top`	Optional. `True`, wenn die Namen aufgrund der Beschriftungen in der obersten Zeile erstellt werden.
`Left`	Optional. `True`, wenn die Namen aufgrund der Beschriftungen in der linken Spalte erstellt werden.
`Bottom`	Optional. `True`, wenn die Namen aufgrund der Beschriftungen in der untersten Zeile erstellt werden.
`Right`	Optional. `True`, wenn die Namen aufgrund der Beschriftungen in der rechten Spalte erstellt werden.

Tabelle 9.19: Argumente der Methode CreateNames

▶ Beispiel

Im folgenden Beispiel aus Listing 9.49 wird der Zellenbereich A1:A13 aus der TABELLE25 unter einem Namen zusammengefasst.

Listing 9.49: Namen erstellen über die Methode CreateNames

```
Sub CreateNames_Beispiel()
Dim Bereich As Range

Set Bereich = _
Worksheets("Tabelle25").Range("A1:A13")
Bereich.CreateNames
End Sub
```

▶ Cut-Methode

Die Methode `Cut` schneidet das Objekt aus, legt es in die Zwischenablage oder fügt es an einer angegebenen Stelle ein.

Syntax

```
Ausdruck.Cut(Destination)
```

Argument	Beschreibung
`Ausdruck`	Erforderlich. Ein Ausdruck, der ein `Range`-Objekt zurückgibt.
`Destination`	Optional. Wird nur in Kombination mit `Range`-Objekten verwendet. Gibt den Bereich an, in den das Objekt eingefügt werden soll. Wenn Sie dieses Argument nicht angeben, so wird das ausgeschnittene Objekt in der Zwischenablage abgelegt.

Tabelle 9.20: Argumente der Methode Cut

DataSeries-Methode

Über die Methode `DataSeries` können Sie im angegebenen Bereich eine Datenreihe erstellen.

Syntax

```
Ausdruck.DataSeries(Rowcol, Type, Date, Step,
Stop, Trend)
```

Argument	Beschreibung
`Ausdruck`	Erforderlich. Ein Ausdruck, der ein `Range`-Objekt zurückgibt.
`Rowcol`	Optional. Zulässig ist die `xlRows`- oder `xlColumns`-Konstante, um die Datenreihen in Zeilen bzw. Spalten einzugeben. Wenn Sie dieses Argument nicht angeben, wird die Größe und Form des Bereichs verwendet.
`Type`	Optional. `XlDataSeriesType`-Wert: `xlAutoFill`; `xlDataSeriesLinear`, `xlChronological`, `xlGrowth`
`Date`	Optional. Wurde für das Argument `Type` der Wert `xlChronological` angegeben, so bezeichnet das Argument `Date` die Einheit, in der Datumsangaben fortgesetzt werden: `xlDay`, `xlWeekday`, `xlMonth`, `xlYear`.
`Step`	Optional. Das Inkrement für die Reihe. Der Standardwert ist 1.

Tabelle 9.21: Argumente der Methode DataSeries

Argument	Beschreibung
`Stop`	Optional. Der Endwert der Reihe. Wenn Sie dieses Argument nicht angeben, wird der Bereich in Microsoft Excel bis zum Ende mit Daten aufgefüllt.
`Trend`	Optional. `True`, dann wird eine Reihe mit einem linearen Trend oder einem exponentiellen Trend erstellt. Wenn `False`, erstellt die Methode eine Standarddatenreihe.

Tabelle 9.21: Argumente der Methode DataSeries (Forts.)

Beispiel

Im folgenden Beispiel aus Listing 9.50 wird eine Datumsreihe mit der Monatsschrittweite erstellt.

Listing 9.50: Chronologische Datenreihe über die Methode DataSeries erstellen

```
Sub DataSeries_Beispiel()
Dim Bereich As Range
Dim Tabelle As Worksheet

Set Tabelle = Worksheets.Add
Set Bereich = Tabelle.Range("A1:A12")
Tabelle.Range("A1").Formula = Date
Bereich.DataSeries Type:=xlChronological, _
Date:=xlMonth
End Sub
```

Delete-Methode

Mit der Methode `Delete` können Sie eine Zelle entfernen.

Syntax

```
Ausdruck.Delete(ª)
```

Argument	Beschreibung
Ausdruck	Erforderlich. Ein Ausdruck, der ein Range-Objekt zurückgibt.
Shift	Optional. Gibt an, wie die umliegenden Zellen verschoben werden, um die gelöschten Zellen zu ersetzen. Zulässig ist eine der XlDeleteShiftDirection-Konstanten: xlShiftToLeft oder xlShiftUp.

Tabelle 9.22: Argumente der Methode Delete

► Dirty-Methode

Über die Methode Dirty können Sie bestimmen, dass ein Bereich bei der nächsten Neuberechnung erneut berechnet werden soll. Im Unterschied zur Methode Calculate, die zu berechnende Zellen automatisch erkennt, wird über die Methode Dirty auch bei einer manuell eingestellten Berechnung Excel angewiesen, die angegebene Zelle für die erneute Berechnung zu kennzeichnen.

► FillDown-, FillUp-, FillLeft-, FillRight-Methode

Die Methode FillDown füllt die Zellen eines Bereichs, beginnend mit der oder den oberste(n) Zellen, nach unten hin auf. Dabei werden der Inhalt und die Formatierung der Zelle(n) in der obersten Zeile eines Bereichs in alle anderen Zeilen des Bereichs kopiert.

Die Methode FillUp füllt die Zellen eines Bereichs, beginnend mit der oder den unteren Zelle(n), nach oben hin auf. Dabei werden der Inhalt und die Formatierung der Zelle(n) in der untersten Zeile eines Bereichs in alle anderen Zeilen des Bereichs kopiert.

Die Methode FillLeft füllt die Zellen eines Bereichs, beginnend mit der oder den rechten Zelle(n), bis zum linken Ende auf. Dabei werden der Inhalt und die Formatierung der Zelle(n) in der rechten Spalte eines Bereichs in alle anderen Spalten des Bereichs kopiert.

Die Methode FillRight füllt die Zellen eines Bereichs, beginnend mit der oder den linken Zelle(n), bis zum rechten Ende auf. Dabei werden der Inhalt und die Formatierung der Zelle(n) in der linken Spalte eines Bereichs in alle anderen Spalten des Bereichs kopiert.

▶ Beispiel

Beim folgenden Beispiel aus Listing 9.51 wird die erste Zeile der TABELLE29 nach rechts aufgefüllt. Dabei wird ein Text in Zelle A1 vorgegeben.

Listing 9.51: Daten automatisch über die Methode FillRight nach rechts auffüllen

```
Sub FillRight_Beispiel()
 Worksheets("Tabelle29").Range("A1:E1").FillRight
End Sub
```

▶ Find-, FindNext-, FindPrevious-Methode

Die Methode `Find` sucht bestimmte Informationen in einem Bereich und gibt ein `Range`-Objekt zurück, das die erste Zelle mit diesem Inhalt darstellt. Sie gibt `Nothing` zurück, wenn keine Übereinstimmung gefunden wird.

Die Methode `FindNext` setzt eine Suche fort, die mit der `Find`-Methode begonnen wurde. Sie sucht nach der nächsten Zelle, die dieselben Suchkriterien erfüllt, und gibt ein `Range`-Objekt zurück, das diese Zelle darstellt.

Die Methode `FindPrevious` setzt eine Suche fort, die mit der `Find`-Methode begonnen wurde. Sie sucht nach der vorhergehenden Zelle, die dieselben Suchkriterien erfüllt, und gibt ein `Range`-Objekt zurück, das diese Zelle darstellt

▶ Syntax

```
Ausdruck.Find(What, After, LookIn, LookAt, SearchOrder,
SearchDirection, MatchCase, SearchFormat)
```

Argument	Beschreibung
`Ausdruck`	Erforderlich. Ein Ausdruck, der ein `Range`-Objekt zurückgibt.
`What`	Erforderlich. Der Inhalt, nach dem gesucht werden soll.
`After`	Optional. Gibt die Zelle an, nach der die Suche beginnen soll.

Tabelle 9.23: Argumente der Methode Find

Argument	Beschreibung
LookIn	Optional. Der Typ der Informationen.
LookAt	Optional. Kann eine der folgenden XlLookAt-Konstanten sein: xlWhole oder xlPart.
SearchOrder	Optional. Kann eine der folgenden XlSearchOrder-Konstanten sein: xlByRows oder xlByColumns.
SearchDirection	Optional. XlSearchDirection-Wert. Die Suchrichtung. Kann eine der folgenden XlSearchDirection-Konstanten sein: xlNext oder xlPrevious,
MatchCase	Optional. True, wenn bei der Suche zwischen Groß- und Kleinschreibung unterschieden werden soll. Der Standardwert ist False.
SearchFormat	Optional. Das Format für die Suche.

Tabelle 9.23: Argumente der Methode Find (Forts.)

▶ Beispiel

Im folgenden Beispiel aus Listing 9.52 wird ein bestimmter Text auf allen Tabellen der aktiven Arbeitsmappe gesucht und gekennzeichnet.

Listing 9.52: Über die Methode Find Texte in einer Arbeitsmappe suchen

```
Sub Find_Beispiel()
Dim suchbegriff As String
Dim Tabelle As Worksheet
Dim Zelle As Range
Dim sZelle As String

suchbegriff = _
InputBox("Geben Sie den Suchbegriff ein!")
   For Each Tabelle In ActiveWorkbook.Worksheets
    Tabelle.Activate
    Set Zelle = Tabelle.Cells.Find(suchbegriff)
    If Not Zelle Is Nothing Then
      sZelle = Zelle.Address
      Do
        Zelle.Activate
```

```
        Zelle.Interior.ColorIndex = 3
        Set Zelle = _
         Cells.FindNext(After:=ActiveCell)
        On Error Resume Next
        If Zelle.Address = sZelle Then Exit Do
        Zelle.Interior.ColorIndex = 3
      Loop
    End If
  Next Tabelle
End Sub
```

▶ FunctionWizard-Methode

Die Methode `FunctionWizard` aktiviert den Funktions-Assistenten für die linke obere Zelle des Bereichs.

▶ Beispiel

Im folgenden Beispiel aus Listing 9.53 wird der Funktions-Assistent aufgerufen.

Listing 9.53: Über die Methode FunctionWizard den Funktions-Assistenten aufrufen

```
Sub FunctionWizard_Beispiel()
 Worksheets("Tabelle1").Activate
 Range("A1").FunctionWizard
End Sub
```

▶ GoalSeek-Methode

Die Methode `GoalSeek` (Zielwertsuche) berechnet die Werte, die zum Erreichen eines bestimmten Ziels notwendig sind. Handelt es sich bei dem Ziel um ein Ergebnis, das von einer Formel zurückgegeben werden soll, so berechnet diese Methode einen Wert, der beim Einsetzen in die Formel zum gewünschten Ergebnis führt. Der Rückgabewert ist `True`, wenn das Ziel erreicht wurde.

▶ Syntax

```
Ausdruck.GoalSeek(Goal, ChangingCell)
```

Argument	Beschreibung
`Ausdruck`	Erforderlich. Ein Ausdruck, der ein `Range`-Objekt zurückgibt. Dies muss eine einzelne Zelle sein.
`Goal`	Erforderlich. Der Wert, der in dieser Zelle zurückgegeben werden soll.
`ChangingCell`	Erforderlich. In diesem Argument wird die Zelle angegeben, die zum Erreichen des gewünschten Zielwerts geändert werden soll.

Tabelle 9.24: Argumente der Methode Goalseek

▶ Beispiel

Im folgenden Beispiel aus Listing 9.54 soll die notwendige Produktionsmenge errechnet werden.

Listing 9.54: Die Zielwertsuche über die Methode GoalSeek durchführen

```
Sub Goalseek_Beispiel()
 Worksheets("Tabelle26").Range("D9").GoalSeek _
 Goal:=1000, ChangingCell:= _
 Worksheets("Tabelle26").Range("D5")
End Sub
```

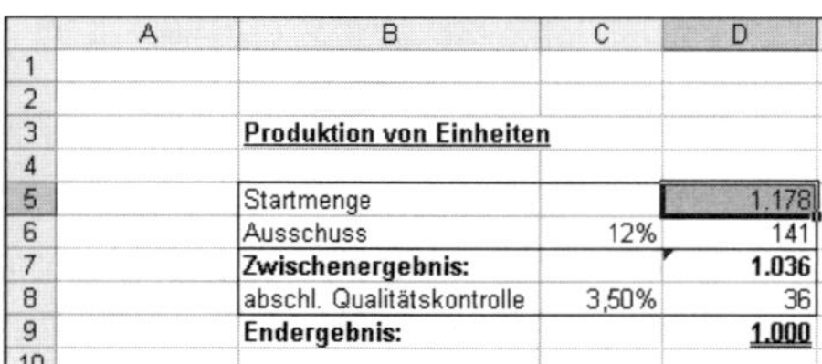

	A	B	C	D
1				
2				
3		Produktion von Einheiten		
4				
5		Startmenge		1.178
6		Ausschuss	12%	141
7		Zwischenergebnis:		1.036
8		abschl. Qualitätskontrolle	3,50%	36
9		Endergebnis:		1.000
10				

Abbildung 9.2: Die richtige Produktionsmenge wurde errechnet

▶ Insert-Methode

Die Methode `Insert` fügt eine Zelle oder einen Zellbereich in das Arbeitsblatt und verschiebt die anderen Zellen entsprechend.

▶ Syntax

```
Ausdruck.Insert(Shift, CopyOrigin)
```

Argument	Beschreibung
Ausdruck	Erforderlich. Ein Ausdruck, der ein Range-Objekt zurückgibt.
Shift	Optional. Gibt die Art an, in der die Zellen versetzt werden. Kann entweder xlShiftToRight oder xlShiftDown sein.
CopyOrigin	Optional. Der Ursprung des Kopiervorgangs.

Tabelle 9.25: Argumente der Methode Insert

▶ Beispiel

Im folgenden Beispiel aus Listing 9.55 wird in der TABELLE27 die Spalte A durchforstet. Immer wenn dort der Wert Summe steht, soll jeweils eine Leerzeile eingefügt werden.

Listing 9.55: Leerzeilen einfügen mithilfe der Methode Insert

```
Sub Insert_Beispiel()
Dim i As Integer

For i = 1 To _
Sheets("Tabelle27").UsedRange.Rows.Count
 If Cells(i, 1).Value = "Summe" Then
  Cells(i + 1, 1).EntireRow.Insert _
  shift:=xlShiftDown
 End If
Next i
End Sub
```

▶ InsertIndent-Methode

Die Methode InsertIndent fügt dem angegebenen Bereich einen Einzug hinzu.

▶ Beispiel

Im folgenden Beispiel aus Listing 9.56 wird in der TABELLE27 die Spalte A abgearbeitet. Immer wenn dort der Wert Summe steht, soll dieser Text eingezogen werden.

Listing 9.56: Texteinzug über die Methode InsertIndent durchführen

```
Sub InsertIndent_Beispiel()
Dim i As Integer

For i = 1 To _
Sheets("Tabelle27").UsedRange.Rows.Count
 If Cells(i, 1).Value = "Summe" Then
  Cells(i, 1).InsertIndent 2
 End If
Next i
End Sub
```

▶ Justify-Methode

Die Methode `Justify` ordnet den Text in einem Bereich neu an, sodass er den Bereich gleichmäßig ausfüllt.

▶ Beispiel

Im folgenden Beispiel aus Listing 9.57 wird der Text in einer Zelle bündig angeordnet.

Listing 9.57: Über die Methode Justify einen Text in einer Zelle bündig anordnen

```
Sub Justify_Beispiel()
Worksheets("Tabelle20").Range("A1").Justify
End Sub
```

▶ ListNames-Methode

Sie fügt eine Liste aller nicht ausgeblendeten Namen im Arbeitsblatt ein, beginnend bei der ersten Zelle in dem Bereich.

▶ Beispiel

Im folgenden Beispiel aus Listing 9.58 werden alle in der aktiven Arbeitsmappe verwendeten Namen ab Zelle D1 nach unten hin aufgelistet.

Listing 9.58: Über die Methode ListNames alle verwendeten Namen ermitteln

```
Sub ListNames_Beispiel()
 Worksheets("Tabelle30").Range("D1").ListNames
End Sub
```

D	E	F
Daten	=Tabelle3!$A$1:$A$9	
Monate	=Tabelle25!$A$2:$A$13	
Mwst	=Tabelle14!$A$1	

Abbildung 9.3: Verwendete Namen in einer Arbeitsmappe dokumentieren

► Merge-, UnMerge-Methode

Die Methode `Merge` erstellt eine verbundene Zelle aus dem angegebenen `Range`-Objekt.

Die Methode `UnMerge` löst einen zusammengeführten Bereich in einzelne Zellen auf.

► Syntax

```
Ausdruck.Merge(Across)
```

Argument	Beschreibung
`Ausdruck`	Erforderlich. Ein Ausdruck, der das `Range`-Objekt zurückgibt.
`Across`	Optional. `True`, wenn Zellen in allen Zeilen des angegebenen Bereichs als einzelne zusammengeführte Zellen zusammengeführt werden sollen.

Tabelle 9.26: Argumente der Methode Merge

► Beispiel

Beim folgenden Beispiel aus Listing 9.59 wird der Bereich A1:F1 der TABELLE31 miteinander verbunden.

Listing 9.59: Zellen verbinden mithilfe der Methode Merge

```
Sub Merge_Beispiel()
Dim Bereich As Range

Set Bereich = Worksheets("Tabelle31").Range("A1:F1")
Bereich.Merge
End Sub
```

▶ PasteSpecial-Methode

Die Methode `PasteSpecial` fügt ein `Range`-Objekt aus der Zwischenablage in den angegebenen Bereich ein.

▶ Syntax

`Ausdruck.PasteSpecial(Paste, Operation, SkipBlanks, Transpose)`

Argument	Beschreibung
`Ausdruck`	Erforderlich. Ein Ausdruck, der ein `Range`-Objekt zurückgibt.
`Paste`	Optional. `XlPasteType`-Wert. Der Teil des Bereichs, der eingefügt werden soll: `xlPasteAll`, `xlPasteAllExceptBorders`, `xlPasteColumnWidths`, `xlPasteComments`, `xlPasteFormats`, `xlPasteFormulas`, `xlPasteFormulasAndNumberFormats`, `xlPasteValidation`, `xlPasteValues`, `xlPasteValuesAndNumberFormats`
`Operation`	Optional. `xlPasteSpecialOperation`-Wert. Die Einfügeoperation: `xlPasteSpecialOperationAdd`, `xlPasteSpecialOperationDivide`, `xlPasteSpecialOperationMultiply`, `xlPasteSpecialOperationNone`, `xlPasteSpecialOperationSubtract`
`SkipBlanks`	Optional. `True`, wenn leere Zellen im Bereich in der Zwischenablage nicht in den Zielbereich eingefügt werden. Der Standardwert ist `False`.
`Transpose`	Optional. `True`, wenn Zeilen und Spalten beim Einfügen eines Bereichs vertauscht werden. Der Standardwert ist `False`.

Tabelle 9.27: Argumente der Methode PasteSpecial

▶ Beispiel

Im folgenden Beispiel aus Listing 9.60 wird ein Bereich mit Formeln kopiert und an anderer Stelle als Festwerte eingefügt.

Listing 9.60: Bereich kopieren und über die Methode PasteSpecial als Werte wieder einfügen

```
Sub PasteSpecial_Beispiel()
Dim Bereich As Range

Set Bereich = _
Worksheets("Tabelle31").Range("A2:A10")
Bereich.Copy
Range("B2").PasteSpecial Paste:=xlValues, _
 Operation:=xlNone, SkipBlanks:= _
  False, Transpose:=False
Application.CutCopyMode = False
End Sub
```

▶ RemoveSubtotal-Methode

Die Methode `RemoveSubtotal` entfernt Teilergebnisse aus einer Liste.

▶ Beispiel

Beim folgenden Beispiel aus Listing 9.61 werden alle Teilergebnisse aus TABELLE31 entfernt.

Listing 9.61: Teilergebnisse aus einer Liste über die Methode RemoveSubtotal entfernen

```
Sub RemoveSubtotals_Beispiel()
With Worksheets("Tabelle31")
 .Range("A1:D20").RemoveSubtotal
End With
End Sub
```

▶ Replace-Methode

Mithilfe der Methode `Replace` können Sie Teile einer Zelle durch einen anderen Inhalt ersetzen.

▶ Syntax

```
Ausdruck.Replace(What, Replacement, LookAt, SearchOrder,
MatchCase, SearchFormat, ReplaceFormat)
```

Argument	Beschreibung
Ausdruck	Erforderlich. Ein Ausdruck, der ein Range-Objekt zurückgibt.
What	Erforderlich. Die Zeichenfolge, die Microsoft Excel suchen soll.
Replacement	Erforderlich. Die ersetzende Zeichenfolge.
LookAt	Optional. Kann eine der folgenden XlLookAt-Konstanten sein: xlWhole oder xlPart.
SearchOrder	Optional. Kann eine der folgenden XlSearchOrder-Konstanten sein: xlByRows oder xlByColumns.
MatchCase	Optional. True, wenn Groß- und Kleinschreibung bei der Suche berücksichtigt wird.
SearchFormat	Optional. Das Suchformat für die Methode.
ReplaceFormat	Optional. Das Ersetzungsformat für die Methode.

Tabelle 9.28: Argumente der Methode Replace

▶ Beispiel

Im folgenden Beispiel aus Listing 9.62 werden alle Punkte in den Zellen durch Kommas ersetzt.

Listing 9.62: Zeichenfolgen über die Methode Replace ersetzen

```
Sub Replace_Beispiel()
Dim Bereich As Range

Set Bereich = Worksheets("Tabelle32").UsedRange
Bereich.Replace What:=".", Replacement:=",", _
LookAt:=xlPart, SearchOrder:=xlByRows, _
MatchCase:=False
End Sub
```

▶ ShowDependents-, ShowPrecedents-Methode

Die Methode ShowDependents blendet Spurpfeile zu den direkten Nachfolgern des Bereichs ein.

Die Methode ShowPrecedents blendet Spurpfeile zu den direkten Vorgängerzellen des Bereichs ein.

▶ Syntax

```
Ausdruck.ShowDependents(Remove)
Ausdruck.ShowPrecedents(Remove)
```

Argument	Beschreibung
Ausdruck	Erforderlich. Ein Ausdruck, der ein Range-Objekt zurückgibt. Muss eine einzelne Zelle sein.
Remove	Optional. True, wenn eine Ebene von Spurpfeilen zu direkten Nachfolgern entfernt wird. False, wenn eine Ebene von Spurpfeilen hinzugefügt wird.

Tabelle 9.29: Argumente der Methoden ShowDependents und ShowPrecedents

▶ Beispiel

Im folgenden Beispiel aus Listing 9.63 werden Spurpfeile ein- und wieder ausgeblendet.

Listing 9.63: Spurpfeile ein- und ausblenden über die Methode ShowDependents

```
Sub ShowDependents_Beispiel()
'Spurpfeile anzeigen
Range("A1").ShowDependents

'Spurpfeile ausblenden
Range("A1").ShowDependents Remove:=True
End Sub
```

▶ ShowErrors-Methode

Die Methode ShowErrors blendet Spurpfeile durch die Struktur bis zu der Zelle, die die Fehlerquelle darstellt, ein.

▶ Sort-Methode

Die Methode Sort sortiert einen PivotTable-Bericht, einen Bereich bzw. den aktiven Bereich (wenn nur eine Zelle angegeben wird).

▶ **Syntax** (gekürzt)

```
Ausdruck.Sort(Key1, Order1, Key2, Type, Order2, Key3,
Order3, Header, OrderCustom, MatchCase, Orientation
```

Argument	**Beschreibung**
`Ausdruck`	Erforderlich. Ein Ausdruck, der ein `Range`-Objekt zurückgibt.
`Key1`	Optional. Das erste Sortierfeld.
`Order1`	Optional. Die Sortierreihenfolge für das in Key1 angegebene Feld oder Bereich: `xlDescending`: Sortiert `Key1` in absteigender Reihenfolge. `xlAscending`: Sortiert `Key1` in aufsteigender Reihenfolge.
`Key2`	Optional. Das zweite Sortierfeld.
`Type`	Optional. Gibt an, welche Elemente sortiert werden sollen. Verwenden Sie dieses Argument nur zum Sortieren von Pivot-Table-Berichten. `xlSortLabels`: Sortiert den PivotTable-Bericht nach Beschriftungen. `xlSortValues`. Sortiert den PivotTable-Bericht nach Werten.
`Order2`	Optional. Die Sortierreihenfolge für das in `Key2` angegebene Feld oder Bereich. (siehe oben)
`Key3`	Optional. Das dritte Sortierfeld.
`Order3`	Optional. Die Sortierreihenfolge für das in `Key3` angegebene Feld oder Bereich (siehe oben).
`Header`	Optional. Gibt an, ob die erste Zeile Kopfzeilen enthält: `xlGuess`: Überlässt Microsoft Excel die Ermittlung, ob und wo eine Kopfzeile vorhanden ist. `xlNo`: Standard (der gesamte Bereich soll sortiert werden). `xlYes`: Der gesamte Bereich soll nicht sortiert werden.
`OrderCustom`	Optional. Bei diesem Argument handelt es sich um einen ganzzahligen, bei 1 beginnenden Offset für die Liste der benutzerdefinierten Sortierreihenfolgen. Wird `OrderCustom` ausgelassen, wird eine Standardsortierung verwendet.
`MatchCase`	Optional. `True`, um eine Sortierung durchzuführen, die Groß-/Kleinschreibung unterscheidet.
`Orientation`	Optional. Die Ausrichtung der Sortierung. `xlSortRows`: Standard. Sortiert nach Zeilen. `xlSortColumns`: Sortiert nach Spalten.

Tabelle 9.30: Die wichtigsten Argumente der Methode Sort

▶ Beispiel

Im folgenden Beispiel aus Listing 9.64 wird eine Liste, bestehend aus einer Spalte, absteigend sortiert.

Listing 9.64: Über die Methode Sort eine Liste sortieren

```
Sub Sort_Beispiel()
Columns("A:A").Select
Selection.Sort Key1:=Range("A1"), _
 Order1:=xlAscending, _
Header:=xlGuess, MatchCase:=False, _
Orientation:=xlTopToBottom
End Sub
```

▶ SpecialCells-Methode

Die Methode `SpecialCells` gibt ein `Range`-Objekt zurück, das alle Zellen darstellt, die mit dem angegebenen Wert übereinstimmen.

▶ Syntax

`Ausdruck.SpecialCells(Type, Value)`

Argument	Beschreibung
`Ausdruck`	Erforderlich. Ein Ausdruck, der ein `Range`-Objekt zurückgibt.
`Type`	Erforderlich. `XlCellType`-Wert. Der Zelltyp der gesucht werden soll. Siehe Tabelle 9.32.
`Value`	Optional. Falls für `Type` entweder `xlCellTypeConstants` oder `xlCellTypeFormulas` angegeben wird, legen Sie mit diesem Argument fest, welche Typen von Zellen im Ergebnis miteingeschlossen werden.

Tabelle 9.31: Argumente der Methode SpecialCells

Konstante	Beschreibung
`xlCellTypeAllFormatConditions`	Zellen mit beliebigem Format
`xlCellTypeAllValidation`	Zellen mit Gültigkeitskriterien
`xlCellTypeBlanks`	Leerzellen

Tabelle 9.32: Konstanten des Arguments Type

Konstante	Beschreibung
xlCellTypeComments	Zellen mit Anmerkungen
xlCellTypeConstants	Zellen mit Konstanten
xlCellTypeFormulas	Zellen mit Formeln
xlCellTypeLastCell	Die letzte Zelle im verwendeten Bereich
xlCellTypeSameFormatConditions	Zellen mit gleichem Format
xlCellTypeSameValidation	Zellen mit gleichen Gültigkeitskriterien
xlCellTypeVisible	Alle sichtbaren Zellen

Tabelle 9.32: Konstanten des Arguments Type (Forts.)

▶ Beispiel

Beim folgenden Beispiel aus Listing 9.65 werden alle Formelzellen der TABELLE33 markiert und mit roter Hintergrundfarbe gekennzeichnet.

Listing 9.65: Über die Methode SpecialCells alle Formelzellen einer Tabelle markieren

```
Sub Specialcells_Beispiel()
Sheets("Tabelle33").Activate
Selection.SpecialCells(xlCellTypeFormulas).Select
With Selection.Interior
   .ColorIndex = 3
   .Pattern = xlSolid
End With
End Sub
```

▶ Subtotal-Methode

Die Methode `Subtotal` erstellt Teilergebnisse für den Bereich (bzw. für die aktuelle Region, wenn der Bereich nur aus einer Zelle besteht).

▶ Syntax

```
Ausdruck.Subtotal(GroupBy, Function, TotalList, Replace,
PageBreaks, SummaryBelowData)
```

Argument	Beschreibung
Ausdruck	Erforderlich. Ein Ausdruck, der ein Range-Objekt zurückgibt.
GroupBy	Erforderlich. Das Feld, nach dem gruppiert werden soll, und zwar als ganzzahliger, bei 1 beginnender Versatz.
Function	Erforderlich. Die Teilergebnis-Funktion: xlAverage, xlCount, xlCountNums, xlMax, xlMin, xlProduct, xlStDev, xlStDevP, xlSum, xlUnknown, xlVar, xlVarP
TotalList	Erforderlich. Eine Matrix mit bei 1 beginnenden Feldversätzen. Diese bezeichnen die Felder, zu denen die Teilergebnisse hinzugefügt werden.
Replace	Optional. True, wenn bestehende Teilergebnisse ersetzt werden. Der Standardwert ist False.
PageBreaks	Optional. True, wenn nach jeder Gruppe ein Seitenwechsel eingefügt wird. Der Standardwert ist False.
SummaryBelowData	Optional. Platziert die Zusammenfassungsdaten relativ zum Teilergebnis: xlSummaryAbove, xlSummaryBelow

Tabelle 9.33: Argumente der Methode SubTotal

Beispiel

Im folgenden Beispiel aus Listing 9.66 wird eine Personalliste ausgewertet. Dabei wird nach Abteilung (Spalte 5) ein Teilergebnis gebildet.

Listing 9.66: Teilergebnisse über die Methode SubTotal erstellen

```
Sub Subtotal_Beispiel()
 Sheets("Tabelle34").Activate
 Selection.Subtotal GroupBy:=5, Function:=xlCount, _
 TotalList:=Array(5), Replace:=True, _
PageBreaks:=False, SummaryBelowData:=True
End Sub
```

TextToColumns-Methode

Die Methode TextToColumns analysiert eine Spalte mit Zellen, die Text enthalten, und gibt das Ergebnis in mehreren Spalten aus.

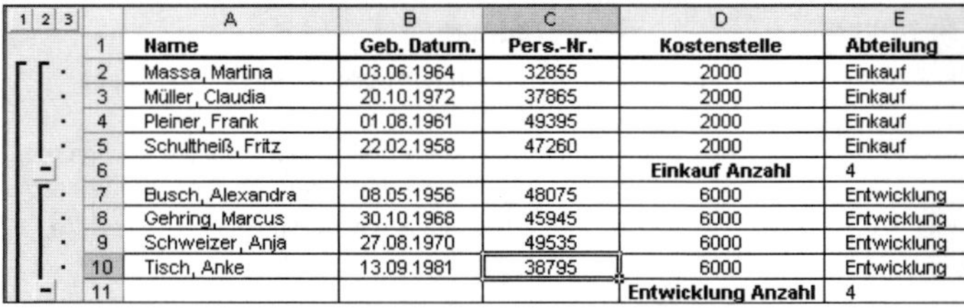

	A	B	C	D	E
1	**Name**	**Geb. Datum.**	**Pers.-Nr.**	**Kostenstelle**	**Abteilung**
2	Massa, Martina	03.06.1964	32855	2000	Einkauf
3	Müller, Claudia	20.10.1972	37865	2000	Einkauf
4	Pleiner, Frank	01.08.1961	49395	2000	Einkauf
5	Schultheiß, Fritz	22.02.1958	47260	2000	Einkauf
6				**Einkauf Anzahl**	4
7	Busch, Alexandra	08.05.1956	48075	6000	Entwicklung
8	Gehring, Marcus	30.10.1968	45945	6000	Entwicklung
9	Schweizer, Anja	27.08.1970	49535	6000	Entwicklung
10	Tisch, Anke	13.09.1981	38795	6000	Entwicklung
11				**Entwicklung Anzahl**	4

Abbildung 9.4: Die Mitarbeiter pro Abteilung wurden gezählt.

▶ Syntax

```
Ausdruck.TextToColumns(Destination, DataType,
TextQualifier, ConsecutiveDelimiter, Tab, Semicolon,
Comma, Space, Other, OtherChar, FieldInfo,
DecimalSeparator, ThousandsSeparator,
TrailingMinusNumbers)
```

Argument	**Beschreibung**
`Ausdruck`	Erforderlich. Ein Ausdruck, der ein `Range`-Objekt zurückgibt.
`Destination`	Optional. Ein `Range`-Objekt, das angibt, an welcher Stelle Microsoft Excel das Ergebnis ausgeben soll.
`DataType`	Optional. Das Format des Textes, der in Spalten aufgeteilt werden soll: `xlDelimited` oder `xlFixedWidth`
`TextQualifier`	Optional. Wert: `xlTextQualifierDoubleQuote` `xlTextQualifierNone` `xlTextQualifierSingleQuote`
`ConsecutiveDelimiter`	Optional. `True`, wenn Microsoft Excel sich wiederholende Trennzeichen als ein Trennzeichen interpretieren soll. Der Standardwert ist `False`.
`Tab`	Optional. `True`, wenn `DataType` den Wert `xlDelimited` hat und das Tabstoppzeichen als Trennzeichen verwendet wird.

Tabelle 9.34: Argumente der Methode TextToColumns

Argument	Beschreibung
Semicolon	Optional. True, wenn DataType den Wert xlDelimited hat und das Semikolon als Trennzeichen verwendet wird.
Comma	Optional. True, wenn DataType den Wert xlDelimited hat und das Komma als Trennzeichen verwendet wird.
Space	Optional. True, wenn DataType den Wert xlDelimited hat und das Leerzeichen als Trennzeichen verwendet wird.
Other	Optional. True, wenn DataType den Wert xlDelimited hat und das durch das Argument OtherChar angegebene Zeichen als Trennzeichen verwendet wird.
OtherChar	Optional. Das Trennzeichen, falls Other den Wert True hat. Wird mehr als ein Zeichen angegeben, wird nur das erste Zeichen verwendet, und die restlichen Zeichen werden nicht beachtet.
FieldInfo	Optional. Eine Matrix mit Informationen zur Analyse der einzelnen Datenspalten. xlGeneralFormat Allgemein xlTextFormat Text xlMDYFormat Datum im Format MTJ xlDMYFormat Datum im Format TMJ xlYMDFormat Datum im Format JMT xlMYDFormat Datum im Format MJT xlDYMFormat Datum im Format TJM xlYDMFormat Datum im Format JTM xlEMDFormat Datum im EMD-Format xlSkipColumn Spalte überspringen
DecimalSeparator	Optional. Das Dezimaltrennzeichen, das Microsoft Excel beim Erkennen von Zahlen verwendet. Standardeinstellung ist die Systemeinstellung.
ThousandsSeparator	Optional. Das 1000er-Trennzeichen, das Excel beim Erkennen von Zahlen verwendet. Standardeinstellung ist die Systemeinstellung.
TrailingMinusNumbers	Optional. Zahlen, denen ein Minuszeichen vorangestellt ist.

Tabelle 9.34: Argumente der Methode TextToColumns (Forts.)

10 Dialog-Programmierung

Im letzten Kapitel dieser Referenz geht es um die Dialog-Programmierung in Excel. Sie haben dabei die Möglichkeit, auf bereits fertige Dialoge zuzugreifen oder eigene Dialoge (= Userform) zu erstellen.

10.1 FileDialog-Eigenschaft

Über die Eigenschaft `FileDialog` können Sie ein `FileDialog`-Objekt verwenden.

Syntax

```
Ausdruck.FileDialog(fileDialogType)
```

Argument	Beschreibung
`Ausdruck`	Erforderlich. Ein Ausdruck, der ein `FileDialog`-Objekt zurückgibt.
`fileDialogType`	Erforderlich. Der Typ des Dateidialogfelds.

Tabelle 10.1: Argumente der Eigenschaft FileDialog

Folgende Typen von Dialogen sind über die Eigenschaft `FileDialog` abrufbar:

Konstante	Beschreibung
`msoFileDialogFilePicker`	Ermöglicht es den Benutzern, eine Datei auszuwählen.
`msoFileDialogFolderPicker`	Ermöglicht es den Benutzern, einen Ordner auszuwählen.
`msoFileDialogOpen`	Ermöglicht es den Benutzern, eine Datei zu öffnen.
`msoFileDialogSaveAs`	Ermöglicht es den Benutzern, eine Datei zu speichern.

Tabelle 10.2: Die zur Verfügung stehenden Dialoge

Beispiel

Im folgenden Beispiel aus Listing 10.1 wird der Dialog SPEICHERN UNTER aufgerufen.

Listing 10.1: Über die Eigenschaft FileDialog den Speichern unter-Dialog aufrufen

```
Sub FileDialog_Beispiel()
With Application.FileDialog(msoFileDialogSaveAs)
    .AllowMultiSelect = True
    .Show
End With
End Sub
```

10.2 Dialogs-Eigenschaft

Die Eigenschaft `Dialog` gibt eine Dialogs-Auflistung aller internen Dialogfelder zurück. Das bedeutet, dass Sie nahezu jeden Dialog, der in Excel bekannt ist, für eigene Projekte einsetzen können. In der Online-Hilfe finden Sie eine Auflistung aller integrierten Dialoge mitsamt deren Argumenten.

Beispiele

Im folgenden Beispiel aus Listing 10.2 wird der Dialog DRUCKEN aufgerufen und werden vorab schon einige Argumente eingestellt.

Listing 10.2: Über die Eigenschaft Dialogs integrierte Dialoge nützen

```
Sub Dialogs_Beispiel()
Const SeiteVon = 1
Const SeiteBis = 4
Const Kopien = 2

 Application.Dialogs(xlDialogPrint).Show arg1:=2, _
 arg2:=SeiteVon, arg3:=SeiteBis, arg4:=Kopien
End Sub
```

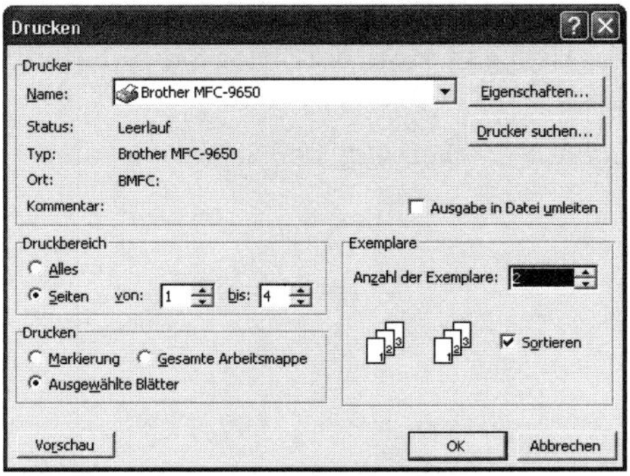

Abbildung 10.1: Den Drucken-Dialog aufrufen und einstellen

Im folgenden Beispiel aus Listing 10.3 wird eine Arbeitsmappe geöffnet, die über einen Schreibschutz geschützt ist.

Listing 10.3: Eine passwortgeschützte Mappe im Dialog Öffnen voreinstellen

```
Sub Dialogs_Beispiel2()
Application.Dialogs(xlDialogOpen).Show _
"C:\Tagesumsätze.xls", arg5:="Passwort"
End Sub
```

Im folgenden Beispiel aus Listing 10.4 wird die aktive Tabelle als E-Mail versendet und Empfänger sowie Titel voreingestellt.

Listing 10.4: Tabelle über einen integrierten Dialog versenden

```
Sub Dialogs_Beispiel3()
 ActiveSheet.Copy
 Application.Dialogs(xlDialogSendMail).Show _
 "Held-office@t-online.de", "Titel"
End Sub
```

10.3 GetOpenFilename-Methode

Die Methode GetOpenFilename zeigt das Standarddialogfeld ÖFFNEN an und bekommt einen Dateinamen vom Benutzer, ohne jedoch irgendwelche Dateien zu öffnen.

▶ Syntax

```
Ausdruck.GetOpenFilename(FileFilter, FilterIndex, Title,
MultiSelect)
```

Argument	Beschreibung
Ausdruck	Erforderlich. Ein Ausdruck, der ein Application-Objekt zurückgibt.
FileFilter	Optional. Eine Zeichenfolge, die die Dateifilterkriterien angibt. Wird dieses Argument ausgelassen, wird der Standardwert "Alle Dateien (*.*),*.*" verwendet.
FilterIndex	Optional. Gibt die Indexnummern der Standarddatei-Filterkriterien an, von 1 bis zu der Anzahl von in FileFilter angegebenen Filtern.
Title	Optional. Gibt den Titel des Dialogfeldes an. Wenn Sie dieses Argument nicht angeben, wird der Titel ÖFFNEN verwendet.
MultiSelect	Optional. True, damit mehrere Dateinamen ausgewählt werden können. False, damit nur ein Dateiname ausgewählt werden kann.

Tabelle 10.3: Argumente der Methode GetOpenFilename

▶ Beispiel

Im folgenden Beispiel aus Listing 10.5 wird der Dialog ÖFFNEN angezeigt. Dabei soll die Möglichkeit bestehen, mehrere Mappen auszuwählen und anschließend zu öffnen.

Listing 10.5: Über die Methode GetOpenFilename den Dialog Öffnen anzeigen

```
Sub GetOpenFilename_Beispiel()
Dim Varr As Variant
Dim i As Integer
```

```
Varr = Application.GetOpenFilename _
("Excel-Files(*.xls),*.xls", MultiSelect:=True)
For i = 1 To UBound(Varr)
  Workbooks.Open Filename:=Varr(i)
Next i
End Sub
```

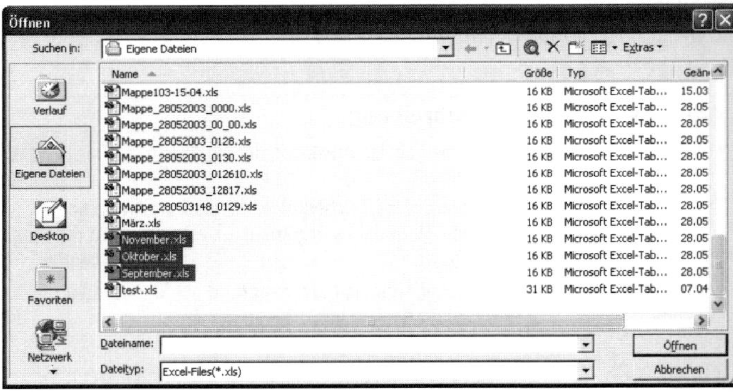

Abbildung 10.2: Den Öffnen-Dialog mit Mehrfachauswahl aufrufen

10.4 GetSaveAsFilename-Methode

Die Methode `GetSaveAsFilename` zeigt das Standarddialogfeld SPEICHERN UNTER an und bekommt einen Dateinamen vom Benutzer, ohne jedoch irgendwelche Dateien zu speichern.

▶ Syntax

```
Ausdruck.GetSaveAsFilename(InitialFilename, FileFilter,
FilterIndex, Title, ButtonText)
```

Argument	Beschreibung
`Ausdruck`	Erforderlich. Ein Ausdruck, der ein `Application`-Objekt zurückgibt.
`InitialFilename`	Optional. Gibt den vorgeschlagenen Dateinamen an. Wenn Sie dieses Argument nicht angeben, verwendet Microsoft Excel den Namen der aktiven Arbeitsmappe.

Tabelle 10.4: Argumente der Methode GetSaveAsFilename

Argument	Beschreibung
`FileFilter`	Optional. Eine Zeichenfolge, die Dateifilterkriterien angibt. Wenn Sie dieses Argument nicht angeben, wird der Standardwert `"Alle Dateien (*.*),*.*"` verwendet.
`FilterIndex`	Optional. Gibt die Indexnummer der Standarddatei-Filterkriterien an, von 1 bis zu der Anzahl von in `FileFilter` angegebenen Filtern.
`Title`	Optional. Gibt den Titel des Dialogfeldes an. Wenn Sie dieses Argument nicht angeben, wird der Standardtitel SPEICHERN UNTER verwendet.

Tabelle 10.4: Argumente der Methode GetSaveAsFilename (Forts.)

▶ Beispiel

Im folgenden Beispiel aus Listing 10.6 wird eine Arbeitsmappe über den Dialog SPEICHERN UNTER gespeichert.

Listing 10.6: Über die Methode GetSaveAsFilename den Dialog Speichern unter einsetzen

```
Sub GetSaveAsFilename_Beispiel()
Dim varr As Variant
Dim s As String

 varr = Application.GetSaveAsFilename _
  ("", "Excel-Arbeitsmappen (*.xls),*.xls")
    If varr <> False Then
      s = varr
    Else
      Exit Sub
    End If
    ActiveWorkbook.SaveAs (s)
End Sub
```

10.5 Msgbox-Funktion

In den vorherigen Kapiteln wurde die Funktion `Msgbox` schon öfter eingesetzt. Diese Funktion wird z.B. dazu verwendet, den Anwender über ein Ergebnis eines Makros zu informieren oder eine Warnmeldung auf dem Bildschirm anzuzeigen. Dabei können Sie das Aussehen dieser Maske selbst bestimmen.

Syntax

```
=MsgBox(prompt[, buttons] [, title] [, helpfile,
context])
```

Argument	Beschreibung
`prompt`	Erforderlich. Es besteht aus einem Text, der als Meldung im Dialogfeld erscheinen soll.
`buttons`	Bestimmt, welche Schaltflächen Sie in Ihrer Meldung mitanzeigen möchten. Diese Einstellung können Sie entweder durch eine Konstante oder einen eindeutigen Index vornehmen. Entnehmen Sie der folgenden Tabelle 10.6 die möglichen Varianten dazu:
`Title`	Text, der im Fenstertitel angezeigt werden soll.
`Helpfile/context`	Hilfetext im Meldungsfenster.

Tabelle 10.5: Argumente der Funktion Msgbox

Konstante oder Wert	Beschreibung
`vbOKOnly` oder `0`	Zeigt nur die Schaltfläche OK an.
`vbOKCancel` oder `1`	Zeigt die Schaltflächen OK und ABBRECHEN an.
`vbAbortRetryIgnore` oder `2`	Zeigt die Schaltflächen ABBRUCH , WIEDERHOLEN und IGNORIEREN an.
`vbYesNoCancel` oder `2`	Zeigt die Schaltflächen JA , NEIN und ABBRECHEN an.
`vbYesNo` oder `4`	Zeigt die Schaltflächen JA und NEIN an.
`vbRetryCancel` oder `5`	Zeigt die Schaltflächen WIEDERHOLEN und ABBRECHEN an.
`vbCritical` oder `16`	Zeigt Meldung mit STOP-Symbol an.
`vbQuestion` oder `32`	Zeigt Meldung mit FRAGEZEICHEN-Symbol an.

Tabelle 10.6: Die möglichen Schaltflächen für Msgboxen

Konstante oder Wert	Beschreibung
`vbExclamation` oder `48`	Zeigt Meldung mit AUSRUFEZEICHEN-Symbol an.
`vbInformation` oder `64`	Zeigt Meldung mit INFO-Symbol an.
`vbDefaultButton1` oder `0`	Erste Schaltfläche ist Standardschaltfläche.
`vbDefaultButton2` oder `256`	Zweite Schaltfläche ist Standardschaltfläche.
`vbDefaultButton3` oder `512`	Dritte Schaltfläche ist Standardschaltfläche.
`vbDefaultButton4` oder `768`	Vierte Schaltfläche ist Standardschaltfläche.
`vbApplicationModal` oder `0`	Der Anwender muss auf das Meldungsfeld zuerst reagieren, bevor er seine Arbeit mit der aktuellen Anwendung fortsetzen kann.
`vbSystemModal` oder `4096`	Alle Anwendungen werden unterbrochen, bis der Benutzer auf das Meldungsfeld reagiert.
`vbMsgBoxHelpButton` oder `16384`	Fügt dem Meldungsfenster eine Hilfeschaltfläche hinzu.

Tabelle 10.6: Die möglichen Schaltflächen für Msgboxen (Forts.)

Je nachdem, welche Schaltfläche der Anwender im Meldungsfenster anklickt, sollen unterschiedliche Aktionen folgen. Wird z.B. die Schaltfläche ABBRECHEN angeklickt, muss das Makro sofort beendet werden. Entnehmen Sie der nächsten Tabelle die möglichen Rückgabewerte:

Konstante oder Wert	Beschreibung
`vbOK` oder `1`	Die Schaltfläche OK wurde angeklickt.
`vbCancel` oder `2`	Die Schaltfläche ABBRECHEN wurde angeklickt.
`vbAbort` oder `3`	Die Schaltfläche ABBRUCH wurde angeklickt.
`vbRetry` oder `4`	Die Schaltfläche WIEDERHOLEN wurde angeklickt.
`vbIgnore` oder `5`	Die Schaltfläche IGNORIEREN wurde angeklickt.
`vbYes` oder `6`	Die Schaltfläche JA wurde angeklickt.
`vbNo` oder `7`	Die Schaltfläche NEIN wurde angeklickt.

Tabelle 10.7: Rückgabewerte der Funktion Msgbox

Beispiel

Im folgenden Beispiel aus Listing 10.7 wird über eine `Msgbox` gefragt, ob der markierte Bereich gelöscht werden soll.

Listing 10.7: Eine Lösch-Rückfrage über die Funktion Msgbox realisieren

```
Sub Msgbox_Beispiel()
Dim i As Integer

i = MsgBox _
("Wollen Sie den markierten Bereich löschen?", _
 1 + vbQuestion, "Löschenabfrage")
If i = 2 Then Exit Sub
Selection.Clear
End Sub
```

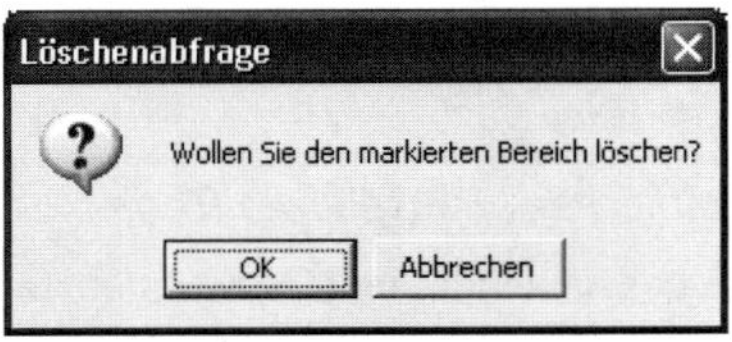

Abbildung 10.3: Rückfrage auswerten

10.6 InputBox-Methode

Mithilfe der Methode `Inputbox` versetzen Sie den Anwender in die Lage, einzelne Eingaben in einer Maske vorzunehmen. Diese Funktion eignet sich für kleinere Aufgaben hervorragend, und auch hier können Sie Aussehen und Funktion des Dialogs selbst bestimmen.

▶ Syntax

```
= InputBox(prompt, title, default, Left, Top, helpFile,
 helpContext, type)
```

Argument	Beschreibung
`Prompt`	Erforderlich. Die Meldung, die im Dialogfeld erscheinen soll.
`Title`	Optional. Fenstertitel des Dialogs.

Tabelle 10.8: Argumente der Methode Inputbox

Argument	Beschreibung
Default	Optional. Vorbelegung, die im Textfeld angezeigt werden soll.
left und top	Position auf dem Bildschirm.
helpfile und context	Hilfetext im Meldungsfenster.
type	Datentyp des Rückgabewerts wird festgelegt. Ohne Angabe dieses Arguments gibt das Dialogfeld den Datentyp Text zurück. Entnehmen Sie die zulässigen Rückgabewerte der nächsten Tabelle.

Tabelle 10.8: Argumente der Methode Inputbox (Forts.)

Wert	Beschreibung
0	Formel
1	Zahl
2	Text
4	logischer Wert (True oder False)
8	Zellenbezug
16	Fehlerwert
64	Wertematrix

Tabelle 10.9: Werte für das Argument Type

▶ Hinweis

Wie Sie die Schaltflächen abfragen können, haben Sie bereits bei der Funktion Msgbox weiter vorn im Kapitel gesehen.

▶ Beispiel

Im folgenden Beispiel aus Listing 10.8 soll über eine Inputbox ein Datenbereich in der Tabelle ausgewählt und gelöscht werden.

Listing 10.8: Über die Methode Inputbox einen Bereich auswählen

```
Sub Inputbox_Beispiel()
Dim Bereich As Range

Set Bereich = Application.InputBox _
("Bereich um Löschen auswählen", Type:=8)
 Bereich.ClearContents
End Sub
```

10.7 Arbeiten mit UserForms

Wenn Sie eigene Dialoge programmieren möchten, dann können Sie sich eine UserForm entwerfen und diese danach automatisieren.

UserForms entwerfen

Um eine UserForm einzufügen und mit Steuerelementen zu bestücken, verfahren Sie wie folgt:

1. Wechseln Sie in die Entwicklungsumgebung von Excel.
2. Wählen Sie aus dem Menü EINFÜGEN den Befehl USERFORM.

Standardmäßig ist die neu eingefügte UserForm recht klein. Sie können sie vergrößern, indem Sie mit der linken Maustaste auf die rechte untere Ecke klicken und die UserForm in der gewünschten Größe schräg nach unten aufziehen.

Der Titel für die UserForm, der in der Titelleiste oberhalb der UserForm steht, wird abgeleitet vom Namen der UserForm. Um einen anderen Titel einzustellen, setzen Sie den Mauszeiger im Eigenschaften-Fenster in das Feld `Caption` und schreiben den gewünschten Titel dort hinein.

Nachdem Sie die erste UserForm eingefügt haben, wird die Symbolleiste WERKZEUGSAMMLUNG eingeblendet. Diese Werkzeugsammlung nutzen Sie, um den noch leeren Dialog mit Elementen zu füllen. Ein Steuerelement können Sie in Ihre UserForm einfügen, indem Sie das gewünschte Steuerelement mit der linken Maustaste in der Symbolleiste WERKZEUGSAMMLUNG anklicken und in der gewünschten Größe und Position auf Ihrer UserForm aufziehen.

Entnehmen Sie der folgenden Tabelle die wichtigsten Steuerelemente der Symbolleiste WERKZEUGSAMMLUNG:

Symbol	Funktionsbeschreibung
	Über dieses Symbol wird das entsprechende Element in der UserForm markiert.
	Über dieses Symbol erfassen Sie Texte in UserForm.

Tabelle 10.10: Die standardmäßig zur Verfügung stehenden Steuerelemente

Symbol	Funktionsbeschreibung
	Über dieses Symbol fügen Sie Eingabefelder ein.
	Über dieses Symbol wird ein Kombinationsfeld eingefügt. Mit einem Klick auf das Pfeilsymbol werden Ihnen weitere Auswahlmöglichkeiten angeboten. In einem Kombinationsfeld kann immer nur ein Eintrag gewählt werden.
	Über dieses Symbol wird ein Listenfeld eingefügt. Das Listenfeld benötigt jedoch mehr Platz in Ihrer UserForm, weil mehrere Einträge gleichzeitig angezeigt werden. Sind mehr Einträge im Listenfeld vorhanden, als angezeigt werden können, dann wird dynamisch eine vertikale Steuerungsleiste eingebunden.
	Über dieses Symbol wird ein Rahmen in Ihre UserForm eingefügt. Das Rahmen-Steuerelement können Sie einsetzen, um einzelne Elemente in einer Gruppe zusammenzufassen. Wichtig bei der Erstellung eines Rahmens ist, dass dieser vor den einzelnen Steuerelementen, die darin platziert werden sollen, eingefügt wird.
	Über dieses Symbol können Sie Kontrollkästchen einfügen. Bei aktiviertem Zustand erscheint im Kästchen ein Häkchen. Wenn Sie Kontrollkästchen in einer Gruppe verwenden, können sowohl eines als auch mehrere Kontrollkästchen aktiviert sein.
	Über dieses Symbol fügen Sie ein Optionsfeld ein. Bei aktiviertem Zustand ist das Optionsfeld mit einem schwarzen Punkt ausgefüllt. Wenn Sie mehrere Optionsfelder innerhalb einer Gruppe verwenden, kann immer nur eine Option aktiviert sein.
	Über dieses Symbol fügen Sie ein Umschaltfeld ein. Über dieses Umschaltfeld können Sie beispielsweise zwei Funktionen in nur einem Steuerelement unterbringen (z.B. GITTERNETZ EIN/GITTERNETZ AUS).
	Über dieses Symbol fügen Sie Befehlsschaltflächen ein, die Sie später dann mit Makros bestücken.
	Über dieses Symbol fügen Sie ein oder mehrere Register in Ihre UserForm ein. Damit können Sie Platz sparend viel Information in einer einzigen UserForm unterbringen.
	Über dieses Symbol werden Scroll-Elemente eingefügt. Dieses Steuerelement verwenden Sie bei größeren UserForms, wenn Sie horizontal oder auch vertikal scrollen müssen, um bestimmte Elemente anzuzeigen.

Tabelle 10.10: Die standardmäßig zur Verfügung stehenden Steuerelemente (Forts.)

Symbol	Funktionsbeschreibung
	Über dieses Symbol fügen Sie ein Drehfeld ein. Über ein Drehfeld können Sie beispielsweise Zahlen schrittweise erhöhen. Das Steuerelement wird meist in Verbindung mit einem Textfeld verwendet, in dem dann das Ergebnis des Schrittes angezeigt wird.
	Über dieses Symbol können Sie Grafiken, Logos oder Bilder in Ihre UserForm einfügen.
	Über dieses Symbol können Sie über ein Eingabefeld einen Bereich markieren bzw. auch eigene Texte eingeben und an die UserForm übergeben.

Tabelle 10.10: Die standardmäßig zur Verfügung stehenden Steuerelemente (Forts.)

Hinweis

Weitere Steuerelemente können Sie jederzeit einblenden, indem Sie mit der rechten Maustaste auf die Symbolleiste klicken und aus dem Kontextmenü den Befehl ZUSÄTZLICHE STEUERELEMENTE auswählen. Im Listenfeld schräg VERFÜGBARE STEUERELEMENTE können Sie dann zusätzliche Steuerelemente per Mausklick Ihrer Symbolleiste hinzufügen.

Spezielle Aufgabe erledigen

Bilder in UserForms einfügen

Um ein Bild in eine UserForm zu integrieren, gehen Sie wie folgt vor:

1. Klicken Sie in der Symbolleiste WERKZEUGSAMMLUNG auf das Symbol ANZEIGE.
2. Ziehen Sie dieses Steuerelement in der gewünschten Größe auf Ihrer UserForm auf.
3. Setzen Sie im Eigenschaften-Fenster den Mauszeiger in das Feld PICTURE.
4. Klicken Sie auf das Symbol mit den drei Punkten, welches ganz rechts im Feld PICTURE steht.
5. Weisen Sie im Dialogfeld BILD LADEN die gewünschte Bilddatei zu und klicken auf die Schaltfläche ÖFFNEN.

6. Setzen Sie daher den Mauszeiger im Eigenschaften-Fenster in das Feld BORDERSTYLE und wählen aus dem Dropdown den Befehl 0 - FMBORDERSTYLENONE.

Horizontale Trennstreifen einfügen

Wenn Sie einen horizontalen Trennstreifen in einer Userform integrieren möchten, dann gibt es für diesen optischen Effekt leider kein gesondertes Steuerelement. Sie können sich aber mit einem Trick behelfen:

1. Klicken Sie in der Symbolleiste WERKZEUGSAMMLUNG auf das Symbol RAHMEN.
2. Ziehen Sie den Rahmen in der gewünschten Größe sowie Position in Ihrer UserForm auf.
3. Im Eigenschaften-Fenster setzen Sie den Mauszeiger in das Feld CAPTION und löschen den momentanen Inhalt.
4. Im Eigenschaften-Fenster setzen Sie den Mauszeiger in das Feld HEIGHT und legen die Höhe des Rahmens fest. Da es sich um einen horizontalen Trennstreifen handelt, wählen Sie eine Höhe zwischen 8 und 10.
5. Im Eigenschaften-Fenster können Sie über das Feld SPECIALEFFECT noch einen speziellen optischen Effekt auswählen. Dabei können Sie unter anderem entscheiden, ob der Trennstreifen hervorgehoben, versenkt oder eingefräst werden soll.

Steuerelemente beschriften

Standardmäßig wird beim Einfügen der Steuerelemente schon eine Beschriftung vorgegeben, die aber noch geändert werden muss.

Um ein Steuerelement wie z.B. eine Schaltfläche zu beschriften, gehen Sie nach dem Einfügen des Steuerelements wie folgt vor:

1. Markieren Sie das Steuerelement, das Sie beschriften möchten.
2. Setzen Sie im Eigenschaften-Fenster den Mauszeiger in das Feld CAPTION.
3. Erfassen Sie die gewünschte Beschriftung und drücken Sie die Taste [Tab].

▶ Aktivierreihenfolge festlegen

Standardmäßig werden die einzelnen Steuerelemente nach der Reihenfolge aktiviert, in der sie in die UserForm eingefügt wurden, d.h. Sie springen über die Taste [Tab] von einem Feld zum anderen. Gerade wenn Sie zu einem späteren Zeitpunkt neue Steuerelemente hinzufügen, sollten Sie die Reihenfolge anpassen. Dazu wählen Sie den Menübefehl ANSICHT/AKTIVIERREIHENFOLGE. Ist dieser Menübefehl bei Ihnen deaktiviert, dann markieren Sie vorher eines der Textfelder oder Schaltflächen auf der UserForm.

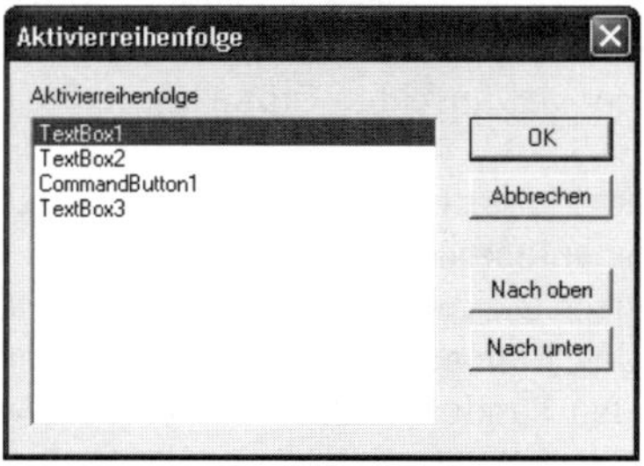

Abbildung 10.4: Die Aktivierreihenfolge anpassen

Markieren Sie das entsprechende Element im Listenfeld AKTIVIERREIHENFOLGE und klicken Sie auf die Schaltfläche NACH OBEN bzw. NACH UNTEN.

Userforms programmieren

▶ UserForm aufrufen

Um die UserForm einmal zu testen, markieren Sie sie und drücken die Taste [F5]. Über ein Makro können Sie eine Userform wie im Makro aus Listing 10.9 aufrufen.

Listing 10.9: Eine Userform über die Methode Show aufrufen

```
Sub DialogAufrufen()
 UserForm1.Show
End Sub
```

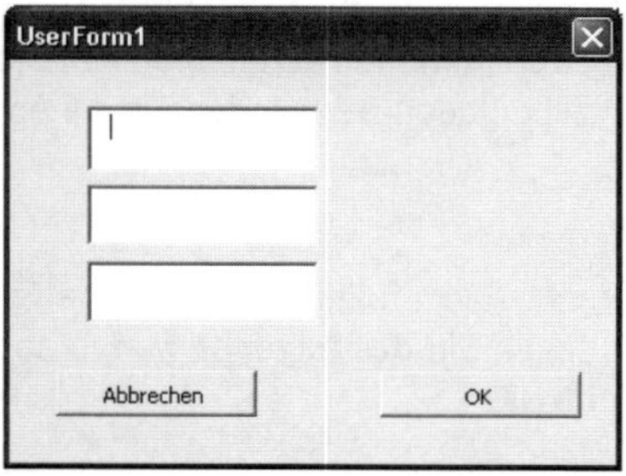

Abbildung 10.5: Aufrufen einer Userform

Die Methode `Show` aktiviert die UserForm mit dem Namen USERFORM1.

► Hinweis

Seit Excel 2000 ist es möglich, Dialoge auch ungebunden aufzurufen, d.h. ungebundene Dialoge müssen nicht beendet werden, damit Sie mit anderen Arbeiten in Excel fortfahren können, während die UserForm geöffnet bleibt. Um eine ungebundene UserForm aufzurufen, setzen Sie die Anweisung `UserForm1.Show vbModeless` ein.

► UserForm beenden

Mit einem Klick auf die Schaltfläche ABBRECHEN in der USERFORM1 soll die Userform beendet werden. Zu diesem Zweck müssen Sie den entsprechenden Befehl hinter diese Schaltfläche legen. Verfahren Sie hierfür wie folgt:

1. Führen Sie in Ihrer UserForm einen Doppelklick auf die Schaltfläche ABBRECHEN durch.
2. Ergänzen Sie den dadurch erzeugten Programm-Rahmen wie folgt:

Listing 10.10: Eine Userform beenden

```
Private Sub CommandButton1_Click()
 UserForm1.Hide
End Sub
```

Die Methode `Hide` blendet die UserForm aus. Damit steht die UserForm aber noch im Speicher für weitere Aktionen bereit. Möchten Sie die UserForm richtig aus dem Speicher laden, verwenden Sie die Anweisung `unload me`.

Textfelder in Tabelle schreiben

Die drei Textfelder, die Sie in der USERFORM1 füllen, sollen in eine Tabelle geschrieben werden. Dazu legen Sie das folgende Makro aus Listing 10.11 hinter die Schaltfläche OK.

Listing 10.11: Textfelder in Tabelle schreiben

```
Private Sub CommandButton1_Click()
Dim i As Integer

With Worksheets("Daten")
 i = .UsedRange.Rows.Count + 1
 .Cells(i, 1).Value = TextBox1.Value
 .Cells(i, 2).Value = TextBox2.Value
 .Cells(i, 3).Value = TextBox3.Value
End With
End Sub
```

	A	B	C
1	**Feld1**	**Feld2**	**Feld3**
2	Eintrag1	Eintrag2	Eintrag3
3			
4			

Abbildung 10.6: Die Inhalte der UserForm wurden in die Tabelle geschrieben

Textfelder leeren

Nach dem Übertragen der Textfelder in die Tabelle werden die Textfelder nicht automatisch in der UserForm zurückgesetzt. Um diese Funktion einzufügen, integrieren Sie eine weitere Schaltfläche TEXTFELDER LEEREN in der UserForm und legen das Makro aus Listing 10.12 direkt dahinter.

Listing 10.12: Textfelder in Userform leeren

```
Private Sub CommandButton3_Click()
Dim tb As Object

    For Each tb In UserForm1.Controls
      If TypeName(tb) = "TextBox" Then tb.Text = ""
    Next tb
End Sub
```

▶ Textfeldinhalt markieren

Um einen erfassten Inhalt eines Textfeldes zu markieren, setzen Sie folgendes Makro aus Listing 10.13 ein, das hinter eine weitere Schaltfläche gelegt wurde.

Listing 10.13: Text in Textfeld markieren

```
Private Sub CommandButton4_Click()
With TextBox1
 .SetFocus
 .SelStart = 0
 .SelLength = Len(.Text)
End With
End Sub
```

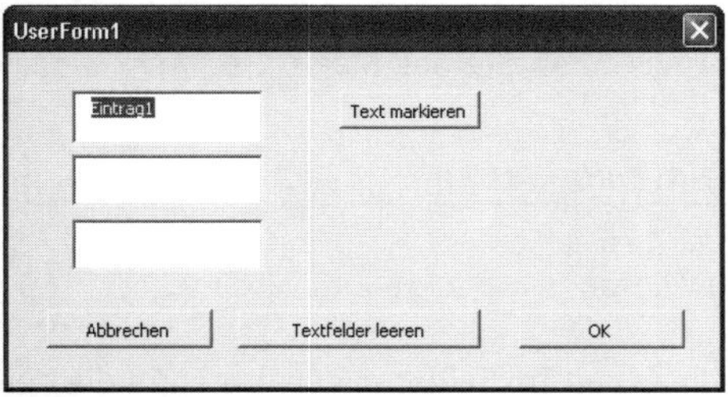

Abbildung 10.7: Der Text wurde nach Klicken der Schaltfläche markiert

▶ Textfelder färben

Wenn Sie möchten, können Sie für die Textfelder einen andersfarbigen Hintergrund einsetzen, sobald das entsprechende Textfeld aktiviert wird. So können Sie das jeweils aktive Textfeld mit der Hintergrundfarbe ROT belegen, sobald Sie mit der Maus oder über die Taste [Tab] das Textfeld ansteuern. Um dieses Feature einzubauen, gehen Sie wie folgt vor:

1. Klicken Sie das erste Textfeld in der UserForm doppelt an.
2. Stellen Sie das Ereignis `Textbox1_Enter` ein und rufen Sie innerhalb des Ereignisses das Makro `HintergrundFärben` auf. Das Ereignis `Textbox1_Enter` tritt dann automatisch ein, wenn das entsprechende Textfeld aktiviert wird.
3. Schreiben Sie jetzt das Makro `HintergrundFärben`.

Listing 10.14: Textfeld färben

```
Private Sub HintergrundFärben()
 Me.ActiveControl.BackColor = RGB(255, 0, 0)
End Sub
```

4. Sorgen Sie dafür, dass der Hintergrund nach dem Verlassen des Textfelds wieder auf den Ursprungswert zurückgesetzt wird. Dazu stellen Sie das Ereignis `Textbox1_Exit` ein, welches automatisch eintritt, wenn Sie das angegebene Textfeld verlassen. Innerhalb des Ereignisses rufen Sie das Makro `HintergrundZurücksetzen` auf.

Listing 10.15: des Textfelds zurücksetzen

```
Private Sub HintergrundZurücksetzen()
  Me.ActiveControl.BackColor = RGB(255, 255, 255)
End Sub
```

5. Stellen Sie für die einzelnen Textfelder in der UserForm die beiden Ereignisse `Textbox_Enter` bzw. `Textbox_Exit` ein. Orientieren Sie sich dabei am folgenden Listing:

Listing 10.16: Textfelder ein- und wieder entfärben bei Aktivierung bzw. Deaktivierung

```
Private Sub TextBox1_Enter()
 HintergrundFärben
End Sub
Private Sub TextBox1_Exit _
(ByVal Cancel As MSForms.ReturnBoolean)
 HintergrundZurücksetzen
End Sub
```

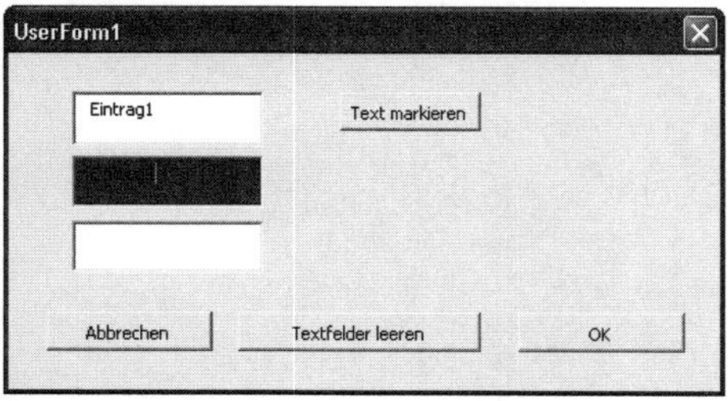

Abbildung 10.8: Textfelder werden beim Aktivieren eingefärbt

► Hinweis

In diesem Kapitel wurde exemplarisch das Steuerelement Textfeld beschrieben. Leider können hier in diesem Buch nicht alle Steuerelemente ausführlich dargestellt werden. In meinem Excel-VBA-Kompendium (ISBN 3-8272-6577-0) finden Sie eine ausführliche Beschreibung aller Steuerelemente mit praktischen Beispielen dazu. Gern kann ich Ihnen auch Demodateien zur UserForm-Programmierung zur Verfügung stellen.

Stichwortverzeichnis

Die Buchstaben hinter den Begriffen stehen für folgende Einordnungen:
A = Anweisung, E = Eigenschaft, F = Funktion,
M = Methode, O = Objekt

A

B

C

Stichwortverzeichnis

Index

D

E

F

G

H

I

J

K

L

M

N

O

P

Q

R

S

T

U

V

W

Y

Aufgabenverzeichnis

A

Aufgabenverzeichnis

Index

B

Aufgabenverzeichnis

Index

C

D

E

F

G

H

I

K

L

M

N

O

P

T

U

V